Les aliments et leurs vertus

Conception graphique de la couverture: Éric L'Archevêque
Photo: Walter Wick/Masterfile

Conception de la maquette intérieure: Luc Sauvé

DISTRIBUTEURS EXCLUSIFS:

- Pour le Canada et les États-Unis:
  LES MESSAGERIES ADP*
  955, rue Amherst, Montréal H2L 3K4
  Tél.: (514) 523-1182
  Télécopieur: (514) 939-0406
  * Filiale de Sogides ltée

- Pour la Belgique et le Luxembourg:
  PRESSES DE BELGIQUE S.A.
  Boulevard de l'Europe 117
  B-1301 Wavre
  Tél.: (10) 41-59-66
      (10) 41-78-50
  Télécopieur: (10) 41-20-24

- Pour la Suisse:
  TRANSAT S.A.
  Route des Jeunes, 4 Ter
  C.P. 125
  1211 Genève 26
  Tél.: (41-22) 342-77-40
  Télécopieur: (41-22) 343-46-46

- Pour la France et les autres pays:
  INTER FORUM
  Immeuble ORSUD, 3-5, avenue Galliéni, 94251 Gentilly Cédex
  Tél.: (1) 47.40.66.07
  Télécopieur: (1) 47.40.63.66
  Commandes: Tél.: (16) 38.32.71.00
                Télécopieur: (16) 38.32.71.28
                Télex: 780372

Jean
Carper

Les aliments et leurs vertus

Traduit et adapté de l'américain
par
Nicole Bureau-Lévesque

LES ÉDITIONS DE
L'HOMME

Données de catalogage avant publication (Canada)

Carper, Jean

   Les aliments et leurs vertus

   Traduction de: Food — your miracle medicine.
   Comprend des réf. bibliogr. et un index.

   1. Diétothérapie - Ouvrages de vulgarisation.   2. Alimentation -
   Ouvrages de vulgarisation.   3. Maladies d'origine nutritionnelle -
   Ouvrages de vulgarisation.   I. Titre.

RM216.C3714   1994   615.8'54   C94-941534-0

L'ouvrage original américain a été publié par HarperCollins*Publishers*
sous le titre *Food — Your Miracle Medicine*
[ISBN: 0-06-018321-7]

Dépôt légal: 4ᵉ trimestre 1994
Bibliothèque nationale du Québec

ISBN 2-7619-1198-9

À la mémoire de Lola

Remerciements

Je tiens à exprimer ma plus profonde gratitude à tous les chercheurs qui ont consacré leurs aptitudes, leur énergie et leur créativité à l'étude des propriétés médicinales des aliments, que l'homme exploite depuis des temps immémoriaux, et à leur application au traitement des problèmes de santé qui nous préoccupent le plus à l'heure actuelle. Le présent ouvrage est en quelque sorte le condensé des expériences qu'ont menées sans relâche ces pionniers et témoigne de l'inventivité remarquable qui aura rendu possibles leurs découvertes. C'est grâce à leurs articles, qui se chiffrent par milliers, et à plusieurs centaines d'entretiens que j'ai eu la chance d'avoir avec eux, par téléphone, par télécopieur, dans le cadre d'interviews ou à l'occasion de conférences, que j'ai pu mener à bien ce projet. Je leur suis vivement reconnaissante de m'avoir si généreusement accordé de leur temps.

Je remercie aussi infiniment Thea Flaum, qui a lu attentivement les trois versions du manuscrit pour ensuite me transmettre ses commentaires et ses inestimables conseils. La révision du texte en a été grandement facilitée. Quant à la curiosité qui m'aura poussée à faire ce livre, je la dois à ma grand-mère Lola, dont l'enthousiasme débordant pour les remèdes maison et les traités de médecine m'aura tant fascinée dans l'enfance.

Introduction

Quel qu'en soit le père, la maladie a toujours
pour mère une mauvaise alimentation.
PROVERBE CHINOIS

Savoir se nourrir, savoir offrir à son organisme ce qu'il réclame et lui épargner ce qui l'agresse, c'est aussi maîtriser l'art de prévenir et de guérir les maladies, depuis le simple rhume jusqu'aux affections les plus graves, comme le cancer. Ce livre vise précisément à vous transmettre ou à vous permettre d'accroître ce savoir.

Dans *Les Aliments qui guérissent**, je me suis attachée surtout à passer en revue les données scientifiques les plus récentes sur les vertus médicinales des aliments courants, révélant ainsi, comme Colomb à la suite de son premier voyage, un univers fascinant et pratiquement inexploré. Il y a cinq ans à peine, on admettait moins facilement l'idée, pourtant attestée scientifiquement, que les aliments puissent avoir des propriétés curatives. Les choses ont bien changé depuis!

Partout cette question suscite actuellement l'intérêt et les débats les plus vifs. Les autorités gouvernementales et les organismes scientifiques les plus prestigieux à travers le monde s'accordent maintenant à reconnaître que les habitudes alimentaires ont des répercussions directes sur la santé. Les recherches sur le sujet se sont multipliées. Des douzaines de conférences internationales — centrées parfois même sur un seul aspect de la question ou sur un seul aliment (antioxydants, fibres, gras monoinsaturés, thé, huiles de poisson, etc.) — ont mis au jour des découvertes étonnantes sur les pouvoirs préventifs et curatifs de certaines substances alimentaires.

On a également mis en évidence les vertus thérapeutiques, jusquelà inconnues, d'agents contenus dans les légumes verts, tels le brocoli et le chou. On a par ailleurs établi de nouvelles preuves ou affiné les théories

---

*   Éditions de l'Homme, 1990 (édition originale: *The Food Pharmacy,* New York, Bantam Books, 1988).

existantes quant aux effets favorables ou défavorables de certaines denrées sur les transformations qui se produisent sans relâche au niveau cellulaire. Ainsi, des chercheurs prétendent avoir enfin percé le mystère de l'action du cholestérol sanguin sur les artères et être en mesure de montrer comment, en redéfinissant ses choix en matière d'alimentation, chacun peut se prémunir contre les effets nocifs du cholestérol. D'autres ont également démontré que les douleurs causées par les maladies inflammatoires, dont l'arthrite et l'asthme, peuvent être soulagées par les huiles de poisson, mais exacerbées en revanche par l'huile de maïs. On aurait aussi fait la preuve que certaines intolérances ou allergies alimentaires, le plus souvent insoupçonnées, peuvent avoir des conséquences désastreuses sur la santé.

On semble donc de plus en plus en mesure — et c'est cela qui compte avant tout — d'établir clairement quels aliments sont susceptibles d'exercer une action bienfaisante sur un grand nombre de maladies. Aussi ai-je cherché à travers cet ouvrage non seulement à faire état de l'évolution du savoir dans le domaine sans cesse croissant de l'étude des propriétés médicinales des aliments, mais à indiquer d'une façon claire et précise quels aliments peuvent contribuer à soulager ou à aggraver divers symptômes et maladies.

Je me suis appliquée à démontrer dans mon précédent ouvrage qu'on avait découvert un nouveau monde; je vous convie cette fois à explorer à fond ce territoire et à prendre la mesure des changements qu'il conviendrait d'apporter à votre régime quotidien. Vous trouverez facilement dans ce guide la voie à suivre pour atténuer ou enrayer définitivement certains symptômes dont vous souffrez peut-être présentement et des renseignements qui faciliteront la compréhension des mécanismes en jeu dans les affections les plus courantes et apaiseront, par le fait même, les inquiétudes que vous pourriez nourrir à leur endroit.

La préparation de cet ouvrage a été une aventure absolument passionnante. Pour recueillir le maximum d'informations, j'ai dû interviewer des centaines de chercheurs, consulter des milliers de pages de références bibliographiques et de comptes rendus de recherche, lire d'innombrables articles sur le sujet et assister à plusieurs conférences internationales. Je me suis alimentée surtout à l'importante banque de données sur les articles médicaux et scientifiques (MEDLARS) de la National Library of Medicine de Bethesda, au Maryland, et à celle de l'Université de l'Illinois à Chicago sur les propriétés pharmacologiques des aliments et des plantes (*Natural Product Alert* ou NAPRALERT). Pour donner une idée du corpus de base, le livre est fondé sur plus de 10 000 études, dont j'ai pris connaissance directement, à l'occasion d'entretiens avec leurs auteurs, ou indirectement par le biais de textes intégraux ou de résumés.

J'insiste sur le fait que toutes les données et les informations transmises dans cet ouvrage ont été établies par des chercheurs éminents de centres scientifiques d'avant-garde reconnus mondialement; les comptes rendus d'études et les articles par lesquels ils ont publicisé leurs découvertes ont paru dans des revues savantes dont la réputation n'est plus à faire.

À la fine pointe de la recherche, ces chercheurs ne se conforment pas moins aux standards de la médecine institutionnelle, tout en participant indirectement à une tendance désormais impossible à freiner et dont on ne peut ignorer les bienfaits, celle de la médecine dite «alternative». Les sondages rapportent qu'un tiers au moins des Américains auraient recours actuellement, sous une forme ou une autre, à la médecine parallèle. L'hygiène alimentaire n'en est-elle pas la forme la plus accomplie, la plus sûre et la plus économique?

Que cette nouvelle approche soit maintenant reconnue par la médecine orthodoxe ne peut que nous épargner bien des douleurs, nous soulager de frais astronomiques et mettre un frein au monopole de l'industrie pharmaceutique. (Pour donner un exemple, une étude publiée en 1988, dans le *Journal of the American Medical Association,* rapporte qu'en substituant du son d'avoine à un médicament destiné à abaisser le cholestérol, on réduirait de 80 % le coût de l'ordonnance, tout en se protégeant des effets secondaires, souvent très marqués, de ce type de médicament!)

Nous sommes indéniablement à un point tournant, non seulement au chapitre des découvertes scientifiques mais à celui de la prise en charge de sa santé. Vous verrez dans ce livre quels pouvoirs extraordinaires ont les aliments sur les transformations biochimiques qui s'accomplissent dans vos cellules. Si l'homme a su mettre au point quantité de remèdes, tous plus merveilleux les uns que les autres, à ce qu'on dit, mère Nature reste la plus ancienne et la plus grande pharmacienne qui soit: on lui doit nombre de guérisons miraculeuses! Prendre sa santé en main, c'est aussi se mettre à l'écoute des révélations de la science sur toutes les ressources que la nature met à notre disposition depuis la nuit des temps.

«L'alimentation est le seul facteur déterminant sur lequel vous pouvez vraiment intervenir, dit Andrew Weil *. C'est vous qui avez le dernier mot sur ce que vous devez ou ne devez pas manger. Si vous n'êtes pas toujours en mesure de maîtriser des facteurs tels que l'air, le bruit ou le stress, vous êtes parfaitement à même, par contre, de choisir les aliments essentiels à votre mieux-être. Pourquoi laisser passer une si belle occasion d'avoir une influence déterminante sur votre santé?»

---

* Cf. *Natural Health, Natural Medicine,* Boston, Houghton Mifflin Company, 1990.

Avertissement

Le régime alimentaire n'est qu'un facteur parmi d'autres dans la genèse des maladies; les prédispositions génétiques et l'exposition aux agents pathogènes et aux polluants atmosphériques y comptent aussi pour beaucoup. On ne devrait donc jamais s'en remettre uniquement à l'alimentation pour prévenir ou enrayer une maladie, pas plus d'ailleurs qu'on ne devrait, sans consulter préalablement un médecin, substituer certains aliments à des médicaments déjà prescrits ni s'en tenir à un seul aliment ou aux aliments d'une seule catégorie pour traiter une affection particulière ou simplement pour se maintenir en santé. Les substances essentielles à l'organisme (dont certaines n'ont pas encore été isolées) sont fournies par divers types de denrées; aussi est-il très important de *varier* le plus possible son régime pour préserver sa santé.

On prendra note que les renseignements communiqués dans cet ouvrage ne sont pas des avis médicaux, et ne sont d'ailleurs jamais présentés comme tels. Pour déterminer quel régime s'applique dans votre cas, n'hésitez donc jamais à consulter un spécialiste.

À moins d'indication contraire, les informations et les recherches dont il est fait mention dans ces pages s'appliquent essentiellement aux adultes.

I

PRÉLIMINAIRES

Chapitre premier

LES POUVOIRS INSOUPÇONNÉS DES ALIMENTS

Les médicaments «miracles» mis au point pour venir à bout de tous nos maux, grands et petits, ne sont pas toujours le fruit des cogitations de quelques grands cerveaux rivés jour et nuit à leur laboratoire, comme on a souvent tendance à l'imaginer. De plus en plus de chercheurs nous invitent en effet à puiser à une autre source, d'une richesse inestimable: les médicaments que recèle la nature depuis des millions d'années. Ces remèdes, issus d'autres êtres vivants, telles les plantes, nous les avalons plusieurs fois par jour sans nous en rendre compte. Nous avons tendance à minimiser les prodiges que déploient continuellement dans nos cellules, au niveau de l'infiniment petit, les substances alimentaires ingérées quotidiennement; pourtant, leurs effets cumulatifs ont une portée déterminante sur la vie, la «destinée» de nos cellules, et conséquemment sur *notre* destinée. Ils tiennent donc, eux aussi, du miracle!

N'est-il pas prodigieux en effet que l'ail détruise des cellules cancéreuses! Que les épinards renferment certaines substances capables d'emprisonner et de paralyser un virus, l'empêchant ainsi d'attaquer le cerveau! Qu'une mystérieuse substance présente dans les asperges et les avocats arrive à stopper en laboratoire la prolifération du virus qui est à l'origine du sida, la plus tragique maladie infectieuse de notre temps! Que les composés du chou aident à nettoyer l'organisme des polluants atmosphériques, fonction que n'avait pas anticipée le Créateur! Que des substances emmagasinées par les plantes pour lutter contre leur propre destruction puissent prévenir la formation de caillots sanguins induite par une alimentation trop riche en gras! Que les particules libérées lors de la digestion de la structure fibreuse des plantes puissent commander au foie de ralentir sa production de cholestérol! Que des substances végétales puissent pénétrer dans le cerveau et affecter la transmission des messages par la voie des· neurones, influençant ainsi nos états d'âme, notre mémoire, notre vigilance!

Qu'on ne s'y trompe pas: se nourrir n'est pas une activité banale pour les milliards et les milliards de cellules qui composent le corps humain. On commence à se rendre compte enfin, après des années d'investigation, que l'acte de manger a des répercussions décisives: cet acte de communion avec la nature est source de vie, mais il peut aussi donner la mort. À la lumière des révélations de la science sur l'impact énorme du régime alimentaire quotidien sur la santé et la longévité, nous devons apprendre à faire des choix judicieux. Nous sommes appelés à jouer un rôle de plus en plus important à ce niveau.

Les aliments ont le pouvoir de revigorer l'organisme, d'enrayer certains troubles mineurs, de nous protéger de maladies dévastatrices, mais il faut savoir qu'ils peuvent également nous faire du tort, nous rendre misérables même, comme l'ont montré d'innombrables travaux. Car s'ils sont aptes, par exemple, à stimuler l'activité mentale, à remonter le moral, à fournir au cerveau un surplus d'énergie électrique favorisant la compréhension et améliorant la performance, à apaiser la douleur aussi efficacement que le ferait un tranquillisant et à réduire la dépression, de combien d'actions nocives (somnolence, difficulté à se concentrer, panique, etc.) sont-ils capables par ailleurs!

De même, certains aliments peuvent subrepticement attaquer les articulations ou obstruer les artères (fort heureusement, d'autres peuvent intervenir en tout temps pour pallier ces agressions). On sait en outre que le régime alimentaire adopté durant l'enfance ou l'adolescence peut insidieusement altérer la chimie du cerveau et détruire les muscles quelques années plus tard, comme cela se produit dans la sclérose en plaques, ou provoquer à un âge plus avancé encore les tremblements qu'on a associés à la maladie de Parkinson.

La nourriture peut aussi favoriser certains dérèglements cellulaires qui permettront à des tumeurs cancéreuses de faire un jour leur nid dans l'organisme; inversement, certaines substances présentes dans les aliments sont capables d'annihiler complètement les produits chimiques cancérigènes ou d'étouffer les réactions en chaîne de molécules délinquantes qui déchirent les membranes des cellules saines, corrompent leur bagage génétique ou les laisse dépérir. Même après qu'a été enclenché le processus de cancérisation, la nourriture peut réduire les tumeurs ou les faire disparaître; ainsi, quand les cellules errantes d'un cancer du sein sont à la recherche de nouveaux points d'ancrage, certaines substances alimentaires envoient des émissaires pour créer une surface hostile que ne pourront coloniser les cellules cancéreuses.

Combien d'autres vertus ont les aliments! Outre les effets favorables ou les effets pervers mentionnés précédemment, on leur attribue aussi l'aptitude à:

- empêcher l'opacification du cristallin causée par la cataracte chez les personnes âgées;
- dilater les voies respiratoires, facilitant ainsi la respiration;
- rajeunir les villosités des poumons qui aident à combattre l'emphysème et la bronchite chronique;
- introduire dans l'organisme des substances favorisant les accès d'arthrite rhumatoïde ou atténuant au contraire la douleur arthritique et l'enflure;
- provoquer — ou prévenir — les maux de tête et les crises d'asthme;
- augmenter la résistance de l'estomac aux ulcères;
- enrayer les rougeurs, les démangeaisons et les douleurs associées au psoriasis;
- stimuler la production de cellules destructrices naturelles et d'interférons pour parer aux infections;
- attaquer les bactéries et les virus avec la même vigueur que celle des médicaments fabriqués en laboratoire;
- guérir la diarrhée chez les enfants, et la constipation chez les personnes âgées;
- accroître les défenses immunitaires et aider à combattre le rhume banal et le rhume des foins, entre autres.

Le rôle que joue l'alimentation dans les maladies cardiaques est également d'une importance fondamentale. En effet, certains aliments mettent en mouvement des processus qui rétrécissent et durcissent les artères, favorisant ainsi la formation de caillots sanguins pouvant entraîner la suffocation et la mort du muscle cardiaque. D'autres peuvent, à l'inverse, mettre en branle une armada chimique capable de désarmer à travers tout le corps les ennemis des artères et même d'effacer les traces de leur action délétère sur les parois artérielles ou produire des substances qui dissolveront les caillots, éclairciront le sang, réduiront le cholestérol. On a démontré aussi que certaines substances alimentaires stimulent la production d'insuline, contribuant ainsi à contrôler la hausse du taux de sucre dans le sang; qu'elles renferment des hormones capables de détendre les parois des artères et de réduire la pression sanguine; qu'elles peuvent interférer avec les processus naturels de vieillissement et ralentir la détérioration du corps.

Il n'y a pratiquement aucun problème de santé ni aucun processus physique naturel qui ne soit influencé d'une manière ou d'une autre par les substances que l'on ingère. Aussi les aliments se voient-ils redéfinis de plus en plus comme «médicaments», comme agents susceptibles, au même titre que bien des préparations pharmaceutiques, de prévenir et de réduire de multiples maladies et d'accroître l'énergie physique et mentale, la vigueur et le bien-être.

Les aliments seraient, en somme, les tout «nouveaux» médicaments du XXIe siècle.

Un changement de cap dans le milieu de la recherche

Faute de pouvoir s'appuyer sur des données scientifiques, la médecine moderne a négligé jusqu'à tout récemment d'exploiter les ressources des substances médicamenteuses présentes à l'état naturel dans les aliments, qu'elle préférait mettre au compte d'un certain «folklore». La majorité des chercheurs admettent toutefois volontiers qu'en remontant aux sources de la médecine et des pratiques populaires les plus anciennes, on découvre des remèdes ou des antidotes étonnamment efficaces dans le traitement des maladies actuelles. Les recherches sur la médecine «naturelle» se développent même à pas de géant.

«Les aliments délicieux dont se nourrissaient les Grecs, il y a deux millénaires, composaient un régime aussi sain que tous ceux que l'on adopte aujourd'hui à travers le monde, dit le célèbre biologiste et épidémiologiste français Serge Renaud, de l'Institut national de la santé et de la recherche médicale (INSERM). Au lieu de jouer les apprentis-sorciers, rendons-nous donc attentifs à toutes les ressources que mère Nature a mises à notre portée et qu'exploite l'homme depuis des siècles.»

Pourquoi toute cette attention accordée soudainement aux vertus médicinales des aliments? Comment expliquer, par exemple, que des institutions aussi prestigieuses que l'Université Johns Hopkins et l'Université Harvard déclarent tout à coup avec tant d'éclat, comme elles le font pour toute découverte scientifique majeure, que le brocoli renferme divers agents anticancéreux ou que les carottes forment un véritable rempart contre les attaques et les maladies cardiaques? La raison en est que la communauté scientifique reconnaît enfin, pour la première fois, que le comportement alimentaire exerce une influence déterminante sur l'activité de l'organisme au niveau cellulaire, lieu de tous les mystères et de tous les drames, centre névralgique où continuellement se perdent ou se gagnent les luttes qui assurent la santé et prolongent l'existence.

C'est en effet dans cette mer de liquides cellulaires qui constitue notre organisme, dans l'ensemble complexe des matériaux génétiques et structurels — où une seule enzyme ou un seul acide gras métabolisé qu'aura fourni une toute petite parcelle de nourriture peut faire toute la différence — que commence et finit la vie, que se joue le destin biologique.

Environ 60 billions de cellules s'activent continuellement à faire et à refaire votre organisme. Chacune d'elles est un univers miniature d'une complexité inouïe qui, à chaque minute de votre existence, est le siège de milliards de réactions chimiques. À quoi tient le fonctionnement de cette extraordinaire machine? À quelle source d'énergie puise-t-elle? À rien d'autre que ce que vous lui donnez vous-même quotidiennement: les aliments dont vous vous nourrissez. Les Anciens n'en ont jamais douté. Les aliments ne figurent-ils pas parmi les premiers remèdes à avoir été prescrits?

Dans un article récent, John Potter, de l'Université du Minnesota, rappelle quelques-uns des usages qu'on faisait des aliments dans l'Antiquité: «Dans l'Égypte ancienne, affirme le naturaliste romain Pline l'Ancien, on estimait que la consommation de chou pouvait guérir pas moins de 80 maladies, et les oignons, 28! L'ail était considéré comme une plante miraculeuse. Les crucifères (chou et brocoli) étaient cultivées à l'origine à des fins médicinales et utilisées pour leurs effets thérapeutiques contre les maux de tête, la surdité, la diarrhée, la goutte et les troubles gastriques. Dans la Rome antique, on croyait que les lentilles et les raisins avaient des propriétés médicinales; on les incorporait alors à des potions, des lavements, des inhalations et des préparations topiques.»

Dès l'aube de la civilisation, les hommes ont trouvé leurs remèdes dans les forêts, les champs et les jardins et 75 % des hommes du monde entier continuent à le faire. On serait mal avisé de ne pas tenir compte de toute cette sagesse, dit James Duke, botaniste et spécialiste des plantes médicinales auprès du ministère de l'Agriculture des États-Unis (U.S. Department of Agriculture — USDA). Le seul fait qu'un aliment jouisse depuis longtemps de la faveur populaire comme remède ou antidote constitue toujours, selon lui, une preuve de sa valeur potentielle. N'est-ce pas en se fondant sur les traditions populaires que les chercheurs ont plus d'une fois découvert des médicaments très puissants dans le règne végétal? Le quart, au moins, des remèdes couramment prescrits par ordonnance médicale (y compris le taxol, un nouveau médicament très puissant contre le cancer) dérivent des plantes.

Les médecins et guérisseurs de l'Antiquité se laissaient guider par leur propre expérience et celle de leurs parents et ancêtres dans le choix des remèdes naturels les plus susceptibles de guérir telle ou telle affection. Ignorant tout des germes, des hormones, du cholestérol, du mode d'action des anticoagulants, c'est d'une manière tout intuitive qu'ils évaluaient donc les propriétés pharmacologiques des aliments.

La science à la rescousse des croyances populaires

Grâce aux nouvelles technologies, il est maintenant possible de détecter, d'isoler et de tester en laboratoire des quantités infinitésimales de composés végétaux bioactifs. Des analyses très sophistiquées permettent en effet aujourd'hui d'investiguer en profondeur l'activité biologique d'aliments entiers ou de certains de leurs constituants pour savoir comment ils interviennent dans le développement des maladies.

Les études épidémiologiques, effectuées au niveau de vastes populations, fournissent également des indications extrêmement précieuses, dont on ne disposait pas auparavant. Ainsi, l'analyse minutieuse des régimes alimentaires des habitants de divers pays permet de déterminer quels groupes enregistrent les taux de maladie les plus faibles — les Méditerranéens et les Japonais, en l'occurrence — et quelles composantes différencient leurs régimes de ceux des populations affichant les taux les plus catastrophiques. Les études avec groupes témoins, où sont mis en comparaison les régimes alimentaires de groupes humains à peu près identiques, dont l'un est composé de personnes porteuses d'une maladie particulière et l'autre d'individus qui en sont exempts, apportent aussi des renseignements très utiles.

Les études «d'intervention», où les individus porteurs d'une maladie sont soumis durant une assez longue période à des diètes différentes, sont particulièrement révélatrices. Elles permettent de retracer facilement les cas où une amélioration est survenue dans les deux ou trois années suivant le début du traitement diététique; les aliments se trouvent alors évalués en fonction de leurs vertus thérapeutiques, comme les médicaments. Les avis qui font suite à ce type d'études, malheureusement trop rares, valent bien sûr leur pesant d'or.

Les tests basés sur des méthodes scientifiques d'une aussi grande précision produisent certes des résultats beaucoup plus fiables. Ces études comptent d'ailleurs pour beaucoup dans la reconnaissance par la médecine officielle des effets des habitudes alimentaires sur les fonctions physiologiques de l'être humain et la similitude entre les réactions qu'induisent les aliments et celles que provoquent les médicaments.

D'innombrables expériences de ce type ont ainsi permis de démontrer que des agents alimentaires peuvent agir comme anticoagulants, antidépresseurs, antiulcérants, antithrombotiques, analgésiques, tranquillisants, sédatifs, substituts hormonaux, laxatifs, diurétiques, décongestionnants, anti-inflammatoires, antibiotiques, ou qu'ils peuvent abaisser le taux de cholestérol et l'hypertension, détruire les cellules cancéreuses, accroître la fertilité, réprimer la diarrhée, stimuler le système immunitaire, modifier la réponse biologique, vaincre les virus, dilater les vaisseaux sanguins et les bronches, soulager la nausée, etc. (L'immense banque de données NAPRALERT de l'Université de l'Illinois compte plus de 102 000 entrées sur les propriétés pharmacologiques des plantes, comestibles et non comestibles, répertoriées à travers le monde!)

La pharmacopée alimentaire est aussi viable que la pharmacopée traditionnelle, quoique beaucoup plus complexe. Personne n'a encore inventé de «pilule-brocoli» ayant des effets équivalents à ceux de l'aliment lui-même, et il est peu probable qu'une telle invention voie jamais le jour. Chaque aliment est constitué de centaines de milliers de composés chimiques, pour la plupart inconnus encore, dont les interactions régissent l'activité pharmacologique de la moindre de ses parcelles. De solides théories ont bien mis en évidence certains aspects de ce processus. La meilleure compréhension qu'ont maintenant les médecins des transformations biochimiques qui sous-tendent l'évolution des maladies chroniques, depuis les réactions qu'elles déclenchent au niveau cellulaire jusqu'à leurs manifestations morbides, permet en outre aux scientifiques de mieux apprécier le potentiel des aliments dans la protection contre les maladies.

Chapitre 2

LES THÉORIES DE L'HEURE

Les substances alimentaires peuvent affecter la santé de bien des façons. D'innombrables théories, toutes parfaitement fondées scientifiquement, ont d'ailleurs été formulées sur les propriétés médicinales des aliments. Nous retiendrons ici les trois lignes de pensée qui orientent et modèlent la plupart des recherches les plus récentes dans le domaine. Elles s'articulent essentiellement autour de l'un ou l'autre des axes suivants:

- l'action protectrice des antioxydants;
- les propriétés pharmacologiques des graisses;
- les nouveaux types d'«allergies» ou d'intolérances alimentaires.

Une connaissance suffisante de ces théories est essentielle à la compréhension des effets salutaires ou nocifs des aliments et des moyens de se protéger contre les maladies.

1. L'action protectrice des antioxydants

Plusieurs de nos problèmes de santé seraient attribuables à l'action perverse de l'oxygène. L'élément même qui est à l'origine de la vie contribuerait-il aussi à nous l'enlever?

Des formes toxiques de l'oxygène assiègent en effet perpétuellement nos cellules, étouffant ainsi, molécule par molécule, la vie dans notre organisme. Ces aggressions que constituent les petites explosions continuelles qui accompagnent les réactions d'oxydation favoriseraient l'obstruction des artères, la cancérisation des cellules, le relâchement des articulations et le dérèglement du système nerveux.

Cette nouvelle théorie a complètement révolutionné la façon dont les scientifiques expliquent la genèse et entrevoient la prévention de la maladie. C'est même l'une des voies de recherche les plus importantes sur lesquelles s'appuie la science moderne pour faire valoir l'idée que les aliments peuvent freiner la détérioration du corps. On dispose actuellement de données scientifiques attestant effectivement les répercussions des réactions d'oxydation sur une soixantaine, au moins, de maladies chroniques et sur le vieillissement. «Plus on vieillit, plus l'organisme s'oxyde», fait remarquer le grand spécialiste Helmut Sies, actuellement directeur du département de chimie physiologique à la faculté de médecine de l'Université de Düsseldorf, en Allemagne. En termes moins élégants, nous sommes tous des morceaux de viande qui rancissent avec le temps.

Mais pourquoi certaines personnes sont-elles affectées plus rapidement que d'autres par cette détérioration qu'induit l'oxygène? Comment expliquer que certaines y résistent mieux, vieillissent moins rapidement et montrent moins de prédispositions à la maladie? Comment freiner ce processus destructif? Voilà autant de questions cruciales qui se présentent aux chercheurs.

Comme l'explique le Dr Sies, la théorie de l'oxydation n'a rien de très sorcier. Deux forces très puissantes luttent l'une contre l'autre dans notre organisme: les *oxydants*, qui sont en quelque sorte les renégats, et les *antioxydants*, qui agissent comme force policière du corps.

Bien que certains oxydants puissent être bénéfiques et soient produits en permanence par l'organisme au cours du processus métabolique, un bon nombre sont des envahisseurs étrangers extrêmement malveillants. On peut se représenter ces dangereux oxydants comme des bandes de molécules qui, pour le simple plaisir de détruire, errent ici et là dans l'organisme, attaquant les cellules, déchirant leurs membranes, corrompant leur matériel génétique, rancissant le gras et laissant mourir les cellules. Mais le processus est si graduel et cause si peu de douleurs internes — car il s'étale sur des années en incessantes explosions destructrices d'une durée d'une microseconde chacune — qu'on n'en prend conscience que lorsque leurs dommages cumulatifs commencent à se manifester, autrement dit quand apparaissent des symptômes tels que l'inflammation, l'altération de la vision, les douleurs thoraciques, l'affaiblissement de la concentration, une tumeur maligne, etc.

Divers antioxydants, fournis surtout par l'alimentation, travaillent par ailleurs sans relâche, comme on le verra plus loin, à protéger les cellules en défiant les molécules d'oxygène qui sont à l'origine de ces désordres; autrement dit, quand ces mauvais garnements que sont les oxydants sont plus nombreux et plus malins que ces bons diables d'antioxydants, le corps pénètre dans la zone du «stress oxydatif», territoire où le risque de contracter une maladie est très élevé.

Attention aux radicaux libres!

Les oxydants se présentent sous diverses formes et apparences. Ceux qui sont les mieux connus et sur lesquels on a recueilli jusqu'à maintenant le plus de données scientifiques sont les *radicaux libres* de l'oxygène. Ces molécules hautement réactives sont de véritables fauteurs de troubles. Ayant perdu un des électrons qui assuraient leur stabilité, elles cherchent frénétiquement un remplaçant, et sont prêtes à tout pour s'en saisir. Elles détruisent alors sur leur chemin des cellules saines et, au terme de réactions d'une durée infinitésimale, engendrent d'autres radicaux libres, donnant ainsi le coup d'envoi à une série de réactions en chaîne absolument incontrôlables. «Les radicaux engendrent d'autres radicaux», explique le Dr Sies, rappelant une des «lois inéluctables de la nature».

L'une des cibles des radicaux libres de l'oxygène est l'ADN (acide désoxyribonucléique), où est stocké le matériel génétique des cellules: les radicaux libres y provoquent de dangereuses mutations qui créent un terrain favorable au cancer. Fait plus terrifiant encore, les radicaux libres attaquent aussi les lipides des membranes cellulaires. Laissées sans défense, ne disposant pas d'un nombre suffisant d'antioxydants, ces molécules de graisse sont alors *peroxydées* (ou «rancies»), phénomène qui peut disloquer complètement l'architecture de la membrane cellulaire. Une fois peroxydées, elles deviennent de véritables torches capables d'enflammer à leur tour n'importe quelle molécule avec laquelle elles entrent en contact, suscitant ainsi une réaction en chaîne qui peut s'étendre indéfiniment, jusqu'à épuisement ou interruption, et corrompre des milliers d'autres molécules adipeuses.

D'où viennent les oxydants? Certains sont simplement les déchets de processus métaboliques (la respiration, par exemple) ou de réactions immunitaires. L'activité oxydante peut donc, pour une part, qui échappe totalement à notre contrôle, avoir des effets bénéfiques. D'autres, d'origine environnementale — radiations ionisantes, polluants atmosphériques, produits industriels toxiques, pesticides, fumée de cigarette, médicaments —, sont toutefois très nocifs. Vous pouvez certes influencer grandement le cours de votre destinée en évitant de fumer et de vous exposer aux produits chimiques dangereux; vous pouvez aussi vous prémunir, à différents degrés, contre les effets délétères des oxydants en opposant une barrière plus solide à leurs assauts.

Les effets dévastateurs des oxydants

Les oxydants peuvent:
- transformer le cholestérol LDL en une substance nocive susceptible d'obstruer les artères;

- attaquer le matériel génétique des cellules, engendrant ainsi des mutations précancéreuses;
- détruire les cellules oculaires, et conséquemment favoriser le développement de cataractes et l'apparition de la dégénérescence pigmentaire;
- perturber les processus biologiques normaux et hausser la tension artérielle;
- détruire les cellules nerveuses, créant un terrain favorable au développement de la maladie de Parkinson ou de la maladie de Lou Gehrig;
- endommager le sperme, entraînant des malformations congénitales ou encore l'infertilité.

Les aliments-défenseurs

L'une des grandes révélations des dernières années, laquelle s'appuie sur un faisceau de preuves qui va s'élargissant, est que l'on peut nourrir l'espoir de sortir de ce dilemme, pour autant, bien sûr, que les limites de la vie humaine et de la génétique le permettent. En fournissant à vos cellules tous les antioxydants alimentaires dont elles ont besoin, vous pouvez en effet terrasser, intercepter et détruire ces molécules d'oxygène qui étendent partout leurs ravages et même réparer certains des dommages qu'elles auraient occasionnés.

Les aliments, notamment les fruits et les légumes, regorgent de divers antioxydants très féroces. Une fois absorbés, ils se répandent à travers les tissus et les liquides de l'organisme, où ils opposent une solide résistance aux invasions des radicaux libres. Maintenant que sont mieux connues les propriétés des antioxydants, les chercheurs peuvent concentrer leurs études sur les aliments où l'on trouve ces éléments en abondance. La *quercétine,* le *lycopène,* la *lutéine* et le *glutathion,* les *vitamines C* et *E,* le *bêta-carotène* et certains oligo-éléments, dont le sélénium, sont au nombre des puissants antioxydants qu'on peut facilement trouver dans les végétaux.

Les nouvelles recherches sur les antioxydants sont si convaincantes que William A. Pryor, directeur de la recherche biomédicale à l'Université de la Louisiane, suggère que soient mis au point et administrés à grande échelle des tests sanguins qui révéleraient le «statut en antioxydants», de la même manière qu'on mesure maintenant le cholestérol sanguin. Ces tests fourniraient de précieuses données sur le niveau de l'activité oxydante de l'organisme, de même qu'ils permettraient d'établir si la ration alimentaire du sujet testé comporte assez d'antioxydants pour maîtriser convenablement cette activité.

Les meilleures sources alimentaires d'antioxydants

Les fruits et les légumes de couleur constituent les meilleures sources alimentaires d'antioxydants. En général, plus profonde est la couleur, plus fort est leur pouvoir antioxydant. Rappelez-vous aussi que les fruits et les légumes frais ou congelés agissent plus efficacement contre l'oxydation que ceux qui ont été cuits, mis en conserve ou traités industriellement. De même les légumes cuits au micro-ondes sont préférables aux légumes bouillis ou cuits à la vapeur. On préférera aussi les fruits entiers aux jus de fruits et, le cas échéant, les jus frais ou congelés aux jus en conserve. Les aliments suivants constituent d'excellents choix:

- raisin rouge (de préférence au raisin vert ou blanc);
- oignon rouge et oignon jaune (plutôt que l'oignon blanc);
- chou, chou-fleur et brocoli crus ou légèrement cuits;
- ail cru écrasé;
- huile d'olive extra-vierge pressée à froid;
- légumes à feuilles vert foncé;
- pamplemousse rose (de préférence au pamplemousse blanc);
- carotte d'un orange très profond, patate douce et citrouille.

(Pour une liste plus détaillée et des informations supplémentaires, on consultera la rubrique « Antioxydants» à la page 509.)

2. Les propriétés pharmacologiques des matières grasses (graisses animales, huiles végétales et huiles de poisson)

Les graisses alimentaires exercent une action aux répercussions inestimables sur les cellules de l'organisme. L'activité biologique au niveau cellulaire — et, par conséquent, son aptitude à favoriser ou à décourager les processus pathologiques — tient à un équilibre très fragile des acides gras alimentaires à l'intérieur de la cellule. *Le type de matières grasses que vous consommez a donc des répercussions énormes sur votre état de santé général.*

De récentes études ont montré en effet que l'ingestion de matières grasses, de quelque origine qu'elles soient, déclenche dans les cellules de véritables feux d'artifice biochimiques, à la suite de quoi des messagers hormonaux peuvent se répandre dans l'organisme et déclencher les réactions les plus diverses: coagulation du sang, maux de tête, constriction des vaisseaux sanguins, endolorissement, développement de tumeurs malignes, sans compter les réactions inflammatoires et immunitaires que peuvent provoquer les matières grasses. Certaines graisses inciteraient en revanche les cellules à fabriquer des produits chimiques qui dissolvent les caillots sanguins indésirables, combattent les douleurs articulaires et s'opposent à l'action des cellules cancéreuses.

Bien que leur action pharmacologique dépende de mécanismes très complexes impliquant diverses enzymes, une série de stades métaboliques et un équilibre extrêmement délicat de leurs composants au niveau cellulaire, les graisses alimentaires peuvent néanmoins contribuer grandement à inverser ou à soulager certaines maladies. Les nouvelles données sur la façon dont les lipides déterminent certaines fonctions cellulaires fondamentales se fondent sur deux découvertes d'une importance primordiale.

On a d'abord fait la preuve récemment que de nombreux processus biologiques, comme la coagulation sanguine et l'inflammation, sont en grande partie contrôlés par de puissantes substances hormonales — prostaglandines, thromboxanes et leucotriènes — appelées *eicosanoïdes* (ou *icosanoïdes*). D'autres recherches ont permis d'établir que ces eicosanoïdes sont des dérivés des graisses alimentaires. En d'autres mots, le régime alimentaire fournit aux acides gras la matière première qui permet à l'usine cellulaire de produire les eicosanoïdes. Le type et la quantité d'acides gras impliqués dans le processus déterminent nécessairement le type et la quantité d'eicosanoïdes qui en sortiront; s'ils peuvent être biologiquement salutaires, ils sont capables également d'exercer une action extrêmement nocive sur l'organisme.

On retiendra donc que les matières grasses que l'on ingère ont une influence déterminante sur les niveaux et l'activité biologique des eicosanoïdes qui circulent dans l'organisme.

Dis-moi ce que tu manges, et je te dirai qui tu es

Aussitôt ingérées, les matières grasses sont visibles dans les membranes cellulaires, où se détermine leur sort métabolique. Bien que les acides gras se présentent sous les structures moléculaires les plus variées et les plus complexes, deux catégories d'acides gras interviennent de manière déterminante dans la fabrication des eicosanoïdes: les *acides gras oméga-3*, concentrés surtout dans les produits d'origine marine et dans quelques produits de la terre, et les *acides gras oméga-6*, présents dans les huiles végétales, telles l'huile de maïs, l'huile de carthame et l'huile de tournesol, et dans les viandes provenant d'animaux nourris à même les produits de la terre.

Les oméga-6 d'origine terrestre contenus dans un morceau de viande ou dans l'huile de maïs, par exemple, peuvent être transformés dans l'organisme en *acide arachidonique*, qui, à son tour, engendre des substances hautement inflammatoires, rend le sang visqueux et favorise la constriction des vaisseaux sanguins.

Les corps gras que renferment les produits d'origine marine sont de nature tout à fait différente; ils sont aussi beaucoup moins nocifs. Les oméga-3 qu'on retrouve dans les poissons de mer, les mollusques et les crustacés peuvent en effet se transformer en substances capables de neutraliser l'agrégation des plaquettes sanguines, de dilater les vaisseaux sanguins et de réduire l'inflammation ainsi que les lésions cellulaires.

Les oméga-3 et les oméga-6 cohabitant dans les aliments, les cellules se trouvent à recevoir continuellement des ordres contradictoires. Les premiers ou les seconds prévaudront selon les proportions dans lesquelles ils seront présents dans votre régime alimentaire, et donc dans vos cellules, comme le fait remarquer le célèbre William E. M. Lands, qui a inauguré les recherches sur les huiles de poisson*. Si les cellules sont remplies d'oméga-6, dit-il, l'excès de prostaglandine hyperactive peut causer un dérèglement général, qui rend l'organisme plus vulnérable à la maladie; si l'organisme est, au contraire, bien pourvu en acides gras oméga-3, ceux-ci pourront maîtriser ou refroidir l'activité arachidonique responsable de la libération des eicosanoïdes.

Huiles de poisson *vs* huile de maïs

Les enjeux sont de taille! Vos cellules sont en quelque sorte un champ de bataille où les oméga-3 et les oméga-6 luttent pour la suprématie. Votre état de santé dépend donc nécessairement de ceux qui sortent vainqueurs de cette bataille. Pour la plupart des Américains, comme pour les habitants des autres pays occidentaux, on observe à ce niveau des déséquilibres continuels, c'est-à-dire une alimentation trop riche en oméga-6 et trop pauvre en oméga-3. Les Américains absorberaient 10 à 15 fois plus d'oméga-6 d'origine terrestre que d'oméga-3 d'origine marine, proportion très inquiétante, selon Lands. Par comparaison, les Inuits, grands consommateurs de poisson de mer, ingèrent trois fois plus d'oméga-3 que d'oméga-6; or ils enregistrent de très faibles taux de maladies chroniques.

Des études récentes, menées par Phyllis Bowen, professeur au département de nutrition et de diététique médicale à l'Université de l'Illinois à Chicago, ont montré que les oméga-6 constituent 80 % des acides gras insaturés que renferment les membranes cellulaires des Américains; à titre de comparaison, les niveaux d'oméga-6 approcheraient les 65 % chez les

---

* Cf. *Fish and Human Health,* Orlando, Academic Press, 1986.

Français, 50 % chez les Japonais et seulement 22 % chez les populations autochtones du Groenland.

Ces taux excessifs d'oméga-6 inquiètent beaucoup les experts, dont le Dr Alexander Leaf, professeur émérite à la faculté de médecine de l'Université Harvard. Au cours de son évolution séculaire, notre corps a reçu de grandes quantités d'oméga-3 et pratiquement aucun oméga-6, souligne-t-il; mais depuis l'apparition des huiles végétales raffinées, la proportion entre les deux types d'acides gras se révèle inadéquate chez certaines populations. La carence en poisson dans les régimes d'aujourd'hui prive les cellules de l'organisme de l'huile marine dont elles ont absolument besoin; elles se trouvent alors surchargées d'huiles traitées et de graisses d'origine animale — les Big Macs et l'huile Mazola —, autant de corps étrangers aux cellules humaines.

Ce nouveau déséquilibre entre les acides gras entraîne des désordres cellulaires importants qui contribuent à accroître l'épidémie actuelle de maladies chroniques: maladies de cœur, cancer, diabète, arthrite, pour ne nommer que celles-là. L'organisme humain requiert une dose minimum d'huile de poisson, selon le Dr Leaf, et une carence à ce niveau se traduit par de multiples pathologies. «Il est possible que l'épidémie de maladies cardiaques et de cancers que nous connaissons à notre époque résulte d'un niveau de carence en huile de poisson si élevé que paradoxalement il nous échappe», dit le Dr Ewan Cameron, du Linus Pauling Institute of Science and Medecine (Californie).

Divers travaux ont fait ressortir assez récemment l'inestimable pouvoir thérapeutique, et même salvateur, des huiles de poisson. Non seulement la consommation de poisson gras préviendrait-elle les effets invalidants consécutifs aux maladies cardiaques, mais elle pourrait épargner la mort à nombre de patients gravement atteints. On a observé en effet que moins une personne atteinte d'athérosclérose consomme d'huile d'origine marine, plus son état s'aggrave.

Une équipe a également démontré que l'ingestion quotidienne de 4,5 grammes (g) d'huile de poisson — équivalents à une portion de 196 g de maquereau — pendant huit mois pouvait réduire de 56 % le développement de la colite ulcéreuse. Les résultats d'un autre test suggèrent que l'huile de poisson pourrait diminuer de 33 % les besoins en prednisone, un stéroïde.

Lands a mis au point une méthode très simple permettant de prédire, de façon presque infaillible dit-il, les probabilités qu'a un individu de faire une crise cardiaque: une simple piqûre au doigt. En mesurant les taux d'acides gras oméga-3 et oméga-6 dans le sang, on disposerait en effet de précieuses indications sur la susceptibilité à l'infarctus: plus le quotient oméga-

3/oméga-6 est élevé, plus est réduit le risque d'infarctus du myocarde. On a démontré par ailleurs qu'une proportion élevée d'oméga-3 dans le sang par rapport aux oméga-6 est associée à des taux plus faibles de cancer.

«Notre surconsommation d'acides gras oméga-6, prédominants dans les margarines, les huiles de cuisson et les aliments industriels, nous mène, sans que nous nous en apercevions, à un véritable désastre», déclare le Dr Artemis Simopolous, président du Center of Genetics, Nutrition and Health de Washington, D.C. Les professionnels de la santé ont d'abord encouragé l'usage généralisé de ces huiles végétales pour abaisser le niveau de cholestérol sanguin; or il a été mis en évidence ultérieurement que certaines de ces huiles peuvent avoir des effets nocifs sur d'autres aspects de la santé (en favorisant, par exemple, les maladies inflammatoires et le cancer ou en affaiblissant le système immunitaire). Des expérimentations sur des animaux de laboratoire ont bien montré que les huiles riches en oméga-6 sont les grandes responsables du développement du cancer, de sa propagation et de son issue souvent fatale.

Le seul moyen de remédier à ce déséquilibre lipidique si inquiétant est de *restreindre sa consommation d'aliments riches en oméga-6 et d'augmenter l'apport en oméga-3 de source marine*, disent les experts. L'impact est presque immédiat. Des études indiquent en effet que l'ingestion de 98 g de poisson gras par jour peut exercer une action bénéfique en moins de soixante-douze heures! Il est donc important de consommer du poisson — en optant le plus souvent possible pour le saumon, les sardines, le maquereau et le thon — au moins deux à trois fois par semaine.

La moindre addition de poisson de mer à un régime où il figurait en faible proportion contribue d'une manière ou d'une autre à rétablir l'équilibre des acides gras, réduisant du coup non seulement les maladies de cœur mais aussi nombre de problèmes de santé courants liés à la carence en huile d'origine marine. Les recherches montrent que l'ingestion d'à peine 28 g de poisson par jour peut aider à rétablir le bon fonctionnement des cellules, épargnant ainsi à nombre d'individus l'invalidité ou la mort prématurée. La méconnaissance des propriétés dangereuses de certains corps gras peut, comme on le voit, avoir des conséquences dramatiques.

Comment l'huile de poisson peut prévenir ou soulager certains troubles ou maladies

- *L'arthrite rhumatoïde:* en atténuant la douleur, l'inflammation, la raideur et la fatigue articulaires.

- *La crise cardiaque:* en réduisant du tiers les risques de crises subséquentes.
- *L'obstruction des artères:* en dégageant et en dilatant les artères et en réduisant de 40 à 50 % le risque que ne se referment les artères après une angioplastie.
- *L'hypertension:* en éliminant ou en réduisant le besoin de recourir à des médicaments antihypertenseurs.
- *La colite ulcéreuse:* en diminuant de beaucoup cette inflammation de l'intestin.
- *Le psoriasis:* en réduisant les démangeaisons, les rougeurs et la douleur chez certains patients et en diminuant la quantité de médicaments nécessaires.
- *La sclérose en plaques:* en aidant à atténuer les symptômes chez certains patients.
- *L'asthme:* en réduisant le nombre de crises chez certains patients.
- *La migraine:* en apaisant la douleur et en diminuant la fréquence des accès de céphalées chez certaines personnes.

Les meilleures sources d'oméga-3

Selon les études qui ont été faites sur le sujet, les poissons les plus gras frayant dans les profondeurs glacées des océans constituent les meilleures sources d'oméga-3: le maquereau, l'anchois, le hareng, le saumon, la sardine, le touladi *(lake trout),* l'esturgeon noir et le thon, par exemple. On trouve aussi des quantités appréciables d'oméga 3 dans le turbot, le tassergal *(bluefish),* le bar d'Amérique, l'aiguillat noir ou la roussette maillée (requin), l'éperlan, l'espadon et la truite arc-en-ciel. Les mollusques et crustacés — crabe, homard, crevettes, moules, huîtres, palourdes et calmars — en renferment également, quoique en plus petite quantité. (On trouvera dans l'Appendice placé à la fin du volume des indications sur la teneur en oméga-3 et la valeur nutritive d'une cinquantaine d'espèces de poissons.)

On trouve également des oméga-3 dans certains aliments d'origine végétale: les plus hautes concentrations se trouvent dans les noix, le lin, le colza (d'où est extraite l'huile de canola) et le pourpier, un légume vert à feuilles qui pousse à l'état sauvage aux États-Unis et fait partie de l'alimentation courante en Europe et au Moyen-Orient. L'action bénéfique des oméga-3 d'origine végétale au niveau cellulaire serait toutefois, dit-on, cinq fois moins grande que celle des oméga-3 d'origine marine.

3. Les allergies et intolérances alimentaires

Souffrez-vous de maux de tête? d'urticaire? d'asthme? d'eczéma? du syndrome de fatigue chronique? Vous sentez-vous déprimé, morose, léthargique? Votre bébé est-il affecté par les coliques, l'exanthème (éruptions), la diarrhée? Vos enfants ont-ils une respiration asthmatique? de fréquentes infections à l'oreille ou des migraines? des crises d'épilepsie?

On dispose de plus en plus de preuves scientifiques que ces affections peuvent être provoquées ou aggravées par les réponses qu'oppose le corps à certains aliments. Il ne s'agit pas ici d'allergie, au sens habituel du terme, mais plutôt de réactions alimentaires particulières à certains individus — dont personne ne semble connaître les causes précises — susceptibles de provoquer des douleurs très violentes. Ces «allergies» sont bien réelles; le seul fait d'admettre cette réalité a d'ailleurs contribué à résoudre plus d'une énigme dans le domaine de la santé. Fermer les yeux sur la possibilité de telles réactions de rejet, c'est se condamner à endurer pendant des années d'inutiles souffrances.

L'établissement de corrélations entre des allergies insoupçonnées à la nourriture et diverses pathologies est néanmoins récente et garde encore, pour plusieurs, un caractère marginal ou révolutionnaire. Les réactions qui sont ici en cause ne rencontrent pas toujours la définition classique de l'allergie alimentaire; c'est ce qui explique qu'on s'y réfère habituellement en ayant plutôt recours aux termes d'«intolérance», de «sensibilité à...» ou d'«hypersensibilité»; on parlera aussi de «réaction métabolique à» ou, tout simplement, de «réaction indésirable».

L'allergie ordinaire

Selon la conception qui a pendant longtemps servi de point de référence aux médecins, la moindre petite bouchée d'un aliment auquel vous êtes «allergique» provoquera une réaction immédiate, plus ou moins grave selon le cas: inflammation de la muqueuse buccale, rougeurs et démangeaisons, crise d'asthme et/ou choc anaphylactique. Les tests sanguins et cutanés pratiqués dans ce cas confirmeront qu'il s'agit bel et bien d'une allergie alimentaire.

Dans l'allergie alimentaire classique, le système immunitaire, réagissant exagérément en quelque sorte, identifie à tort d'innocents composés (présents, par exemple, dans le lait de vache ou les noix) comme étant des ennemis de même nature que les bactéries ou les virus. Cette erreur de repérage déclenche dans le système immunitaire une réaction en chaîne de mise en alerte, qui donne lieu à la production d'anticorps, les *immunoglobulines E* ou *IgE*, pour lutter contre les fausses menaces des antigènes alimentaires et à la libération d'histamines et autres produits chimiques qui provoquent les symptômes de l'allergie. Selon cette conception traditionnelle, seules les réactions où sont impliquées les IgE sont considérées comme de vraies allergies.

L'allergie alimentaire à retardement

Une nouvelle théorie de l'allergie alimentaire — appelée avec plus de justesse dans ce cas « intolérance» ou «hypersensibilité» alimentaire —, qui retient de plus en plus l'attention du corps médical, veut que l'ingestion d'un aliment mal toléré par un individu déclenche dans certains cas des réactions très subtiles, d'ailleurs assez difficiles à identifier très souvent. Latente durant des heures ou durant un jour ou deux, parfois même plus longtemps, elles requièrent une plus grande dose du même aliment pour se manifester. Les tests sanguins et cutanés d'allergie pratiqués dans ces circonstances ne seront pas nécessairement positifs. Le système immunitaire peut ne pas être impliqué directement dans le processus.

Cette *hypersensibilité différée* ou *à retardement* favoriserait, selon certains spécialistes, l'émergence d'une série de malaises (léthargie, maux de tête, problèmes d'humeur et de concentration, etc.) et divers types d'affections chroniques, dont l'arthrite rhumatoïde et le syndrome du côlon irritable. Le fait d'éviter certains aliments permettrait de contrer ces réactions adverses, souvent installées à demeure, comme c'est le cas dans l'arthrite rhumatoïde et les troubles digestifs, entre autres.

Selon le Dr John O. Hunter, gastro-entérologue à l'hôpital Addenbrookes de Cambridge, chef de file des recherches en ce domaine, «les régimes restrictifs (c'est-à-dire où sont exclus certains aliments) se sont avérés efficaces contre la migraine, le côlon irritable, la maladie de Crohn, l'eczéma, l'hyperactivité et l'arthrite rhumatoïde, lors d'expériences contrôlées». «Malgré le vaste éventail des maladies concernées, il est étonnant de constater que les aliments en faute sont presque toujours les mêmes: *céréales* (le blé affecterait 60 % des sujets), *produits laitiers, caféine, levure* et *agrumes* (le miel serait le moins allergisant des aliments, selon les tests). Lorsque la personne atteinte s'abstient de manger quelques-uns ou l'ensemble de ces aliments, elle se voit souvent soulagée aussitôt des symptômes qui y sont associés.»

Ce type d'allergie a ceci de particulier que l'absorption de l'aliment en faute n'affecte pas nécessairement tout l'organisme; la réaction aurait lieu dans les intestins plutôt que dans le sang et le système immunitaire.

En se décomposant dans les intestins sous l'action des bactéries, les aliments libéreraient des toxines et d'autres produits chimiques «déclencheurs». Ces réactions seraient intermittentes, selon la sensibilité de chacun et l'équilibre des bactéries dans l'appareil digestif.

Selon une autre théorie, ces réactions alimentaires étranges et débilitantes seraient dues à un problème chronique d'inflammation intestinale causée par le passage dans le courant sanguin de particules de nourriture indigestes à travers la paroi du côlon; traitées comme des envahisseurs étrangers par le système immunitaire, ces particules déclencheraient un tumulte allergique dans le sang. À moins qu'il ne s'agisse, comme le soutiennent certains chercheurs, de symptômes induits directement par les éléments constitutifs de certains aliments. Ainsi, le café, les fruits et le vin contiennent des phénols, produits chimiques naturels qui sont inactivés par les enzymes au cours de la digestion. Si ces enzymes sont défectueuses et n'arrivent pas à neutraliser correctement les phénols, ces derniers sèmeront le trouble; on suspecte ainsi les phénols présents dans le vin de provoquer des migraines.

D'autres chercheurs inclinent, pour leur part, à penser que plusieurs aliments seraient purement et simplement porteurs de puissants agents allergènes. Des tests ont mis en évidence la présence d'histamine dans le lait; or on sait que l'histamine joue un rôle important dans les réactions allergiques, l'asthme par exemple. Le lait et le blé contiennent à l'état naturel des substances opiacées (c'est-à-dire renfermant de l'opium), semblables à la morphine, qui seraient susceptibles d'affecter l'activité cellulaire au niveau du cerveau; on croit qu'elles pourraient influencer l'humeur et l'activité mentale, et peut-être même être à l'origine de la fatigue.

Les intolérances alimentaires peuvent-elles être à l'origine de troubles psychiques?

«De plus en plus de recherches suggèrent que des symptômes psychologiques — la dépression et l'anxiété, par exemple — pourraient être causés et/ou exacerbés par la sensibilité à certains aliments chez certaines personnes prédisposées à ces intolérances», lit-on dans un compte rendu récent du Dr Alan Gettis, de l'Université Columbia. L'allergologue Talal Nsouli, professeur à la faculté de médecine de l'Université Georgetown, a découvert de son côté que la fatigue chronique, dans un nombre surprenant de cas, est due à des allergies alimentaires à retardement, particulièrement au blé, au lait et au maïs.

Ces relations établies récemment entre les intolérances alimentaires et une kyrielle d'affections inquiétantes, apparemment incurables, ouvrent des perspectives extrêmement encourageantes à des milliards de personnes.

Comment détecter une allergie alimentaire chronique

Comment les non-spécialistes peuvent-ils repérer les aliments allergisants qui pourraient être en cause dans les symptômes ou la maladie qui les affectent, qu'il s'agisse de l'arthrite, de maux de tête, de sautes d'humeur, de douleurs abdominales ou de la diarrhée? Le Dr Talal Nsouli explique comment s'y prendre.

1. Pendant une semaine, cessez de manger l'aliment que vous soupçonnez être à l'origine de vos malaises. En toute logique, vous devriez commencer par les aliments les plus souvent incriminés: produits à base de blé ou de maïs, lait et produits laitiers. Soyez attentif à lire les étiquettes pour détecter la présence de ces aliments. Ainsi, la caséine du lait, le gluten contenu dans le blé et les édulcorants fabriqués à partir du maïs (le sirop de maïs) entrent fréquemment dans la composition des aliments transformés.

2. Au cours de la semaine où vous évitez de consommer l'aliment suspect, soyez attentif à voir si vous vous sentez mieux — si, par exemple, la diarrhée ou les maux de tête ont diminué —, auquel cas vous devrez confirmer vos soupçons.

3. Pour être sûr qu'un aliment exerce sur vous des effets allergènes, procédez à un test «de tolérance» ou «de provocation allergénique». Pendant une semaine, consommez de grandes quantités de l'aliment que vous aviez précédemment éliminé de votre alimentation. S'il s'agit des produits laitiers, buvez du lait à faible teneur en matières grasses et mangez du yogourt et du fromage cottage deux ou trois fois par jour. Si c'est le maïs que vous suspectez, mangez beaucoup de grains de maïs entiers, de flocons de maïs, de tortillas, de pain de maïs et de croustilles au maïs. Si vous voulez vérifier si c'est bien le blé qui vous rend misérable, mangez du pain, des céréales de blé et des pâtes en abondance. Notez attentivement si votre état s'est aggravé, si vos symptômes ont réapparu. La réponse est positive? Il y a de grandes chances alors que vous teniez le coupable, sinon l'un des coupables. N'oubliez pas: le symptôme peut ne pas apparaître avant deux ou trois jours après que vous avez ingéré l'aliment en faute.

MISE EN GARDE

Si vous avez déjà par le passé réagi très violemment à un aliment ou si vous croyez être allergique à certains aliments, comme les arachides ou les crevettes, *ne faites en aucun cas de test de tolérance*. Évitez à tout prix ces aliments; les manger pourrait provoquer des réactions — un choc anaphylactique, entre autres — qui pourraient mettre votre vie en danger.

4. Répétez les étapes précédentes, en vous concentrant sur d'autres aliments à haut risque (blé, lait, maïs, soya et œufs).

Vous pouvez aussi, bien sûr, consulter un allergologue. Il devrait normalement vous demander de vous soumettre à des tests de dépistage de routine, dont des tests cutanés et/ou l'épreuve du RAST (*radioallergosorbent test*), test sanguin qui signale les réactions immunitaires. S'ils sont utiles pour détecter les tout premiers signes d'allergies alimentaires, ces tests ne sont toutefois pas infaillibles: ils peuvent occulter certaines intolérances alimentaires ou rapporter de «fausses» intolérances. Le seul test sûr à 100 %, même pour les allergologues, est le retrait de l'aliment de votre régime, aliment que vous pourrez inclure à nouveau temporairement un peu plus tard, de manière à vérifier s'il est vraiment en cause.

II

Mesures diététiques pour prévenir ou guérir les maladies et les symptômes les plus courants

A

TROUBLES ET MALADIES CARDIOVASCULAIRES

Chapitre 3

HYGIÈNE ALIMENTAIRE DE BASE POUR PRÉVENIR LES MALADIES CARDIAQUES

Aliments susceptibles de protéger les artères et de contribuer à prévenir les accidents cardiaques: Poissons et fruits de mer • Fruits et légumes • Noix, grains entiers et légumineuses • Oignon et ail • Huile d'olive • Alcool (avec modération) • Aliments riches en vitamines C et E et en bêta-carotène.
Aliments susceptibles d'endommager le cœur et les artères: Viande • Produits laitiers riches en gras saturés • Excès d'acool.

Plusieurs facteurs interviennent dans les maladies de cœur: les antécédents familiaux, le sexe, le style de vie (tabac, manque d'exercice, stress) et le régime alimentaire, facteur de risque absolument déterminant dans l'obstruction des artères et l'arrêt cardiaque. De nouvelles données scientifiques permettent en effet de croire qu'en corrigeant ses habitudes alimentaires, on peut dans bien des cas réparer les dommages occasionnés aux artères — même si l'on a déjà été victime d'un infarctus ou de toute autre affection coronarienne —, inversant ainsi le cours des choses ou contrecarrant l'évolution de la maladie vers une issue fatale. Pour éviter l'infarctus ou l'accident vasculaire cérébral, il importe d'abord et avant tout en effet de freiner la dégradation des artères, inévitable avec l'âge.

Agissez donc dès maintenant. Il n'est jamais trop tôt — ni trop tard — pour y voir. Première démarche: s'interroger. Se demander tout simplement: comment donc s'alimentent ceux *qui n'ont pas* de maladies de cœur ou, à tout le moins, qui n'en meurent pas?

Processus et conséquences de l'obstruction des artères

À la naissance, les artères sont lisses, souples et bien ouvertes. Très tôt cependant apparaissent des stries graisseuses dans et sous la couche de cellules qui tapissent la face interne de leurs parois; ces dépôts se transforment ensuite graduellement en plaques ou athéromes, tissus cicatriciels graisseux qui finissent par obstruer les artères coronaires et ralentir le flux sanguin. On a donné le nom d'*athérosclérose* à cette maladie.

Si l'une de ces plaques se désagrège, le mécanisme de la coagulation risque de se déclencher; advenant qu'un caillot s'élargisse, il pourra oblitérer les artères, devenues trop étroites, et bloquer la circulation sanguine, étouffant ainsi certaines parties du muscle cardiaque, le myocarde: c'est l'*infarctus du myocarde*, mieux connu dans le langage populaire sous le nom de «crise cardiaque».

Une réduction du flux sanguin occasionnée par le rétrécissement des artères peut également troubler le rythme cardiaque: la *tachycardie*, de même que la *fibrillation*, qui peut être fatale, en sont des exemples.

Il arrive dans certains cas que l'occlusion ou la rupture d'un vaisseau sanguin nuise à l'irrigation normale du cerveau et donne lieu à un *accident vasculaire cérébral*, communément appelé «attaque (d'apoplexie)».

L'alimentation influence en grande partie la rapidité et la hardiesse avec laquelle les agents responsables de l'obstruction des artères entrent en action. En prévenant l'accumulation du cholestérol et autres lipides dans le sang et surtout en agissant sur les facteurs qui favorisent la coagulation, un régime approprié peut contribuer à maintenir les vaisseaux sanguins en bon état: bien dégagés, souples et libres de tout caillot dangereux, ils pourront assurer sans défaillance la circulation sanguine.

Le poisson: un remède universel

Pour vous prémunir contre les accidents coronariens, rien de tel que de consommer régulièrement du poisson, en optant de préférence pour les espèces à chair grasse, qui regorgent d'*acides gras oméga-3*. Il est en effet reconnu qu'elles exercent une action préventive et thérapeutique contre les maladies cardiovasculaires. Les vertus du poisson de mer tiendraient surtout aux propriétés médicinales exceptionnelles des matières grasses qu'il renferme.

Le tableau est clair: les populations qui consomment le plus de poisson de mer sont moins vulnérables que les autres populations à travers le monde aux maladies cardiaques. De toutes petites portions suffiraient même à obtenir des résultats spectaculaires. Une importante étude menée en Hollande a montré que la consommation quotidienne de 28 g de poisson de mer environ pouvait réduire de moitié les risques de cardiopathie mortelle. Une autre recherche, mettant à contribution 6000 Américains d'âge moyen, a révélé qu'un petit morceau de 28 g de maquereau ou de 84 g de bar suffisait à abaisser de 36 % les risques de succomber à une maladie du cœur. Une étude épidémiologique étalée sur une période de vingt-cinq ans et portant sur un échantillon de 17 000 Américains a aussi permis d'établir une corrélation directe entre la consommation de poisson et l'abaissement du taux de crises cardiaques mortelles. De même, on a recensé 33 % plus de décès par cardiopathie chez ceux qui s'abstenaient de manger du poisson que chez ceux qui incluaient à leur ration quotidienne plus de 35 g de poisson de mer.

À la suite d'une série de 40 autopsies, pratiquées à l'hôpital Frederiksberg, des chercheurs danois présentaient récemment des preuves irréfutables des effets protecteurs de l'huile de poisson contre l'athérosclérose. Examinant minutieusement artères et tissus gras, ils mesurèrent la quantité d'huile de poisson contenue dans les tissus adipeux des cadavres (indice de la quantité de poisson gras qu'auraient absorbée les individus de leur vivant), pour en conclure sans la moindre hésitation que ceux dont les tissus adipeux contenaient le plus de gras oméga-3 étaient aussi ceux dont les parois artérielles internes étaient les plus lisses et les plus «propres» — les moins affectées, donc, par l'athérosclérose.

EN BREF: *Si vous voulez réduire du tiers ou même de moitié les risques de faire une crise cardiaque, intégrez une portion de 28 g par jour ou quelques portions hebdomadaires de poisson gras à votre régime alimentaire.*

Le régime de la «deuxième chance»

Si vous avez déjà été victime d'un infarctus, il n'y a pas lieu d'hésiter un seul instant: adoptez dès maintenant un régime alimentaire où le poisson gras occupera une place de choix. Cette mesure peut diminuer du tiers les risques de récidive. Elle vous protégera même encore plus d'une nouvelle crise que si vous vous en teniez à la recommandation traditionnelle de réduire la part accordée dans le régime aux aliments à haute teneur en graisses saturées d'origine animale.

Une étude innovatrice menée durant deux ans par le Dr Michael Burr, du Medical Research Council de Cardiff, au pays de Galles, auprès de 2033 hommes ayant tous été victimes d'une ou de plusieurs crises cardiaques, est à cet égard fort instructive. Les sujets ont été répartis en quatre groupes: ceux du premier groupe devaient manger une portion de 140 g de poisson gras (saumon, maquereau ou sardines) au moins deux fois par semaine ou avaler une dose équivalente d'huile de poisson sous forme de gélules; les sujets du deuxième groupe devaient réduire leur consommation d'aliments à haute teneur en graisses saturées (beurre, fromage, crème); les patients composant le troisième groupe furent invités, pour leur part, à consommer une plus grande quantité de fibres en ajoutant plus de céréales de son et de pain de blé entier au menu; quant aux sujets du quatrième groupe — qui servait de groupe témoin, c'est-à-dire de point de comparaison —, ils étaient libres de s'alimenter selon leurs habitudes. À la fin des essais, on ne nota aucun effet «salvateur» chez ceux qui avaient été soumis au régime limitant l'apport en matières grasses ni chez ceux dont le régime avait été enrichi de fibres. L'impact noté par contre chez les sujets du premier groupe, qui avaient ajouté du poisson à leur ration alimentaire, a été absolument ahurissant: le taux de mortalité par cardiopathie normalement attendu chez les sujets de ce groupe a baissé de 29 %! «C'est assez fantastique!», reconnut Alexander Leaf, professeur émérite de la faculté de médecine de l'Université Harvard et autorité mondiale sur toutes les questions touchant l'huile de poisson.

Si vous avez déjà été victime d'un infarctus, sachez donc qu'en mangeant du poisson deux fois par semaine et des fruits et des légumes en abondance, vous réduirez davantage les risques d'une autre crise que si vous vous contentez de diminuer la quantité de graisses saturées d'origine animale dans votre régime alimentaire. La même recommandation s'applique si vous avez déjà subi une angioplastie, opération visant à désobstruer les artères: la consommation de poisson ne peut que vous aider à prévenir une nouvelle oblitération des artères, celles-ci ayant tendance à s'obstruer à nouveau dans 40 à 50 % des cas. Plusieurs études montrent que l'huile de poisson peut même améliorer le pronostic ultérieur de 50 %. Ici encore, il y a de bonnes chances que l'huile de poisson donne de meilleurs résultats que si l'on s'en tient uniquement au régime faible en matières grasses.

Pour s'en assurer, le Dr Mark R. Milner, chirurgien au Washington, D.C., Hospital Center, invita 42 patients ayant subi une angioplastie à prendre régulièrement des capsules d'huile de poisson *en plus* d'adopter un régime faible en matières grasses au cours des six mois suivant l'opération. À peine 19 % d'entre eux furent confrontés à une nouvelle obstruction des artères. Un nombre égal de patients furent soumis par ailleurs à une diète faible en graisses et non supplémentée en huile de poisson: on observa deux fois plus de blocages récurrents que dans l'autre groupe. La dose protectrice quotidienne utilisée dans l'expérience était équivalente à la quantité d'huile contenue dans 196 g de maquereau environ. Les personnes qui consomment habituellement du poisson trois fois ou plus par semaine n'ont toutefois pas besoin de ce rattrapage d'urgence que représentent les doses massives d'huile de poisson, fait remarquer le Dr Milner.

Le Dr Isabelle Bairati, professeur à la faculté de médecine de l'Université Laval (Québec), est arrivée aux mêmes conclusions. Des portions adéquates de poisson peuvent, à elles seules, avant et après une angioplastie, empêcher la ré-obstruction des artères aussi bien que l'ingestion de capsules d'huile de poisson, reconnaissait-elle à la suite d'une expérience; la portion hebdomadaire de 225 g s'avéra cependant deux fois plus efficace que celle de 50 g. Comme on pouvait s'y attendre, les poissons à chair grasse, tels que le saumon, le maquereau et les sardines, à haute teneur en acides gras oméga-3, agirent beaucoup plus efficacement que les autres types de poissons.

Dix propriétés de l'huile de poisson

Si l'huile de poisson est si efficace pour combattre les maladies cardiaques, c'est parce qu'elle peut:
- bloquer l'agrégation des plaquettes sanguines (coagulation);
- réduire la constriction des vaisseaux sanguins;
- augmenter le flux sanguin;
- abaisser le fibrinogène, substance intervenant dans la coagulation du sang;
- stimuler l'activité fibrinolytique (dissolution des caillots);
- freiner l'action nocive des radicaux libres de l'oxygène sur les cellules;
- abaisser les triglycérides;
- augmenter le «bon cholestérol» (HDL);
- accroître la flexibilité des membranes cellulaires;
- diminuer la pression sanguine.

Précautions à prendre dans le choix du poisson

Il arrive que le poisson soit contaminé par les pesticides et d'autres produits chimiques industriels. Il faut donc être extrêmement prudent dans le choix des espèces à consommer. Voici quelques façons de profiter le plus possible de tous les bienfaits de cet aliment, tout en réduisant au minimum les risques qui pourraient y être liés.
- Optez pour le poisson de mer plutôt que pour le poisson d'eau douce frayant dans les fleuves, les rivières et les lacs: il risque moins d'être pollué.
- Évitez de consommer le poisson de lac ou de rivière capturé dans le cadre de la pêche sportive: il peut arriver qu'il soit contaminé.

- Entre les petits et les grands poissons, optez pour les premiers: les petits poissons sont plus sains que les gros (les sardines, par exemple, ont été exposées pendant un moins grand nombre d'années aux polluants que les poissons de plus grande taille).

- Variez les espèces plutôt que de vous en tenir toujours à la même: cela réduira d'autant les risques de surdose occasionnée par l'ingestion de poissons de même source.

- Évitez de manger la peau du poisson, où s'accumulent des produits chimiques toxiques.

- Pour plus de sécurité, vous pouvez opter pour le poisson d'élevage, tels que la barbotte et le saumon, qui risquent moins d'être contaminés; ils contiennent cependant moins d'acides gras que les mêmes espèces frayant dans les cours d'eau.

- Bien que certaines populations dont les taux de maladie sont très bas (les pêcheurs japonais et les Inuits, par exemple) mangent du poisson quotidiennement, parfois même jusqu'à un demi-kilo, il n'est pas nécessaire d'en consommer autant pour profiter de ses bienfaits. La plupart des études suggèrent qu'une consommation s'établissant à deux ou trois fois par semaine peut faire obstacle aux maladies cardiaques, au cancer et autres maladies chroniques.

- Les femmes enceintes devraient être tout particulièrement vigilantes dans le choix du poisson car les produits toxiques pourraient entraîner des malformations congénitales: elles doivent s'abstenir de consommer du poisson provenant des eaux fluviales et ne devraient pas manger plus d'une fois par mois de l'espadon, du requin et du thon frais. Des experts leur recommandent aussi de ne pas inscrire au menu plus de 196 g de thon en conserve par semaine.

Quelques conseils sur l'apprêt du poisson

Pour profiter au maximum des bénéfices de l'huile de poisson, il est recommandé de cuire le poisson au four ou de le pocher. La friture ou tout autre mode de cuisson nécessitant l'addition de corps gras, tout particulièrement d'huiles végétales riches en oméga-6, diminue l'efficacité des oméga-3.

Quand vient le temps de faire provision de poisson en conserve, optez pour le thon mis en conserve dans l'eau et les sardines non conservées dans l'huile, à moins qu'il ne s'agisse d'huile de sardine (vérifiez ces détails sur l'étiquette); les huiles ajoutées, telles que l'huile de soya, peuvent en effet diminuer l'apport en oméga-3. En égouttant le thon mis en conserve dans l'huile, on perd entre 15 et 20 % de ses précieux acides gras;

en égouttant le thon mis en conserve dans l'eau, on ne détruirait par contre que 3 % de ces graisses.

Les vertus thérapeutiques de l'ail

Des enquêtes réalisées à travers le monde, dont une étude effectuée en 1981 par des chercheurs de l'Université Western Ontario sur les habitudes alimentaires des populations de 15 pays, ont permis d'établir une corrélation directe entre la consommation d'ail et la faible incidence des cardiopathies; en effet, *les pays où l'on consomme le plus d'ail sont ceux qui affichent les plus bas taux de maladies de cœur.*

L'ail aurait la propriété de freiner l'obstruction des artères et même de faire régresser ce processus dégénératif en aidant à guérir les lésions, selon le cardiologue Arun Bordia, du Tagore Medical College, en Inde. Le Dr Bordia, initiateur des recherches sur l'ail, a découvert en effet que les gousses magiques avaient permis de rétablir en partie la tonicité des artères de lapins gravement touchés par l'athérosclérose (artères obstruées à 80 %) et d'atténuer ainsi la gravité de la maladie.

Le remède fut ensuite expérimenté sur un groupe de 432 patients atteints de maladies cardiaques (la plupart d'entre eux relevant d'une crise cardiaque). La moitié du groupe ajouta pendant trois ans à son régime quotidien deux ou trois gousses crues ou cuites; on devait presser l'ail pour en extraire le jus et l'ajouter au lait pour en faire une sorte de tonique matinal, ou encore le hacher ou le faire bouillir. Les autres sujets s'abstinrent durant la même période d'en consommer. Après la première année des essais, on ne nota aucune différence notable entre les taux de crises cardiaques de part et d'autre. La seconde année, en revanche, le taux de mortalité des sujets du premier groupe (ceux qui avaient consommé de l'ail cru ou cuit) chuta de 50 %, et, au cours de la troisième année, de 66 %! Le nombre de crises cardiaques non mortelles baissa également chez ces derniers de 30 % la seconde année, et de 60 % l'année suivante; on observa en outre que leur tension artérielle et leur cholestérol sanguin avaient diminué de 10 % et qu'ils semblaient moins vulnérables que les sujets de l'autre groupe aux crises d'angine (douleurs à la poitrine). Aucun changement important au niveau cardiovasculaire ne fut toutefois enregistré chez les sujets de l'autre groupe, soit ceux qui s'étaient abstenus de manger de l'ail.

Selon le Dr Bordia, cette absorption continue d'ail aurait contribué à la fois à dissoudre une partie de la plaque artérielle et à prévenir la formation de nouvelles lésions. Les vertus de cet aliment seraient attribuables à un ensemble d'antioxydants (il en contiendrait au moins 15) capables de neutraliser les agents destructeurs des artères.

Autres bienfaits de l'ail

Le Dr Bordia a pu constater aussi grâce à cette expérience que la consommation d'ail diminuait les douleurs articulaires — notamment chez les sujets qui souffraient d'ostéoporose —, les courbatures, les crises d'asthme et augmentait la vigueur, l'énergie, la libido, de même que l'appétit. Une proportion de 5 % des sujets décidèrent toutefois de se retirer de l'étude, se plaignant de brûlures à la miction (urine irritante), d'hémorroïdes saignantes, de flatulence et d'irritabilité. L'ingestion d'ail cru aurait suscité plus de plaintes que celle de l'ail cuit.

Les noix: un excellent médicament pour le cœur

Pour vous protéger contre les affections cardiaques, ajoutez chaque jour quelques noix à votre régime alimentaire, suggère le Dr Gary Fraser, professeur à la faculté de médecine de l'Université Loma Linda, en Californie. Au terme d'une étude effectuée auprès de 31 208 adventistes (membres de la secte religieuse *Seventh Day Adventists*), le Dr Fraser concluait en effet que les noix sont un aliment de choix pour enrayer la maladie cardiaque. Les sujets consommant des noix au moins cinq fois par semaine présentèrent en effet *deux fois moins* de risques de faire une crise cardiaque et de mourir d'une maladie coronarienne que ceux qui en mangèrent moins d'une fois par semaine. Les espèces étaient réparties de la façon suivante pour les besoins de l'expérience: 32 % d'arachides ou de cacahuètes; 29 % d'amandes; 16 % de noix de Grenoble; et 23 % d'autres types de noix. Même en se contentant de grignoter des noix une fois par semaine, les sujets auraient diminué de 25 % leurs risques d'être atteints d'une maladie cardiaque.

S'en étonnera-t-on? Ces fruits à écales sont, comme on le sait, très riches en fibres et en graisses *monoinsaturées*, lesquelles ont la réputation de faire obstacle aux cardiopathies. Ils regorgent aussi de divers antioxydants — vitamine E, sélénium (présents notamment dans les noix du Brésil), acide ellagique (dans les noix de Grenoble) —, qui protégeraient les artères contre les ravages du cholestérol. Les noix étant riches en matières grasses, on veillera toutefois à ne pas en consommer de trop grandes quantités; car si les graisses qu'elles renferment sont en grande partie bénéfiques, elles demeurent néanmoins très caloriques. Dans l'étude du Dr Fraser, on n'a toutefois noté aucun problème d'obésité chez ceux qui étaient friands de noix: on a même remarqué que ces derniers avaient moins à s'en soucier que ceux qui n'en consommaient pas du tout. L'étude omet toutefois de mentionner quelle quantité de noix les sujets consommaient en une fois. Un apport raisonnable, en tenant compte du poids de la personne, serait de 28 g à 56 g par jour.

Des études concluantes sur les effets thérapeutiques des végétaux

Une enquête nutritionnelle menée par des chercheurs de l'Instituto di Ricerche Farmacologiche Mario Negri de Milan auprès de 936 femmes d'âge avancé a permis d'autre part de mettre en évidence l'effet favorable des fruits et des légumes sur l'incidence des maladies cardiaques.

On a découvert ainsi que la vulnérabilité aux atteintes coronariennes était de 60 % inférieure aux autres sujets de l'échantillon chez les femmes qui mangeaient le plus de carottes et de fruits frais, et de 40 % inférieure à celle du reste du groupe chez les grandes consommatrices de légumes verts et de poisson. Les chercheurs italiens ont noté à cette occasion qu'une consommation modérée d'alcool réduisait de 30 % les risques de crise cardiaque, mais qu'une consommation excessive de vin et de spiritueux augmentait le taux de risque de 20 %. Les risques les plus élevés étaient clairement reliés dans l'échantillon aux régimes riches en produits alimentaires d'origine animale: viande (jambon et salami surtout), beurre et autres graisses animales.

L'action bénéfique des fruits et des légumes sur le système cardiovasculaire n'est plus à démontrer: il est maintenant prouvé que les grands mangeurs de fruits et de légumes sont ceux qui ont les artères les plus saines. Les végétariens sont d'ailleurs beaucoup moins vulnérables aux maladies cardiovasculaires. De récents travaux publiés par des chercheurs de Harvard ont montré que les femmes qui consentaient à manger chaque jour une carotte de plus ou une demi-tasse de patates douces ou d'autres aliments riches en ß-carotène réduisaient leurs risques de faire une crise cardiaque de 22 % et d'être victimes d'un accident vasculaire cérébral de 40 % à 70 %.

Une autre expérience réalisée en Inde, avec l'aide de 400 patients ayant survécu à une crise cardiaque, indique que la consommation de fruits et de légumes préviendrait même davantage les rechutes et les complications mortelles que si l'on se contente de réduire sa consommation de viandes riches en matières grasses et de produits laitiers. Les médecins ont prescrit la diète habituelle, faible en lipides, à la moitié des survivants, l'autre moitié étant soumis à une diète expérimentale composée de céréales à grains entiers, de noix, de légumineuses, de poisson, de fruits et de légumes en abondance; les patients devaient ingérer quotidiennement environ 392 g de fruits et de légumes. Goyaves, raisins, papayes, bananes, oranges, limes, pommes, épinards, radis, tomates, racines de lotus, champignons, oignons, ail, graines de fenugrec, pois et haricots rouges composaient la liste des aliments prescrits.

Les résultats obtenus grâce à la diète expérimentale appliquée aux patients du deuxième groupe furent assez spectaculaires: le taux d'accidents cardiaques enregistré après un an chez ces patients était de 40 % inférieur à celui des sujets du premier groupe, soumis à la diète faible en matières grasses, et le taux de mortalité associé à d'autres maladies inférieur de 45 % à celui de l'autre groupe! On en a conclu que si les patients adoptaient cette diète végétarienne le plus rapidement possible après l'infarctus, d'innombrables vies pourraient être sauvées. Dans l'étude dont nous venons de faire état, la diète était entreprise à l'intérieur des soixante-douze heures suivant la crise.

Une expérience réalisée en Hollande confirme le bien-fondé des recommandations des chercheurs indiens. Une diète végétarienne, faible en graisses saturées et en cholestérol, suivie pendant deux ans par un groupe de cardiaques a en effet, là encore, réussi à stopper et même à inverser les dommages artériels.

L'explication la plus plausible est que le carotène ainsi que d'autres antioxydants présents dans les fruits et les légumes contribueraient à garder les artères en santé et à prévenir leur obstruction, disent les chercheurs.

Le régime japonais

Depuis que le *fast-food* à l'occidentale a pris place dans les habitudes alimentaires des Japonais, les taux de maladies cardiaques ont monté en flèche. Pourtant, le régime traditionnel des Japonais (faible consommation de lipides, poisson en abondance) n'a-t-il pas servi de modèle pendant des années à tous ceux qui voulaient éloigner tout danger d'atteinte coronarienne? Après avoir enregistré, à partir de 1957, les taux de cardiopathies dans divers pays — États-Unis, Finlande, Pays-Bas, Italie, Yougoslavie, Grèce et Japon —, le professeur Ancel Keys, de l'Université du Minnesota, avait établi en effet que la mortalité par cardiopathie était, d'une manière générale, cinq fois plus élevée dans les pays occidentaux qu'au Japon. C'est dans l'est de la Finlande que les taux les plus alarmants avaient été rapportés (soit huit fois plus de maladies cardiaques qu'au Japon). Il est frappant de constater que la part des matières grasses dans la ration énergétique quotidienne des Japonais était alors de 9 % seulement, dont 3 % en graisses animales, alors que le régime des Finlandais allouait 39 % aux matières grasses, dont 22 % en graisses animales!

Bien que ces habitudes alimentaires, qui font merveille contre les maladies cardiaques, aient de moins en moins cours au Japon, des chercheurs de l'Université d'Helsinki ont réussi récemment à entrer en contact avec des villageois japonais qui continuent d'appliquer les coutumes alimentaires de leurs ancêtres. La ration journalière traditionnelle du Japonais se composait, en gros, selon eux, de:

- quatre à cinq tasses de riz;
- 150 à 225 g de fruits;
- 250 g de légumes;
- 60 g de viande;
- 90 à 115 g de poisson;
- 1/2 tasse de lait;
- 1 œuf (ou moins);
- 2 cuillerées à thé de sucre;
- 1 1/2 cuillerée à soupe de sauce soya;
- 420 ml de bière (les femmes en consommant une plus faible quantité).

On voit que le régime japonais classique est peu calorique et qu'il comporte peu de matières grasses, et que le poisson, les légumes et le riz y occupent une place beaucoup plus importante que la viande. La seule ombre au tableau est l'excès de sodium, attribuable surtout à la sauce soya. Le sodium est d'ailleurs en partie responsable des taux élevés d'accidents vasculaires cérébraux enregistrés au pays. Si l'on s'alimentait comme le faisaient naguère les Japonais — en réduisant toutefois l'apport en sodium —, on mettrait de son côté toutes les chances d'échapper aux maladies de cœur.

Pourquoi les Méditerranéens sont-ils moins vulnérables aux troubles cardiovasculaires que les Nord-Américains?

Des travaux scientifiques ont démontré que les populations du bassin méditerranéen — Grecs, Italiens, Espagnols et habitants du sud de la France notamment — présentent des taux de mortalité cardiaque deux fois moins élevés que ceux des Américains. Certains chercheurs sont même convaincus que le régime alimentaire des populations méditerra-néennes permettrait de prévenir plus efficacement — et plus agréable-ment — les maladies coronariennes aux États-Unis que le régime faible en lipides que préconisent en général les autorités sanitaires.

La part de matières grasses dans le régime des Méditerranéens est loin d'être négligeable; il en comporterait même davantage que celui des Américains. Mais voilà le hic: les trois quarts environ des calories lipidi-ques du régime méditerranéen proviennent des corps gras *monoinsaturés*, l'huile d'olive par exemple; les corps gras saturés d'origine animale y occu-pent beaucoup moins de place que dans le régime américain type. C'est ce qui explique que des habitants de la Crête puissent boire de l'huile d'olive au verre, faisant ainsi monter leur apport en matières grasses à plus de 40 % de la ration énergétique quotidienne, sans pour autant s'exposer au risque d'être victimes de troubles cardiaques. Les Crétois succombent en effet rarement aux affections coronariennes, comme l'a montré Keys dans sa célèbre étude, intitulée *Seven Countries Study;* sur une période de quinze ans, on a relevé à peine 38 décès dus à des pathologies cardiovas-culaires parmi 10 000 Crétois, comparativement à 773 décès chez les Américains, soit 20 fois plus que chez les Américains. On pourrait faire la même démonstration à propos d'autres populations méditerranéennes.

Ce n'est pas tout: chez les grands consommateurs méditerranéens d'huile à teneur élevée en acides gras monoinsaturés, on a noté moins de décès dus au cancer ou à tout autre maladie. Leur utilisation des graisses monoinsaturées comme source principale de lipides alimentaires est le seul facteur diététique, selon Keys, qui puisse expliquer leur résistance aux autres maladies. Ce n'est pas sans raison que l'huile d'olive est parfois appelée l'«aliment de longévité».

Les meilleures sources alimentaires de corps gras monoinsaturés

	Teneur en corps gras monoinsaturés (%)
Noisettes	81
Avocat	80
Huile d'olive	72
Amandes	71
Huile de canola (de colza)	60

Un régime relativement riche en matières grasses ne semble donc pas dangereux pour le cœur s'il comporte peu de graisses animales et est en majorité constitué de graisses monoinsaturées. Un groupe de médecins de Harvard s'est dit en faveur de l'adoption du régime de type méditerranéen, où les graisses alimentaires (monoinsaturées surtout) fournissent entre 35 % et 45 % des calories quotidiennes, plutôt que de la ration plus restrictive (30 % des calories en graisses) recommandée habituellement, comme l'indique le Dr Frank Sacks, de la Harvard School of Public Health: «Dans le régime méditerranéen, dit-il, l'huile d'olive est une source majeure d'énergie et les matières grasses représentent entre 35 et 40 % des calories totales; pourtant, les taux de maladies coronariennes sont aussi bas que chez les populations habituées à un régime faible en matières grasses.»

L'huile d'olive: une substance sans danger pour le cœur

Qu'est-ce qui explique que les corps gras monoinsaturés, prédominants dans l'huile d'olive (de même que dans les huiles d'amande, de noisette, de canola et d'avocat), soient meilleurs pour la santé? D'abord, ils sont chimiquement beaucoup plus «respectueux» de la santé des artères. Ils abaissent le taux de cholestérol LDL (de l'anglais *low-density lipoproteins*), c'est-à-dire le cholestérol véhiculé dans le sang sous forme de lipoprotéines de basse densité, sans cependant affecter le cholestérol HDL (de l'anglais *high-density lipoproteins*), qui circule, quant à lui, sous forme de lipoprotéines de haute densité. Les acides gras monoinsaturés ne comportent donc aucun élément dangereux. Leur activité antioxydante pare aux effets nocifs du cholestérol LDL sur les artères (d'où son appellation courante de «mauvais cholestérol»). «Les monoinsaturés sont les seuls corps gras vraiment sûrs», affirme le Dr Harry Demopoulos, médecin new-yorkais qui poursuit des recherches sur les antioxydants.

Des médecins italiens ont déjà fait la preuve que l'huile d'olive avait un pouvoir médicinal. Après l'avoir utilisée comme traitement chez des patients ayant été victimes d'une crise cardiaque, ils ont observé une nette amélioration de leurs hémogrammes (profils sanguins), ce qui laissait supposer qu'ils seraient moins vulnérables à d'éventuelles crises. «Nous accumulons depuis des siècles des preuves évidentes des bienfaits de l'huile d'olive», fait remarquer le Dr Walter Willett, de Harvard.

L'huile d'olive, surtout l'huile extra-vierge pressée à froid, est donc un excellent investissement.

D'autres bienfaits insoupçonnés du régime méditerranéen

Si les habitants du bassin méditerranéen ont en général une meilleure santé cardiaque que les Nord-Américains, ce n'est pas seulement à cause de l'huile d'olive. Leur régime alimentaire est unique à beaucoup d'autres points de vue. Pour adopter un régime semblable à celui du Méditerranéen, l'Américain type se verrait obligé de modifier son régime de la façon suivante:

- doubler sa ration de poissons de mer, de mollusques et de crustacés;
- augmenter sa consommation de légumes de 66 % et sa consommation de fruits de 10 %;
- augmenter de 20 % sa ration de céréales à grains entiers et de haricots secs;
- réduire de 45 % sa consommation de viande rouge et de 16 % sa consommation d'œufs;
- ingurgiter quatre fois plus d'huile d'olive et la moitié plus d'autres huiles végétales;
- diminuer de 50 % la quantité de lait entier, de crème et de beurre absorbée.

Le Dr Ernst Schaefer, de l'USDA Human Nutrition Research Center on Aging de l'Université Tufts, abonde dans le même sens: «*Si j'avais un seul conseil à donner à ceux qui veulent diminuer leurs risques d'être atteints d'une maladie de cœur, je leur dirais de réduire leur consommation d'aliments riches en graisses animales, et de les remplacer par des glucides complexes: produits céréaliers entiers, fruits et légumes.*»

Comment détruire à coup sûr vos artères

Les graisses animales sont un véritable poison pour le système cardiovasculaire: elles augmentent le cholestérol sanguin, elles rendent le sang plus visqueux et elles inhibent les mécanismes de dissolution des caillots, ce qui favorise nécessairement l'obstruction, le resserrement et, finalement, la destruction des artères.

Où enregistre-t-on les plus hauts taux de maladies coronariennes du monde entier? Dans les pays où l'on consomme le plus de graisses animales. Plus la consommation de matières grasses d'origine animale est élevée dans le régime d'une population, plus on y relève de cardiopathies. Et plus la part des corps gras saturés est importante dans la ration, plus on augmente le risque de mourir d'une maladie cardiaque. Dans les pays occidentaux, dont les États-Unis, ces graisses meurtrières représentent souvent entre 15 % et 20 % des calories ingérées chaque jour. Selon un rapport de l'Organisation mondiale de la santé, les populations dont les régimes ne fournissent pas plus de 3 à 10 % de calories d'origine lipidique affichent les plus faibles taux de maladies cardiaques.

Il est encourageant de savoir qu'en corrigeant les erreurs du passé on peut inverser la dégénérescence des artères. Plusieurs travaux ont montré en effet qu'en réduisant les corps gras, notamment les corps gras d'origine animale, on peut stopper la formation et la croissance des dépôts graisseux qui obstruent les artères et même réduire ces dépôts. Le Dr David H. Blankenhorn, de la faculté de médecine de l'Université de la Californie du Sud, a fait la preuve qu'une diète réduisant au minimum l'apport en graisses — c'est-à-dire où les graisses saturées n'accaparent pas plus de 5 % de la ration énergétique journalière — donne de bons résultats chez les patients ayant subi un pontage coronarien. En substituant des produits laitiers à basse teneur en matières grasses à ceux qui en contiennent une trop grande quantité, dit le Dr Blankenhorn, la plupart des individus peuvent prévenir les effets destructeurs des graisses animales sur leurs artères.

Maladies coronariennes et alcool

L'alcool, consommé avec modération (un verre ou deux par jour), ne favorise pas les maladies cardiovasculaires, s'il faut en croire une vingtaine de travaux sur la question. Des chercheurs avancent même que les risques d'être hospitalisés après une crise cardiaque sont de 40 % inférieurs chez ceux qui ingurgitent deux verres d'alcool par jour à ceux que présentent les non-buveurs.

Une importante étude, réalisée en 1991 par Eric Rimm, de la Harvard School of Public Health, a révélé que les hommes qui buvaient en moyenne un demi-verre à un verre d'alcool par jour étaient moins exposés (la différence étant ici de 21 %) aux maladies coronariennes que ceux qui s'en abstenaient; la consommation d'un verre et demi d'alcool par jour réduirait par ailleurs de 32 % les risques de cardiopathie, selon la même étude. Il n'y a pas de médicament aussi efficace pour prévenir les crises cardiaques qu'un peu d'alcool, prétend le Dr Serge Renaud, éminent chercheur d'origine française. Une consommation plus grande d'alcool pourrait, selon lui, abaisser encore davantage les risques de maladie cardiovasculaire, si ce n'était qu'une quantité supérieure à plus de deux verres par jour augmente les risques de contracter d'autres types de maladies.

«La dose maximale sans danger pour la santé devrait être de deux verres par jour», suggère le Dr William Castelli, coordonnateur de la célèbre *Framingham Heart Study*. Toutes les données recueillies convergent, dit-il: les risques de cardiopathie baissent légèrement avec l'absorption de un ou deux verres par jour, mais les risques de mourir d'autres maladies, y compris le cancer, augmentent quand la quantité consommée s'élève à trois verres et plus par jour. Des chercheurs auraient démontré que la consommation de trois à cinq boissons alcooliques par jour fait grimper de 50 % les taux de mortalité. «Le fait de boire trois verres d'alcool par jour n'a peut-être pas d'incidences sur la maladie coronarienne», dit le Dr Arthur L. Klatsky, chef du service de cardiologie du Kaiser Permanente Medical Center de Oakland, en Californie, «mais il en a par contre sur l'hypertension, la cirrhose du foie, le cancer de la gorge, de même qu'il a de graves répercussions sur les accidents, les hospitalisations et la mortalité.»

Comment expliquer les effets bénéfiques de l'alcool sur le cœur? Les raisons les plus diverses sont invoquées: l'alcool augmente le «bon cholestérol»; il soulage le stress; il a des propriétés antioxydantes; le vin, notamment le vin rouge, est un anticoagulant.

Le «paradoxe français»

Selon le Dr R. Curtis Ellison, directeur du département de médecine préventive et d'épidémiologie de la faculté de médecine de l'Université de Boston, les recherches indiquent que les vertus du vin dans la prévention des maladies cardiovasculaires sont supérieures à celles des spiritueux ou de la bière, idée que défendent aussi ardemment les chercheurs français.

Bien que le Français mange aussi gras que l'Américain, et que le taux de cholestérol et la tension artérielle du Français de sexe masculin soient aussi élevés que ceux de l'Américain, on enregistre étrangement trois fois moins de crises cardiaques dans le premier cas que dans le second. Ce qu'on a appelé le «paradoxe français» dans la communauté scientifique s'expliquerait, selon plusieurs chercheurs, par la prédilection des Français pour le vin rouge.

Si l'on compare cette fois la France et l'Irlande, on constate, comme le fait remarquer le Dr Alun Evans de l'Université Queens à Belfast, que la fréquence des pathologies coronariennes est, ici encore, moindre chez les Français (33 % de moins). Pourtant, Irlandais et Français boivent le même volume d'alcool; mais les premiers boivent beaucoup plus de spiritueux (forts en alcool) que les seconds, qui préfèrent le vin.

Il est reconnu que certains vins rouges, tout spécialement le bordeaux, ont une action anticoagulante. L'habitude d'arroser de vin un repas gras aurait donc un effet bénéfique, comme le prétendent les autorités sanitaires françaises: elle permettrait en quelque sorte de neutraliser les effets nocifs des matières grasses. Les aliments gras ont tendance à ralentir le flux sanguin et, par conséquent, à favoriser la coagulation puis l'obstruction des artères. Le vin contrarierait ce processus. Les scientifiques mettent cependant les gens en garde contre les dangers d'une surconsommation de vin. S'il n'y a pas de danger à en boire régulièrement, on doit toutefois le faire avec modération; pas plus de deux ou trois verres (verres de 115 ml) de vin par jour, recommandent-ils.

Le vin blanc contribuerait également, quoique d'une manière différente, semble-t-il, à contrer les maladies cardiaques, si l'on s'appuie sur les recherches effectuées en Californie par le Dr Klatsky. Au terme d'une étude épidémiologique de grande envergure, étalée sur dix ans et portant sur un groupe de 82 000 hommes et femmes environ, il concluait que toutes les boissons alcooliques consommées avec modération semblent faire obstacle aux affections coronariennes, le vin étant toutefois plus efficace que la bière et les boissons fortes. Quant à savoir si le vin rouge a un effet protecteur supérieur à celui du vin blanc, rien ne permet, selon lui, en se fondant sur les données dont il dispose, de tirer la moindre conclusion à ce propos.

Alcool et angine

En 1786, le physicien anglais William Heberden conseillait de recourir à l'alcool pour traiter l'angine. Bien des médecins ont suivi cette directive, ignorant qu'en pareil cas l'alcool peut cependant faire plus de mal que de bien.

Des travaux ont confirmé assez récemment que l'alcool favorise l'angine chez les patients déjà affectés par une maladie coronarienne. Des tests effectués par l'équipe du Dr Joan Orlando, de Long Beach, en Californie, sur 12 hommes d'âge moyen souffrant d'angine ont révélé en effet que la consommation de trois à quatre boissons alcooliques (soit de 50 à 150 ml d'alcool), suivie une heure plus tard d'une séance d'exercice physique, avait provoqué des douleurs thoraciques; les manifestations de l'angine sont apparues beaucoup plus tôt chez les sujets qui avaient ingurgité de l'alcool avant de faire de l'exercice que chez ceux qui s'en étaient abstenus. Dans ce dernier cas, la séance d'exercice a duré en moyenne entre dix et quinze minutes de plus que chez l'autre groupe avant que ne survienne l'angine. L'alcool, conjugué à l'exercice, a aussi provoqué une augmentation anormalement rapide du pouls et de la pression sanguine systolique (pression maxima, au moment où le cœur se contracte).

Cœurs en liesse

L'alcool peut-il troubler le rythme cardiaque? Oui, affirment sans hésitation les spécialistes, en précisant que la constatation s'applique aussi bien aux buveurs occasionnels qu'aux alcooliques. L'arythmie causée par l'alcool peut même avoir des conséquences fatales chez ces derniers. On a vu, en revanche, de nombreux sujets soulagés grâce à une réduction de la consommation d'alcool.

Il n'est pas rare, semble-t-il, de voir arriver à l'urgence durant les week-ends, les jours de congé ou les vacances des gens souffrant d'une grave arythmie après avoir bu exagérément; on en est même venu à parler du «syndrome des vacances». Il est tout particulièrement fréquent entre le soir de Noël et le Nouvel An. Habituellement, ce type de fibrillation ou de palpitation disparaît sans laisser de traces, c'est-à-dire sans occasionner de lésion cardiaque permanente, dès que se sont dissipés les effets de l'alcool. Bien qu'il soit plus fréquent chez les alcooliques ou les buveurs de longue date, le syndrome peut frapper de même les buveurs occasionnels ou modérés qui auront fait la fête.

Mentionnons enfin que les abus d'alcool augmentent également les risques d'un arrêt cardiaque aussi bien que d'un accident vasculaire cérébral. Une étude a révélé que, dans 40 % des cas de mort subite chez la femme, on avait diagnostiqué un problème d'alcoolisme. Selon la *Framingham Heart Study*, les individus qui ingurgitent un volume d'alcool supérieur à cinq ou six verres par jour seraient plus exposés au risque de mort subite que ceux qui boivent moins, et ce, même s'ils ne montrent aucun signe de maladie coronarienne. Plus vous buvez — surtout s'il s'agit de boissons à haut taux d'alcool —, plus vous risquez donc de porter atteinte à votre système cardiovasculaire.

EN BREF: *Si vous avez l'habitude de boire de l'alcool, et que cela n'a sur vous aucun effet nocif, un ou deux verres par jour peuvent contribuer à vous prémunir contre les maladies cardiaques. Au-delà de cette quantité, toutefois, vous mettez en danger votre cœur et votre état de santé général. Surtout s'il vous arrive souvent de vous enivrer. Si vous faites partie des buveurs invétérés, hâtez-vous de modifier vos habitudes, car l'alcool ingurgité en doses massives est un véritable poison pour le cœur: il peut lui porter gravement atteinte et provoquer la mort subite. Si vous n'avez pas coutume de boire de l'alcool, n'adoptez pas cette habitude simplement pour prévenir les troubles cardiovasculaires.*

Le café est-il dangereux pour le cœur?

La preuve n'est pas encore faite qu'il faille renoncer au café ou à la caféine pour se protéger des troubles cardiaques. Ceux qui présentent un risque élevé de contracter une maladie coronarienne seraient sages néanmoins de s'en tenir à des quantités limitées.

Après avoir fait le bilan de 11 études d'importance sur la question, le Dr Martin G. Myers, de l'Université de Toronto, affirmait en 1992 qu'aucune relation directe n'a été établie entre la consommation de café et les maladies de cœur, que les quantités considérées soient de une tasse ou de plus de six tasses par jour. Après avoir suivi durant dix ans 100 000 Californiens, le Dr Klatsky a constaté par contre que quatre tasses ou plus de café par jour augmentaient — de 30 % environ chez les hommes et jusqu'à 60 % chez les femmes — les risques de cardiopathie. On n'a noté toutefois aucun effet nocif du thé, ce qui laisse entendre que la caféine n'est pas ici en cause. Le Dr Klatsky avise donc les individus qui cumulent les facteurs de risque de limiter leur consommation de café à moins de quatre tasses par jour. Une étude a montré récemment que le fait de boire 10 tasses ou plus de café par jour triple le risque d'être atteint d'une maladie de cœur.

Le «déca» a-t-il les mêmes effets? Rien ne permet d'affirmer pour l'instant que le café ordinaire soit plus néfaste pour le cœur que le décaféiné; certaines recherches suggèrent même l'inverse. Ainsi, des chercheurs de Harvard ont observé en 1990, à la suite d'une étude mettant à contribution 45 000 hommes, que ni le café, ni le thé, ni l'apport total de caféine, n'augmentaient les risques de maladie cardiaque ou d'accident vasculaire cérébral. Les risques seraient même légèrement supérieurs chez les buveurs de déca, ce qui a amené le Dr Willett, l'un des responsables de l'enquête, à affirmer qu' *«il y a peu d'avantages à remplacer le café régulier par le déca pour éviter les maladies de cœur».*

Le café cause-t-il ou augmente-t-il l'arythmie?

Si vous souffrez d'arythmie — dérèglement du rythme cardiaque —, il serait sage de réduire votre consommation de caféine. On ne dispose toutefois pas de preuves suffisantes permettant de soutenir qu'une quantité inférieure à 500 mg de caféine (environ cinq tasses de café par jour) augmenterait la fréquence ou la gravité de l'arythmie chez les personnes en santé ou chez les cardiaques, concluait le Dr Myers après avoir analysé 23 études récentes sur la question.

Certains experts croient néanmoins qu'il serait sage, si l'on a des battements de cœur irréguliers, de se limiter à deux tasses par jour. Après avoir administré à des sujets présentant des problèmes sérieux d'arythmie ventriculaire des gélules de caféine équivalentes à la quantité de caféine contenue dans deux tasses de café, à la suite de quoi les patients devaient pédaler sur une bicyclette d'exercice durant cinq minutes par heure, pendant trois heures, Thomas B. Graboys, chercheur de Harvard, n'a observé aucune modification de leur rythme cardiaque. Qu'ils aient ingéré de la caféine ou qu'ils aient avalé les gélules placebo, les résultats étaient les mêmes. «Proscrire systématiquement toute caféine à ceux qui souffrent d'arythmie est insensé, dit-il. Il n'y a aucune raison de les empêcher de boire une ou deux tasses de café.»

Il ne faut cependant pas perdre de vue que de hautes doses de caféine (9 ou 10 tasses de café ordinaire) peuvent aggraver un problème de fibrillation ventriculaire existant. Des chercheurs de l'Université de l'Oregon ont montré que la quantité de caféine contenue dans deux tasses et demie de café peut causer de façon plus immédiate, chez les individus particulièrement «sensibles au café», de graves problèmes d'arythmie ventriculaire. Pour plus de sécurité, ils recommandent donc aux cardiaques de se limiter à deux tasses de café par jour.

De nouvelles hypothèses sur les causes de l'angine de poitrine

Les douleurs thoraciques siégeant plus particulièrement dans la région située juste en avant du cœur, ce qu'on appelle l'*angine de poitrine*, sont un signal d'alarme que les artères sont en voie de devenir trop étroites ou de se bloquer partiellement, rendant ainsi la circulation du sang plus difficile. Ce rétrécissement est habituellement causé par l'athérosclérose, accumulation d'athéromes (lésions ou plaques formées par des dépôts graisseux) dans les artères coronaires qui transportent l'oxygène vers le muscle cardiaque. Il peut être dû également à des spasmes du cœur.

Ces douleurs thoraciques seraient liées à une carence en antioxydants (vitamines E, C et ß-carotène) et en huile de poisson oméga-3 dans le sang. Pour soulager l'angine, le Dr Rudolph A. Riemersma, chercheur de l'Université d'Édimbourg, recommande donc de consommer une plus grande quantité de fruits, de légumes, de poissons gras, de céréales, de noix et d'huiles végétales riches en vitamine E.

Le Dr Riemersma s'est rendu compte en effet à l'occasion d'une importante étude, à laquelle ont participé 500 hommes d'âge moyen, dont la moitié souffraient d'angine, que le niveau de carotène, de vitamine C et, tout particulièrement, de vitamine E dans le sang était un indicateur de la prédisposition des sujets à cette affection cardiovasculaire. En effet, les hommes affichant les plus bas niveaux de vitamine E étaient deux fois et demie plus vulnérables à l'angine que ceux dont les tissus étaient le mieux pourvus en vitamine E. On présume que l'activité antioxydante de cette vitamine freine le développement des lésions et de l'obstruction artérielles.

Dans le cadre d'une autre recherche, le Dr Riemersma a montré qu'une forte concentration sanguine d'*EPA* (acide gras eïcosapentanoïque, type d'huile présent dans le poisson) semble protéger de l'angine.

Mesures diététiques à adopter
pour avoir un cœur en santé

- Accordez plus de place au poisson gras dans vos menus: 28 g par jour environ ou, tout au moins, quelques portions hebdomadaires.
- Mangez beaucoup d'ail, d'oignons et autres légumes, de même que des fruits en abondance, de manière à vous constituer une bonne réserve d'antioxydants et d'anticoagulants, substances qui préviennent l'obstruction des artères.
- Évitez les aliments riches en graisses animales, tels que la viande grasse et les produits laitiers.
- Utilisez les huiles d'olive et de canola, de préférence aux autres corps gras.
- Ne buvez pas plus de un ou deux verres d'alcool par jour (le vin, consommé au moment des repas, peut agir comme agent protecteur contre les maladies cardiaques). Si vous n'avez pas l'habitude de l'alcool, il n'est toutefois pas recommandé de développer cette habitude, les effets nocifs que l'alcool peut avoir sur le cœur et l'état de santé général dépassant largement les profits qu'on peut en tirer.
- Si vous souffrez d'arythmie, restreignez-vous à deux tasses de café par jour. Rien n'indique pour l'instant qu'il soit préférable de boire du décaféiné plutôt que du café ordinaire pour prévenir les maladies cardiaques.

N.B. Ces conseils sont doublement importants si vous avez déjà eu des problèmes cardiovasculaires. Le régime de la «deuxième chance» peut prévenir la formation d'autres lésions artérielles, vous protégeant ainsi contre l'infarctus, les accidents vasculaires cérébraux ou autres troubles cardiovasculaires qui pourraient survenir.

Chapitre 4

LE RÉGIME ANTI-CHOLESTÉROL

Aliments susceptibles d'aider à réguler le cholestérol: Haricots secs • Avoine • Pommes • Carottes • Huile d'olive • Avocats • Amandes • Noix • Ail • Oignons • Produits de la mer, plus particulièrement les poissons gras • Fruits et légumes riches en vitamine C et en bêta-carotène • Grains à haute teneur en fibres solubles • Alcool, en quantité modérée.
Aliments susceptibles d'augmenter le «mauvais» cholestérol: Tous les aliments à teneur élevée en acides gras saturés et en cholestérol.

Le cholestérol, substance grasse, jaune et cireuse qui circule dans le sang, est en partie responsable de la formation de la plaque de dépôts graisseux sur les parois internes des artères si souvent mise en cause dans le rétrécissement des coronaires et l'augmentation des risques de maladie cardiaque. La question des effets du cholestérol est loin d'être simple, car s'il est vrai que certains de ses constituants exercent une action nocive sur les artères, d'autres, par contre, jouent un rôle essentiel dans plusieurs processus vitaux.

Des chercheurs ont en outre apporté la preuve que certains aliments peuvent neutraliser les constituants toxiques du «mauvais cholestérol» et même en changer la nature, atténuant ainsi ses effets destructeurs sur les vaisseaux sanguins. On pourrait donc intervenir dans ce processus? Le Dr Daniel Steinberg, éminent chercheur de la faculté de médecine de l'Université de la Californie à San Diego, est d'avis en effet qu'en «détoxiquant» le cholestérol — ce qui permet de réduire la *plaque athéromateuse*, amas de dépôts graisseux sur les parois internes des artères — on peut désobstruer les artères et ralentir de 50 à 70 % la progression de l'athérosclérose. «On peut maintenant entrevoir, dit-il, de vaincre la maladie tant en corrigeant les lésions artérielles qu'en abaissant le taux de cholestérol. C'est extrêmement encourageant!»

Bon cholestérol vs mauvais cholestérol

Comment contrôler soi-même son cholestérol sanguin? D'abord et avant tout en abaissant la quantité de cholestérol LDL (de l'anglais *low-density lipoproteins*), véhiculé dans le sang par les lipoprotéines de basse densité, et en augmentant le cholestérol HDL (de l'anglais *high-density lipoproteins*), dont le déplacement est assuré grâce aux lipoprotéines de haute densité.

Lorsqu'elles transportent une trop grande quantité de cholestérol vers les cellules, les lipoprotéines LDL risquent souvent d'obstruer les artères; on les considère pour cette raison comme des éléments ennemis — d'où leur appellation courante de «mauvais cholestérol» — que les lipoprotéines HDL s'acharnent à détruire. Sans relâche celles-ci débarrassent en effet le sang de l'excès de cholestérol déposé par les vilaines LDL et l'acheminent vers le foie, qui se charge à son tour de l'éliminer. De toute évidence, mieux votre sang est pourvu en lipoprotéines HDL — le «bon cholestérol» —, moins il est embarrassé par les vilaines LDL. Et plus vos artères sont en sécurité! En détruisant les LDL et en augmentant la production de HDL, les aliments jouent, de diverses manières — dont les chercheurs n'avaient pas la moindre idée il y a à peine quelques années —, un rôle déterminant dans ce processus.

L'obstruction des artères survient de la façon suivante, explique le Dr Steinberg: des dérivés de l'oxygène, les radicaux libres, entrent en collision avec les molécules de cholestérol LDL qui circulent dans le sang, provoquant ainsi une réaction d'oxydation; une fois oxydées ou rancies (comme rancit le beurre resté trop longtemps à l'extérieur du réfrigérateur), les LDL sont aussitôt dévorées par des macrophages, cellules remplies de globules graisseux qui se dilatent, comme si elles «moussaient», et s'insinuent dans les parois artérielles. Ainsi s'amorce le processus d'obstruction qui ravage les artères.

Les taux sanguins de cholestérol LDL, comme tels, ne sont donc pas les seuls indices à surveiller; la proportion de LDL qui a été oxydée, et qui, par conséquent, est devenue toxique, est aussi, et surtout, déterminante. Car, selon le Dr Steinberg et plusieurs autres chercheurs ayant approfondi la question, le cholestérol LDL n'est vraiment nocif pour les artères que si les radicaux libres le rendent toxiques. Le régime alimentaire serait une arme extrêmement puissante contre les effets pernicieux de la dégradation des LDL. En consommant des aliments riches en antioxydants, pour faire obstacle à cette cascade de troubles vasculaires qui est à l'origine de l'obstruction des artères, de la crise cardiaque et des accidents vasculaires cérébraux («attaques»), chacun de nous pourrait intervenir directement tout au long de sa vie dans la génèse de l'athérosclérose.

EN BREF: *Pour se prémunir contre les problèmes de santé associés au cholestérol sanguin, il faut, par une alimentation appropriée, réduire le cholestérol LDL, augmenter le cholestérol HDL et s'alimenter de manière à empêcher que les lipoprotéines LDL n'aient un effet toxique sur les artères.*

Les haricots secs: un aliment magique!

Les haricots secs*, comme les autres légumineuses d'ailleurs, figurent parmi les remèdes naturels les plus économiques, les plus facilement disponibles, les plus efficaces et les plus sûrs contre le cholestérol; ils renferment, au minimum, six agents anti-cholestérol, dont le plus important serait leurs fibres solubles. Il est maintenant reconnu qu'ils sont un excellent remède contre l'hypercholestérolémie (taux excessivement élevé de cholestérol dans le sang). Selon le Dr James Anderson, de la faculté de médecine de l'Université du Kentucky, *la consommation d'une tasse de haricots secs cuits par jour réprime généralement de 20 % le «mauvais cholestérol»*. Après trois semaines seulement de ce traitement diététique, des changements commencent à se manifester.

Toutes les espèces de haricots secs (haricot pinto, haricot noir, haricot rouge, petit haricot blanc) ainsi que d'autres types de légumineuses, dont les lentilles, les pois chiches et les haricots de soya, même les bons vieux haricots cuits en conserve (les traditionnelles «fèves au lard», en omettant le lard, bien sûr!), ont été efficaces lors des essais cliniques. Un test a démontré qu'une demi-boîte de haricots cuits en conserve de marque Campbell peut abaisser de 12 % un taux de cholestérol élevé chez un sujet masculin d'âge moyen habitué à un régime alimentaire riche en matières grasses. Un autre test a fait la preuve que la consommation de une tasse de haricots secs par jour augmente de 9 % environ — après un an ou deux — les lipoprotéines HDL. On a pu observer également que les haricots secs améliorent de 17 % le quotient entre le cholestérol HDL et le cholestérol LDL, quotient d'une importance capitale pour la santé cardiovasculaire.

Pour obtenir de meilleurs résultats, répartissez les haricots en diverses portions: mangez-en une demi-tasse au repas du midi, et une autre

---

* Communément appelés «fèves».

le soir. N'oubliez pas d'inclure aussi à vos menus du soya, un autre allié très puissant contre l'hypercholestérolémie, comme l'ont attesté de nombreuses études effectuées à travers le monde, dont celle de John Erdman fils, de l'Université de l'Illinois: les sujets suivis par Erdman ont réussi à abaisser de 12 % leur taux de cholestérol en consommant des aliments fortifiés avec des ingrédients à base de soya. La protéine du soya, présente dans les haricots entiers ou concassés, dans le lait de soya, le tofu, les protéines texturées et le tempeh, est, selon lui, le remède le plus efficace pour traiter cette anomalie. Il est à noter toutefois que la sauce soya et l'huile de soya n'ont pas les mêmes vertus.

Les pouvoirs étonnants des fibres de l'avoine

Pour abaisser votre taux de cholestérol, ajoutez de l'avoine à votre régime alimentaire, recommandent des scientifiques hollandais, qui ont découvert il y a trois décennies les propriétés étonnantes de cette céréale. Pas moins de 23 études (sur un total de 25) viennent confirmer cette découverte, dit Michael C. Davidson, professeur de cardiologie au Rush-Presbyterian-Saint Luke's Medical Center, à Chicago. Et il n'est pas nécessaire d'en ingérer d'énormes quantités: un bol de grandeur moyenne de *son* d'avoine ou un grand bol de *flocons* d'avoine tout au plus ont permis d'obtenir des résultats intéressants.

Une portion de *son* d'avoine de 60 g par jour environ, soit à peu près deux tiers de tasse, a suffi en effet à réduire de 16 % le «mauvais cholestérol» chez des sujets dont le régime alimentaire comptait une faible quantité de matières grasses; une portion deux fois moindre a permis d'enregistrer une baisse de 10 %; on n'a toutefois noté *aucune baisse supplémentaire du cholestérol* chez ceux qui avaient consommé une quantité supérieure à 60 g (soit 90 g par jour). Les *flocons* d'avoine se sont révélés aussi très efficaces, mais il faut avaler deux fois plus de flocons que de son pour obtenir les mêmes résultats. Fait plus spectaculaire encore, l'avoine a donné des résultats si positifs que 33 % des sujets ont pu se passer ultérieurement des médicaments très puissants qui leur avaient été prescrits pour abaisser leur taux de cholestérol. Une autre étude fait état de baisses de 6 % obtenues grâce à une soixantaine de grammes d'avoine *instantané* chez des patients présentant un taux très élevé de cholestérol.

Cette céréale n'agit d'ailleurs pas uniquement sur le cholestérol LDL, elle contribue aussi à augmenter le cholestérol HDL. Un gros bol de son d'avoine par jour pourrait ainsi vous aider à hausser, en deux ou trois mois, votre cholestérol HDL de 15 %. C'est aux bêta-glycannes (ß-glycannes) — fibres solubles qui, en se transformant en une sorte de gelée dans les voies intestinales, interfèrent avec l'absorption et la production de cholestérol et contribuent par le fait même à éliminer une grande partie du cholestérol sanguin —, qu'il faut attribuer, dit-on, cette propriété qu'a l'avoine d'augmenter le cholestérol HDL.

Les mystérieuses propriétés du son d'avoine

L'avoine n'agit toutefois pas de la même manière chez tous les sujets. On a observé dans certains cas des chutes du taux de cholestérol allant jusqu'à 20 %, alors que chez d'autres sujets la baisse provoquée par une consommation régulière d'avoine n'a pas dépassé 3 ou 4 %; des chercheurs de Harvard sont même allés jusqu'à affirmer que l'avoine n'aurait absolument aucun effet sur le cholestérol. Comment expliquer de telles variations? Voici quelques hypothèses.

1. Les différents types de son d'avoine disponibles sur le marché varient considérablement selon leur teneur en fibres solubles, notamment en ß-glycannes, principal ingrédient actif. Des tests ont permis d'établir que la proportion de fibres solubles peut varier entre 8 et 28 % selon les marques. Comme le fait remarquer Gene Spiller, éminent chercheur spécialisé dans l'étude des fibres et directeur du Health Research and Studies Center en Californie, certains sons d'avoine ne renferment que peu ou pas de ß-glycannes, d'où leur inefficacité. Si la teneur en fibres solubles est indiquée sur l'étiquette, choisissez le son d'avoine qui en contient le plus, recommande-t-il. Ou alors consommez des *flocons* d'avoine; ils en renferment toujours.

2. L'efficacité du son d'avoine, comme de toute substance pharmacologique, dépend de la réceptivité de l'organisme à cet agent. Wendy Demark-Wahnefried, de l'Université Duke, en Caroline du Nord, a enregistré chez un groupe d'hommes et de femmes consommant quotidiennement 48 g de son d'avoine cuit ou 42 g de céréales de son d'avoine non cuites de marque Quaker des baisses de 10 à 17 % en moyenne du taux de cholestérol; on a même observé des baisses atteignant 80 à 100 points dans certains cas. Le son d'avoine est cependant resté sans effet chez 33 % des sujets; les patients soumis à une diète faible en matières grasses (27 % de l'échantillon) n'ont pas répondu, eux non plus, au son d'avoine. Il faut en déduire, dit Demark-Wahnefried, que l'avoine, comme tout autre remède naturel ou tout médicament conçu en laboratoire, n'est pas une panacée. Mais lorsqu'elle est efficace, elle peut faire toute la différence. La seule façon de le savoir est d'en faire l'essai.

3. C'est chez les sujets dont le cholestérol est élevé — au-dessus de 5,9 mmol/l — que l'avoine semble produire les écarts les plus marqués. (On pourrait en dire autant des haricots secs et autres aliments riches en

fibres solubles.) Une expérience a montré par exemple qu'en consommant quotidiennement 60 g de son d'avoine environ, des sujets masculins dont les taux de cholestérol total se situaient entre 5,5 et 8,4 mmol/l et dont le régime alimentaire était extrêmement riche en matières grasses (41 % de l'apport calorique total) ont réussi à diminuer leur cholestérol LDL de 8,5 %. L'avoine ne semble pas avoir beaucoup d'effet, en revanche, chez les sujets qui présentent des taux de cholestérol normaux ou relativement bas, autrement dit «chez ceux qui n'ont pas besoin d'abaisser leur cholestérol», souligne le Dr Anderson.

4. Le pouvoir médicinal de l'avoine varie également selon l'âge et le sexe. Il arrive, par exemple, que chez les jeunes femmes l'avoine n'influence à peu près pas le cholestérol, alors qu'il en est tout autrement chez les femmes plus âgées. Il est intéressant de noter que les sujets masculins de tous âges répondent habituellement assez bien à l'avoine.

EN BREF: *Si votre taux de cholestérol est élevé (au-dessus de 5,9 mmol/l), un bol de son d'avoine par jour devrait normalement contribuer à le réduire. Si ce taux est déjà bas, il faut toutefois vous attendre à ce que les effets de l'avoine soient à peu près nuls. Rappelez-vous aussi qu'au-delà d'une portion quotidienne de deux tiers de tasse de son d'avoine sec ou de une tasse et un tiers de flocons d'avoine secs, on ne peut escompter des effets additionnels sur la baisse du taux de cholestérol, ainsi qu'en témoigne un compte rendu de Cynthia M. Ripsin, de l'Université du Minnesota.*

Une gousse d'ail par jour

«Comme l'attestent de plus en plus d'études, l'humble gousse d'ail a un potentiel extaordinaire en tant que traitement prophylactique quotidien contre les facteurs de risque cardiovasculaires», affirme J. Grunwald, médecin d'origine britannique. Une vingtaine de comptes rendus publiés à la suite d'essais cliniques ont fait état en effet des vertus thérapeutiques de l'ail frais et de certains produits à base d'ail sur l'hypercholestérolémie. On a réussi à identifier dans l'ail six substances chimiques, au moins, capables d'abaisser le taux de cholestérol en inhibant la synthèse de cette substance par le foie.

Selon Robert Lin, qui présidait récemment un congrès international sur les propriétés curatives de l'ail, l'ingestion de trois gousses d'ail frais par jour abaisserait le cholestérol de 10 % en moyenne, et même jusqu'à 15 % dans certains cas. Bien sûr, une quantité moindre donne des résultats moins spectaculaires. On a pu se rendre compte également que la cuisson n'affectait pas les qualités bienfaisantes du condiment. Il est important de noter que la poudre d'ail et le sel d'ail en vente dans les supermarchés ne se sont révélés d'aucun secours.

Lors d'une épreuve contrôlée réalisée il y a peu de temps au L.T.M. Medical College de Bombay, 50 volontaires ayant ingéré trois gousses d'ail cru chaque matin durant deux mois ont vu leur cholestérol (qui se situait au départ entre 213 et 180) chuter de 15 %; les «facteurs de coagulation» se sont aussi améliorés considérablement dans l'ensemble du groupe. Une autre étude, menée au Bastyr College de Seattle, révèle qu'une dose quotidienne d'huile d'ail extraite de trois gousses fraîches a réduit le cholestérol de 7 % en un mois et, constatation plus importante encore, a haussé les précieuses HDL de 23 %!

Les effets de l'oignon sur la production de HDL

L'oignon cru est l'un des meilleurs traitements qui soit pour stimuler la production de «bon cholestérol». La moitié d'un oignon cru, ou l'équivalent de cette portion sous forme de jus, élèverait de 30 % en moyenne le taux de cholestérol HDL chez la plupart des personnes affectées par l'hypercholestérolémie ou atteintes d'une maladie cardiaque, si l'on se reporte à des études cliniques réalisées par le cardiologue Victor Gurewich, professeur à l'Université Harvard. Le Dr Gurewich venait ainsi corroborer les vertus médicinales attribuées depuis longtemps à cet aliment par la médecine populaire. Les résultats obtenus ont été si impressionnants (on aurait noté des résultats positifs chez 70 % des sujets!) que le Dr Gurewich a décidé de recommander à ses patients d'inclure régulièrement cet aliment au menu.

L'oignon *cuit* aurait toutefois des effets moindres sur la production des précieuses HDL, ce qui n'annule pas l'action bienfaisante qu'il a par ailleurs, à divers autres niveaux, sur les troubles cardiaques. On n'est pas encore arrivé cependant, reconnaît le Dr Gurewich, à identifier les produits chimiques responsables de l'action protectrice des oignons; un seul agent, aussi bien qu'une centaine ou plus d'agents chimiques, peut ici être en cause.

Pour profiter des vertus de l'aliment, on devrait idéalement consommer un demi-oignon cru par jour; des quantités inférieures se sont révélées néanmoins assez efficaces. Quelle que soit la quantité ingérée, l'oignon semble exercer dans tous les cas un effet bénéfique sur l'élévation du taux des indispensables HDL dans le sang.

L'action bienfaisante du poisson à chair grasse

Pour stimuler la production de lipoprotéines HDL, même si l'on ne souffre pas d'une déficience à ce niveau, on peut également avoir recours aux poissons à chair grasse, tels le saumon et le maquereau, riches en acides gras oméga-3. Selon les conclusions d'une étude réalisée sous la direction de Gary J. Nelson, de l'USDA Western Human Nutrition Research Center, à San Francisco, la consommation de poisson gras assurerait des profits très rapides en matière de santé cardiaque et de régulation du cholestérol.

Un groupe d'hommes, dont la formule sanguine révélait une cholestérolémie normale, furent invités à consommer de généreuses quantités (la ration quotidienne maximum étant de 450 g environ) de saumon frais aux repas du midi et du soir durant quarante jours environ. Non seulement les HDL ont-elles monté en flèche, mais certaines des HDL censées avoir des effets protecteurs importants contre les cardiopathies ont grimpé de 10 % environ. En vingt jours seulement! Bien sûr, les doses très élevées utilisées pour les besoins de la recherche (comme il est d'usage lorsqu'on veut tester rapidement l'efficacité d'un aliment) ne sont pas une condition *sine qua non* de la réussite du traitement.

Des portions moindres contribuent aussi — à un degré inférieur, certes — à augmenter les lipoprotéines HDL, dit Nelson, surtout chez ceux dont le taux de HDL est inférieur au taux normal. Les substances responsables de cette action bénéfique étant les acides gras oméga-3, il va de soi que tous les poissons riches en huile (maquereau, hareng, sardines, thon) sont susceptibles de hausser les précieuses HDL. Il est reconnu que ces poissons abaissent également les triglycérides.

L'huile d'olive fait merveille

On ne dira jamais assez les bienfaits inestimables de l'huile d'olive sur les artères et le cholestérol! Si vous êtes affecté par une maladie cardiovasculaire, l'huile d'olive peut vraiment vous être salutaire. De trois façons.

D'abord, l'huile d'olive réduit le cholestérol LDL, tout en augmentant sensiblement ou en maintenant au même niveau le cholestérol HDL, améliorant ainsi le quotient HDL/LDL, si important pour la santé du cœur. On ne peut en dire autant de toutes les huiles. Ainsi, l'huile de maïs, l'huile de soya, l'huile de carthame et l'huile de tournesol abaissent *à la fois* le «bon» et le «mauvais» cholestérol sanguins.

En second lieu, l'huile d'olive est plus efficace, dit-on, que le régime faible en matières grasses habituellement prescrit par les médecins pour combattre l'hypercholestérolémie. On a observé en effet, dans un groupe formé de patients dont l'apport en graisses alimentaires, composées surtout d'huile d'olive, représentait 41 % de la ration calorique quotidienne, une baisse du cholestérol plus importante que chez ceux qui consommaient deux fois moins de matières grasses; on a noté de plus une élévation des HDL chez ceux à qui on avait prescrit l'huile d'olive, alors que les autres (soumis à la diète faible en lipides) ont vu chuter le taux de ces précieux lipoprotéines.

Troisièmement, l'huile d'olive neutralise l'action du «mauvais cholestérol» et en amenuise du même coup les effets destructeurs sur les artères. Des études menées par des chercheurs américains et israéliens de renom, dont le Dr Daniel Steinberg, ont fait la preuve que l'huile d'olive oppose effectivement une forte résistance à l'action oxydante du «mauvais cholestérol». Sous la surveillance du Dr Steinberg et de ses collègues, un groupe de volontaires en parfaite santé se sont soumis à un régime dont 40 % des calories environ provenaient de graisses monoinsaturées, soit un apport journalier équivalent à trois cuillerées à soupe d'huile d'olive, le groupe témoin devant consommer de l'huile de carthame ordinaire, qui contient peu d'acides gras monoinsaturés. En comparant les LDL chez les sujets des deux groupes, on a constaté que celles des consommateurs de graisses monoinsaturées étaient *deux fois moins susceptibles d'être oxydées, et par conséquent d'obstruer les artères.*

Ce qui ne signifie pas qu'il faille boire de l'huile d'olive à grands traits. Ces résultats montrent cependant à l'évidence que, parmi les matières grasses qui entrent dans votre alimentation, il serait bien avisé de faire une place de choix aux graisses *monoinsaturées* si vous voulez protéger vos artères. «Parmi les fermiers crétois dont le petit déjeuner se limite souvent à un petit verre d'huile d'olive, on compte des centenaires!», rappelle l'éminent épidémiologiste Ancel Keys.

Amandes et noix: bonnes ou nocives?

Efficaces contre le cholestérol, les noix? Mais ne sont-elles pas riches en matières grasses? Oui, mais, rappelons-le une fois encore, elles sont riches surtout en graisses monoinsaturées, reconnues pour diminuer le cholestérol et désamorcer l'oxydation des lipoprotéines LDL.

Lors de tests effectués par Spiller auprès d'un groupe d'hommes et de femmes dont le cholestérol sanguin était assez élevé (6,2 mmol/l en moyenne), on a constaté que les amandes exerçaient sur le cholestérol une action aussi bienfaisante que celle de l'huile d'olive. Certains sujets consentirent à ingérer 100 g d'amandes par jour durant trois à neuf semaines, les sujets du groupe témoin étant pourvus en matières grasses par le biais de fromage et d'huile d'olive. À la fin de l'expérience, les taux de cholestérol des sujets du premier groupe avaient baissé en moyenne de 10 à 15 %. Rien d'étonnant à cela, dit Spiller, la majeure partie des lipides contenus dans les amandes étant chimiquement identiques à ceux que renferme l'huile d'olive. Si l'huile d'olive est bénéfique pour le cœur, comme semblent l'indiquer les recherches, l'huile d'amande devrait donc l'être aussi.

Les essais réalisés à l'Université Loma Linda, en Californie, sous la direction de Joan Sabate, auprès d'individus affichant un taux normal de cholestérol sanguin ont de même confirmé les vertus thérapeutiques des noix. Les sujets suivaient avant l'expérience une diète dont l'apport en matières grasses était peu élevé. Durant un mois, on leur a demandé de combler 20 % de leurs besoins énergétiques quotidiens (qui s'élevaient à 1800 calories) par une portion d'à peu près 60 g de noix. Leur taux de cholestérol a alors fléchi de 18 %! Au cours du mois suivant, où ils devaient s'abstenir d'en manger, on nota une chute de 22 points du taux moyen de cholestérol. On a pu constater ainsi que les noix pouvaient donner un bon coup de pouce à une diète pauvre en acides gras. William Castelli faisait sensiblement la même constatation dans la *Framingham Heart Study*.

Spiller et Sabate recommandent néanmoins de ne pas consommer trop de noix, car elles sont caloriques (environ 170 calories par portion de 30 g). On se contentera de substituer quelques noix chaque jour à d'autres sources de lipides. «Voilà un moyen des plus simples d'améliorer son taux de cholestérol», dit Sabate.

Et l'avocat?

On s'étonnera sans doute d'apprendre que l'avocat peut diminuer le taux de cholestérol sanguin. C'est bel et bien vrai pourtant. Des chercheurs israéliens ont récemment fait la démonstration qu'en mangeant des avocats durant trois mois, un groupe d'hommes avaient fait baisser de 12 % leur «mauvais cholestérol». Amandes, huile d'olive et avocat, tous très riches en graisses monoinsaturées, seraient donc dotés de vertus semblables.

Des résultats étonnants ont été obtenus de même au Wesley Medical Centre, situé dans le Queensland, en Australie. Un groupe de 15 femmes se conformèrent pendant trois semaines aux exigences d'un régime riche en glucides et faible en matières grasses (20 % de la ration calorique journalière); durant les trois semaines suivantes, elles suivirent cette fois un régime riche en matières grasses (37 % des calories totales), où les avocats — qui, ajoutés à une salade ou servis sur des craquelins ou du pain, devaient être consommés crus — occupaient une place de choix. Résultats: au cours des trois premières semaines, le taux de cholestérol moyen fléchit de 4,9 %; il baissa, en revanche, de 8,2 %, soit près du double, au cours de la seconde phase des essais. On nota au surplus au terme de l'expérience que le régime pauvre en acides gras avait grandement affecté le «bon cholestérol» — le taux de cholestérol HDL ne dépassait pas en effet 14 % — sans cependant réduire le «mauvais cholestérol» (les régimes fournissant peu de matières grasses produisent souvent cet effet); les avocats, en revanche, avaient infléchi seulement le taux de LDL. On a observé à cette occasion que les avocats protégeaient également les artères contre l'oxydation, réaction chimique qui rend le cholestérol nocif.

EN BREF: *Même si l'huile d'olive, les amandes et l'avocat sont riches en matières grasses, ces aliments à haute teneur en acides gras monoinsaturés devraient vous aider à améliorer votre cholestérol sanguin et à protéger vos artères plutôt que de contribuer à les détruire.*

Les propriétés antioxydantes des vitamines C et E

Saviez-vous que la vitamine C, la vitamine E et d'autres antioxydants contenus dans les fruits et les légumes sont d'excellents remèdes anti-cholestérol? La vitamine C agit en effet comme «garde du corps» des HDL, ces vaillantes lipoprotéines qui nettoient vos artères des éléments potentiellement nocifs. La vitamine C, comme la vitamine E, a en outre la propriété d'inhiber la transformation du cholestérol LDL en substance toxique, comme l'a révélé une expérience effectuée aux États-Unis sous la direction de Judith Hallfrisch, du National Institute of Health.

L'étude a montré que l'administration de 180 mg de vitamine C par jour (quantité équivalant à une tasse de fraises plus une tasse de brocoli) pouvait hausser les HDL. Chez un groupe d'hommes et de femmes ainsi soumis à une supplémentation en vitamine C, on a enregistré des taux de HDL supérieurs de 11 % en moyenne à celui des sujets qui n'avaient absorbé que 60 g de cette vitamine. Cette hausse s'expliquerait par la propriété qu'a cette vitamine de protéger les HDL des ravages des radicaux libres de l'oxygène.

Anthony J. Verlangieri, de l'Atherosclerosis Research Laboratory de l'Université du Mississippi, qui a réalisé pendant six ans de nombreuses expérimentations sur des singes, a pu établir, entre autres, une relation directe entre, d'une part, l'absorption de saindoux, de cholestérol ainsi que de faibles quantités de vitamines E et C, et d'autre part, la détérioration et l'occlusion des artères chez ces animaux. Il s'est aperçu qu'en ajoutant de la vitamine C et de la vitamine E à un régime à haute teneur en matières grasses, on peut freiner la détérioration artérielle et même l'inverser: les singes qui mangeaient gras, tout en absorbant une quantité élevée de vitamine E, avaient en effet les artères bloquées au tiers seulement; en leur administrant pendant deux ans des doses relativement faibles de vitamines C et E, Verlangieri a même réussi à inverser le blocage artériel dans une proportion de 8 à 33 %!

En faisant obstacle aux radicaux libres, les vitamines antioxydantes préviennent la transformation du cholestérol LDL en une substance toxique et dangereuse. Il en faut d'ailleurs très peu pour élever une solide barrière contre les radicaux libres, fait remarquer Balz Frei, chercheur à l'Université Harvard: quelques milligrammes de vitamine C par jour (deux grosses oranges) fournissent aux tissus assez de munitions pour mettre en échec les radicaux libres et paralyser l'infiltration des artères par les LDL. On trouvera dans l'Appendice placé à la fin du livre une liste détaillée des aliments riches en vitamines C et E.)

Comment détoxiquer le «mauvais cholestérol» (cholestérol LDL)

Les aliments riches en antioxydants peuvent empêcher le cholestérol LDL de s'oxyder et de devenir toxique. D'où l'importance de consommer régulièrement des rations suffisantes des aliments suivants:
- fruits et légumes riches en vitamine C et en ß-carotène;
- huile, noix, graines et céréales complètes, notamment le germe de blé, riches en vitamine E;
- sardines et maquereau, riches en ubiquinone 10 (coenzyme Q10), un antioxydant qui, selon les plus récentes découvertes, exercerait une action protectrice sur les artères;
- huile d'olive, amandes, avocats et autres aliments riches en acides gras monoinsaturés, reconnus pour réduire l'oxydation des LDL.

Il est important également de diminuer votre consommation de matières grasses facilement oxydables, particulièrement de graisses riches en acides gras oméga-6, comme l'huile de maïs, l'huile de carthame et l'huile de tournesol.

Des agents anti-cholestérol dans les fibres végétales

La pomme. — La pomme, comme tout autre aliment riche en pectine (fibre soluble), peut contribuer aussi à réduire le taux de cholestérol, comme l'ont montré des tests effectués en France auprès d'un groupe d'hommes et de femmes sains d'âge moyen. On a noté en effet chez 80 % des sujets qui avaient, durant un mois, ajouté deux ou trois pommes à leur régime quotidien habituel une diminution sensible du taux de cholestérol LDL, taux qui dépassait 10 % chez la moitié d'entre eux, de même qu'une augmentation du cholestérol HDL (le «bon cholestérol»). Phénomène intéressant, les pommes auraient un plus grand impact chez les femmes que chez les hommes; l'un des sujets féminins du groupe a même vu son cholestérol baisser de 30 %!

D'autres essais du même type, réalisés par David Gee, de l'Université de Washington-Centre auprès d'un groupe de 26 hommes se sont avérés eux aussi concluants. Le taux de cholestérol a en effet baissé dans ce cas de 7 % en moyenne après que trois biscuits aux pommes eurent été ajoutés au menu quotidien (on avait en fait ajouté à la pâte à biscuits les résidus — très riches en fibres — obtenus lors de l'extraction de jus de pomme, à raison de 15 g de fibres par biscuit, soit l'équivalent des fibres contenues dans quatre ou cinq pommes); aucun changement n'a été observé en revanche chez ceux qui avaient consommé le biscuit placebo.

La pectine, utilisée entre autres dans la fabrication des gelées, serait responsable des améliorations notées, bien que d'autres substances entrant dans la composition des pommes pourraient aussi jouer un rôle dans la réduction du cholestérol sanguin, pensent les experts. Selon David Kritchevsky, du Wistar Institute, à Philadelphie, une pomme entière abaisserait le taux de cholestérol à un niveau qui dépasse largement ce que le contenu en pectine du fruit pourrait laisser supposer. «Un autre ingrédient entre sûrement en jeu ici», en conclut-il.

La carotte. — Mangez beaucoup de carottes: c'est un aliment très efficace pour venir à bout du «mauvais cholestérol» et pour élever le «bon cholestérol». Ce légume renferme, lui aussi, une grande quantité de fibres solubles anti-cholestérol, dont la pectine, comme le soulignent Philip Pfeffer et Peter Hoagland, de l'USDA Eastern Regional Research Center. Pfeffer estime que l'absorption quotidienne d'une quantité de fibres équivalant à celles que contiennent deux carottes suffit à diminuer de 10 à 20 % le taux de cholestérol. Quel moyen agréable et facile, dit-il, pour tous ceux qui sont aux prises avec un problème d'hypercholestérolémie de modifier le cours des choses! Après s'être lui-même prêté à l'expérience, il a vu son cholestérol sanguin chuter de 20 %.

Une autre étude, réalisée cette fois au Canada, fait état d'une réduction du cholestérol de l'ordre de 11 % chez un groupe d'hommes consommant environ deux carottes et demie par jour. Les résultats de tests effectués en Allemagne vont dans le même sens: la quantité de ß-carotène contenue dans une ou deux carottes contribue à augmenter les lipoprotéines HDL. Fraîches, congelées ou mises en conserve, consommées crues ou cuites, hachées ou réduites en purée, ou encore en jus, elles ont les mêmes propriétés thérapeutiques, souligne Pfeffer.

Le pamplemousse. — La pulpe de pamplemousse, soit les segments du fruit, faits de ces petits sacs de jus entourés de membranes, renferme un type absolument unique de fibre soluble, l'acide galacturonique, qui aiderait non seulement à réduire le cholestérol sanguin, mais également à dissoudre la plaque obstruant les artères et à inverser le processus favorisant l'accroissement de la plaque. Des tests effectués sous la direction de James Cerda, professeur de gastro-entérologie à l'Université de la Floride, ont permis de démontrer que la consommation quotidienne d'une portion d'environ deux tasses et demie de segments de pamplemousse peut abaisser le cholestérol sanguin de 10 %.

On notera toutefois que le *jus* de pamplemousse ne renferme aucune fibre ni ne semble avoir aucun effet hypocholestérolémiant particulier. L'expérimentation du «médicament» sur des porcs, animaux dont le système cardiovasculaire est assez semblable au nôtre, a montré que les substances contenues dans le pamplemousse peuvent vraiment influencer la santé des artères; on a relevé effectivement chez ces animaux moins de cas d'artères et d'aortes sclérosées et rétrécies, ce qui prouve que la fibre du fruit dissout une partie de la plaque d'athérome.

Aliments à haute teneur en fibres anti-cholestérol

Certains spécialistes, dont le Dr James Anderson, estiment que la fibre soluble est l'agent responsable de l'effet thérapeutique de plusieurs aliments: selon lui, plus un aliment est riche en fibres, plus il est susceptible d'abaisser le cholestérol sanguin (un apport quotidien de 6 g de fibres contribuerait à abaisser sensiblement le taux de cholestérol). Voici la liste des meilleures sources alimentaires de fibres solubles qu'il a lui-même dressée.

Légumes (1/2 tasse)	Teneur en fibre soluble (en g)
Choux de Bruxelles, cuits	2
Panais, cuits	1,8
Navets, cuits	1,7
Okra ou gombo, frais	1,5
Pois, cuits	1,3
Brocoli, cuit	1,2
Oignons, cuits	1,1
Carottes, cuites	1,1
Fruits	
Orange, pulpe seulement (1 petite)	1,8
Abricots, frais (4 moyens)	1,8
Mangue, pulpe seulement (1/2, petite)	1,7
Céréales	
Son d'avoine, cuit (3/4 tasse)	2,2
Céréale de son d'avoine, froide (3/4 tasse)	1,5
Flocons d'avoine, non cuits (1/3 tasse)	1,4
Légumineuses, cuites (1/2 tasse)	
Haricots jaunes	2,7
Haricots secs en conserve	2,6
Haricots noirs	2,4
Petits haricots blancs	2,2
Haricots blancs en conserve	2,2
Haricots rouges en conserve	2,0
Pois chiches	1,3

L'huile de pépin de raisin

L'huile de pépin de raisin, huile d'assaisonnement très douce extraite des pépins de raisin, vendue habituellement dans les boutiques d'épiceries fines ou les magasins d'aliments naturels, est un aliment que les spécialistes ont récemment ajouté à la liste des aliments susceptibles de hausser le cholestérol HDL. Pour tester l'efficacité du produit, David T. Nash, cardiologue du Health Science Center de l'Université de New York à Syracuse, a demandé à 23 volontaires, hommes et femmes, dont le taux de lipoprotéines HDL était relativement bas (moins de 1,1 mmol/l) d'ajouter chaque jour, durant quatre semaines, à leur régime habituel (faible en matières grasses) deux cuillerées à soupe d'huile de pépin de raisin. Résultats: les taux de HDL ont augmenté jusqu'à 14 % chez plus de la moitié des sujets; chez les autres, dont le taux de HDL était déjà satisfaisant (plus de 1,4), l'adjonction d'huile de pépin de raisin n'a toutefois pas eu d'effet marqué.

Alcool et cholestérol: alliés ou ennemis?

Il est maintenant établi qu'un peu de bière, de vin ou d'alcool accroît les HDL. Des chercheurs britanniques ont bien montré qu'*un verre ou deux* de vin, de bière ou de cocktail par jour peuvent élever le taux de ces lipoprotéines protectrices de 7 % en moyenne. D'autres essais attestent une baisse de 17 % des HDL obtenue par l'ingestion quotidienne de 37 ml d'alcool. Même de toutes petites quantités feraient effet. On a observé récemment à l'Oregon Health Sciences University que des femmes ingurgitant entre 4 et 30 boissons alcooliques par mois affichaient un taux de HDL supérieur à celui des femmes dont la consommation d'alcool ne dépassait pas quatre boissons par mois.

Des chercheurs de l'Université Johns Hopkins ont constaté de leur côté, à l'analyse des formules sanguines de sujets de sexe masculin ayant bu chaque jour durant deux mois une canette de bière de 340 ml environ que leur taux d'*apolipoprotéines* (ou *apoprotéines*) A I, protéines qui ont été mises en corrélation avec les HDL, avait augmenté. On en a conclu qu'une bière par jour pourrait faire la différence entre la vulnérabilité et l'invulnérabilité aux crises cardiaques.

Mais, attention! Avaler entre 7 et 14 boissons alcooliques en deux jours (les vendredi et samedi soirs, par exemple, comme c'est souvent le cas) n'a pas du tout les mêmes effets thérapeutiques que si le même volume d'alcool est étalé sur une semaine: une consommation excessive d'alcool en une seule fois peut ruiner complètement l'équilibre entre les HDL et les LDL, abaissant les premières et haussant les secondes.

Bien qu'ils reconnaissent qu'un peu d'alcool peut être bénéfique pour le cholestérol, *la plupart des chercheurs sont tout à fait opposés à ce qu'on recommande officiellement l'alcool comme moyen de combattre les maladies cardiaques ou le stress, tout particulièrement, on s'en doutera, à ceux qui ont un problème d'alcoolisme acquis héréditairement ou par de mauvaises habitudes personnelles.*

Faut-il renoncer aux fruits de mer?

Peut-être vous abstenez-vous, comme bien d'autres personnes, de manger des fruits de mer, de peur qu'ils ne fassent monter en flèche votre cholestérol sanguin. Cessez de vous inquiéter; il serait injustifié, croient les spécialistes, d'y renoncer. La substitution de diverses espèces de mollusques et de crustacés à des protéines animales aurait même, au contraire, des effets bénéfiques, comme l'ont montré une série de tests, menés par Marian Childs, une autorité dans la recherche sur les lipides.

Sur 18 hommes en santé, affichant un taux normal de cholestérol, à qui on a demandé de substituer pendant trois semaines certains fruits de mer (huîtres, palourdes, crabe, moules, crevettes, calmar) aux protéines animales incluses à leur régime habituel (tels la viande et le fromage), pas un n'a vu augmenter son cholestérol sanguin. Au contraire: ceux qui ont ajouté à leur régime des huîtres, des palourdes et du crabe ont ainsi abaissé à la fois leur cholestérol sanguin total et leur «mauvais cholestérol»; les huîtres et les moules ont en outre augmenté les concentrations de «bon cholestérol».

Parmi les produits testés, les huîtres, les palourdes et les moules ont donné les meilleurs résultats; le crabe a également été bénéfique. Quant aux crevettes et au calmar, ils n'ont ni réduit ni augmenté le cholestérol total; on ne saurait donc les recommander pour traiter l'hypercholestérolémie, dit Childs.

Aliments susceptibles d'élever le «bon cholestérol» (HDL)

- Huile d'olive
- Oignon (cru)
- Ail
- Saumon, maquereau, sardines, thon et autres poissons gras
- Huîtres, moules
- Huile de pépin de raisin
- Amandes
- Avocat
- Aliments riches en vitamine C: poivron, brocoli, orange
- Aliments à haute teneur en ß-carotène: carotte, épinards, brocoli
- Vin, bière, spiritueux, avec modération

N.B. Les régimes à très basse teneur en matières grasses, c'est-à-dire où elles ne représentent pas plus de 10 % de l'apport énergétique quotidien, réduisent le «bon cholestérol». Ils sont donc à déconseiller.

Triglycérides vs cholestérol

Les triglycérides, autre type de lipides présent dans le sang, sont beaucoup plus dangereux qu'on ne le croit habituellement. Des découvertes récentes montrent en effet que de hauts taux sanguins de triglycérides favorisent les crises cardiaques, plus particulièrement chez les femmes âgées de plus de 50 ans et chez les hommes dont le quotient cholestérol LDL/cholestérol HDL est inadéquat. Les conclusions d'une étude finlandaise, entre autres, suggèrent que les hommes dont la cholestérolémie ne répond pas aux normes habituelles et dont les triglycérides dépassent 2,3 mmol/l seraient quatre fois plus vulnérables à l'infarctus que les autres; l'étude a confirmé que le taux de triglycérides ne semble pas être un facteur de risque chez les sujets dont le quotient LDL/HDL est normal. Le problème est qu'un taux insuffisant de HDL et un taux trop élevé de triglycérides vont habituellement de pair.

Les aliments qui ont les vertus thérapeutiques les plus marquées pour abaisser les triglycérides sont les poissons de mer. De nombreuses études ont montré en effet que l'huile de poisson fait chuter de façon spectaculaire les triglycérides. Un groupe de chercheurs de l'Oregon Health Sciences University ont constaté, par exemple, qu'une dose quotidienne d'huile de poisson équivalant à la quantité fournie par une portion de 200 g de saumon, de maquereau ou de sardines, peut réduire de 50 % et plus les triglycérides! À l'Université de Washington, une autre expérience portant sur des sujets masculins, invités à consommer deux fois par jour, durant trois semaines, des mollusques et des crustacés à la place de leurs protéines habituelles (viande, œufs, lait et fromage), a donné les résultats suivants: les palourdes ont fait chuter leurs taux triglycérides de 61 %, les huîtres de 51 %, et le crabe de 23 %!

Il semble que le clou de girofle serait doté, lui aussi, de vertus bienfaisantes: une étude fait état d'une baisse de l'ordre de 13 % environ, alors qu'une autre révèle une diminution de 25 % du taux de triglycérides sanguins grâce à cet aromate. On a pu constater également qu'une demi-tasse de haricots secs peut abaisser ces lipides de 17 %. Un régime faible en matières grasses donnerait également de bons résultats.

*Comment réguler le taux
sanguin de triglycérides*

Consommer:
- des mollusques et des crustacés (palourdes, crabe);
- du poisson à chair grasse (saumon, maquereau, sardines);
- du clou de girofle;
- des haricots secs.

Éviter:
- le sucre raffiné;
- la farine raffinée;
- les jus de fruits;
- les fruits secs;
- les abus d'alcool (un ou deux verres n'auraient toutefois, d'une manière générale, aucun effet marqué sur les concentrations de triglycérides).

L'effet du café sur le cholestérol

Si vous êtes amateur de café, préparez-le à l'américaine, c'est-à-dire en le filtrant. Ce mode de préparation, qui a la faveur de 75 % des Américains, ne semble pas avoir d'effet significatif sur le cholestérol, alors que le café préparé à l'européenne, à la vapeur ou bouilli, augmenterait, semble-t-il, le cholestérol. L'agent qui occasionne les élévations du cholestérol serait, semble-t-il, absorbé par le papier filtre.

Pour élucider ce mystère, des chercheurs hollandais ont extrait une substance huileuse, appelée «facteur lipidique», d'un volume de café préparé à l'européenne, pour l'administrer ensuite à des volontaires. Qu'en ont-ils conclu? Le facteur lipidique du café a fait grimper le cholestérol sanguin de 23 % en moyenne — c'est-à-dire de 4,6 à 5,7 mmol/l — en moins de six semaines, ce pourcentage étant attribuable surtout aux dangereuses LDL. Apparemment, l'ingrédient chimique en cause serait absent du café filtre. Ainsi, il semble que le café java ne provoque pas d'augmentation du cholestérol si l'on s'en tient au café filtre.

Des chercheurs de Johns Hopkins croient pour leur part que, même si le café ordinaire augmente le cholestérol sanguin, il n'aurait pas de répercussions graves sur les maladies cardiaques, car il augmente autant les HDL que les LDL, et ce, dans des proportions égales.

Le déca: dangereux?

Il serait mal avisé, selon les experts, de passer au décaféiné pour corriger un taux de cholestérol anormal; les chercheurs n'ont d'ailleurs jamais incriminé la caféine comme telle dans l'augmentation du cholestérol. De fait, des expériences réalisées en Hollande auprès de 45 hommes et femmes, invités à remplacer pendant six semaines cinq tasses de déca par la même quantité de café régulier, ont montré que l'effet de la caféine sur le cholestérol sanguin était tout à fait nul.

De plus en plus d'études suggèrent que le déca aurait néanmoins des effets nocifs. Au Center For Progressive Atherosclerosis Management de l'Université de Berkeley, en Californie, on a enregistré une augmentation de 6 % des LDL chez 181 sujets masculins en santé et présentant des taux de cholestérol normaux, quand ils sont passés du café régulier au café décaféiné. L'*apolipoprotéine B*, un autre facteur de risque dans les maladies cardiaques, a également augmenté. Aucune modification du taux de cholestérol n'a cependant été enregistrée chez ceux qui ont renoncé au café sans pour autant adopter le décaféiné.

H. Robert Superko, qui a parrainé les recherches menées à Berkeley sur la question, estime pour sa part que la substitution du déca au café régulier pourrait augmenter de 10 % les risques de maladies cardiaques, pourcentage important, dit-il, si l'on considère que 20 % des 139 milliards de tasses de café qu'avalent au total les Américains annuellement sont du décaféiné. Un ingrédient du Robusta, grain plus fort utilisé habituellement dans la fabrication du décaféiné, serait en cause selon lui; cette substance non encore identifiée serait absente du café régulier, habituellement extrait de grains d'Arabica, qui sont beaucoup plus doux.

Ces découvertes surprenantes corroborent d'autres essais récents, dont certains ont été effectués à l'Université Harvard; on y a observé là encore une hausse légère du facteur de risque chez les buveurs de déca.

Le message est clair: *ne comptez pas sur le décaféiné pour abaisser votre cholestérol.*

Chocolat et cholestérol

L'ingestion de grandes quantités de chocolat peut-elle augmenter le taux de cholestérol sanguin? Théoriquement, oui. Si l'on examine par contre les données actuellement disponibles sur la question, les preuves ne semblent pas suffisantes. Les matières grasses que renferme le chocolat — issues principalement de la graisse de cacao — sont, dans une proportion de 60 % environ, des corps gras saturés. Or, fait surprenant, l'acide stéarique contenu dans les lipides du cacao, n'élèverait pas le cholestérol; il pourrait même l'abaisser, croit-on.

Des chercheurs de l'Université de la Pennsylvanie ont voulu en avoir le cœur net. Ils ont donc invité un groupe de jeunes hommes dont le cholestérol sanguin était normal (5,2 ou moins) à s'empiffrer de chocolat, de «beurre» de cacao ou de beurre laitier ordinaire durant vingt-cinq jours consécutifs; les matières grasses provenant de l'une ou l'autre sources représentaient 31 % des calories absorbées quotidiennement, soit environ 280 g de chocolat pur (quantité équivalente à sept barres de chocolat) par jour, comme le précise Elaine McDonnell. Or on s'est aperçu que le cholestérol n'avait pas beaucoup augmenté chez ceux qui avaient consommé ces quantités excessives de chocolat ou de «beurre» de cacao; le taux de cholestérol moyen — surtout le cholestérol LDL — de ceux qui s'étaient gavés de beurre ordinaire a par contre grimpé de 18 % durant l'expérience!

Faut-il réduire sa consommation d'œufs?

Jusqu'à quel point est-il dangereux de consommer œufs, foie, caviar et certains fruits de mer, qui regorgent de cholestérol? En vérité, les aliments à haute teneur en cholestérol ne sont pas le facteur primordial de l'hypercholestérolémie, les agents les plus à craindre étant plutôt dans ce cas-ci les acides gras saturés d'origine animale. «Les acides gras saturés sont *quatre fois* plus susceptibles que le cholestérol alimentaire de faire monter le taux de cholestérol sanguin», dit le cardiologue John LaRosa, de l'Université George Washington.

Des tests effectués à l'Université Rockefeller, à New York, ont révélé qu'un régime où les œufs — qui, comme on le sait, sont chargés de cholestérol — occupent une place importante n'entraîne pas nécessairement une élévation du cholestérol; cette élévation affecte en fait deux personnes sur cinq. Lorsque l'alimentation fournit à l'organisme une quantité excessive de cholestérol, le foie en injecte automatiquement une moins grande quantité dans le sang; c'est ce qui explique que les niveaux de cholestérol restent assez stables. Après avoir analysé les résultats de 27 études sur la question, le cardiologue Paul N. Hopkins, de l'Université de l'Utah à Salt Lake City, en est venu à la conclusion que, chez la majorité des gens, la consommation d'aliments à haute teneur en cholestérol n'a pas d'influence marquée sur le taux sanguin de cholestérol.

On ne saurait néanmoins, pour d'autres raisons, encourager pareille habitude. Contentons-nous pour l'instant de rappeler que s'empiffrer d'aliments à teneur élevée en cholestérol peut favoriser les maladies cardiaques en stimulant la production de caillots sanguins, comme le souligne

Richard Shekeller, professeur d'épidémiologie au Health Science Center de l'Université du Texas à Houston. Il a fait la preuve récemment que les consommateurs d'aliments riches en cholestérol (700 g par jour ou plus) raccourcissaient leur vie de trois ans.

Renoncer par ailleurs totalement à certains aliments parce qu'ils renferment du cholestérol peut aussi avoir des effets insidieux. Cela vous étonnera peut-être, mais sachez qu'une carence en choline — vitamine du complexe B, concentrée dans les aliments riches en cholestérol, tels les œufs et le foie — peut s'ensuivre, laquelle peut endommager le foie, souligne Stephen Zeisel, de l'Université de la Caroline du Nord. Zeisel a soumis pendant trois semaines un groupe d'hommes en très bonne santé à un régime sans choline: des signes de malfonctionnement du foie sont alors apparus. D'autres travaux ont montré qu'une quantité insuffisante de choline dans le régime alimentaire peut en outre affaiblir la mémoire et la concentration; des chercheurs ont ainsi mis en rapport de faibles taux d'acétylcholine, dérivé de la choline intervenant dans la transmission de l'influx nerveux, et des troubles de mémoire ainsi que la maladie d'Alzheimer.

EN BREF: *Consommez certains aliments riches en cholestérol afin que l'organisme soit suffisamment pourvu en choline, en évitant cependant toute exagération en ce sens. Les spécialistes des maladies du cœur suggèrent, en général, de ne pas absorber plus de 300 mg de cholestérol par jour, soit une quantité totale équivalente à quatre jaunes d'œufs par semaine.*

La nocivité des graisses animales

Les aliments qui risquent le plus d'occasionner une élévation rapide du cholestérol sont les aliments riches en corps gras saturés d'origine animale, comme la viande, la volaille et les produits laitiers. Tout le monde s'entend là-dessus depuis que l'hypercholestérolémie a été associée au régime alimentaire, soit depuis les années cinquante. Indiscutablement, les graisses animales augmentent, à des degrés variables, le cholestérol LDL chez la plupart des gens; en réduisant la part qu'elles occupent dans le régime alimentaire, on devrait donc pouvoir abaisser le cholestérol LDL. D'où la nécessité d'éviter le beurre, le lait entier, le fromage, le gras de bœuf et de porc ainsi que la peau de la volaille si l'on veut prévenir l'athérosclérose.

Les études scientifiques ont l'une après l'autre pointé du doigt le même élément: ce sont essentiellement les corps gras *saturés* qui augmentent le «mauvais cholestérol». À l'occasion d'une expérience où des volontaires s'étaient soumis à un régime très riche en matières grasses (40 % des calories quotidiennes), le premier groupe suivant le régime américain type, très élevé en corps gras saturés, alors que le régime du second groupe ne fournissait pas plus de 10 % des calories en corps gras saturés, on s'est rendu compte que le taux de cholestérol avait immédiatement diminué de 13 % chez les sujets du deuxième groupe. Cependant, on a pu constater en outre que la réaction des individus à ce type d'acide gras varie grandement d'un sujet à l'autre. Ceux qui doivent abaisser leur taux de cholestérol ont indéniablement tout avantage à diminuer leur ration quotidienne d'acides gras saturés.

EN BREF: *Les graisses saturées d'origine animale ne devraient pas dépasser 10 % — et moins, si possible — des calories que vous absorbez quotidiennement.*

Dégraisser les viandes: une mesure essentielle

Peut-on à la fois manger de la viande et maintenir son cholestérol à un bas niveau? Oui, disent les spécialistes, à condition d'enlever tout le gras possible des morceaux que vous vous préparez à consommer. Il semble en effet que le facteur responsable de la hausse du cholestérol sanguin ne soit pas tant la viande que le gras qui l'entoure. Des chercheurs de l'Université Deakin et de l'hôpital Royal Melbourne, en Australie, avec la collaboration d'un groupe de 10 hommes et femmes en santé, ont montré qu'un régime riche en viande bovine maigre — soit, par jour, et pendant trois semaines, une quantité d'environ 450 g de bœuf dont on avait enlevé tout le gras possible, de telle manière que la teneur en matières grasses de la viande ne dépasse pas 9 % des calories fournies — avait fait *chuter* de 20 % en moyenne le cholestérol sanguin plutôt que de l'augmenter.

Pour confirmer l'irréfutabilité des conclusions formulées à la suite de cette expérience, les chercheurs ont ajouté des morceaux de gras de bœuf durant la quatrième et la cinquième semaines: on a vu aussitôt grimper les taux de cholestérol.

Le cholestérol Lp (a)

De hautes concentrations de cet étrange type de cholestérol qu'on appelle le cholestérol *Lp (a)* signaleraient, dit-on, une certaine susceptibilité à l'athérosclérose et aux crises cardiaques à un âge précoce, tout particulièrement dans les cas où le cholestérol LDL est aussi très élevé. Selon certains experts, le quart de toutes les crises cardiaques survenant chez les gens âgés de moins de 60 ans seraient dues à un excès de Lp (a) dans le sang. Entre 10 et 25 % de tous les Américains pourraient, selon eux, avoir hérité à la naissance d'un taux excessif de Lp (a).

L'alimentation traditionnelle, faible en matières grasses, ne semble pas réussir à infléchir ce taux problématique. Mais il reste un espoir: l'huile de poisson. Le Danois Jorn Dyerberg, un des chefs de file de ce secteur de la recherche, a observé que l'huile de poisson, consommée durant une période de neuf mois, avait réduit de 15 %, ce qui était plutôt inhabituel, les taux élevés de Lp (a) chez un groupe d'hommes. La dose quotidienne de Lp(a) était 4 g, ce qui équivaut à l'ingestion de 200 g de maquereau. Des chercheurs allemands ont récemment démontré également que de grandes quantités d'huile de poisson peuvent abaisser le cholestérol Lp (a). Un groupe de 35 patients atteints de maladie coronarienne ont ainsi pu abaisser de 14 % leur taux de Lp (a); d'autres patients soumis au même traitement n'ont toutefois pas obtenu l'effet escompté. Serait-ce une autre des mystérieuses façons dont le poisson aide à prévenir l'infarctus?

Des tests simples permettant de mesurer les taux sanguins de Lp (a) ne sont pas encore accessibles à l'ensemble de la population. La menace que représente toutefois un excès de cette substance dans le sang fournit une raison de plus de consommer du poisson gras deux à trois fois par semaine. Cette mesure permet tout au moins de se prémunir contre les risques reliés à ce problème.

Le danger des régimes à très faible teneur en matières grasses

Peut-être pensez-vous que moins vous mangez de matières grasses, plus vous diminuez votre taux de cholestérol sanguin et protégez vos artères. Détrompez-vous… Frank Sacks, professeur à Harvard, affirme qu'en adoptant un régime à très basse teneur en matières grasses (c'est-à-dire où elles ne représentent pas plus de 10 % des calories), un individu risque de ruiner son cholestérol HDL, et de se rendre aussi vulnérable aux maladies de cœur qu'auparavant. Pourquoi? Parce qu'un régime extrêmement faible en matières grasses abaisse tout autant le cholestérol HDL («bon cholestérol») que le cholestérol LDL («mauvais cholestérol»).

Prenons un exemple. Vous décidez de restreindre votre consommation de matières grasses; votre taux de cholestérol total passe de 6,7 à 5,4 mmol/l. Mais cette baisse n'est pas vraiment significative, car votre cholestérol HDL a également baissé de 20 % (de 1,03 à 0,83 mmol/l)). Au bout du compte, le quotient cholestérol total/cholestérol HDL (6,5), quotient qui vous expose, encore plus que la majorité des Nord-Américains, aux crises cardiaques, est toujours aussi élevé. Ce quotient serait, dit-on, un bien meilleur indice de la susceptibilité aux maladies de cœur que le taux de cholestérol total. Ainsi, après un régime strict, exigeant, vous ne vous trouvez pas mieux protégé qu'avant.

On se rappellera cependant que les corps gras monoinsaturés, qu'on trouve dans l'huile d'olive, par exemple, font baisser les lipoprotéines LDL, sans toucher aux lipoprotéines HDL. Il est donc plus sensé, dit Sacks, de réduire les graisses saturées d'origine animale, qui, à n'en pas douter, élèvent le «mauvais cholestérol», et d'adopter un régime plus riche en matières grasses à teneur élevée en corps gras monoinsaturés. Sacks favorise tout particulièrement le régime de type méditerranéen, où les matières grasses — en majeure partie monoinsaturées — comptent pour 35 à 40 % des calories.

Si vous suivez un régime à très faible teneur en matières grasses, faites vérifier votre taux sanguin de HDL d'ici quelques mois pour vous assurer que vous améliorez, et non empirez, votre cholestérol. «Si j'avais un taux sanguin de cholestérol se situant entre 4,1 et 4,9 mmol/l, dit David Jacobs, un épidémiologiste de l'Université du Michigan, je ne changerais rien à mes habitudes alimentaires: je n'essaierais ni d'élever ni d'abaisser mon taux de cholestérol. Mais si mon cholestérol était aussi bas que 3,1 mmol/l, je serais sans doute tenté de l'élever.»

L'hypocholestérolémie

Existe-t-il un seuil au-delà duquel le taux de cholestérol serait considéré comme étant trop bas? La réponse, si déconcertante qu'elle puisse paraître, est *oui*. Un taux de cholestérol exagérément faible — 4,4 et moins — peut en effet être dangereux, comme l'a mis en lumière une très vaste enquête épidémiologique mettant à contribution 350 000 hommes d'âge moyen, en parfaite santé, mise en place par une équipe de l'Université du Minnesota sous la direction de James Neaton. Au début de l'enquête, 6 % des sujets de l'échantillon présentaient des taux de cholestérol excessivement bas: presque aucune trace de maladie cardiaque à leurs dossiers. Douze ans plus tard, le taux de mortalité par crise cardiaque chez ces sujets représentait la moitié de celui des sujets affichant au départ des taux plus élevés (entre 5,2 et 6,7). On s'est rendu compte toutefois qu'ils faisaient face à des problèmes d'autres types: ils étaient deux fois plus vulnérables que les sujets de l'autre groupe aux accidents hémorragiques (et donc aux accidents vasculaires cérébraux), trois fois plus exposés à développer un cancer du foie, et cinq fois plus à mourir des suites de l'alcoolisme; enfin, ils risquaient davantage d'être emportés par l'emphysème pulmonaire ou encore de se suicider.

Une autre enquête auprès de 290 000 hommes et femmes de divers pays, sous la direction de David Jacobs, révèle qu'on enregistre de plus hauts taux de mortalité d'origines diverses parmi les sujets qui avaient au départ un très faible taux de cholestérol que chez les autres.

Comment expliquer pareil phénomène? Les chercheurs hésitent, à vrai dire, à se prononcer là-dessus, mais des indices ayant récemment fait surface laissent entendre que l'hypocholestérolémie serait un facteur «prédisposant» de l'hémorragie cérébrale (accident occasionné par la rupture d'un vaisseau sanguin sclérosé), sans doute parce que les fragiles membranes recouvrant les cellules du cerveau ont besoin d'une quantité minimale de cholestérol pour fonctionner adéquatement. Fait intéressant, à mesure que les taux moyens de cholestérol sanguin augmentent chez les Japonais, leurs taux (incroyablement élevés) d'hémorragie cérébrale déclinent. Des corrélations entre un faible taux de cholestérol et l'apparition du cancer du côlon ainsi que des lésions du foie ont également été établies dans certains travaux.

Une recherche patronnée par le Dr Elizabeth L. Barrett-Connor, de l'Université de la Californie à San Diego, a mis en évidence un rapport entre une cholestérolémie trop basse et la dépression, du moins chez les personnes âgées de sexe masculin. Environ 16 % d'un groupe d'hommes âgés de 70 ans et plus affichant de faibles taux de cholestérol (4,4 et moins) montraient en effet des signes ténus ou graves de dépression, contre 3 à 8 % seulement chez les sujets dont le taux de cholestérol était plus élevé.

Pourquoi? Le Dr Barrett-Connor prétend que l'hypocholestérolémie amoindrirait les concentrations en sérotonine, substance chimique qui joue un rôle important dans la transmission de l'influx nerveux, ce qui accroîtrait la dépression et l'agressivité.

Mais tout cela n'est, pour l'instant, que spéculation. Et quel serait le taux de cholestérol minimum pour se protéger des maladies? Les chercheurs ne peuvent que gloser là encore. Les problèmes pourraient survenir lorsque le cholestérol en circulation dans le sang descendrait au-dessous de 4,1 mmol/l, se hasardent-ils à dire.

Mesures diététiques pour réguler le taux sanguin de cholestérol

- Mangez beaucoup de fruits et de légumes, de légumineuses, de céréales à haute teneur en fibres solubles, telles que l'avoine, ainsi que du poisson gras, comme le saumon, le maquereau, les sardines et le thon, de même que des mollusques et des crustacés.

- Réduisez votre consommation de graisses saturées d'origine animale, présentes dans le lait entier, le fromage, le gras de viande, la peau des volailles; cette mesure vous aidera à abaisser votre taux de cholestérol LDL («mauvais cholestérol») et à augmenter votre cholestérol HDL («bon cholestérol»).

- Restreignez votre consommation d'huiles végétales riches en oméga-6 (huile de maïs, huile de carthame, margarine, shortening végétal et un grand nombre d'aliments transformés industriellement). Incorporées dans les particules de cholestérol LDL, ces huiles sont rapidement oxydées et transformées en une substance toxique qui peut détruire les artères.

- Utilisez des huiles riches en corps gras monoinsaturés, telles l'huile d'olive et l'huile de canola.

- Très important: absorbez une grande quantité de substances antioxydantes (vitamine C, vitamine E et bêta-carotène), concentrées surtout dans les fruits et les légumes, les noix et l'huile d'olive. Elles peuvent prévenir la transformation du cholestérol LDL en substances toxiques athérogènes susceptibles de favoriser les crises cardiaques.

- Si vous aimez boire un peu d'alcool à l'occasion, un verre de vin, de bière ou de spiritueux peut être bénéfique au cholestérol HDL; si vous n'avez pas l'habitude de l'alcool, toutefois, n'en consommez pas expressément en vue d'améliorer votre cholestérol.

- D'autres aliments aideraient à abaisser le «mauvais cholestérol»: les champignons shiitake, l'orge, le son de riz, le varech (algues), le lait écrémé et le thé vert ou noir.

Quelques conseils et mises en garde

Il est important de savoir que les régimes thérapeutiques pour réduire le taux de cholestérol sanguin sont surtout efficaces chez les sujets dont l'équilibre lipoprotéinique est inadéquat, c'est-à-dire ceux qui présentent des taux très élevés de LDL ou des taux très bas de HDL. Les régimes thérapeutiques visant expressément à abaisser le taux de cholestérol sanguin sont donc inutiles, en règle générale, s'il est déjà normal ou peu élevé (moins de 4,6 à 5,2 mmol/l).

N'oubliez pas non plus que les aliments n'agissent pas tous de la même manière chez les individus: chaque personne y réagit différemment, comme c'est le cas pour les médicaments destinés à abaisser le taux de cholestérol. Procédez donc à des essais pour déterminer quels aliments agissent le mieux sur votre organisme. Et surtout ne vous en remettez pas à un seul ou à quelques aliments. Un grand nombre de substances alimentaires ont des vertus thérapeutiques; soyez donc attentif à varier vos menus. Rappelez-vous également qu'il n'est pas nécessaire d'absorber de hautes doses de chacun des aliments qui se sont avérés efficaces au cours des expériences dont ce chapitre fait état; vous pouvez combiner de plus petites portions de divers aliments pour obtenir les mêmes résultats.

Chapitre 5

DIX ANTICOAGULANTS NATURELS

Aliments susceptibles d'empêcher la formation de caillots sanguins: Ail • Oignons • Piments forts • Champignons noirs • Gingembre et clou de girofle • Légumes • Huile d'olive • Produits de la pêche marine • Thé • Vin rouge (avec modération) **Aliments susceptibles de favoriser la formation de caillots:** Aliments à haute teneur en matières grasses • Alcool (en quantité excessive)

Saviez-vous que la façon dont votre sang coagule détermine votre degré de susceptibilité aux crises cardiaques, aux accidents vasculaires cérébraux ou à toute autre affection cardiovasculaire? Il est maintenant nettement établi que les *facteurs de coagulation* — substances qui sont à l'origine de la viscosité, de l'adhésivité du sang, qui rendent possibles la formation et l'agrandissement des caillots et déterminent la façon dont le sang circule — sont impliqués directement dans les affections cardiovasculaires. «Chacun sait que ce n'est pas le cholestérol qui tue, dit David Kritchevsky, du Wistar Institute de Philadelphie; c'est le caillot sanguin qui se forme dans les artères au-dessus de la plaque d'athérome qui risque d'entraîner la mort.»

Influence du régime alimentaire sur les facteurs de coagulation

Le régime alimentaire peut exercer une grande influence sur les facteurs de coagulation; elle serait même plus déterminante, dit-on, que celle qu'il exerce sur la régulation du cholestérol sanguin. Le Dr Serge Renaud, une sommité du monde médical, affirme qu'en prévenant la formation des caillots sanguins nocifs, on peut réduire de façon significative, *en moins d'un an* — donc beaucoup plus rapidement qu'en se centrant seulement sur l'abaissement du taux de cholestérol —, les risques de crise cardiaque. Plusieurs aliments, tels l'oignon et l'ail, agissent aux deux niveaux à la fois; on en tire donc un double profit.

Les cardiologues ont d'abord cru que le rétrécissement des artères occasionné par l'épaississement de la plaque était non seulement à l'origine de l'arythmie mais qu'il était aussi la cause première des infarctus. Ils inclinent cependant à croire aujourd'hui que les caillots sanguins occasionneraient 80 à 90 % des infarctus et des accidents vasculaires cérébraux.

Plusieurs facteurs, fortement influencés par le comportement alimentaire, déterminent la tendance, plus ou moins accentuée, de l'organisme à former des caillots. L'un d'eux est la prédisposition à l'agrégation des plaquettes sanguines — les plus petites cellules du sang —, c'est-à-dire à ce qui les rend capables de former des caillots et de mieux s'accrocher aux parois des vaisseaux sanguins. Un autre de ces facteurs est le *fibrinogène* sanguin, protéine qui sert en quelque sorte de matière première dans la fabrication des caillots (c'est en effet par l'action d'une enzyme, la thrombine, sur le fibrinogène que se forment les filaments de *fibrine*, principal composant du caillot sanguin). Un taux élevé de fibrinogène dans le sang est le premier indice d'une certaine vulnérabilité aux maladies cardiovasculaires.

La fibrinolyse, mécanisme responsable du morcellement et de la désintégration de la fibrine dans les caillots nocifs, est d'une importance cruciale. La vigueur avec laquelle s'exerce son activité dissolvante, de même que la concentration de fibrinogène dans le sang, est absolument déterminante dans les maladies coronariennes, affirme le cardiologue Victor Gurewich, de l'Université Harvard.

Comment les aliments peuvent agir sur la formation des caillots

Les médecins mettent toujours en garde leurs patients des dangers de l'aspirine avant une opération. L'aspirine éclaircissant le sang, elle peut en effet ralentir le mécanisme de la coagulation; le patient risque alors de saigner plus longtemps, ce qui peut entraîner des complications et mettre en jeu son rétablissement au moment même où la coagulation devrait rapidement se mettre en branle pour obstruer au plus tôt la plaie faite par le scalpel.

Mais un chirurgien vous a-t-il déjà prévenu du danger de consommer des mets chinois à la veille d'une intervention chirurgicale? Vous a-t-on déjà dit d'éviter dans de telles circonstances de manger trop de gingembre, d'ail, de champignons noirs et de poisson gras comme le saumon et les sardines? Car tous ces aliments ont des propriétés anticoagulantes;

ils peuvent donc freiner la tendance naturelle à la coagulation, souvent même par un mécanisme similaire à celui par lequel agit l'aspirine, c'est-à-dire en neutralisant la *thromboxane*, substance qui favorise l'agrégation des plaquettes, étape absolument décisive dans la formation du caillot. Les aliments gras (fromage, bifteck), qui augmentent l'adhésivité des plaquettes et, par conséquent, favorisent la coagulation, rendent au contraire le sang «paresseux».

Il ne faut pas oublier non plus que certains aliments élèvent ou abaissent le taux de fibrinogène dans le sang et stimulent ou inhibent l'activité fibrinolytique (dissolution de la fibrine). Ils peuvent également influer sur la viscosité et la fluidité du sang, favorisant ainsi ou prévenant, selon le cas, la formation de caillots susceptibles d'obstruer les vaisseaux sanguins au niveau du cœur, du cerveau, des jambes ou des poumons (thrombus). La consommation régulière de petites portions de certains aliments aux vertus bienfaisantes peut exercer de puissants effets sur le processus de coagulation et ainsi contribuer à prévenir bien des tragédies cardiovasculaires.

L'une de vos armes les plus puissantes — sinon la plus puissante — contre la crise cardiaque et l'accident vasculaire cérébral («l'attaque d'apoplexie») est donc votre alimentation. Les choix alimentaires présentés dans les pages qui suivent représentent des valeurs sûres à ce chapitre.

1. L'ail

Les Anciens le savaient: l'ail, comme l'oignon d'ailleurs, est un très puissant médicament pour combattre les caillots nocifs. On a trouvé dans un papyrus de l'Égypte ancienne des allusions explicites aux propriétés tonifiantes de ces deux aliments. Pour purifier le sang, les médecins de la colonie américaine prescrivaient des oignons, dit-on; de même, les médecins français nourrissaient jadis les chevaux avec de l'ail et des oignons pour dissoudre les thrombus logés dans les pattes des animaux. Les Russes ne prétendent-ils pas que la vodka relevée d'un peu d'ail améliore la circulation? Il ne s'agit plus là de croyances populaires sans fondement. L'ail et les oignons regorgent de puissantes substances qui ont bel et bien des vertus anticoagulantes.

Eric Block, chef du département de chimie de l'Université de l'État de New York à Albany, a réussi à isoler l'ajoène (d'après *ajo*, qui veut dire «ail» en espagnol), constituant de l'ail qui aurait un pouvoir antithrombotique égal et peut-être même supérieur à celui de l'aspirine, dont tous connaissent les vertus anticoagulantes. Comme l'aspirine, l'ajoène réprime la production de thromboxane. Mais là ne s'arrête pas ses pouvoirs. Il agirait en effet sur l'agglutination des plaquettes de sept autres manières — peut-être même plus —, selon Mahendra K. Jain, professeur de chimie et de biochimie à l'Université du Delaware. «Le mécanisme de l'ail est unique», dit Jain. Des médecins chercheurs de l'Université George Washington ont détecté dans l'ail et l'oignon trois autres substances anticoagulantes, dont l'une — l'*adénosine* — aurait des effets importants.

Les propriétés antithrombotiques de l'ail chez l'humain ont été démontrées scientifiquement par de nombreuses études. Lors d'une expérimentation en double aveugle (méthode selon laquelle ni les sujets ni les chercheurs ne connaissent la nature du produit administré, celle-ci n'étant révélée qu'à la toute fin des essais), réalisée récemment en Inde auprès de 50 étudiants en médecine, on a constaté que l'ingestion de trois gousses crues par jour pouvait améliorer de 20 % le temps de coagulation et l'activité fibrinolytique. «Des études cliniques ont mis en évidence de façon très convaincante les vertus prophylactiques de l'ail contre la coagulation du sang», dit Block. Des expériences effectuées à l'Université de la Sarre, à Hambourg, ont corroboré l'hypothèse voulant que les composants de l'ail accélèrent l'activité fibrinolytique et fluidifient le sang. Cette action simultanée, croient les chercheurs allemands, aiderait à purifier le sang des éléments indésirables et améliorerait, par conséquent, la circulation.

À quelle dose l'ail est-il efficace? À peine une ou deux gousses d'ail — crues ou cuites, les effets anticoagulants de l'aliment n'étant pas annulés par la chaleur, au contraire — suffisent à exercer un effet bénéfique sur le mécanisme de la coagulation, souligne David Roser, chercheur britannique spécialisé dans l'étude de l'ail.

L'ail à son meilleur

Pour que l'ail libère le plus d'ajoène possible, voici comment procéder, dit le Dr Jain.

- Presser l'ail plutôt que de le hacher en petits morceaux: on libère ainsi des enzymes bienfaisantes, de même que l'allicine, qui se change en ajoène.
- Sauter légèrement l'ail: la cuisson aide à diffuser l'ajoène. Ajouter dans la poêle des tomates ou d'autres aliments acides: même une petite quantité d'acide aide à libérer l'ajoène.
- Faire macérer de l'ail écrasé dans de la vodka pendant plusieurs jours (sans couvrir le contenant). Cette bonne vieille recette russe pour éclaircir le sang a fait ses preuves!

> • Mêler de l'ail écrasé à du fromage feta et à de l'huile d'olive: ce mélange, qui libère une grande quantité d'ajoène, est un vieux remède concocté par les Grecs pour combattre les maladies de cœur.

2. L'oignon

L'oignon, cru ou cuit, est aussi un excellent «médicament» pour prévenir la formation de caillots indésirables. Le Dr Victor Gurewich, de Harvard, conseille à tous ses patients atteints de maladie coronarienne de manger des oignons chaque jour, les constituants de cet aliment entravant l'agglutination des plaquettes et accélérant la dissolution des caillots. Ils ont l'étonnante propriété de contrebalancer les effets dévastateurs d'une alimentation riche en matières grasses, laquelle, on le sait, stimule la production de caillots anormaux, comme l'a montré une expérience réalisée par le Dr N.N. Gupta, professeur de médecine au K.G. Medical College de Lucknow, en Inde.

Après avoir demandé à des volontaires de consommer un repas très riche en matières grasses (en y incluant, entre autres, du beurre et de la crème), le Dr Gupta a remarqué que l'activité dissolvante du sang était en baisse. Il a ensuite invité ces hommes à ingérer à nouveau ce repas riche en graisses, en y ajoutant cette fois à peu près 60 g d'oignons crus, cuits ou bouillis. Les prélèvements effectués deux heures puis quatre heures plus tard révélèrent que les oignons avaient totalement bloqué la dangereuse propension des matières grasses à la coagulation. Moins d'une demi-tasse d'oignons avait donc contribué à compenser les effets néfastes des graisses sur l'activité fibrinolytique.

Pensez donc toujours à *ajouter des oignons aux aliments riches en matières grasses*. Cette tranche d'oignon glissée dans un hamburger, ces oignons incorporés à une omelette ou parsemés sur une pizza ne sont donc pas seulement bons au goût: ils sont aussi très bons pour la santé!

3. Le poisson

Rien de tel que le poisson — merveilleuse réserve d'acides gras oméga-3 — pour prévenir ou dissoudre les caillots. La plupart des scientifiques croient que les vertus protectrices du poisson à chair grasse contre les cardiopathies sont surtout attribuables aux effets remarquables de leurs huiles sur la coagulation: comme l'attestent de nombreuses études, ces huiles réduisent le flux sanguin et la coagulation du sang.

La consommation de poisson gras (saumon, maquereau, hareng, sardines, thon ou autre espèce bien pourvue en matières grasses) déclenche de multiples agressions à l'endroit des caillots: elle inhibe l'agrégation des plaquettes, diminue le taux de fibrinogène et stimule la fibrinolyse. Au terme d'essais réalisés auprès d'un groupe de 31 sujets de sexe masculin, l'équipe de Paul Nestel, directeur du département de nutrition humaine au sein de la Commonwealth Scientific Industrial Research Organization, en Australie, a constaté que l'ingestion quotidienne de 150 g de saumon ou de sardines avait abaissé le taux de fibrinogène de 16 % environ et allongé la durée des saignements de 11 %. Fait intéressant, l'huile de poisson en capsules n'a pas produit les mêmes effets, ce qui a amené Nestel à conclure que d'autres composants, conjugués aux graisses, expliqueraient le rôle bénéfique de cette huile sur les facteurs de coagulation.

Des chercheurs de Harvard prétendent également que 180 g de thon en conserve auraient les mêmes vertus médicinales qu'une aspirine; à peine quatre heures environ après l'ingestion du thon, l'action thérapeutique de l'aliment était en effet manifeste. On a observé là encore que les capsules ne fournissaient pas autant d'huile que l'aliment lui-même.

EN BREF: *Une portion de 100 g environ de maquereau, de hareng, de saumon ou de sardines ou encore de 170 g de thon en conserve permet d'obtenir un effet anticoagulant très satisfaisant.*

Comment agit l'huile de poisson

La consommation de poisson gras modifie complètement la forme des plaquettes sanguines et les empêche de se souder pour donner naissance à des caillots indésirables, prétendent des chercheurs du ministère de l'Agriculture des États-Unis.

Sous l'effet de l'huile de poisson, explique Norberta Schoene, nos plaquettes libèrent une quantité moins grande de thromboxane, substance qui leur commande de s'agglutiner. Sous l'action de la thromboxane, les plaquettes se gonflent comme de petits ballons et développent des appendices leur permettant de s'accrocher les unes aux autres; elles sont alors «activées», c'est-à-dire qu'elles deviennent assez visqueuses sous l'influence des facteurs de coagulation pour s'agglutiner et former un caillot. En entravant la production de thromboxane, le poisson gras préserverait la forme discale des plaquettes, de sorte qu'elles ne puissent s'imbriquer les unes dans les autres et former des caillots susceptibles d'obstruer les artères.

4. Le vin rouge

Un peu de vin rouge peut également contribuer à fluidifier le sang et à ralentir la formation des caillots inopportuns. Couplé à d'autres constituants très complexes du vin, l'alcool aurait ainsi une action protectrice. Dans une étude bien connue, menée à l'Institut de cardiologie de Pessac, Martine Seigneur et le Dr Jacques Bonnet ont testé les effets de trois boissons alcooliques chez 15 hommes en bonne santé. Chaque jour, pendant deux semaines, ces hommes devaient boire un demi-litre de bordeaux rouge, de bordeaux blanc ou d'un vin synthétique composé d'eau, d'alcool et d'essences. Résultats: le vin synthétique a augmenté l'agrégation des plaquettes et diminué le cholestérol LDL; le vin blanc a augmenté un peu les dangereuses LDL et, de façon assez marquée, les bonnes HDL, sans modifier toutefois les plaquettes; quant au vin rouge, il a *à la fois* abaissé l'agrégation plaquettaire et augmenté le (bon) cholestérol HDL.

Aussi les chercheurs français se disent-ils convaincus que les pouvoirs anticoagulants absolument uniques du vin rouge en font un aliment protecteur pour le cœur. Comment expliquent-ils ces vertus du bordeaux rouge? Prétextant que le «médicament» a un goût fort agréable, ils se sont dits peu enclins pour l'instant à percer le mystère ni à isoler le composé responsable des effets obtenus.

À quoi tiennent les vertus anticoagulantes du raisin?

Chaque fois qu'une infection fongique attaque le raisin, il se défend aussitôt contre l'agent infectieux en produisant un pesticide naturel, de la même manière que les êtres humains fabriquent des anticorps pour parer aux infections. Ce pesticide végétal, appelé *resveratrol,* serait un merveilleux anticoagulant, aux dires de chercheurs de l'Université Cornell (Ithaca, État de New York). Les Chinois et les Japonais lui attribuaient jadis des vertus médicinales très puissantes dans le traitement des troubles sanguins. Un médicament élaboré par des chercheurs japonais à partir de ce constituant du raisin, plus précisément de la peau de raisin, s'est révélé capable d'entraver l'agrégation plaquettaire et de réduire les dépôts graisseux dans le foie des animaux.

Leroy Creasy, professeur à la faculté d'agriculture de l'Université Cornell, a détecté dans le vin rouge de hautes concentrations de cette substance; il n'en aurait pas vu trace cependant dans le vin blanc. Lors de la fabrication du vin rouge, explique-t-il, on laisse les raisins pressurés fermenter avec leur peau; quand on fabrique du vin blanc, par contre, la peau est mise de côté. Les analyses effectuées par Creasy sur 30 types de vins ont mené à la conclusion que le bordeaux rouge français était le plus riche en *resveratrol;* c'est dans un bordeaux blanc qu'il en aurait trouvé le moins.

Le fameux composé anticoagulant serait présent également dans le jus de raisin rouge, mais absent du jus de raisin blanc. Il faut compter cependant trois fois plus de jus de raisin que de bordeaux rouge pour obtenir la même quantité de cette substance, souligne Creasy. Le raisin de table qu'on trouve dans les supermarchés est cultivé avec beaucoup de soin, de manière à prévenir les infections fongiques et les imperfections; on doute donc qu'il renferme beaucoup de *resveratrol.* Une portion de 450 g de raisins qu'on aura cultivés soi-même devrait par contre en renfermer autant que deux tasses de vin rouge, selon Creasy.

EN BREF: *La consommation régulière, mais modérée, de vin rouge semble contribuer à réduire les caillots et, par conséquent, à faire obstacle aux maladies cardiaques; la consommation excessive d'alcool favorise par contre la coagulation et les lésions. Il est préférable de le boire en mangeant, afin qu'il puisse neutraliser directement les facteurs de coagulation que pourraient stimuler les autres aliments inclus au repas.*

5. Le thé

En 1967, la revue britannique *Nature* proposait à ses lecteurs des photos saisissantes permettant de constater les effets du thé sur les vaisseaux sanguins de lapins soumis à un régime très riche en matières grasses et en cholestérol. Les aortes des lapins qui avaient bu du thé présentaient des artères beaucoup moins sclérosées: le thé, en ont conclu les chercheurs des Laboratoires Lawrence-Livermore, en Californie, semble avoir protégé les lapins d'une grande partie des dommages occasionnés aux artères par les aliments riches en graisses.

Ces expérimentations visaient en fait à confirmer les hypothèses que les chercheurs californiens avaient été amenés à formuler pour expliquer les écarts stupéfiants entre les taux de lésions artérielles chez les immigrants américains d'origine chinoise — grands amateurs de thé — et ceux d'hommes de race blanche, habitués plutôt au café; des autopsies avaient permis d'établir en effet que les coronaires des sujets d'origine chinoise présentaient 33 % de moins de dommages artériels et 66 % de moins de dommages à l'artère cérébrale que chez les sujets de race blanche.

En suggérant, il y a vingt-cinq ans, que de mystérieux constituants du thé pourraient prévenir l'obstruction des vaisseaux sanguins, ils se seront montrés bien en avance sur leur époque!

La science devait finir par leur donner raison: en 1991, les résultats d'une recherche présentés au premier congrès scientifique international sur les effets physiologiques et pharmacologiques du thé, tenu à New York, vinrent confirmer que le thé jouait un rôle protecteur. On fit alors la démonstration qu'il influe sur les facteurs de coagulation. Les substances chimiques présentes dans le thé diminueraient en effet la coagulabilité du sang, préviendraient l'activation et l'agrégation des plaquettes, augmenteraient l'activité fibrinolytique et réduiraient les dépôts de cholestérol sur les parois artérielles. Elles agiraient, en somme, sur tous les mécanismes qui permettent de parer à la dégradation des artères.

Le Dr Lou Fu-qing, directeur et membre du personnel enseignant du département de médecine interne de l'Université Zhejiang, en Chine, a été le premier à mener des recherches en vue d'apprécier les effets du thé sur l'athérosclérose. Au congrès de 1991, il fit état des conclusions qu'il avait pu tirer au terme d'études menées auprès de patients ayant été victimes d'une crise cardiaque: le pigment présent dans le thé noir ou le thé vert d'origine asiatique avait réussi, selon lui, à déjouer chez ses patients l'agrégation plaquettaire (et la production de thromboxane) et à améliorer le fonctionnement du mécanisme fibrinolytique; étonnamment, tant le thé noir que consomment habituellement les Américains que le thé vert asiatique s'étaient avérés efficaces.

Des scientifiques de l'Institut de recherche Ito-en, au Japon, ont noté également qu'un type particulier de tannin présent dans le thé vert, la *catéchine*, contrecarre l'agrégation des plaquettes tout autant que l'aspirine. Le thé semble aider de même à juguler l'effet stimulant des LDL sur la prolifération des cellules des muscles lisses des parois artérielles, prolifération qui favorise l'épaississement de la plaque dans les artères.

6. La vitamine C et les fibres végétales

C'est chez les grands consommateurs de fruits et de légumes que l'activité fibrinolytique, c'est-à-dire la dissolution des caillots, serait le plus intense, s'il faut se fier à une récente étude menée en Suède auprès de 260 adultes d'âge moyen. D'autres travaux suggèrent que la vitamine C et les fibres, concentrées surtout dans les fruits et les légumes, stimulent les mécanismes de dissolution et aident à déjouer l'agglutination des plaquettes.

C'est chez les végétariens, plus particulièrement les végétaliens, qui ne mangent aucun produit animal, y compris le lait et les œufs, qu'on a enregistré les plus faibles taux de fibrinogène. La raison en est que certains constituants des fruits et des légumes abaissent le taux de fibrinogène, alors que les graisses animales et le cholestérol l'élèvent. Le sang des végétariens est aussi moins visqueux que celui des mangeurs de viande, et leur pression artérielle moins élevée.

Voilà des découvertes qui confirment, une fois de plus, le rôle protecteur des fruits et des légumes contre les cardiopathies.

7. Les chilis

Les piments forts de type chili contribueraient, eux aussi, à prévenir la formation de caillots dangereux. Des chercheurs thaïlandais ont émis l'hypothèse que le faible taux de thrombo-embolies (obstruction d'un vaisseau par un caillot anormal ou *thrombus* mettant en danger la vie du malade) s'expliquerait par leur consommation régulière de chilis. Les Thaïlandais utilisent en effet quotidiennement ces piments forts comme assaisonnement et comme amuse-gueules, injectant ainsi régulièrement dans leur sang une grande quantité de substances anticoagulantes.

Pour confirmer leurs hypothèses, l'hématologue Sukon Visudhiphan et ses collaborateurs de l'Hôpital Siriraj, à Bangkok, procédèrent au test suivant: ils fortifièrent avec du piment des nouilles maison à la farine de riz, à raison de deux cuillerées à thé de piment (*capsicum*) jalapeño fraîchement moulu par portion de 200 g de nouilles (soit environ une tasse et un tiers), puis invitèrent 15 étudiants en parfaite santé à s'en nourrir; 4 autres étudiants, qui servaient de sujets témoins, consommèrent des nouilles ordinaires. On nota presque aussitôt une augmentation de l'activité fibrinolytique chez les volontaires du premier groupe; mais, après trente minutes environ, les mécanismes de dissolution étaient revenus à la normale. On ne constata aucun changement particulier chez ceux qui avaient consommé des nouilles non assaisonnées au chili. L'effet du piment était donc bien réel, mais de courte durée.

Néanmoins, le Dr Visudhiphan croit que la stimulation fréquente occasionnée par les piments forts a pour effet de dissoudre continuellement les caillots sanguins, rendant ainsi les Thaïlandais moins vulnérables à l'obstruction des artères.

8. Les épices

Krishna C. Srivastava, de l'Université d'Odense, au Danemark, a découvert lors de tests de dépistage que 7 variétés d'épices sur 11 jugulaient l'agrégation des plaquettes sanguines, les plus puissantes étant le clou de girofle, le gingembre, le cumin et le curcuma. Le clou pourrait même exercer un effet anticoagulant encore plus fort que l'aspirine. L'ingrédient actif le plus efficace à cet égard dans le clou de girofle serait l'eugénol; il protégerait la structure des plaquettes même après leur agrégation. Selon Srivastava, les épices agissent par le biais des prostaglandines (substances hormonales), un peu comme le font l'aspirine, l'ail et l'oignon. Toutes les épices ont, par exemple, freiné la production de thromboxane, facteur d'agrégation très puissant.

Les constituants du gingembre inhiberaient la synthèse des prostaglandines plus fortement que l'indométhacine, un médicament très puissant, dit Srivastava. Il est prouvé que le gingembre entrave chez l'homme la formation des caillots sanguins. Charles A. Dorso, de la faculté de médecine de l'Université Cornell, s'en est d'ailleurs aperçu lui-même, après avoir ingéré une grande quantité de marmelade de pamplemousse au gingembre de marque Crabtree & Evelyn contenant 15 % de gingembre. Voyant que son sang ne coagulait pas de la même manière que d'habitude, il procéda à un petit test consistant à mélanger du gingembre moulu à ses propres plaquettes sanguines. Or il s'aperçut qu'elles étaient moins visqueuses que d'habitude. Le Dr Dorso a identifié le principe actif de l'aliment comme étant le *gingerol*, un constituant du gingembre analogue, chimiquement, à l'aspirine.

9. Les champignons *mo-er*

Pour éviter les caillots inopportuns, infusez dans vos vaisseaux sanguins ce médicament unique que constituent les champignons noirs, connus sous le nom de champignons *mo-er* ou «oreille d'arbre». Ils sont réputés dans la médecine traditionnelle chinoise pour leur action bénéfique sur le sang. Certains l'auraient même appelé le «tonique de longévité». Avec raison, semble-t-il, s'il faut se fier à certaines expériences, dont celles du Dr Dale Hammerschmidt, hématologue de la faculté de médecine de l'Université du Minnesota. Après avoir mangé une grande quantité de *mapodoufu*, un plat asiatique très épicé à base de tofu et de champignons mo-er, il remarqua en effet des changements importants dans le comportement de ses plaquettes sanguines, dont un ralentissement du processus d'agglutination. Il attribua alors en toute logique ces manifestations aux mo-er.

D'autres expériences mirent en évidence la présence dans les champignons chinois de plusieurs composés, dont l'adénosine — présente également dans l'ail et l'oignon —, aptes à fluidifier le sang. Les champignons ordinaires n'auraient toutefois pas les mêmes vertus médicinales. Le Dr Hammerschmidt présume que la combinaison d'un très grand nombre d'aliments anticoagulants — ail, oignon, gingembre et champignon noir — dans leurs menus courants expliquerait la faible incidence des maladies coronariennes en Chine.

10. L'huile d'olive

En plus des autres vertus médicinales qu'on lui connaît, l'huile d'olive a celle de retarder la transformation des plaquettes en matière visqueuse, ce qui en fait un aliment de choix pour prévenir les problèmes coronariens. Des chercheurs londoniens de l'hôpital Royal Free et de la faculté de médecine de l'University College ont demandé à des volontaires d'ajouter à leur nourriture habituelle trois quarts de cuillerée à soupe d'huile d'olive, deux fois par jour, durant huit semaines. Quel effet eut cette mesure? L'indice d'agglutination sanguine a chuté dans tous les cas.

Les chercheurs anglais ont noté que les membranes des plaquettes de ces sujets contenaient plus d'acide oléique (acide gras prédominant dans l'huile d'olive) et moins d'acide gras arachidonique, lequel accroît la viscosité du sang. Ils ont observé en outre que les plaquettes des sujets testés avaient libéré moins de thromboxane A2, substance qui leur commande de s'accrocher les unes aux autres. Ils ne pouvaient qu'en conclure que l'huile d'olive est bénéfique à la fonction plaquettaire.

Voilà une autre raison qui expliquerait pourquoi les populations du bassin méditerranéen, grandes consommatrices d'huile d'olive, ont moins de maladies de cœur.

Les effets nocifs des aliments gras sur la coagulation

Si vous voulez prévenir les caillots anormaux, ne consommez pas trop de matières grasses. Tout régime riche en matières grasses est indéniablement nocif pour votre sang, outre qu'il accroît le taux de cholestérol sanguin.

Un excès de lipides peut stimuler la propension du sang à coaguler et à former des caillots indésirables. Des travaux réalisés au Centre universitaire de Jutland-Sud, au Danemark, ont ainsi montré que l'ingestion de grandes quantités de graisses saturées d'origine animale et de certaines graisses végétales polyinsaturées de type oméga-6, telle l'huile de maïs, élève le taux de fibrinogène, substance qui est à l'origine des caillots. Les sujets qui ont participé à l'étude — tous des adultes en santé, dont le régime habituel était cependant très riche en matières grasses — firent, durant deux semaines chaque fois, l'essai de divers types de régimes limitant l'apport de matières grasses (32 % de la ration calorique). Tous ces régimes ont effectivement abaissé de 10 à 15 % la tendance à la coagulation.

Des recherches ultérieures sont venues confirmer que les matières grasses, particulièrement les graisses animales, ralentissent la dissolution des caillots. D'autres expériences ont permis d'observer enfin qu'à la suite d'un repas riche en matières grasses, les graisses restent longtemps dans le sang — jusqu'à quatre heures —, semant le trouble partout dans l'organisme.

Le petit déjeuner: essentiel!

On s'est demandé pendant longtemps pourquoi la plupart des crises cardiaques survenaient quelques heures après le lever matinal. Cela s'expliquerait en partie par le fait que les gens sautent le petit déjeuner, comme le suggère une recherche menée à l'Université Memorial (Saint-John's, Terre-Neuve), par le cardiologue Renata Cifkova. Le Dr Cifkova a observé en effet qu'en se passant de déjeuner on multipliait par trois ou presque la tendance à la coagulation, comme elle a pu le noter chez les sujets testés, ce qui accroît la vulnérabilité à l'infarctus et à l'accident vasculaire cérébral. L'adhésivité des plaquettes serait, le soir, à son plus bas niveau, dit le Dr Cifkova, mais elle augmenterait rapidement au réveil. Pour des raisons mystérieuses, l'ingestion de nourriture au lever semble désagréger les plaquettes.

Pour confirmer ses théories, le Dr Cifkova mesura à des moments différents de la semaine (les jours où ils avaient pris un petit déjeuner, dans un premier temps, puis à diverses occasions où ils s'en étaient abstenus) le taux de bêta-thromboglobuline (ß-TG) — indice du degré d'activité des plaquettes — dans les échantillons sanguins de 29 hommes et femmes sains. Elle découvrit que les taux moyens de ß-TG étaient deux fois plus élevés dans le second cas (pas de petit déjeuner) que dans le premier; le ß-TG chuta toutefois notablement les jours où ils reprirent leur bonne habitude.

Si vous voulez éviter que votre sang ne devienne dangereusement visqueux, ce qui pourrait vous prédisposer à la crise cardiaque, n'omettez donc jamais de déjeuner le matin.

Mesures diététiques pour faire obstacle aux caillots nocifs

Pour prévenir les maladies coronariennes, pensez d'abord à vous nourrir de façon à garder une certaine maîtrise des «facteurs de coagulation»; cette mesure est tout aussi importante, sinon plus, que de réguler votre taux de cholestérol. Voici comment vous y prendre.

- Mangez souvent du poisson à chair grasse, de l'ail, des oignons, du gingembre, et buvez avec modération du vin rouge: ces aliments aident à fluidifier le sang et préviennent la formation des caillots anormaux.
- Restreignez votre consommation de matières grasses, notamment de graisses saturées d'origine animale et de graisses polyinsaturées de type oméga-6.
- Chaque fois que vous ingérez des aliments qui peuvent favoriser la coagulation, pensez toujours à ingérer également au cours du même repas des aliments qui entravent ce mécanisme; des mélanges tels que œufs *et* oignons, œufs *et* saumon fumé, fromage *et* vin rouge, chili con carne *et* piments forts offrent ainsi une certaine protection.

MISE EN GARDE

Si vous prenez des médicaments pour éclaircir le sang, si vous êtes sujet aux hémorragies, si vous êtes atteint d'une anomalie congénitale du mécanisme de la coagulation ou êtes prédisposé de par vos antécédents familiaux à l'hémorragie cérébrale, il va de soi que vous devez limiter votre consommation d'aliments qui fluidifient le sang.

Chapitre 6

ALIMENTS QUI AGISSENT SUR L'HYPERTENSION ARTÉRIELLE

Aliments susceptibles d'abaisser la tension artérielle: Céleri •
Ail • Poisson gras • Fruits • Légumes • Huile d'olive • Aliments riches en calcium • Aliments riches en potassium
Aliments susceptibles d'élever la tension artérielle: Aliments
à haute teneur en sodium • Alcool

L'un des indices premiers de la santé cardiaque est la pression qu'exerce le flux sanguin sur la paroi des vaisseaux. Maintenir sa tension artérielle à un niveau normal — c'est-à-dire en dessous de 140 sur 90 (millimètres de mercure ou mm Hg), selon les standards américains — contribue indéniablement à prévenir l'infarctus et les accidents vasculaires cérébraux. On dispose aujourd'hui de divers types de médicaments permettant de réduire une tension trop élevée. Mais saviez-vous que nombre d'aliments peuvent produire le même résultat? Diverses études ont établi en effet que les aliments regorgent de composés propres à augmenter ou à diminuer la tension artérielle; presque tous les spécialistes admettent d'ailleurs maintenant que le régime alimentaire remplace ou complète avantageusement les produits pharmaceutiques. Les aliments à action hypotensive, dont la liste s'allonge de plus en plus, retiennent actuellement l'attention d'un nombre croissant de tenants de la médecine institutionnelle. Pourquoi ne pas en faire l'essai vous-même?

Le céleri: un remède qui remonte à la nuit des temps

Depuis l'an 200 avant notre ère, les peuples asiatiques utilisent le céleri pour traiter l'hypertension, rappelle William J. Elliott, pharmacologue de la

Pritzker School of Medicine de l'Université de Chicago, qui a récemment isolé un composé hypotenseur dans cet aliment. Un étudiant d'origine vietnamienne lui avait déjà mentionné qu'un fervent de la médecine asiatique traditionnelle avait un jour recommandé à son père de manger du céleri pour réduire sa pression sanguine; après en avoir fait l'essai, à raison de deux branches de céleri par jour pendant une semaine, son père, alors âgé de 62 ans, avait vu sa tension artérielle passer de 158 sur 96 mm Hg à 118 sur 82 mm Hg.

Intrigué, Elliott eut envie de mettre à l'épreuve l'hypothèse de ce médecin. Il administra donc quotidiennement à des rats ayant une tension artérielle normale une dose d'extrait de céleri équivalente à quatre branches de céleri. L'expérience fut tout à fait concluante: après deux semaines seulement de traitement, leur pression systolique (c'est-à-dire la pression créée par le passage du sang dans les artères lorsque le muscle cardiaque se contracte ou «pression maxima», indiquée par le chiffre du haut) avait chuté dans une proportion de 12 à 14 % en moyenne. L'expérimentateur observa aussi que leur taux de cholestérol sanguin avait également fléchi durant la période des essais (de 7 points en moyenne ou 14 %).

Le principe actif agissant dans ce cas serait le 3-n-butyle phthalide, substance qui donne au légume son odeur caractéristique. Le céleri en renferme une très grande quantité, ce qui en fait un remède absolument unique, selon Elliot. Cette substance agirait, dit-il, sur la tension artérielle en réduisant le taux d'hormones de stress, lesquelles influent sur la constriction des vaisseaux sanguins. L'aliment serait donc particulièrement efficace dans les cas où l'élévation de la tension artérielle est liée au stress mental, soit 50 % des cas d'hypertension enregistrés aux États-Unis.

N.B. *Bien que, par rapport à d'autres légumes, le céleri ait une haute teneur en sodium, une branche moyenne en renferme tout au plus 35 mg. Une portion de deux branches (portion recommandée pour abaisser une tension trop élevée) n'ajoute donc que 70 mg de sodium par jour, ce qui représente une quantité minime, somme toute, par rapport à la ration totale.*

Les vertus légendaires de l'ail

Un autre remède légendaire contre l'hypertension est l'ail. Longtemps utilisé en Chine, cet antihypertenseur naturel, consommé cru ou cuit (quoiqu'il soit plus puissant dans le premier cas), exercerait une action étonnante sur la pression sanguine. Ce n'est pas sans raison que les médecins allemands s'intéressent de plus en plus à l'ail à ce chapitre.

Lors d'une expérimentation en double aveugle réalisée récemment en Allemagne sur le kwai, concentré d'ail extrêmement fort, des doses équivalentes à deux gousses par jour environ ont provoqué une chute de la pression diastolique — pression exercée entre deux contractions, lorsque le cœur est au repos («pression minima», indiquée par le chiffre du bas) — chez des patients ayant une tension artérielle modérément élevée: après trois mois de traitement, la tension artérielle des sujets est passée effectivement de 171 sur 102 mm Hg à 152 sur 89 mm Hg, alors que celle des sujets témoins est demeurée stationnaire. Fait intéressant, l'action de l'ail s'est accrue tout au long de la période des essais, ce qui suggère que ses effets pourraient être cumulatifs.

On attribue en partie les vertus médicinales du jus d'ail à son action relaxante sur les muscles lisses des vaisseaux sanguins, laquelle ne peut qu'être favorable à la dilatation des vaisseaux; il renferme de l'adénosine, substance qui a effectivement la propriété de décontracter les muscles lisses, comme l'ont confirmé des chercheurs de l'Université George Washington.

L'oignon, autre source d'adénosine, qui contient en outre de petites quantités de prostaglandines A1 et E, reconnues pour leurs effets hypotenseurs, devrait donc nécessairement être bénéfique également.

Du poisson ou des bêta-bloquants?

«Ma tension artérielle est passée de 140 sur 90 à 100 sur 70 après que j'ai commencé à inclure à mon menu quotidien une petite boîte de filets de maquereau», rapporte Peter Singer, un chercheur berlinois. Les acides gras oméga-3 présents dans l'huile de poisson seraient responsables de l'action favorable du poisson sur la pression sanguine.

Une série d'études sur les huiles de poisson ont permis de conclure qu'elles ont bel et bien des propriétés thérapeutiques dans le cas de l'hypertension. Comme il en faisait état lors du Congrès international sur les huiles de poisson, tenu à Washington, D.C., en 1990, Singer soutient que de petites doses d'huile de poisson sont aussi efficaces pour réduire la tension que les bêta-bloquants (l'Indéral, par exemple) régulièrement prescrits dans les cabinets médicaux. Conjuguée à l'Indéral, l'huile de poisson réduirait même la pression artérielle mieux que ne le ferait l'un ou l'autre pris isolément; si la consommation de poisson n'entraîne pas les changements attendus, elle pourra tout au moins renforcer l'efficacité du médicament, permettant ainsi d'en abaisser la dose.

Quelle quantité de poisson faut-il consommer pour réduire la tension artérielle? Lors de tests effectués à l'Université de Cincinnati sur des sujets dont la tension était modérément élevée, on a observé que la pression diastolique avait fléchi de 4,4 points et la pression systolique de 6,5 points sous l'effet de 2000 mg d'acides gras oméga-3 ajoutés, durant trois mois, à la prise alimentaire quotidienne — portion équivalente à environ 100 g de maquereau de l'Atlantique ou à 120 g de saumon rose en conserve ou encore à 200 g de sardines en conserve. La chute enregistrée a même été assez importante dans certains cas pour que les médecins-chercheurs puissent mettre fin au traitement médicamenteux.

Une autre étude, tout à fait fascinante, réalisée cette fois au Danemark, suggère que la consommation de trois portions de poisson par semaine suffirait à maîtriser la pression artérielle. Il est important de noter toutefois qu'un apport hebdomadaire supérieur à celui-là n'entraîne pas une baisse plus marquée de la pression; des doses élevées pourraient, par contre, être bénéfiques à ceux qui n'ont pas l'habitude de manger du poisson.

On en conclura que trois portions moyennes de poisson gras — saumon, maquereau, hareng, sardines ou thon — par semaine fournissent à la plupart des gens assez d'oméga-3 pour réguler leur tension artérielle.

L'hypertension pourrait être attribuable en partie à une consommation insuffisante de poisson dans la ration alimentaire, croient certains chercheurs. D'autres substances, dont le potassium et le sélénium, présentes elles aussi dans les poissons de mer, contribueraient également à abaisser la tension.

L'efficacité du régime végétarien

C'est un fait médicalement avéré que les régimes riches en fruits et en légumes contribuent à réduire l'hypertension. Plusieurs études ont montré que les régimes végétariens étaient extrêmement efficaces à ce chapitre. Comment expliquer les résultats stupéfiants qui ont été rapportés? Le Dr Frank Sacks, professeur à l'Université Harvard, croit fermement que les aliments d'origine végétale renferment des substances hypotensives, de même que les viandes renfermeraient des substances hypertensives.

Pour confirmer ses hypothèses, il invita un groupe de volontaires à ajouter, durant un mois, de la viande de bœuf à leur régime végétarien, à raison de 225 g par jour. Il nota à la suite de l'expérience que la pression systolique (pression maxima) des sujets avait augmenté très légèrement, alors que la pression diastolique (pression minima) n'avait pas bougé. Une consommation abondante d'œufs durant les trois semaines suivant la première expérience n'eut pas d'effet non plus sur la tension artérielle de ces sujets, habitués à un régime végétarien. L'addition de différents types de matières grasses à leur alimentation courante n'en eut pas davantage. Le Dr Sacks en conclut que la diminution de la quantité de graisses animales saturées dans la prise alimentaire n'affecte pas autant qu'on le croit la tension artérielle.

Il demeure convaincu que les propriétés hypotensives des fruits et des légumes sont attribuables à des agents particuliers, tels que les fibres (surtout en ce qui concerne les fruits). Une vaste enquête, effectuée récemment à Harvard, auprès de 31 000 hommes d'âge moyen et d'âge avancé a révélé que la probabilité de voir apparaître des signes d'hypertension au cours des quatre années suivantes chez les hommes qui consommaient peu de fruits était de 46 % supérieure à celle des hommes qui ingéraient quotidiennement une quantité de fibres équivalente à celle de cinq pommes environ. Pour des raisons mystérieuses, les fibres des fruits auraient un effet antihypertenseur plus marqué que celles des légumes ou des céréales.

Une autre explication de l'action bienfaisante des fruits et des légumes serait que les antioxydants accroissent, selon un processus très complexe, la concentration de prostacycline dans le sang, substance hormonale dont l'effet vasodilatateur réduirait la tension artérielle.

À moins que la vitamine C ne soit l'agent bienfaisant…

Vitamine C, potassium, calcium: des micronutriments indispensables

La vitamine C

Saviez-vous qu'une carence en vitamine C peut faire monter votre tension artérielle? Veillez donc toujours à vous nourrir de manière à absorber une quantité suffisante de cette vitamine. Selon le Dr Christopher J. Bulpitt, spécialiste de l'hypertension exerçant à l'hôpital Hammersmith, de Londres, la vitamine C contenue dans les fruits et les légumes serait un remède très puissant pour prévenir l'élévation excessive de la pression sanguine.

S'appuyant sur une série de constats scientifiques, il affirme que l'hypertension et les accidents vasculaires cérébraux à issue fatale seraient plus élevés chez les personnes qui consomment peu de vitamine C, ce que confirment des recherches menées à l'Université Tufts par Paul F. Jacques, du USDA Human Nutrition Research Center on Aging. Les résultats d'une étude, entre autres, dont il fait mention suggèrent même que les personnes âgées ingérant quatre oranges par jour risquent deux fois moins de faire face à des problèmes d'hypertension que celles qui n'en mangent qu'une par jour: la pression systolique des premières, enregistrée au moment de l'étude, était en effet de 11 points inférieure à celle des secondes, et leur pression diastolique plus basse de 6 points. Une autre étude fait état d'une élévation de 16 % de la pression systolique et d'une élévation de

9% de la pression diastolique en liaison avec de faibles concentrations sanguines en vitamine C. «Les carences en vitamine C influent invariablement sur la tension artérielle», en a déduit le chercheur.

Il serait donc sage d'inclure à votre alimentation quotidienne une certaine quantité de vitamine C: soit, au minimum, celle que renferme une orange. Des données permettent aussi de croire que l'administration de doses très élevées de vitamine C pour corriger un état de carence peut abaisser encore davantage la tension.

Le potassium

Le potassium, présent dans les fruits, les légumes et les produits de la pêche, est un autre micronutriment dont les effets antihypertenseurs sont loin d'être négligeables. Il est maintenant prouvé que l'addition de potassium au régime habituel peut réduire la tension artérielle et qu'une carence en cet élément dans l'organisme peut augmenter la tension; un régime à trop faible teneur en potassium peut même occasionner l'hypertension.

Pour en faire la preuve, des chercheurs de la faculté de médecine de l'Université Temple ont procédé à des tests auprès de 10 sujets masculins sans problème d'hypertension: ils devaient d'abord se soumettre, pendant neuf jours, à un régime adéquatement pourvu en potassium, puis, durant neuf jours à nouveau, à un régime pauvre en potassium. Privés de ce nutriment, les sujets virent leur tension artérielle (tant la pression systolique que la pression diastolique) s'élever de 4,1 points en moyenne (de 90,5 à 95), et encore davantage lorsque des aliments très riches en sodium furent intégrés au menu. Le potassium compense donc d'une certaine manière les effets nocifs d'un régime à haute teneur en sodium, affirma au terme de l'enquête le signataire principal de l'étude, le Dr G. Gopal Krishna; une carence en potassium entraînerait, selon lui, des problèmes de rétention du sodium pouvant conduire à l'hypertension.

Un apport suffisant en potassium permettrait aussi de diminuer la dose de médicaments prescrits aux hypertendus. On a découvert, grâce à une étude réalisée à l'Université de Naples, qu'après un an de régime à haute teneur en potassium, 81 % des volontaires n'avaient besoin que de la moitié de la dose prescrite par le médecin pour maîtriser leur tension artérielle. Une proportion de 38 % des sujets qui s'étaient soumis au régime riche en potassium ont même pu entrevoir de cesser tout traitement par voie de médication; en mangeant chaque jour de trois à six portions d'aliments riches en potassium, ils sont parvenus à augmenter de 60 % en moyenne l'apport de ce minéral.

Le calcium

Des spécialistes prétendent que l'hypertension serait due à une carence en calcium plutôt qu'à un excès de sodium dans l'organisme. Il semble, en fait, qu'une quantité adéquate de calcium puisse annuler les effets hypertenseurs du sodium chez certains individus. David A. McCarron, de l'Oregon Health Sciences University, soutient que certaines personnes ont tout simplement besoin de plus de calcium que d'autres pour maintenir à un niveau normal leur tension artérielle; assez souvent, ce sont celles-là mêmes qui sont «sensibles» au sel, c'est-à-dire dont la pression monte lorsqu'elles mangent trop de sel. Des apports sodés trop élevés entraîneraient chez elles des problèmes de rétention d'eau; agissant comme un diurétique naturel, le calcium faciliterait l'élimination du sodium et de l'eau par les reins, contribuant ainsi à réduire la tension artérielle. Une autre théorie, plus complexe, veut que le calcium agisse en prévenant la libération de l'hormone parathyroïdienne, hormone susceptible d'élever la tension.

Il reste que, chez certaines personnes, le calcium n'exerce aucune action hypotensive. Lors d'une recherche réalisée au Health Science Center de l'Université du Texas, on a constaté que 20 % des sujets répondaient au calcium (l'ingestion quotidienne de 800 mg de calcium avait réduit de 20 à 30 points leur tension artérielle, modérément élevée au départ); on n'a enregistré chez la plupart que de légères chutes de tension, et même, ce qui pourra paraître surprenant, une hausse de 20 % de la pression artérielle chez 20 % d'entre eux!

On affirme dans une autre étude que les personnes de moins de 40 ans pourraient diminuer leurs risques de souffrir éventuellement d'hypertension en consommant chaque jour une quantité suffisante de calcium. On estime, en fait, que pour chaque 1000 mg de calcium ingéré quotidiennement par un sujet n'ayant aucun problème d'obésité et qui boit de l'alcool modérément (pas plus de un verre par jour), le taux de risque pourrait être abaissé de 20 %, taux qui s'élève à 40 % chez ceux qui consomment moins d'alcool. L'alcool tend en effet à neutraliser l'effet hypotenseur du calcium, prétend l'auteur de l'étude, James H. Dwyer, de la faculté de médecine de l'Université de la Californie à Los Angeles.

N.B. *Le lait et les laitages sont, bien sûr, des aliments riches en calcium, et donc susceptibles de réduire la tension artérielle. Toutefois, le lait pouvant causer dans certains cas des problèmes digestifs et des allergies, les personnes qui y sont particulièrement sensibles pourront trouver dans d'autres aliments — légumes verts à feuilles (chou frisé, brocoli, chou cavalier et navet), sardines en conserve, saumon non désossé — des quantités suffisantes de calcium.*

(L'Appendice placé à la fin du livre fournit une liste détaillée des bonnes sources alimentaires de vitamine C, de potassium et de calcium.)

Les précieux acides gras de l'huile d'olive

Au terme d'une étude réalisée à la faculté de médecine de l'Université Stanford avec la participation de 76 hommes d'âge moyen souffrant d'hypertension, on a noté qu'en ingérant chaque jour trois cuillerées à soupe d'huile d'olive, source d'acides gras monoinsaturés, les hypertendus pouvaient abaisser leur pression systolique de 9 points environ, et leur pression diastolique de 6 points en moyenne. Des chercheurs de l'Université du Kentucky avancent même que deux tiers de cuillerée à soupe d'huile d'olive par jour réduiraient de 5 points la pression maxima et de 4 points la pression minima, comme l'a montré une étude effectuée auprès d'un groupe de sujets masculins. Des travaux récents menés en Hollande vont dans le même sens: on a observé en effet que de hautes doses d'huile d'olive abaissent légèrement la pression artérielle même chez ceux dont la pression est normale.

Une enquête de grande envergure réalisée auprès de 5000 Italiens pour connaître leurs habitudes alimentaires a permis de constater qu'une corrélation pouvait être établie chez les sujets masculins entre la consommation d'huile d'olive et une tension artérielle inférieure de 3 à 4 points à la moyenne et, inversement, entre une prédilection pour le beurre et une tension artérielle plus élevée que la moyenne.

Faut-il supprimer le sel?

La plupart des gens croient que la première démarche qui s'impose à ceux qui souffrent d'hypertension est de réduire leur consommation de sel. Cela peut être efficace, en effet, mais l'inverse est aussi possible: tout dépend de la constitution biologique de chacun. Cette question a été débattue pendant des années dans la communauté scientifique, et continue à faire l'objet de débats passionnés. Il est peu probable que le sel soit la *cause* majeure de l'hypertension, concluait un récent compte rendu de chercheurs de l'Université Harvard.

Il reste que l'hypertension est rare — et n'augmente pas avec l'âge, comme c'est le cas chez les Américains — chez les populations où les apports en sel sont très bas, comme le souligne William Castelli, directeur de la fameuse *Framingham Hearth Study*. Aussi un régime hyposodé peut-il, selon lui, aider à réduire l'hypertension, surtout chez les sujets hypersensibles au sodium (soit 33 à 50 % des hypertendus). Il vaut la peine de le mettre à l'essai pour s'en assurer. Des données suggèrent qu'une réduction de l'apport en sel pourrait même réduire une pression tout à fait normale.

Jusqu'à quel point les hypertendus peuvent-ils compter sur la réduction de l'apport sodé pour améliorer leur condition? Malcolm Law, de l'Université de Londres, estime qu'en éliminant une cuillerée à thé de sel par jour de leur régime alimentaire, les hypertendus peuvent faire chuter leur pression systolique de 7 mm Hg environ et leur pression diastolique de 3,5 mm Hg. En restreignant leur consommation de sel, ils «rajeunissent» leurs vaisseaux sanguins, ce qui peut contribuer à abaisser leur pression, selon Ross D. Feldman, de l'Université Western Ontario.

Comme ont pu l'observer Feldman et ses collègues, les vaisseaux sanguins perdent de leur élasticité avec le temps, facteur de risque qui peut venir aggraver les ravages du sodium. Ils se sont rendu compte qu'un régime hyposodé pouvait aider à rétablir le fonctionnement des vaisseaux qui s'étaient altérés avec l'âge. Des personnes âgées, soumises pendant quatre jours à un régime à haute teneur en sel, présentaient en effet à la fin de l'épreuve des vaisseaux sanguins deux fois plus resserrés que ceux de sujets plus jeunes; mais un régime hyposodé vint rétablir la situation, permettant à leurs vaisseaux de se dilater aussi aisément que ceux des jeunes volontaires. La restriction de la consommation de sel semble donc pouvoir compenser le déclin des fonctions vasculaires à l'origine de l'hypertension, en a conclu Feldman.

N.B. *Un excellent moyen de réduire le sel dans son alimentation est de limiter sa consommation d'aliments traités industriellement, lesquels fournissent environ 75 % de l'apport total en sodium de la ration alimentaire.*

Quelques découvertes surprenantes à propos du sel

Il reste que ces régimes peuvent rester sans effet chez certaines personnes. Ils peuvent même avoir l'effet contraire, c'est-à-dire hausser la pression sanguine, comme le mentionne Bernard Lamport, du Albert Einstein College of Medecine. Après avoir examiné à fond toutes les études sur la question, il indique qu'une proportion de 20 à 25 % des hypertendus qui réduisent modérément leur apport en sodium, comme le recommandent plusieurs médecins, voient leur tension artérielle diminuer sensiblement, alors que 15 % sont confrontés dans les mêmes conditions à la situation inverse, c'est-à-dire que les régimes à basse teneur en sel provoquent chez eux une élévation marquée de la tension. Chez ces derniers, la restriction du sel risque donc d'être dangereuse.

Par prudence, Lamport prescrit habituellement aux hypertendus de réduire pendant deux mois à peu près, *sous supervision médicale*, leur consommation de sel, à la suite de quoi ils pourront évaluer l'efficacité du traitement. Si la pression baisse, il faut continuer le traitement: si elle augmente, il vaut mieux l'interrompre. Le régime hyposodé ne s'applique donc pas inconsidérément à tous les hypertendus.

Les autorités sanitaires américaines recommandent aux consommateurs de ne pas dépasser 6 g de sodium par jour, soit une quantité équivalente à trois cuillerées à soupe de sel.

Bien que les effets de la réduction du sel sur la tension artérielle dépendent de la réaction biologique de chacun, il est bien avisé, que l'on souffre ou non d'hypertension, d'*utiliser parcimonieusement le sel, car le sodium peut endommager les vaisseaux sanguins et favoriser les accidents vasculaires cérébraux* de bien d'autres manières, comme l'affirme le Dr Louis Tobian fils, de l'Université du Minnesota; *tous ceux qui sont affectés de troubles rénaux ou cardiaques, en plus de souffrir d'hypertension, devraient donc réduire de beaucoup leur consommation de sel.*

Hypertendus, attention à l'alcool!

L'habitude de boire trois verres ou plus d'alcool par jour est à l'origine de la plupart des cas, irréversibles ou curables, d'hypertension, prétend N. M. Kaplan, du Health Science Center de l'Université du Texas, à Dallas. Cette habitude, prétendent aussi des chercheurs de l'hôpital Royal Perth, en Australie, doublerait même les cas d'hypertension (plus de 160 cas sur 95) tant chez les femmes que chez les hommes. Comme le suggèrent d'innombrables travaux sur le sujet, l'alcool peut effectivement élever la tension artérielle.

Au terme d'une analyse de l'état de la question, les chercheurs australiens ont conclu que, chez les hommes et les femmes de tous groupes ethniques et de tous âges, la tension artérielle augmente sous l'effet des boissons alcoolisées, qu'il s'agisse de la bière, du vin ou des spiritueux. Il semble aussi que plus est élevé le volume d'alcool consommé, plus la tension augmente: chaque verre ingurgité quotidiennement ferait monter la tension systolique de 1 mm Hg. L'alcool serait, de ce point de vue, plus dangereux que le sodium, prétendent les experts australiens.

Une vaste étude réalisée par des chercheurs de l'Université Harvard auprès d'infirmières a montré qu'une faible consommation d'alcool (une ou deux bières, deux verres de vin ou encore un petit verre de spiritueux par jour) n'a aucun effet marqué sur la tension artérielle; l'ingestion de tout volume d'alcool supérieur à ceux-là entraîne par contre une élévation constante et progressive de la tension. En comparaison avec celles qui s'abstiennent d'en boire, les femmes consommant deux à trois verres d'alcool par jour augmenteraient de 40 % les risques de faire élever leur pression sanguine, pourcentage qui grimpe à 90 % chez celles qui ingurgitent plus de trois verres par jour.

On a montré aussi que la tension artérielle a tendance à baisser sous l'effet d'une réduction de la consommation d'alcool. Une expérience réalisée à l'hôpital Kaiser Permanente a permis de constater que dans les cas d'hypertension induite par l'alcool, on peut, en quelques jours, ramener la tension à un niveau normal en cessant de boire complètement. Des spécialistes affirment qu'en se mettant au régime sec les gros buveurs peuvent réduire de beaucoup (l'écart pourrait aller jusqu'à 25 points!) leur tension artérielle. On a rapporté dans certains comptes rendus que les abus d'alcool — plus de six verres par jour — peuvent faire monter la tension de 50 %!

EN BREF: *Si vous voulez prévenir les élévations de tension artérielle, ne buvez pas plus de deux verres d'alcool par jour. On se rappellera en outre que l'alcool peut annuler les effets bénéfiques d'un régime faible en sel et des médicaments hypotenseurs.*

Les effets de la caféine

La caféine ne semble pas être un facteur déterminant dans le cas de l'hypertension. Elle peut temporairement élever la tension chez quelques buveurs occasionnels ou chez ceux qui en boivent régulièrement, en situation de stress psychologique particulier. Mais, tout compte fait, elle ne semble pas avoir d'effets durables sur la pression ni abréger la vie de ceux qui souffrent d'hypertension, rapportent des chercheurs du Health Science Center de l'Université du Texas. À la fin d'une étude portant sur 10 064 Américains souffrant d'hypertension, on a pu conclure que, chez les hypertendus buvant plus de thé ou de café (filtre, instantané ou décaféiné) que la moyenne, la probabilité de mourir d'une crise cardiaque ou d'une autre cause n'est pas plus élevée que chez les sujets qui se privent de caféine.

Si vous souffrez de stress, la caféine risque néanmoins d'augmenter votre tension artérielle. Se prêtant à une expérience supervisée par Joel Dimsdale, de l'Université de la Californie à San Diego, 12 buveurs de café en parfaite santé tentèrent, pour les besoins de l'épreuve, de résoudre des problèmes d'arithmétique après avoir bu du café régulier, dans un premier temps, puis après avoir ingurgité du décaféiné, dans la seconde étape de l'expérience. Dans un cas comme dans l'autre, la tension artérielle enregistrée monta davantage (de 12 points «systoliques» et de 9 points «diastoliques») après l'absorption de caféine que dans le cas contraire.

Les effets de la caféine en association avec le stress seraient plus marqués chez les hypertendus ou chez ceux qui seraient prédisposés génétiquement à l'hypertension, souligne Michael F. Wilson, professeur à l'Université de l'Oklahoma. Il a observé que les sujets masculins particulièrement exposés à l'hypertension étaient plus gravement affectés par le café (deux ou trois tasses) quand ils étaient soumis à des activités stressantes. La réaction exagérée que provoque sur les glandes corticosurrénales l'absorption de caféine serait responsable de cette élévation de la pression chez les personnes tendues.

EN BREF: *D'une manière générale, les hypertendus n'ont pas à renoncer au café, car il n'augmente pas la tension chez les personnes en santé ni ne l'aggrave de façon notable chez les hypertendus, s'il faut en croire un numéro spécial de la* Harvard Health Letter *consacré à l'hypertension. Si cependant le stress vous affecte habituellement, il est possible que, en augmentant votre tension artérielle, la caféine ait sur vous des effets nocifs.*

Mesures diététiques pour réduire l'hypertension

- Accordez beaucoup d'importance aux fruits et aux légumes de toutes sortes dans votre régime: ils regorgent de vitamine C, de potassium, de calcium et d'autres agents qui abaissent la tension artérielle. Ce n'est pas sans raison qu'on compte si peu d'hypertendus chez les végétariens.
- Ajoutez de l'ail et du céleri à vos mets quotidiens.
- Mangez du poisson à chair grasse (maquereau, sardines, saumon, hareng) trois fois par semaine: l'huile de poisson serait essentielle à la régulation de la tension artérielle.
- Ne salez pas trop vos plats, et ne placez pas de salière sur la table. Évitez également de consommer trop d'aliments transformés: ils renferment souvent une très grande quantité de sodium (jusqu'à 70 % du sel total ingéré quotidiennement, dans certains cas).
- Limitez-vous à un ou deux verres d'alcool par jour. Les excès d'alcool peuvent faire monter en flèche votre tension artérielle.
- Faites en sorte de perdre les kilos que vous avez en trop: en perdant du poids, vous réduirez nécessairement votre pression sanguine.

Chapitre 7

UNE CONTRE-ATTAQUE EFFICACE

LA PRÉVENTION DES ACCIDENTS
VASCULAIRES CÉRÉBRAUX

Aliments susceptibles de prévenir les accidents vasculaires cérébraux ou d'en amoindrir les séquelles: Fruits • Légumes • Produits de la pêche, particulièrement les poissons gras • Thé • Alcool (avec modération)

Aliments susceptibles de favoriser les accidents vasculaires cérébraux: Sel • Alcool consommé avec excès • Graisses saturées d'origine animale

Le risque d'être victime d'un accident vasculaire cérébral (AVC), appelé plus couramment «attaque d'apoplexie» ou, plus simplement, «attaque», augmente avec l'âge. Le régime alimentaire peut néanmoins réduire considérablement ce risque et limiter les dommages qui s'ensuivent, comme l'ont établi plusieurs études. Environ 80 % des AVC affectant les Américains sont dus à des caillots obstruant les vaisseaux sanguins du cerveau ou du crâne, ce qui donne lieu à une *thrombose cérébrale;* les autres seraient causés par une *hémorragie cérébrale* consécutive à la rupture d'un vaisseau sanguin.

Les aliments qui aident à prévenir la formation de caillots inopportuns, à limiter le durcissement ou l'obstruction des artères et/ou à réguler la tension artérielle sont des alliés très précieux dans la prévention des AVC. Le seul fait d'ajouter à votre régime quotidien une portion supplémentaire d'un aliment protecteur peut réduire de façon étonnante — entre 40 et 60 %, et parfois plus dans certains cas — le risque d'être victime de ce type d'accident et peut-être d'en mourir. Si l'on mettait aujourd'hui sur le marché un médicament capable de prévenir autant de cas d'AVC par année, il accaparerait aussitôt, à n'en pas douter, l'attention générale, en dépit de son coût et de ses effets secondaires potentiels! Dites-vous bien qu'il existe, ce remède efficace, et qu'il est plus sûr et plus abordable que tout autre médicament. Je vous invite ici à le redécouvrir.

Le bêta-carotène: une substance naturelle qui protège votre cerveau

Il y a un peu plus de dix ans, des chercheurs démontraient à l'Université Cambridge que les personnes âgées qui mangent le plus de fruits et de légumes verts crus courent moins le risque que les autres de mourir d'un AVC. Une étude menée en Norvège a montré également que les hommes qui consomment le plus de légumes sont ceux qui sont le moins exposés à cet accident tragique (leurs risques seraient de 45 % inférieurs à celui des autres sujets); on a pu constater aussi à cette occasion que les femmes consommant de grandes quantités de fruits sont trois fois moins vulnérables à cette affection que les femmes qui en mangent très peu.

Le croira-t-on? Manger des carottes cinq fois ou plus par semaine — plutôt qu'une fois par mois ou moins — diminuerait de 68 % les risques d'un AVC, selon les conclusions d'une vaste étude (90 000 infirmières se sont portées volontaires) menée il y a quelques années par des chercheurs de Harvard durant une période de huit ans. Les épinards seraient de même extrêmement efficaces. Le rôle protecteur de ces légumes serait attribuable au bêta-carotène (ß-carotène), aussi connu sous le nom de vitamine végétale A, parce qu'il est un précurseur de cette vitamine (il se change en vitamine A dans l'organisme).

Une autre étude effectuée à Harvard avait déjà laissé entendre que l'administration quotidienne d'une dose supplémentaire de ß-carotène équivalant à la quantité que renferme une carotte et demie ou trois quarts de tasse de patates douces en purée ou encore à trois tasses d'épinards cuits, abaisserait de 40 % le nombre d'AVC; la baisse était particulièrement évidente chez ceux qui consommaient 15 à 20 mg de ß-carotène par jour, l'autre groupe limitant sa consommation journalière à 6 mg seulement.

Le D[r] JoAnn E. Manson, de la faculté de médecine de Harvard, qui a dirigé cette vaste enquête, croit que l'activité antioxydante des aliments riches en ß-carotène expliquerait leur propriété de faire obstacle aussi énergiquement aux thromboses et aux hémorragies cérébrales; selon elle, le carotène empêcherait le cholestérol de se transformer en un composé toxique susceptible de se déposer dans les artères et de favoriser la formation de thrombus (masses sanguines coagulées qui se forment dans les vaisseaux).

Il y a plus encore! Des expériences réalisées en Belgique ont montré qu'un sang bien alimenté en ß-carotène et en d'autres sources de vitamine A est une condition de survie primordiale chez ceux qui ont déjà été victimes d'un AVC. Le pronostic vital, le degré de gravité des répercussions fonctionnelles des lésions neurologiques subies et le rétablissement du malade seraient même directement liés à une concentration élevée de vitamine A dans le sang, comme le concluaient des chercheurs de l'Université de Bruxelles à la suite de l'examen des analyses sanguines de 80 patients dans les vingt-quatre heures suivant leur accident dramatique.

En vertu de quel mécanisme d'action? Lorsque le cerveau est privé d'oxygène, les cellules se mettent à fonctionner d'une façon anarchique, donnant lieu à toutes sortes de phénomènes, dont l'oxydation des cellules nerveuses; si le sang de la victime est bien pourvu en vitamine A, son organisme pourra mieux faire face à ces perturbations, limitant ainsi les lésions cérébrales et le risque d'une issue fatale.

Les aliments riches en ß-carotène sont les carottes, les légumes à feuillage vert sombre, comme les épinards, le chou cavalier et le chou frisé, ainsi que les légumes orange foncé, telles la patate douce et la citrouille. On notera que ces aliments sont aussi très riches en potassium, autre remède énergique pour prévenir les AVC. (Le lecteur trouvera à la fin du livre, à l'Appendice, une liste des bonnes sources alimentaires de ß-carotène.)

Une expérience convaincante sur les propriétés du potassium

Ajoutez à votre ration alimentaire quotidienne une portion supplémentaire d'aliments riches en potassium: vous devriez réduire ainsi de 40 % les risques d'AVC, comme le suggère une étude des régimes alimentaires d'un groupe de 859 Californiens du Sud, hommes et femmes, âgés de plus de 50 ans. Selon les expérimentateurs, les petites différences notées d'un régime à l'autre au niveau de l'apport en potassium auraient permis de prédire qui mourrait ou non d'un AVC douze ans plus tard.

Fait remarquable, aucun de ceux qui consommaient le plus de potassium (plus de 3500 mg par jour) n'a succombé à la maladie. Ceux qui, par contre, se contentaient de 1950 mg par jour y ont paru plus vulnérables: on a relevé en effet parmi ces derniers un taux supérieur d'AVC (les hommes absorbant le moins de potassium se seraient ainsi exposés 2,6 fois plus que les autres à ces troubles vasculaires, et les femmes 4,8 fois plus que les autres sujets du même sexe).

Une corrélation semble donc pouvoir être établie à partir de cette étude entre la consommation d'aliments riches en potassium et la prévention de cette pathologie. Les chercheurs californiens en sont même venus à conclure que l'addition de 400 mg de potassium — soit la quantité fournie par un seul fruit ou légume, un verre de lait ou encore un bon morceau de poisson — à la ration alimentaire pouvait faire baisser de 40 % le taux d'AVC mortels!

Ne croyez-vous pas, au regard des graves conséquences fonctionnelles, souvent irréversibles, que peut entraîner un AVC, qu'il vaille la peine d'ajouter à vos menus une portion supplémentaire d'un aliment riche en potassium, que ce soit un quartier de cantaloup ou un demi-avocat, une petite pomme de terre cuite ou 10 abricots secs, une demi-tasse de haricots secs cuits ou une petite boîte de sardines? Ces aliments aident à la fois à réduire la tension artérielle, quelle que soit la tension d'un individu, et à prévenir les AVC, affirme Louis Tobian fils, spécialiste de l'hypertension et chercheur à l'Université du Minnesota.

Après avoir nourri des rats de laboratoire hypertendus avec des aliments riches en potassium (le groupe témoin étant soumis à un apport normal), le Dr Tobian a observé en effet que 40 % des animaux du groupe témoin avaient été victimes d'AVC mineurs, comme en témoignait le relevé des hémorragies cérébrales; aucune trace d'hémorragie, par contre, dans le cerveau des rats soumis au régime riche en potassium. Selon le Dr Tobian, cette dose supplémentaire de potassium aurait préservé l'élasticité et le bon fonctionnement des parois artérielles des rats tout en immunisant les vaisseaux sanguins contre les dommages possibles de l'hypertension. On peut supposer que la même chose se produirait chez les humains. (L'Appendice fournit une liste complète des aliments riches en potassium.)

Injectez de l'huile de poisson dans vos cellules

Un autre moyen de faciliter la circulation du sang dans votre cerveau est de consommer régulièrement du poisson à chair grasse: les acides oméga-3 présents dans le poisson ont des effets prodigieux sur le sang. Ils pourraient amoindrir, dit-on, la gravité des séquelles de la maladie s'ils sont en concentration suffisante dans le sang; même une petite portion de poisson une fois par semaine exercerait à cet égard une action bénéfique.

De récents travaux réalisés en Hollande suggèrent que des hommes âgés de 60 à 69 ans qui consomment du poisson au moins une fois par semaine sont deux fois moins susceptibles d'être victimes d'un AVC durant les quinze années suivantes que ceux qui s'abstiennent d'en manger. Une série d'études effectuées au Japon ont également permis de constater que les gros consommateurs de poisson ont beaucoup plus de chances de survivre à la maladie. On a relevé en effet beaucoup moins de cas de congestion cérébrale *fatals* (25% à 40 % de moins) chez les habitants de petits villages de pêche consommant 250 g environ de poisson par jour que chez les fermiers qui en ingéraient quotidiennement 90 g tout au plus.

Il est maintenant établi que les merveilleux oméga-3 contenus dans le poisson peuvent modifier le sang, le rendre moins coagulant, et partant, faire obstacle à l'obstruction des artères cérébrales. Les études innovatrices de William E. M. Lands et celles qui ont été réalisées à l'Université de l'Illinois à Chicago ont montré que les dommages consécutifs à un accident vasculaire cérébral étaient moindres chez les rats qui avaient ingéré de l'huile de poisson.

Si vous êtes à un âge où vous avez des raisons de craindre que vos capillaires aient rétréci sous l'effet de l'accumulation de dépôts graisseux (plaque), voici une image à ne jamais perdre de vue: quand vous absorbez de l'huile de poisson, elle s'installe dans les membranes de vos cellules; gorgées de cette huile, vos cellules sont moins dures, plus souples, plus flexibles, et peuvent ainsi plus facilement se faufiler à travers les vaisseaux resserrés pour alimenter en oxygène le cerveau et le cœur. Cette malléabilité des cellules est de toute première importance: elle peut même vous sauver la vie, tout particulièrement si vos artères n'ont plus le même diamètre et la même souplesse que ceux qu'elles avaient dans vos «jeunes années».

On se rappellera que les graisses saturées d'origine animale ont tendance à durcir les membranes cellulaires. Voilà une raison de plus pour ceux qui redoutent l'«attaque», ou toute autre cardiopathie, d'éviter ce type de matière grasse.

Sauvé par le thé!

Une récente étude, menée pendant quatre ans à la faculté de médecine de l'Université de Tohoku, auprès de 6000 Japonaises âgées de plus de 40 ans, laisse entendre que les femmes qui boivent au moins cinq tasses de thé vert par jour seraient deux fois moins vulnérables aux AVC que celles qui en boivent moins, et ce, même si elles consomment beaucoup de sel. Jamais auparavant n'avait été établie pareille corrélation. (Des expérimentations pratiquées sur des animaux au Japon, en Chine et aux États-Unis avaient toutefois déjà démontré que le thé vert abaisse la pression artérielle.)

Les effets bienfaisants du thé vert s'expliqueraient par le fait qu'il contient une grande quantité d'antioxydants, lesquels seraient d'ailleurs plus efficaces que ceux des vitamines E et C, deux vitamines réputées pourtant pour leurs puissantes vertus antioxydantes.

Éloignez la salière

Même si le sel ne fait pas monter la tension artérielle, un usage excessif de cet assaisonnement peut néanmoins être nocif pour les tissus du cerveau et favoriser par conséquent l'AVC. C'est du moins la conclusion à laquelle en arrivait Tobian après avoir soumis des rats à une alimentation riche en sel. Plusieurs animaux, même parmi ceux qui ne souffraient pas d'hypertension, succombèrent à une «attaque» fatale. Au bout de quinze semaines, tous les animaux ayant consommé beaucoup de sel étaient morts! Le taux de mortalité chez les animaux du groupe témoin, soumis au régime hyposodé, n'était par contre que de 12 %. On a pu se rendre compte, à l'examen des cerveaux des animaux, qu'à la suite d'une série d'AVC certaines artères s'étaient altérées et que des tissus s'étaient nécrosés.

Tobian recommande toujours, dit-il, à ses patients, en particulier aux personnes âgées de plus de 65 ans, de même qu'aux Afro-Américains — deux groupes très vulnérables aux effets délétères du sel — de réduire leur consommation d'aliments riches en sodium.

L'alcool augmente-t-il les risques d'un accident vasculaire cérébral?

Une consommation légère ou modérée d'alcool peut contribuer à prévenir les AVC; toute consommation abusive d'alcool peut cependant avoir des conséquences dramatiques, s'il faut en croire les plus récentes données sur la question. Des chercheurs britanniques ont montré récemment que les personnes qui consomment un verre ou deux par jour ne sont pas beaucoup plus vulnérables (0,6 à 0,7 fois plus) à l'hémorragie ou à la thrombose cérébrales que les non-buveurs. Par contre, les grands buveurs — trois ou quatre verres et plus par jour — s'exposent trois fois plus que les non-buveurs à être victimes de l'un de ces accidents vasculaires.

Des scientifiques de l'Université d'Helsinki ont déduit pour leur part de leurs expériences que la probabilité d'être victime d'une «attaque» chez les buveurs modérés était supérieure de 6 % seulement à celle des non-buveurs. Les grands buveurs y seraient par contre six fois plus vulnérables que les autres! L'alcool, comme le rappellent les chercheurs finlandais, est un poison pour le cerveau; en dose excessive, il favorise l'embolie cérébrale, la formation de caillots et l'ischémie (arrêt ou réduction de l'irrigation sanguine d'un tissu ou d'un organe) due à des modifications du sang et à la contraction des vaisseaux, manifestations qui préludent toutes aux AVC.

Un verre ou deux d'alcool par jour — si vous en avez déjà l'habitude, car on ne saurait recommander de commencer à boire de l'alcool expressément pour prévenir les AVC — peuvent être bénéfiques. Quant aux buveurs invétérés, est-il nécessaire de rappeler qu'il doivent réduire de beaucoup leur consommation d'alcool s'ils veulent se prémunir contre l'AVC, toujours si tragique.

Mesures diététiques pour prévenir les accidents vasculaires cérébraux

- Consommez beaucoup de fruits et de légumes (cinq portions ou plus par jour), en vous assurant de toujours y inclure des carottes.
- Mangez du poisson, surtout du poisson à chair grasse, au moins trois fois par semaine.
- Surveillez votre consommation de sodium.
- Ne buvez pas trop d'alcool: pas plus de un verre ou deux par jour.
- Pensez à boire plus souvent du thé, surtout du thé vert, disponible dans les marchés asiatiques, les épiceries fines et certains supermarchés.

B

Troubles des voies digestives et des voies urinaires

Chapitre 8

LA CONSTIPATION

LES TRAITEMENTS POPULAIRES REVUS ET CORRIGÉS

Aliments susceptibles de prévenir et de guérir la constipation: Son de blé brut • Son de riz • Fruits et légumes • Pruneaux • Figues • Dattes • Café • Beaucoup de liquide

La modification du régime alimentaire est le traitement tout désigné pour guérir et pour prévenir la constipation banale, trouble digestif le plus fréquent en Amérique. Si vous faites partie de ceux qui, à l'instar de 30 millions d'Américains, sont affectés par ce problème, sachez que toute une panoplie de substances naturelles permettant de régulariser le transit intestinal (passage des aliments à travers les intestins) sont à votre disposition. La dépendance à l'égard de produits pharmaceutiques très violents non seulement entraîne des dépenses élevées, absolument inutiles par ailleurs, mais elle peut être extrêmement nocive, plusieurs types de laxatifs émoussant la sensibilité des nerfs de l'intestin, ce qui les empêche de se contracter normalement par la suite.

La constipation n'est toutefois pas toujours liée à une alimentation inadéquate. Il peut arriver que certaines substances — le calcium, par exemple, et tous les aliments qui en contiennent (lait, fromage, etc.) — aient chez quelques individus des effets constipants. Des causes physiques ou une maladie sous-jacente peuvent également en être la source. Si vous souffrez de constipation chronique ou si une maladie quelconque vous empêche d'éliminer normalement les matières fécales, il vaut mieux consulter un médecin avant d'apporter des changements majeurs à votre régime alimentaire.

Il arrive par ailleurs qu'on croie, à tort, être affecté par ce problème, simplement parce qu'on ne va pas à la selle tous les jours. La fréquence de l'exonération peut être de trois fois par jour, comme elle peut être de trois fois par semaine, sans qu'il n'y ait rien d'anormal à cela, disent les spécialistes.

Les signes les plus courants de la constipation sont les suivants:
- efforts d'expulsion intenses et prolongés;
- selles dures et sèches;
- incapacité à déféquer au moment voulu;
- malaises lors des contractions abdominales;
- selles peu fréquentes: moins de trois fois par semaine.

Les problèmes de défécation reliés directement à l'alimentation sont habituellement imputables à un bol fécal à trop faible teneur en eau ou de volume insuffisant. Il est facile d'y remédier en ajoutant à son régime des substances alimentaires qui agiront, de multiples façons, comme laxatifs naturels. Couplée à l'ingestion de beaucoup de liquide, la consommation d'aliments tels que le son et les légumes, très riches en fibres — substances végétales capables d'absorber et de retenir l'eau —, peuvent en effet ramollir les selles et augmenter leur volume; elles transitent alors plus facilement et plus rapidement à travers le côlon.

Ce mécanisme s'explique par le fait que les fibres ne peuvent, pour la plupart, être assimilées par l'intestin; réduites en particules grossières, ces fibres insolubles stimulent mécaniquement les réflexes nerveux des parois intestinales, déclenchant ainsi la défécation. D'autres aliments, dont le café et les pruneaux, contribuent aussi habituellement à activer le travail de l'intestin.

La prévention de la diarrhée par un régime adéquat réduit aussi les risques de former des hémorroïdes, des veines variqueuses et des diverticules, ou de les exacerber s'ils sont déjà en place.

Le son: le laxatif par excellence

«Je suis fermement convaincu, disait Hippocrate, que le type de pain que l'on consomme a toute son importance; que sa texture soit fine ou grossière, que le blé dont il est issu ait ou non conservé son enveloppe, compte pour l'organisme, cela ne fait pas de doute.»

La nature a généreusement mis à notre portée un laxatif de choix pour réguler la fonction intestinale: les matières *non digestibles*, c'est-à-dire inassimilables par l'intestin, présentes dans des aliments comme le pain de blé entier et les céréales complètes, notamment le son, le laxatif des laxatifs. Les propriétés purgatives du son restent en effet inégalées. Une petite quantité de son chaque jour devrait normalement corriger, dans 60 % des cas au moins, les problèmes de constipation courants, estime l'éminent Dr Nicholas W. Read, directeur du Centre for Human Nutrition de l'Université de Sheffield, en Angleterre. Le manque d'aliments riches en fibres dans le régime alimentaire serait à l'origine de la plupart des troubles de rétention prolongée des matières fécales.

Nos ancêtres mangeaient quotidiennement plus de 500 g de pain complet à haute teneur en fibres, alors que nous ne consommons maintenant qu'un cinquième de cette quantité: tout au plus 120 g, et encore! Notre pain quotidien est fait presque entièrement de farine blanche raffinée dépourvue de fibres, comme le souligne le Dr Denis Burkitt. «Si l'on consommait chaque jour 40 g de fibres alimentaires plutôt que les 20 g ou moins qu'on avale habituellement, on enrayerait une bonne partie des problèmes de constipation», estime aussi le Dr Alison M. Stephen, de l'Université de la Saskatchewan.

Les laxatifs naturels, comme le son, qui accroissent la masse fécale, constituent un traitement beaucoup plus sûr et beaucoup plus doux que les médicaments, lesquels ne font que stimuler, pour la plupart, la contraction des parois intestinales. «Le son est la méthode la plus sûre, la moins chère et la plus naturelle de traiter et de prévenir physiologiquement la constipation», reconnaît aussi le gastro-entérologue W. Grant Thompson*, chercheur de l'Université d'Ottawa.

Les expériences du Dr Read

LE SON DE BLÉ. — Pour commencer, essayez les céréales de blé entier à haute teneur en fibres, à raison de un tiers de tasse à une demi-tasse par jour, en augmentant peu à peu la quantité selon les besoins. Choisissez aussi du pain à grain entier très dense. La mention «blé entier» devrait apparaître au tout début de la liste des ingrédients inscrite sur l'étiquette. À moins de faire votre propre pain, en utilisant de la farine de grain entier. Une autre solution, rapide et facile, consiste à ajouter du son de blé cru non raffiné — appelé «miller's bran» (son de meunier), parce qu'il est un résidu de la mouture de farine blanche — à vos céréales préférées ou à d'autres aliments. Ce son de blé, habituellement disponible aux comptoirs de céréales des supermarchés ou dans les magasins d'aliments naturels, est le remède anti-constipation qui a le plus souvent été testé scientifiquement.

Des expériences effectuées en Angleterre ont permis de constater que l'ingestion de 45 g de *miller's bran* par jour pouvait doubler le volume des fèces. Les vertus laxatives de ce son de blé, céréale complète, seraient

---

* W. Grant Thompson, *Gut Reactions. Understanding Symptoms of Digestive Tract*, New York, Plenum Press, 1989.

attribuables à ses particules crues, moulues grossièrement. Les céréales de type All-Bran ayant été raffinées, ce qui diminue de beaucoup leurs propriétés laxatives, il faut en manger beaucoup plus pour obtenir l'effet recherché. «Si le son n'a pas à être mastiqué, il ne donnera probablement pas de résultats», dit le Dr Read.

Les études révèlent que les particules de son grossièrement moulues stimulent les nerfs de la muqueuse intestinale, favorisant ainsi la défécation. Les terminaisons nerveuses de l'intestin sont si sensibles qu'un léger frôlement avec une brosse douce suffit à induire des contractions et des sécrétions musculaires. Les flocons de son cru ont donc une double action laxative: ils augmentent le bol fécal et stimulent les parois du côlon.

Quelle quantité de son de blé faut-il ingérer pour stimuler la fonction intestinale? «Une pleine cuillerée à soupe de *miller's bran* par jour» devrait, selon le Dr Read, enrayer la constipation. «Pourquoi ne pas en saupoudrer, à chaque repas, une petite quantité sur des céréales ou d'autres aliments», suggère-t-il. Il n'y a pas vraiment de dose unique applicable à tout le monde.

Chez la plupart des individus, *une cuillerée à soupe par jour* de son de blé non raffiné suffit à provoquer une évacuation facile des selles, alors que chez d'autres il en faut moins ou davantage. Pour savoir quelle quantité s'applique dans votre cas, faites-en vous-même l'essai; une fois que vous aurez vu comment vous réagissez à cette substance alimentaire, vous pourrez augmenter ou diminuer la dose au besoin.

LE SON DE RIZ. — Connu depuis longtemps des Asiatiques, le son de riz est un laxatif extrêmement énergique; ses effets seraient même supérieurs à ceux du blé, selon le Dr Read (ce qu'il était loin de soupçonner avant d'entreprendre ses recherches). En vue de découvrir d'autres types d'aliments qui, tout en ayant les propriétés laxatives du *miller's bran*, seraient plus savoureux, il avait procédé au test suivant: les sujets, huit jeunes hommes en parfaite santé, devaient (1) pendant dix jours, incorporer à leur menu quotidien 40 g de son de blé cru, (2) y substituer durant les dix jours suivants 75 g de son de riz en poudre, l'apport en fibres étant dans les deux cas de 15 g, et enfin (3) se limiter à leur régime habituel sans supplément de fibres durant la dernière décade. Précisons que le son devait être absorbé au moment des repas et accompagné de beaucoup de liquide.

Si les deux types de céréales ont donné de bons résultats (elles ont toutes deux augmenté et le volume des fèces et la fréquence des selles), le son de riz s'est révélé toutefois beaucoup plus efficace: la consommation de son de riz a en effet accru les selles de 25 % et augmenté, chez tous les sujets, la masse fécale. Tant le son de blé que le son de riz ont réduit la durée du transit intestinal, et ni l'un ni l'autre n'ont entraîné de changements marqués au niveau des gaz intestinaux, de la consistance des selles ou de l'aisance à la défécation. Selon le Dr Read, la haute teneur en amidon du son de riz stimulerait l'activité bactérienne au niveau du côlon, accroissant ainsi le bol fécal.

LE SON D'AVOINE. — Le son d'avoine aurait, selon le spécialiste britannique, des propriétés semblables à celles du son de riz.

De la patience… et des liquides en abondance

Il est possible qu'on ressente une certaine gêne — de la flatulence et des gaz — au début d'un nouveau régime où les fibres occupent une place plus importante, dit le Dr Martin Schuster, professeur à Johns Hopkins; ces douleurs disparaissent habituellement au bout de deux à trois semaines. Il est donc important d'ajouter lentement, selon les besoins individuels, ces nouvelles fibres au régime quotidien et d'en diminuer la quantité si les malaises intestinaux sont trop intenses.

On risque de se retrouver bien mal en point si l'on déverse en une seule fois dans ses voies digestives une quantité excessive de fibres, surtout si, de surcroît, l'on omet de boire abondamment. Il est en effet essentiel de boire beaucoup de liquide pour imbiber les fibres; cette action émolliente facilite le passage des matières fécales dans l'intestin. En général, six à huit verres d'eau par jour permettent de prévenir les selles dures, dit le Dr Schuster.

Et si la cure était plus douloureuse que le mal?

Prenons le cas de cet homme de 34 ans qui avait ingéré chaque jour, comme son médecin le lui avait prescrit, un grand bol de céréales de son — environ 60 g ou deux tiers de tasse, portion fournissant autour de 20 g de fibres — comme traitement laxatif, jusqu'à ce qu'il ressente, dix jours plus tard, des douleurs abdominales atroces, accompagnées de nausées, de vomissements et de fièvre. Les rayons X et une chirurgie exploratoire révélèrent une importante obstruction de l'intestin grêle. L'opération qui suivit permit de constater qu'une masse de 45 cm de fibres végétales encombrait l'intestin, comme le rapporte le Dr Daniel Miller, du centre hospitalier de l'Université Georgetown, dans le *Journal of the American Medical Association*. La surdose de fibres fut un véritable choc pour l'organisme de cet individu, dit le Dr Miller. Il faut dire que le patient (qui, de surcroît, prenait des médicaments diurétiques, lesquels occasionnent une excrétion importante d'urine) n'avait pas absorbé assez de liquide.

Le Dr Miller recommande donc d'entamer graduellement le nouveau régime au cours des quatre à six premières semaines afin de permettre à l'organisme de s'adapter aux fibres. Il rappelle aussi qu'il est extrêmement important d'ingurgiter beaucoup de liquide, surtout si l'on prend par ailleurs des diurétiques. Il recommande également de varier les types de légumes, de fruits et de grains à haute teneur en fibres qui composent le régime.

Aliments laxatifs
Les choix du Dr Burkitt

1. Tous les types de son, tels le son de blé entier non raffiné (*miller's bran*) et le son de riz;
2. Céréales de son transformées industriellement (les All-Bran, par exemple) et autres céréales à grains entiers;
3. Pain de blé entier;
4. Légumineuses (pois, haricots secs) et noix;
5. Fruits secs et baies;
6. Tubercules, dont les pommes de terre et les carottes;
7. Légumes à feuilles, comme les épinards;
8. Pommes, oranges et autres fruits.

Des données contradictoires sur les effets du café

Le café, régulier ou décaféiné, favorise l'évacuation des matières fécales chez 33 % environ des Américains en bonne santé, selon le Dr Read. Lors d'un test visant à mesurer l'efficacité réelle de cet aliment laxatif, dont nombre de patients disaient tant de bien, il constate effectivement que le café stimule le besoin de déféquer chez certaines personnes.

Chez les 14 hommes et femmes en bonne santé à qui on a demandé d'ingurgiter 175 ml environ (à peu près trois quarts de tasse) de café régulier ou décaféiné, l'équipe du Dr Read observe, à l'aide d'une sonde rectale permettant de mesurer les changements de pression et de contractions à l'intérieur du côlon, que le café a très rapidement exercé un effet laxatif. Étonnamment, des contractions intestinales (ce qu'on appelle la *motilité*) très perceptibles sont enregistrées dans les quatre minutes suivant l'ingestion de café, ce qui suggère que le café transmettrait d'avance un message au côlon par le biais d'hormones élaborées dans l'estomac ou selon un mécanisme neurologique quelconque, car il est impossible que le café puisse rejoindre aussi rapidement le côlon, dit-il. Cet accroissement de la motilité est manifeste durant au moins une demi-heure. Lorsqu'on substitue de l'eau chaude au café toutefois, on ne note aucun changement.

Le café aurait chez les femmes un effet encore plus marqué que chez les hommes. Il serait plus efficace le matin, et possiblement inefficace durant le reste de la journée, selon le Dr Read. Quant à savoir quelle substance chimique explique l'action laxative du café, il avoue n'en rien savoir pour l'instant. De toute évidence, contrairement aux croyances populaires, ce n'est pas la caféine.

«Une tasse de café fort est un excellent traitement contre la constipation aiguë occasionnelle, mais il n'est pas conseillé d'utiliser constamment ce remède comme laxatif, car il entraîne une dépendance», signale pour sa part le Dr Andrew Weil, de la faculté de médecine de l'Université de l'Arizona.

Les conclusions d'une enquête menée par des chercheurs de l'Université de la Caroline du Nord auprès de 15 000 hommes et femmes suggèrent également qu'il ne faut pas surestimer l'action laxative du café; le compte rendu rapporte en effet que les personnes souffrant régulièrement de constipation sont, dans bien des cas, de gros buveurs de café ou de thé. Une hypothèse: les nerfs du côlon en viendraient à tolérer l'effet de stimulation constante produit par le café et la caféine, ce qui les rendrait paresseux à la longue, comme c'est le cas dans la dépendance aux médicaments laxatifs stimulants. La caféine agissant comme diurétique, elle dérange l'équilibre des liquides organiques; en absorbant les liquides de l'intestin, elle empêche les fèces de se ramollir et de transiter facilement dans les voies digestives.

Le café serait-il à l'origine de vos troubles intestinaux? Buvez-en moins, vous pourrez ainsi en juger vous-même.

Les mystérieux pouvoirs cathartiques des pruneaux

L'édition de 1907 du *Dispensatory* américain, guide pharmaceutique dont se servent les médecins pour établir leurs ordonnances, décrivait en ces termes les propriétés des pruneaux: «Les pruneaux sont très nourrissants et aussi très efficaces comme laxatif [...] Cuits dans l'eau bouillante, ils transmettent au liquide leurs propriétés laxatives; on dispose alors d'une décoction purgative agréable et efficace. Leur pulpe est utilisée dans la préparation de médicaments laxatifs. Consommés en quantité excessive, ils peuvent occasionner cependant de la flatulence, des coliques et des indigestions.»

Les grands consommateurs de pruneaux approuveraient sans doute cette description. Bien que tout le monde reconnaisse les vertus cathartiques du pruneau, on n'a jamais réussi à isoler l'ingrédient qui lui confère ses propriétés presque magiques. Selon Barbara Scheenan, de l'Université de la Californie à Davis, l'agent actif dans ce cas-ci ne peut être que les fibres.

Une expérience portant sur 41 sujets masculins a déjà montré qu'en ajoutant une douzaine de pruneaux à la ration quotidienne, on peut augmenter de 20 % le bol fécal (tout en abaissant par ailleurs de 4 % le taux de cholestérol LDL, le «mauvais cholestérol»). D'autres chercheurs prétendent que l'ingrédient actif serait le sorbitol, sucre naturel présent en très haute concentration dans les pruneaux (15 %, contre seulement 1 % dans les autres fruits); on aurait noté dans plusieurs autres cas des effets positifs du sorbitol sur la fonction intestinale.

Depuis 1931, de nombreux scientifiques ont tenté d'isoler le mystérieux composé qui, à la différence des fibres, stimulerait — du moins le croyait-on — la contraction des parois intestinales et augmenterait la sécrétion de liquide. Ainsi, croyant avoir enfin réussi à percer le mystère, trois chercheurs du Laboratoire Harrower de St. Louis rapportèrent en 1951 avoir isolé une substance, appelée *diphenylisatin,* agissant sensiblement comme un médicament laxatif bien connu. Malgré les efforts soutenus d'autres chercheurs, jamais on n'a réussi toutefois à isoler cette substance — ni aucune autre d'ailleurs — qui aurait, au dire des chercheurs de St. Louis, les mêmes propriétés qu'un laxatif chimique.

D'innombrables expérimentations sur des souris menées aux États-Unis par des chercheurs du ministère de l'Agriculture dans les années soixante ont confirmé néanmoins les pouvoirs médicinaux des pruneaux, lesquels pourraient résider selon eux dans le magnésium. Une fois isolé, le magnésium s'avéra toutefois inefficace. «On dirait que le fameux composé agit seulement lorsqu'il est partie intégrante des pruneaux», en ont conclu les chercheurs.

Le mystère reste donc entier…

Recette de confiture laxative

Voici une recette, très facile à préparer, qui a fait ses preuves auprès de 42 personnes âgées d'un hôpital de vétérans du Québec. Des patients sujets à la constipation ont réussi à améliorer leur condition grâce à l'ingestion quotidienne d'une cuillerée à soupe de cette confiture, ce qui leur a permis de diminuer leur consommation de médicaments laxatifs. Le succès fut tel que l'hôpital continua de «prescrire» la fameuse confiture comme remède contre la constipation.

Ingrédients
140 g (1 tasse environ) de dattes dénoyautées
140 g (1 tasse environ) de pruneaux dénoyautés
375 ml (1 1/2 tasse) d'eau bouillante (si l'on veut obtenir une confiture plus épaisse, on diminuera la quantité d'eau)

Préparation
Hacher les dattes et les pruneaux en petits morceaux. Ajoutez-les à l'eau bouillante et cuire jusqu'à ce que la préparation prenne une consistance épaisse. (Donne 20 portions d'une cuillerée à soupe chacune.)

La rhubarbe: efficace?

Depuis des générations, les grands-mères vantent les vertus laxatives de la rhubarbe. La réputation de ce remède, qui fait maintenant partie du folklore alimentaire, n'est donc plus à faire. Mais ne vous y fiez pas! En fait, la rhubarbe commune n'exerce aucun effet laxatif véritable, disent les spécialistes. La rhubarbe comestible vendue dans les supermarchés contient des anthraquines, substances que l'on retrouve habituellement dans les laxatifs, tels que le cascara et le séné, mais en très faibles concentrations.

On confondrait tout simplement des espèces végétales différentes, explique Norman Farnsworth, spécialiste des plantes médicinales de l'Université de l'Illinois à Chicago. Celle qui a des vertus laxatives avérées, dit-il, est une ancienne variété de rhubarbe appelée *tahuang* poussant dans les montagnes de l'ouest de la Chine et du Tibet. Une poudre jaune extraite des rhizomes séchés de cette plante a été utilisée pendant des siècles comme cathartique. Dans un herbier chinois datant de 2700 avant notre ère environ, on trouve mention pour la première fois des vertus laxatives de la rhubarbe; ce médicament très prisé était jadis transporté par caravane vers la Grèce, la Turquie et la Perse. Bien que la plante ne soit plus disponible aux États-Unis, il peut arriver que certains laxatifs médicamenteux contiennent un peu de cet extrait de rhubarbe, signale Farnsworth.

La rhubarbe vendue dans les supermarchés est un cousin éloigné de la rhubarbe médicinale qu'on utilisait traditionnellement en Orient. Les tiges de rhubarbe comestibles que nous consommons n'ont pas de propriétés laxatives «mesurables», dit Farnsworth. Les feuilles de la plante pourraient avoir des pouvoirs purgatifs, mais il ne serait pas sage de les utiliser, car elles sont toxiques.

Mesures diététiques pour régulariser la fonction intestinale

- Consommer une plus grande quantité d'aliments à haute teneur en fibres: fruits, légumes et son de céréales. Le son de blé non raffiné et le son de riz sont les plus efficaces. Les fibres doivent être ajoutées graduellement au régime quotidien.
- Boire abondamment.

Il n'y a vraiment aucune raison qui justifie le recours à des médicaments laxatifs irritants et potentiellement nocifs quand tant de remèdes alimentaires naturels et sûrs sont à notre portée.

MISE EN GARDE

Bien que les avis généraux concernant la constipation s'appliquent aussi bien aux enfants qu'aux adultes, il vaut mieux ne pas ajouter de son de blé non raffiné (*miller's bran*) ou de son de riz au menu des enfants, car ce sont des laxatifs très puissants. À un enfant constipé, on donnera plutôt des fruits et des légumes, du pain de blé entier et des céréales complètes, aliments bien pourvus en fibres, en n'oubliant jamais de lui faire boire beaucoup de liquide. Si ces mesures ne règlent pas le problème, consulter un pédiatre.

Chapitre 9

RÉGIME ALIMENTAIRE ET DIARRHÉE
REMÈDES ANCIENS, POTIONS MODERNES

Aliments et substances susceptibles de déclencher la diarrhée: Lait • Jus de fruits • Sorbitol • Café
Aliments soulageant ou prévenant la diarrhée: Céréales et potages féculents • Yogourt
Aliments, substances et diètes retardant le rétablissement: Caféine • Jus et boissons gazeuses à teneur élevée en sucre • Diètes visant à «reposer les intestins»

Qui n'a pas été un jour ou l'autre, ne serait-ce qu'en bas âge, où l'on y est particulièrement vulnérable, affecté par la diarrhée? Les troubles surviennent en général promptement, mais ne durent pas. Il arrive toutefois que, sans cause apparente, ils deviennent de plus en plus fréquents; certains individus souffrent même de diarrhée chronique. La *turista*, ou «diarrhée du voyageur», est une forme particulière de la maladie.

Dans sa définition la plus simple, la diarrhée est l'expulsion fréquente de selles liquides due à un excès d'eau dans les fèces. Elle survient habituellement quand le tractus intestinal n'absorbe pas assez d'eau ou lorsque augmente la sécrétion d'eau, ou quand ces deux facteurs sont réunis. Des bactéries telles que le colibacille *Escherichia coli* (*E. coli*) et le staphylocoque stimulent la sécrétion d'eau; c'est ce qui explique que les infections alimentaires ou les infections par voie d'eau contaminée (la *turista*, par exemple) causent la diarrhée. Certains laxatifs agissent exactement selon le même principe.

Les causes habituelles de la diarrhée sont: (1) les infections d'origine bactérienne, virale ou parasitaire; (2) les intolérances ou allergies alimentaires ou une hypersensibilité à une substance particulière; (3) certaines pathologies, tels le syndrome du côlon irritable et la maladie cœliaque (ou maladie de Gee, diarrhée infantile chronique). La diarrhée chronique, qui persiste pendant des semaines et des mois, est souvent liée à une maladie sous-jacente; on devrait en pareil cas consulter au plus tôt un médecin.

Le régime alimentaire peut indubitablement, selon des mécanismes d'intolérance extrêmement complexes, provoquer, aggraver ou soulager la diarrhée. Il détermine aussi en grande partie la durée des épisodes de diarrhée occasionnelle; il est possible effectivement, grâce à une alimentation étudiée, de réduire du tiers ou de moitié la durée de la période de rétablissement d'une diarrhée sévère.

La diarrhée chez le nourrisson et le jeune enfant. — Précautions à prendre

Le nourrisson affecté par la diarrhée doit être traité différemment d'un enfant plus âgé ou d'un adulte: ce qui n'est dans la plupart des cas que dérangement ou inconfort chez l'adulte peut avoir des conséquences graves, mortelles même, chez le nourrisson. En cas de déshydratation, l'enfant risque en effet de perdre des minéraux essentiels à son organisme. Bien que la déshydratation chez le nourrisson ou le jeune enfant soit beaucoup moins importante dans les pays industrialisés que dans les pays du tiers monde, elle peut survenir subitement, souvent même en quelques heures. Il est impératif en pareil cas de compenser la perte importante de liquide.

Le meilleur moyen de régler un problème de déshydratation chez le nourrisson est de lui administrer par voie orale une solution de réhydratation (Rehydralyte ou Pedialyte, par exemple), qu'on pourra se procurer chez le pharmacien. Élaborées scientifiquement de manière à fournir à l'organisme des nourrissons les nutriments et les électrolytes essentiels, qui l'empêcheront de se déshydrater, ces préparations sont, selon les spécialistes, le meilleur traitement qui soit contre la diarrhée du nourrisson.

Quatre facteurs alimentaires déterminants

Les aliments le plus souvent incriminés dans la diarrhée sont:
1. le lait de vache (intolérance au lactose)
2. le café
3. le sorbitol
4. les jus de fruits

1. L'intolérance au lactose

«L'allergie au lait de vache est une cause très fréquente de la diarrhée chronique et des retards de croissance chez le nourrisson», dit le Dr Richard A. Schreiber, pédiatre gastro-entérologue du Massachusetts General Hospital de Boston.

Les troubles apparaissent souvent en connexion avec une incapacité — pouvant se manifester à tout âge — à digérer le sucre du lait, ce qu'on a coutume d'appeler l'*intolérance au lactose*. Il arrive aussi que le nourrisson supporte mal les protéines du lait et du yogourt. Les enfants «à risque élevé», c'est-à-dire ceux dont les parents et les frères et sœurs sont sujets aux allergies, seraient particulièrement sensibles à ce type de diarrhée. On a constaté à l'occasion d'un test que 36 % des nourrissons «à risque» ayant ingurgité une préparation à base de lait de vache avaient manifesté, autant que ceux qui avaient été nourris à une solution préparée à partir du soya, des symptômes d'allergie: diarrhée et autres dérangements gastro-intestinaux, respiration sifflante, éruptions cutanées.

L'allaitement maternel et les laits diététiques *exempts des protéines allergisantes* s'imposent en pareil cas. Le bébé nourri au sein est moins exposé à la diarrhée ou aux allergies; le lait maternel le protège en effet des agents pathogènes et des substances allergisantes que peut renfermer le lait de vache. Les préparations à l'hydrolysat de caséine, dans lesquelles l'élément antagoniste a été neutralisé, peuvent aussi être utilisées.

Que faire si le lait est en cause dans la diarrhée?

Si le nouveau-né est nourri au lait de vache, cesser de lui donner du lait pendant une semaine environ, en le remplaçant par du lait de soya — si le bébé n'y est pas allergique — ou encore, ce qui est plus sûr, par une préparation à l'hydrolysat de caséine, disponible dans les pharmacies.

Si un bébé nourri au lait maternel souffre de diarrhée, la mère devrait cesser de boire du lait temporairement (en compensant par des suppléments de calcium), car le lait maternel peut transmettre à l'enfant les agents pathogènes à l'origine de la diarrhée. Lorsque la mère cesse d'ingurgiter des laitages, la diarrhée et autres symptômes gastro-intestinaux disparaissent habituellement aussitôt chez l'enfant, comme l'ont montré plusieurs études.

Les enfants et les adultes souffrant de diarrhée chronique devraient adopter une diète sans lactose durant deux semaines environ. Éviter le lait, le fromage et la crème glacée; le yogourt — sauf s'il est congelé — ne devrait pas faire problème. Si la diarrhée diminue, c'est sans doute qu'elle était, partiellement tout au moins, attribuable à une intolérance au lait.

(Le problème de l'intolérance au lactose chez l'adulte est abordé plus en profondeur au chapitre 10.)

2. Le café

En cas de diarrhée chronique, cesser de boire du café pendant quelques jours et attendre de voir si les troubles disparaissent. Le café est une cause fréquente de la diarrhée chez les personnes qui ont un côlon hypersensible. Selon des tests effectués en Angleterre, une tasse de café, ordinaire ou décaféiné, suffirait à stimuler, chez 33 % des individus au moins, les contractions musculaires de l'intestin. La caféine étant un diurétique, le café aurait également pour effet d'expulser du corps les liquides dont le patient qui souffre de diarrhée a tant besoin.

3. Le sorbitol

Les diabétiques et les personnes au régime qui, sans cause apparente, souffrent fréquemment de diarrhée devraient porter attention à leur consommation de sorbitol, substitut naturel du sucre entrant dans la composition des bonbons dits «diététiques», de la gomme sans sucre et des aliments transformés. Le sorbitol est, médicalement parlant, un agent laxatif reconnu. On ne s'étonnera donc pas que quelques friandises sucrées au sorbitol puissent faire des ravages dans le tractus intestinal chez ceux qui ne peuvent l'absorber adéquatement, soit chez 41 % des adultes en santé, selon une étude.

Et il en faut très peu. Une dose équivalente à quatre ou cinq menthes sucrées au sorbitol aurait suffi, lors d'un test, à provoquer des douleurs abdominales, du ballonnement et de la diarrhée chez 75 % des sujets. Les malaises se sont manifestés à l'intérieur d'une durée allant de trente minutes à trois heures et demie suivant l'ingestion d'une boisson sucrée au sorbitol. L'agent causal a été identifié en 1966 alors qu'un médecin notait pour la première fois qu'un enfant en bas âge avait souffert d'une très forte diarrhée après avoir mangé des bonbons «diététiques».

Le sorbitol est aussi présent dans les fruits, notamment les cerises, les poires et les prunes, mais en concentrations trop faibles pour avoir de véritables effets purgatifs. Selon un spécialiste de la question, il faudrait ingérer 120 g de cerises environ pour absorber la même quantité de sorbitol que celle que contient une simple menthe.

4. Les jus de fruits

Si votre nourrisson ou votre enfant a une diarrhée qui persiste depuis plus de quatorze jours, soupçonnez le jus de fruit d'être à l'origine du problème. À peu près 15 % des enfants en bas âge sont affectés par la «diarrhée chronique non spécifique», aussi appelée *syndrome du côlon irritable*. Plusieurs se rétablissent miraculeusement dès qu'ils cessent d'ingurgiter des jus de fruits, notamment du jus de pomme, comme en témoignent les résultats d'expériences réalisées en Hollande auprès d'enfants âgés de 14 à 25 mois. Le jus de poire et le jus de raisin seraient très souvent en cause également s'il faut se fier aux conclusions de l'équipe de Jeffrey Hyams, du Health Center de l'Université du Connecticut.

Ces jus renferment de hautes concentrations de sucres de fruit, dont le sorbitol et le fructose, à l'origine de la diarrhée chez les enfants qui ne peuvent les digérer totalement (deux enfants sur trois, semble-t-il). Mal absorbés par le système digestif, ces sucres se maintiennent dans le gros intestin, où des bactéries leur livrent bataille, entraînant toutes sortes de dérangements dans le système gastro-intestinal: fermentation, diarrhée, gaz et crampes abdominales.

Le facteur diarrhéique le plus souvent en cause est le jus de pomme, soulignent les spécialistes, parce qu'il renferme une très grande quantité de fructose et de sorbitol. (Rappelons que le jus de pomme représente environ 50 % de tous les jus consommés par les enfants de moins de six ans.) Viennent ensuite le jus de poire et le jus de raisin blanc. Le jus le plus sûr, c'est-à-dire le moins susceptible de causer la diarrhée chronique chez le nourrisson ou le jeune enfant, serait le jus d'orange, selon le *Journal of Pediatrics:* il contient peu de fructose et est exempt de sorbitol.

Il est rassurant de savoir qu'aussitôt les jus en question supprimés du menu ou servis en moins grande quantité, l'enfant est rapidement sur pied; en quelques semaines habituellement, les selles redeviennent normales. L'incidence de la diarrhée chronique infantile diminue au fur et à mesure que les sujets prennent de l'âge: la maladie est beaucoup moins virulente chez les enfants âgés de plus de quatre ans.

La *turista*

La *turista* ou «diarrhée du voyageur» frappe de 30 à 50 % des personnes voyageant dans les pays d'Amérique latine, d'Afrique, du Moyen-Orient et d'Asie. Se manifestant d'abord par des crampes abdominales, accompagnées de nausées et de malaises, la maladie survient rapidement, au cours de la première semaine suivant l'arrivée, en général. Bactérie de loin la plus fréquemment mise en cause dans les cas de *turista* (50 % des cas), l'*E. coli* est transmise par l'eau ou un aliment contaminés par des matières fécales: légumes verts à feuilles, fruits et légumes crus non pelés, viande crue ou entreposée dans des conditions inappropriées, poissons et fruits de mer crus.

Pour prévenir la diarrhée du voyageur, ne buvez que des boissons en bouteille capsulée ou préparées avec de l'eau bouillie, comme le thé et le café, et ne mangez que des aliments cuits et des fruits qui auront au préalable été épluchés. Évitez les produits laitiers non pasteurisés, l'eau du robinet, les glaçons, la nourriture achetée auprès des vendeurs itinérants et les salades de légumes crus. Le yogourt ne devrait pas faire problème. Si vous buvez l'eau locale, n'omettez jamais de la purifier, en la faisant bouillir pendant cinq minutes ou en y ajoutant une préparation à l'iode ou au chlore.

Parmi les eaux en bouteille, optez pour l'eau *gazéifiée* quand vous voyagez dans les pays étrangers. La gazéification de l'eau crée un milieu acide où ne peuvent survivre longtemps la plupart des micro-organismes. L'eau gazéifiée peut vous sauver d'une diarrhée infectieuse, comme ce fut le cas pour un certain nombre de personnes lors de l'épidémie de choléra ayant sévi au Portugal au milieu des années soixante-dix, rappelle le Dr David Sacks, professeur à la faculté de médecine de l'Université Johns Hopkins. Après avoir établi que le foyer initial de l'infection était une usine d'embouteillage, qui mettait en bouteille à la fois de l'eau gazéifiée et de l'eau ordinaire, et avoir procédé à une longue investigation, on s'aperçut en effet que le choléra n'avait frappé que ceux qui avaient bu de l'eau ordinaire. L'eau gazéifiée aurait, semble-t-il, protégé les autres personnes de la maladie.

Si vous êtes affecté par la *turista*, agissez de la même manière que pour tout autre type de diarrhée: continuez de manger. Et buvez beaucoup en privilégiant les boissons gazéifiées sans caféine et sans sucre, et consommez des aliments féculents, tel un potage aux pommes de terre, au riz ou aux lentilles. La soupe au poulet et aux nouilles, si elle n'est pas trop salée, est un bon aliment antidiarrhéique également, dit le Dr Sacks, de même les craquelins salés, les bananes, le riz et les toasts. Évitez le lait, la caféine, les aliments gras et toute forme de matière inassimilable.

Les dangers du jeûne

Quand la diarrhée survient, ne vous mettez surtout pas à jeûner: cette recommandation de première importance s'applique aux personnes de tous âges. On doit en effet laisser la nature pourvoir elle-même à la guérison. Le mythe voulant qu'il soit indiqué, en cas de diarrhée, de cesser de s'alimenter, pour «laisser les intestins se reposer» persiste néanmoins dans l'esprit des gens.

Vous avez de bien meilleures chances de vous rétablir si vous continuez de vous nourrir, que vous en ayez envie ou pas, comme le rappelle le

Dr William B. Greenough, professeur de médecine à l'Université Johns Hopkins et président de l'International Child Health Foundation. «Ne cessez pas de manger, dit-il; modifiez tout simplement votre régime, en privilégiant les aliments tels que le potage au riz ou aux carottes, le tapioca, bref les aliments qui prennent du volume dans les voies digestives, auxquels on n'ajoutera toutefois qu'une très faible quantité de sucre.» Avalez de petites portions fréquemment, et lentement, car ingérer les aliments à grosses bouchées ou à grosses gorgées peut provoquer des nausées.

La diète «bananes, riz, compote de pommes, pain grillé», habituellement recommandée pour traiter la diarrhée infantile, convient parfaitement dans ce cas. Encouragez aussi les enfants qui ont la diarrhée à se nourrir assez souvent, et autant qu'ils le désirent, soit cinq à sept fois par jour ou chaque trois ou quatre heures, comme le recommande le Dr Greenough. L'American Academy of Pediatrics prévient les parents des dangers d'un jeûne dépassant vingt-quatre heures chez les jeunes enfants souffrant de diarrhée aiguë.

Beaucoup de liquides, mais pas n'importe lesquels!

Les recommandations sur le traitement diététique de la diarrhée ont récemment été reformulées par des spécialistes de la question. Plus question de recommander les «liquides clairs», ni les liquides sucrés. Les *liquides féculents* sont maintenant à l'honneur.

D'abord, contrairement à ce qu'on croit habituellement, se confiner à des bouillons sans substance, au thé et autres boissons «claires», alors que le côlon tente de se réhabituer graduellement à une diète solide, est en général inutile; cela ne fait que réduire la quantité de nutriments indispensables à l'organisme, particulièrement chez le nourrisson et le jeune enfant, et prolonger la durée de la maladie.

Une autre raison qui a amené les chercheurs à mettre en doute l'efficacité des liquides clairs dans le traitement de la diarrhée est qu'ils contiennent trop de sodium (les bouillons de bœuf et de poulet, par exemple) ou pas assez (boissons gazeuses, thé); qu'ils sont trop pauvres en potassium (Gatorade, Jell-O); ou que leur teneur en sucre est trop élevée (jus et boissons gazeuses). «Ces boissons courantes sont inappropriées pour guérir la diarrhée, tout spécialement chez le nourrisson», a conclu le Dr Helen B. Casteel, professeur de pédiatrie à l'Université de l'Arkansas, après avoir comparé des liquides clairs d'utilisation courante avec des solutions réhydratantes très méticuleusement mises au point par des entreprises pharmaceutiques. Le Dr Greenough abonde dans le même sens: «Ne donnez jamais de boissons gazeuses, de jus de fruits sucrés ni de boissons pour sportifs à un bébé qui a la diarrhée, dit-il. La substance la plus nocive dans plusieurs remèdes maison est le sucre. Le sucre absorbe l'eau et les sels du corps, ce qui provoque des vomissements.» Des solutions trop sucrées ont même déjà entraîné la mort de nourrissons souffrant de diarrhée. C'est pourquoi les sodas et les jus très sucrés ne sont pas de bons choix pour remplacer les liquides perdus lors de la diarrhée, surtout s'il s'agit d'un tout jeune enfant. Les préparations pharmaceutiques sucrées ne réduisent d'ailleurs pas aussi rapidement la durée de la maladie que les préparations à base de céréales.

Un cas de diarrhée associé aux sodas diététiques

Si quelqu'un vous suggère de faire avaler des liquides clairs à votre enfant pour le guérir de la diarrhée, la dernière chose à faire est de lui donner du soda «diète» ou une boisson gazeuse ordinaire, déclare le Dr Paul Lewis, pédiatre de l'Université de Washington. «Les boissons diététiques sont les pires de toutes» en pareil cas, dit-il. Après avoir suivi assez récemment un jeune garçon de cinq ans hospitalisé pour cause de diarrhée, le Dr Lewis s'est rendu compte à la lecture des analyses sanguines de l'enfant que celui-ci était en train de crever littéralement de faim. Perplexe, le Dr Lewis, soupçonnant que le soda diète pouvait être en cause, demanda aux parents si, par hasard, croyant que c'était un bon «liquide clair», ils n'en auraient pas servi à l'enfant, ce qui était bel et bien le cas.

Les boissons diététiques sont particulièrement dangereuses, souligne-t-il, parce qu'elles n'ont aucune valeur nutritive ni énergétique. Au moment où il a le plus besoin de nourriture pour combattre la diarrhée, l'enfant se voit privé de tout aliment substantiel. Il vaut mieux ne pas boire non plus d'eau du robinet. Bien que ce ne soit pas la boisson idéale, le Gatorade est plus recommandable dans le cas d'un enfant plus âgé que l'eau du robinet ou un soda de quelque sorte, souligne-t-il.

Vieux remèdes éprouvés

Il n'y a pas de meilleur remède contre la diarrhée que les liquides féculents. Un potage ou une boisson assez épaisse préparée à partir de n'importe quel aliment féculent, comme le riz, le maïs, le blé ou les pommes de terre, exerce un effet bénéfique. Certaines populations en connaissent depuis longtemps les vertus. Le potage aux lentilles ou aux carottes, le porridge au riz, le tapioca, le jus de noix de coco et la soupe au poulet et aux nouilles sont les antidiarrhéiques les plus prisés à travers le monde. Contrairement aux liquides sucrés, les liquides féculents tendent à diminuer les vomissements, à réduire la perte de liquides et à abréger la période de rétablissement.

Des études ont confirmé les intuitions de la sagesse populaire à cet égard. Des scientifiques comparaient récemment auprès d'enfants de diverses nationalités le pouvoir thérapeutique de ces aliments traditionnels à un aliment lacté sans lactose pour bébés: un groupe d'enfants péruviens souffrant de diarrhée fut traité avec un mélange composé de farine de blé (ou de pomme de terre blanche), de farine de pois, de carottes et d'huile; des enfants nigériens furent nourris, de leur côté, à une préparation faite d'un mélange de bouillie de maïs fermenté, de farine de dolique grillée, de sucre et d'huile de palme; les enfants du groupe témoin reçurent une préparation pharmaceutique sans lactose.

Après les deux premiers jours des essais, on observa chez les enfants nourris aux aliments féculents une diminution de la diarrhée; leurs selles retrouvèrent même leur consistance normale plus tôt que celle des enfants nourris à la solution sans lactose. La durée de la maladie fut beaucoup plus courte également chez les enfants nourris à ces aliments que chez ceux qui n'avaient consommé que le lait diététique. Ainsi, la durée de la diarrhée chez les enfants péruviens, alimentés aux produits de base locaux, fut inférieure de 70 % (l'affection intestinale était maîtrisée en un jour et demi) à celle des enfants nourris au lait de soya (diarrhée maîtrisée en cinq jours). Pourquoi? Les spécialistes ne peuvent expliquer pour l'instant ce phénomène qu'ils retrouvent dans nombre d'études.

Certaines substances non assimilées, tels les fibres et l'amidon, redonneraient aux selles leur consistance normale et hâteraient la guérison, suggèrent-ils.

La bouillie au riz du Dr Greenough

Voici un remède maison qui devrait permettre de maîtriser rapidement la diarrhée. Pour obtenir de meilleurs résultats, prenez-le aussitôt qu'apparaissent les premiers symptômes de la maladie. En cas de diarrhée sévère, cette bouillie peut réduire les troubles de 50 %, en trois heures environ, dit le Dr Greenough; dans les cas ordinaires, la diarrhée devrait cesser en deux jours au lieu de trois, ou en un jour au lieu de deux. Des tests ont confirmé qu'elle est tout aussi efficace pour maîtriser la diarrhée que les solutions pharmaceutiques de réhydratation par voie orale, précise-t-il.

Ingrédients
1/2 à 1 tasse de céréale de riz précuite pour bébé
2 tasses d'eau
1/4 de cuillerée à thé de sel de table

N.B. Il n'y a pas de danger à utiliser une plus grande quantité de céréales; préparez une bouillie aussi épaisse que possible mais qui demeure facilement buvable. (On peut également saupoudrer sur la préparation de l'avoine ou de la crème de blé, que l'on aura pris soin au préalable de cuire et de passer au tamis.) Toutefois, n'utilisez *pas plus de 1/4 de cuillerée à thé de sel*, une quantité supérieure à celle-là pouvant être nocive. Et n'ajoutez pas de sucre!

Préparation
Mélanger tous les ingrédients jusqu'à ce que la préparation soit bien homogène.

La bouillie ne doit pas être avalée en une seule fois: le nourrisson ou le jeune enfant ne devrait avaler qu'une cuillerée à thé du mélange chaque minute, ou à peu près. On peut lui en donner autant qu'il peut en absorber. Si le bébé recrache les premières cuillerées, essayer de lui en donner de plus petites portions, en répétant l'opération aussi souvent que possible. Les adultes peuvent en absorber davantage; ils prendront soin, là encore, d'ingérer la bouillie par intervalles. La soif du malade lui dicte habituellement la quantité à avaler, à moins qu'il ait des nausées ou qu'il vomisse.

Le yogourt: un aliment protecteur

Le yogourt est sans doute l'aliment le plus recommandable pour *prévenir* la diarrhée. Comme l'affirment Denis Savaiano et Michael Levitt, de l'Université du Minnesota, qui ont expérimenté le remède aux États-Unis, le yogourt laissant peu de chances aux agents diarrhéiques de se développer dans les voies intestinales, c'est un aliment absolument inoffensif. Après avoir mis en contact des cultures de yogourt avec diverses souches d'*E. coli*, bactérie à l'origine de moult cas de *turista*, les chercheurs américains ont constaté en effet que les micro-organismes pathogènes n'avaient pas survécu ou n'avaient pu croître dans les éprouvettes, alors qu'on les avait vus se reproduire à un rythme inouï dans le lait et le bouillon. On notera toutefois que, pour arriver à détruire l'*E. coli*, les expérimentateurs ont dû chauffer le yogourt; s'il garde la propriété d'empêcher, à froid comme à chaud, la bactérie de se multiplier, le yogourt ne peut cependant en venir à bout totalement que s'il est chauffé.

Comme l'ont noté les auteurs de l'étude, l'utilisation du yogourt à la place du lait dans plusieurs pays en voie de développement s'appuie, à n'en pas douter, sur une longue expérience attestant que le yogourt ne cause pas la diarrhée, contrairement au lait. Se basant sur des études menées à l'Université de la Californie à Davis, Georges Halpern soutient que la consommation régulière de yogourt (la portion quotidienne utilisée lors des tests était de 150 g) permettrait de prévenir chez les Américains les diarrhées virulentes ou de les maîtriser plus rapidement. Les cultures bactériennes qui ont fait la renommée de cet aliment produisent de l'acide lactique dans les voies intestinales, inhibant ainsi la croissance et la survie des bactéries.

L'efficacité du produit en tant qu'antidiarrhéique dépendrait toutefois du type de culture employée. Ainsi, comme l'ont mis en lumière Sherwood L. Gorbach et Barry R. Goldin, de l'Université Tufts de Boston, le yogourt préparé à partir du *Lactobacillus GG (L.GG)* semble plus efficace que les autres types de yogourts. Le produit, testé et mis en marché en Finlande, aurait en effet contribué à réduire de 30 % la durée de la maladie chez des nourrissons. De même, le *L.GG* aurait eu un effet protecteur de l'ordre de 40 % contre la «diarrhée du voyageur» sur des touristes visitant la Turquie. On a remarqué également que les patients sous traitement antibiotique (à l'érythromycine) qui ingéraient chaque jour une demi-tasse de yogourt étaient beaucoup moins vulnérables à la diarrhée, aux malaises gastriques, aux gaz et autres malaises abdominaux accompagnant souvent l'absorption de ce type de médicament.

Selon Gorbach, le *L.GG* survivrait pendant plusieurs jours dans le tractus intestinal de l'humain et produirait une substance bactéricide agissant à la manière des antibiotiques. Le yogourt préparé à partir de cette souche particulière devrait, au dire de Gorbach, être bientôt mis en marché dans le monde entier.

Si le yogourt peut aider à prévenir et peut-être même à traiter la diarrhée, tout particulièrement la *turista*, chez les enfants plus âgés et les adultes, les spécialistes recommandent néanmoins de *ne pas donner de yogourt aux bébés de moins de un an*. Tout en reconnaissant que l'aliment fait partie traditionnellement de l'alimentation des tout-petits dans certains pays d'Europe centrale et du bassin méditerranéen, ils croient que les protéines du yogourt peuvent, tout autant que celles du lait, déclencher diverses réactions (diarrhée, somnolence, coliques) et même, ultérieurement, des allergies se manifestant par des éruptions cutanées ou des problèmes respiratoires.

La diarrhée infantile
Quelques conseils

- **Bébés nourris au lait maternel:** ne pas interrompre l'allaitement maternel, et ce, même si le nourrisson a une diarrhée violente.
- **Bébés nourris au lait de vache ou à un lait diététique:** être attentif aux signes d'intolérance au lactose, qui pourrait être à l'origine de la diarrhée. En cas d'allergie ou d'intolérance, examiner avec un pédiatre les produits de substitution; un lait diététique dans lequel la substance allergisante a été neutralisée (le Nutramigen, par exemple) serait peut-être mieux supporté par l'enfant.
- **Pour éviter la déshydratation chez le nourrisson et l'enfant de moins de cinq ans qui souffrent de diarrhée aiguë:** faire avaler une solution de réhydratation, tel que Pedialyte, en vente dans les pharmacies. La «bouillie au riz» du Dr Greenough, dont la recette a été donnée précédemment, donne également habituellement de très bons résultats.
- **Jeunes enfants:** pour maîtriser au plus tôt la diarrhée, leur faire manger des aliments féculents très doux (soupe au riz, céréales cuites diluées, etc.)

Un médicament suédois: le potage aux myrtilles

Les myrtilles (ou bleuets) *séchées* entrent depuis lontemps en Suède dans la composition d'un potage auquel on attribue des vertus antidiarrhéiques. La dose thérapeutique habituelle administrée aux enfants est de 10 g environ. Les anthocyanosides, présents en très forte quantité dans la myrtille, détruiraient les bactéries, dont l'*E. coli*, souvent à l'origine de la diarrhée. Le cassis, variété de groseille, est aussi très riche en composés bactéricides; un extrait préparé à partir de peaux de cassis séchées est vendu en Suède, sous le nom de Pecarin, comme médicament antidiarrhéique. Il s'est montré efficace dans des tests effectués sur des humains pour combattre les infections gastro-intestinales.

Le fenugrec

Un autre antidiarrhéique — *pour adultes* — très populaire, et ayant été testé scientifiquement, est le fenugrec: une demi-cuillerée à thé de graines de fenugrec mêlées à de l'eau, trois fois par jour, produirait un soulagement rapide et marqué, habituellement après une seconde dose, selon le Dr Krishna C. Srivastava, de l'Université d'Odense, au Danemark. Utilisée dans la cuisine indienne et celle du Moyen-Orient, cette épice est un bon remède contre la diarrhée et les spasmes gastro-intestinaux, note-t-il.

Le poivre peut-il favoriser la diarrhée?

La tradition populaire, aussi bien que la science médicale, veut que le poivre soit contre-indiqué chez les personnes aux prises avec des problèmes intestinaux, dont la diarrhée. Le poivre rouge et le poivre noir aggraveraient, croit-on, la diarrhée en accélérant le péristaltisme intestinal (contractions rythmiques qui propulsent vers l'avant le contenu de l'intestin). Selon de récentes recherches de gastro-entérologues new-yorkais du Our Lady of Mercy Medical Center, ces croyances ne seraient pas fondées; le poivre aurait plutôt tendance, selon eux, à ralentir le mécanisme de la défécation.

Des tests effectués sur un groupe d'individus en parfaite santé, à qui on a demandé d'ingurgiter une cuillerée à thé de poivre de cayenne ou trois quarts de cuillerée à thé de poivre noir en capsules, ont mené les spécialistes à la conclusion que le poivre ne stimule pas le péristaltisme et l'exonération des matières fécales: aucun des 16 sujets n'a en effet répondu au produit. Le poivre aurait même retardé chez la plupart d'entre eux le passage du bol fécal à travers l'intestin. Il ne faudrait toutefois pas en déduire qu'il faille absorber du poivre pour soulager la diarrhée...

Attention aux surdoses de fibres!

Les fibres sont un remède extraordinaire pour soulager nombre de malaises, mais une surconsommation de cette substance alimentaire peut conduire à une assez grave diarrhée, ainsi qu'en fait état le *New England Journal of Medicine*. Un médecin âgé de 64 ans, qui avait l'habitude d'aller à la selle une fois par jour, se vit affecté soudain par des épisodes de diarrhée explosive, pour le moins embarrassants, survenant de façon erratique deux ou trois fois par jour. Le nombre de selles normales baissa à une par semaine. Le début des diarrhées remontait en fait au moment où il avait commencé à manger régulièrement, à l'occasion des réunions du personnel de l'hôpital, des muffins au son à haute teneur en fibres; peu après qu'il eut cessé d'en manger, tout revint à la normale.

Mesures diététiques pour soulager
ou réprimer la diarrhée

Une diarrhée chronique peut être due, tant chez l'adulte que chez l'enfant et le nourrisson, à un aliment mal toléré par l'organisme.

Pour trouver la cause d'une diarrhée chronique, procéder aux tests suivants:

1. Cesser pendant une certaine période de boire du lait et de consommer des laitages afin de pouvoir déterminer s'ils sont ou non les facteurs en cause.
2. Éviter les aliments contenant du sorbitol, édulcorant qui pourrait être mal toléré par l'intestin.
3. Si les deux essais précédents ne s'avèrent pas concluants, supprimer le café (avec ou sans caféine): ce pourrait être l'agent antagoniste.
4. Soupçonner également les aliments qui favorisent les gaz intestinaux: haricots secs, choux, oignons, par exemple.
5. Chez les tout-petits, réduire pendant plusieurs jours les jus de fruits, en particulier le jus de pomme: on pourra mieux déterminer s'ils sont à l'origine des troubles intestinaux de l'enfant.

Pour traiter la diarrhée:

1. Boire beaucoup de liquides peu sucrés et peu salés, afin d'éviter la déshydratation: on doit boire autant de liquides qu'il en faut pour remplacer ceux qui auront été éliminés par la diarrhée.
   a) Essayer la «bouillie de riz» du Dr Greenough ou un liquide de réhydratation pharmaceutique.

b) Éviter:
- les jus de fruits et boissons gazeuses, habituellement très sucrées (ne jamais donner de soda diététique à un jeune enfant);
- le lait, si le lactose est mal toléré par la personne malade;
- le café et autres boissons contenant de la caféine.

c) Ingurgiter, à petites gorgées, de faibles quantités de liquides à la fois, même si l'on a des nausées ou des vomissements, plutôt que d'avaler en une seule fois un volume important, ce qui risque de provoquer ou d'augmenter les vomissements.

2. Éviter les diètes uniquement à base de «liquides clairs» ou le jeûne visant à «mettre l'intestin au repos». Les soupes très diluées, souvent recommandées pour soulager la diarrhée, ne sont pas assez nutritives et renferment en outre beaucoup trop de sel. Il faut continuer de manger comme d'habitude, en se centrant toutefois sur les aliments féculents, tels que carottes, pommes de terre cuites, tapioca et riz. Les bananes peuvent aussi figurer au menu.

3. S'abstenir de consommer les catégories d'aliments suivants:
- produits laitiers, si l'on tolère mal le lactose;
- aliments favorisant les gaz intestinaux, comme les haricots secs, les choux, les oignons: ils peuvent causer au niveau abdominal de l'inconfort, des crampes et du ballonnement;
- aliments à haute teneur en fibres, tels que fruits et légumes entiers, pelures, céréales à grain entier, qui sont plus difficiles à digérer.

Chapitre 10

L'INTOLÉRANCE AU LACTOSE CHEZ L'ADULTE

Laitages susceptibles de provoquer des réactions gastro-intestinales indésirables: Lait • Lait de beurre • Lait à acidophile • Fromage • Beurre • Yogourt congelé • Lactosérum ou petit-lait • Tous les produits laitiers ajoutés aux aliments transformés

Laitages inoffensifs pour le système gastro-intestinal: Yogourt • Lait au chocolat

On estime à 70 % environ la proportion des individus à travers le monde qui tolèrent mal le lait ou ses produits dérivés, le yogourt faisant ici exception. Les personnes de descendance africaine, asiatique ou méditerranéenne seraient particulièrement vulnérables à cette intolérance. Un manque de *lactase*, enzyme nécessaire à l'assimilation du sucre du lait (*lactose*) et à sa transformation en glucose, serait à l'origine de l'affection. Le lactose non digéré reste en effet dans le côlon, où il fermente; d'où les douleurs abdominales, le ballonnement, les gaz et la diarrhée, troubles gastro-intestinaux défiant souvent tout diagnostic ou donnant lieu à des diagnostics erronés.

«Je connais des centaines de personnes qui, croyant souffrir d'ulcères ou de colite spasmodique, ont dépensé des milliers de dollars à se soumettre à des examens médicaux, pour finalement s'entendre dire que leurs problèmes étaient essentiellement d'ordre psychique, confie le Dr David Jacobs, interniste de Washington, D.C., spécialisé en nutrition, en allergologie et en immunologie. Je suggère habituellement à ces patients de s'abstenir, durant deux semaines, de consommer des produits laitiers. Les résultats sont en général si spectaculaires que leur vie en est complètement transformée.» Avant de vous laisser convaincre que vous êtes atteint d'une grave maladie de l'intestin, assurez-vous donc que le lait n'est pas en cause dans vos malaises.

Les effets nocifs des laitages dépendent évidemment de la gravité de la carence en lactase. Entre 60 et 80 % de ceux qui ne tolèrent pas le lactose peuvent en effet avaler un verre de lait sans problème; 50 % peuvent même boire jusqu'à deux verres sans en être vraiment affecté, note Dennis Savaiano, éminent chercheur de l'Université du Minnesota. Selon une étude, les individus normaux absorberaient 92 % du lactose, alors que ceux qui ne le tolèrent pas n'en absorberaient que 25 à 58 %.

Comment détecter une intolérance au lactose

Si vous croyez être de ceux qui tolèrent mal le lactose, cessez de boire du lait (toute espèce de lait) et supprimez les laitages de vos menus durant deux semaines au moins. Établissez attentivement la liste des aliments transformés qui pourraient contenir des produits lactés, pour les exclure ensuite de votre régime durant la période d'essai. Ainsi, le lactosérum ou petit-lait, souvent ajouté aux préparations alimentaires industrielles, de même que le lait en poudre, renferme plus de lactose que tout autre aliment.

Si au cours ou à la fin de cette période votre état s'est amélioré et les symptômes gastro-intestinaux ont diminué, essayez de réintroduire l'aliment dans votre régime, afin de pouvoir déterminer quelle quantité et quel type de laitage produisent sur votre organisme des effets indésirables. Buvez un peu de lait ou mangez un peu de fromage, et attendez deux ou trois jours que les réactions se manifestent pour tirer des conclusions; les symptômes d'intolérance au lactose prennent souvent du temps à apparaître, selon les spécialistes.

Il existe d'autres moyens de diagnostiquer une intolérance au lactose, dont des prélèvements sanguins ou un simple test respiratoire. Parlez-en avec votre médecin.

L'action bienfaisante du yogourt

Le yogourt, qui est en quelque sorte «prédigéré», serait par contre inoffensif. La bactérie contenue dans le yogourt peut en effet se substituer à la lactase dans le processus d'assimilation du sucre du lait. Comme quoi la nature a pourvu à tout!

Selon des tests de Savaiano, deux cultures bactériennes, le *Streptococcus thermophilus* et le *Lactobacillus bulgaricus* — responsables de la conversion du lait en yogourt —, absorbent une partie du lactose durant cette fermentation et elles digèrent une fraction importante du lactose non transformé qui se retrouve dans l'intestin. Assurez-vous donc, au moment d'acheter du yogourt, qu'il renferme des cultures «actives», ce qui est le cas de la plupart des yogourts commerciaux, car, une fois inactivées, les bactéries n'agissent plus. De même, le yogourt nature digérerait plus énergiquement le lactose que le yogourt aromatisé. Bien que fermentés, le lait de beurre et le lait à acidophile (*acidophilus*) seraient souvent aussi mal tolérés que le lait ordinaire.

Le yogourt congelé n'a cependant pas toujours les vertus qu'on lui prête, la seconde pasteurisation qui précède parfois la congélation du produit détruisant les bactéries. Après avoir soumis à des analyses toutes les marques de yogourt congelé disponibles à Minneapolis et à St.Paul, Savaiano s'est rendu compte qu'«aucune activité enzymatique vraiment significative» n'y était perceptible; ils ne sont alors d'aucun secours pour remédier à un problème d'intolérance au lactose. La quantité de cultures actives contenue dans ces yogourts congelés n'aurait pas suffi à dégrader le lactose.

Le lait au chocolat

Chose étonnante, le lait au chocolat ne cause en général aucun malaise chez la plupart des individus sensibles au lactose, dit Chong M. Lee, professeur de diététique et de nutrition à l'Université du Rhode Island. En ajoutant une cuillerée à thé et demie de cacao à une tasse de lait, on aurait réussi à maîtriser, chez un peu plus de la moitié des 35 sujets ayant participé à l'expérience, tant les crampes et le ballonnement que les autres symptômes de cette «allergie». Le cacao stimulerait, semble-t-il, l'activité enzymatique: le produit aurait accru, en éprouvette, l'action de la lactase de 500 à 600 %, souligne Lee.

Si vous tolérez mal le lactose, voici comment procéder pour évaluer l'effet qu'exerce sur vous le lait au chocolat. Après avoir avalé une tasse de lait au chocolat (préparé en ajoutant à une tasse de lait une cuillerée à thé et demie de cacao pur, ou trois cuillerées à table de préparation commerciale de chocolat sucré, et un peu de sucre, au goût), attendez deux ou trois jours, le temps que se manifestent les signes d'intolérance. Si le test se révèle positif, diminuez-en ultérieurement la quantité, autant de fois que nécessaire, jusqu'à ce que vous ayez clairement établi votre seuil de tolérance. Certaines personnes supportent mal un verre entier de lait chocolaté, mais tolèrent bien, par contre, la moitié de cette quantité. Tenez-vous-en à la quantité de cacao mentionnée précédemment. Lors d'expérimentations animales, Lee s'est rendu compte, avec grand étonnement, que de faibles quantités de chocolat stimulaient davantage l'action de la lactase que des quantités élevées.

Mesures diététiques pour atténuer les effets de l'intolérance au lactose

- Avaler de plus petites quantités de lait à la fois;
- Boire du lait durant les repas;
- Consommer du lait entier plutôt que du lait écrémé;
- Faire l'essai du lait au chocolat;
- Éviter le lait de beurre et le lait à acidophile, de même que le yogourt *congelé*.

(On peut également, bien sûr, ajouter au lait du Lactaid ou tout autre comprimé du même type, pour suppléer l'enzyme manquante ou encore tout lait diététique ayant subi un traitement spécial visant à abaisser leur teneur en lactose.)

Chapitre 11

REMÈDES ÉPROUVÉS CONTRE
LES GAZ INTESTINAUX

Aliments flatulents: Lait • Haricots secs
Aliments antiflatulents: Gingembre • Ail • Menthe poivrée

L'accumulation excessive de gaz dans le tractus intestinal — ou *flatulence*, du latin *flatus*, qui veut dire «vent» — est une affection si commune qu'elle a donné lieu depuis les temps les plus anciens à la mise au point d'une pléthore de remèdes naturels facilitant leur expulsion: on les regroupe habituellement sous le nom de *carminatifs*. Les aliments carminatifs provoquent également des éructations (rots), en général.

S'il est normal d'avoir des gaz — toutes les personnes en santé émettent des gaz 14 fois par jour en moyenne —, leur accumulation dans les voies digestives devient souvent inconfortable, douloureuse même, et socialement embarrassante. Il est rare cependant qu'elle signale une maladie grave, dit Michael Levitt, de l'Université du Minnesota, chercheur connu internationalement pour ses travaux sur la flatulence.

Si les gaz intestinaux vous causent des ennuis, la meilleure façon de les maîtriser est de vous alimenter adéquatement.

Processus et facteurs alimentaires de la flatulence

La majeure partie des glucides — sucres, amidons et fibres — que l'on ingère quotidiennement ne sont jamais complètement assimilés ou digérés par l'estomac ou l'intestin grêle. Les colonies de bactéries affamées, mais inoffensives, qui séjournent dans le gros intestin dévorent alors avec avidité ces résidus. Ce processus de fermentation provoque l'expulsion de divers types de gaz, pour la plupart inodores; quelques-uns d'entre eux toutefois ont une odeur si marquée que même de très faibles concentrations peuvent être détectées par les voies nasales. La quantité de gaz produite varie grandement d'un individu à l'autre.

Combien de temps s'écoule-t-il entre le moment où est ingéré un aliment et celui où il commence à produire des gaz? Chez un individu en santé qui consomme des haricots secs, par exemple, il ne devrait pas se former de gaz supplémentaires au cours des trois premières heures de la digestion. La production de gaz commence peu après cette première phase de la digestion, pour augmenter progressivement et atteindre son maximum au bout de cinq heures. Elle diminue ensuite peu à peu, pour revenir à la normale en moins de sept heures.

Parmi les substances hautement flatulentes, on trouve les oligosaccharides, le lactose, les fibres solubles et l'amidon.

- Les *oligosaccharides*, notamment le raffinose, sont présents en très fortes concentrations dans les haricots secs (ceux-ci multiplieraient par 12 la quantité de gaz produits) et dans divers autres légumes. Ces glucides abondent dans le gros intestin, l'organisme humain ne disposant pas d'une réserve suffisante de galactosidase, enzyme qui rend possible leur assimilation.

- Le *lactose*, sucre du lait, est une autre substance hautement flatulente. À cause d'une carence en lactase, enzyme nécessaire à la digestion du lactose, bien des personnes ne tolèrent pas ce sucre, comme on a pu le voir au chapitre précédent. Une étude a montré que deux tasses de lait suffisaient à multiplier l'expulsion de gaz par huit chez ces individus.

- Les *fibres solubles*, comme celles que renferment le son d'avoine (bêta-glycannes) et les pommes (pectine), passent aussi fréquemment dans le gros intestin, s'offrant ainsi en pâture aux bactéries. L'ingestion d'un litre environ de jus de pomme multiplie par quatre le nombre de gaz normalement expulsés.

- De petites quantités d'*amidon* peuvent également échapper à l'action digestive de l'estomac et de l'intestin grêle pour se retrouver intactes dans le gros intestin, où des micro-organismes viendront les dévorer. Tout aliment qui contient de l'amidon — blé, avoine, pomme de terre, maïs, pain et pâtes à base de farine blanche — est donc susceptible de favoriser l'émission de gaz, dit John Bond, autre chercheur de l'Université du Minnesota spécialisé dans l'étude de la flatulence. Parmi les glucides, le riz est le moins susceptible de causer des flatuosités, souligne le spécialiste.

L'intolérance aux produits laitiers

Il arrive fréquemment que le lait et les produits laitiers soient à l'origine des problèmes de flatulence. En effet, parmi les facteurs alimentaires capables de déclencher ces désordres digestifs, ceux qui occupent le premier rang aux États-Unis ne sont pas les haricots secs, comme on le croit souvent, mais les laitages, en raison de l'intolérance, plus ou moins accentuée selon le cas — et très souvent insoupçonnée — au lactose. Le yogourt ferait exception à la règle: le lait fermenté ne produit pas de gaz, comme l'ont montré les tests de Levitt.

Autres aliments en cause

Avec beaucoup de patience, de la persévérance et une bonne dose de motivation, vous devriez arriver à établir vous-même la liste des aliments qui favorisent l'accumulation de gaz dans votre intestin.

Pour trouver remède à ses flatuosités, un jeune homme consulta pas moins de sept médecins qui, l'un après l'autre, après exploration du côlon par endoscopie, en conclurent qu'il ne présentait rien d'anormal. Sans doute ses troubles étaient-ils attribuables, lui dit-on, à l'aérophagie (il absorbait trop d'air en mangeant); pour soulager ses douleurs, on lui conseilla de manger lentement, la bouche fermée, et de ralentir un peu son rythme de vie. Il essaya également de soulager ses malaises à l'aide de divers types de médicaments, qui se révélèrent aussi inefficaces l'un que l'autre. «Votre problème est d'origine psychique. Tout est dans votre tête», lui dit un autre médecin que le jeune homme avait consulté en désespoir de cause. Cet ultime diagnostic, à relents de défaitisme, le mit hors de ses gonds.

Il décida donc de prendre note de toutes les occasions où des gaz le gênaient et de chacun des aliments qu'il avait ingérés avant de ressentir des malaises intestinaux. Son relevé faisait état de 34 expulsions de gaz, en moyenne, par jour, soit deux fois et demie plus que le taux normal chez un sujet masculin de cet âge. Soupçonnant qu'une intolérance au lait pouvait être à l'origine du problème, Levitt, que le jeune avait rencontré entre-temps, l'invita à se soumettre à un petit test: durant deux jours, il n'avalerait rien d'autre que du lait (deux litres par jour). À la suite de l'essai, le nombre de gaz expulsés quotidiennement se mit à augmenter de façon inquiétante (soit 141, dont 70 en l'espace de quatre heures). Se prêtant ensuite à un autre test consistant à boire 500 ml de lait au cours d'un repas, il vit réapparaître les mêmes symptômes. Levitt put alors diagnostiquer en toute certitude une intolérance au lactose. Une fois le lait éliminé du régime du patient, celui-ci vit diminuer de beaucoup ses problèmes de flatulence.

Mais il lui en fallait davantage pour être pleinement satisfait. Le jeune homme poursuivit donc lui-même son investigation, pour découvrir enfin que plusieurs autres aliments étaient en cause: les oignons, les haricots secs, le céleri, les choux de Bruxelles, les raisins secs et le bacon.

Aliments flatulents

Bien que leurs effets varient d'un individu à l'autre, les aliments les plus susceptibles de causer une accumulation de gaz, selon *Environmental Nutrition*, sont les suivants:

- **Aliments très flatulents**
  Brocoli, chou, chou de Bruxelles, chou-fleur, haricots de soya, haricots secs et pois, lait et produits laitiers (pour les personnes qui tolèrent mal le lactose), navet, oignon, rutabaga
- **Aliments modérément flatulents**
  Aubergine, banane, carotte, céleri, pain, pomme
- **Aliments peu flatulents**
  Huiles, œufs, poisson, viande, volaille, riz

L'ail et le gingembre: deux antiflatulents très efficaces

Ajoutez un peu d'ail et/ou de gingembre à votre casserole de haricots secs cuits (les traditionnelles «fèves au lard») ou à tout autre aliment flatulent; les propriétés antiflatulentes de ces deux condiments sont depuis longtemps reconnues. Pour en démontrer l'efficacité, des chercheurs de l'Université G.B. Pant, en Inde, ont procédé à l'expérience suivante.

Après s'être rendu compte, lors d'expérimentations sur des animaux, que les petits pois provoquaient souvent des gaz intestinaux, les chercheurs testèrent sur des chiens l'effet de l'addition d'un peu de gingembre ou d'ail à l'aliment (les quantités utilisées étant à peu près les mêmes que celles qu'on utilise habituellement en cuisine). Les deux substances furent très efficaces; elles auraient même réussi à inactiver presque complètement le «facteur de flatulence» des pois (on n'enregistra pas plus d'expulsions de gaz qu'avec les céréales de blé, le moins flatulent des aliments testés.) Les expérimentateurs en conclurent que l'habitude d'ajouter des épices aux légumes et aux légumineuses avait, à n'en pas douter, des fondements «sonores»…

Des haricots «dégazéifiés»

Selon le ministère de l'Agriculture des États-Unis, il est possible d'annuler le facteur de flatulence des haricots secs. Voici comment vous y prendre.

1. Laver les haricots.

2. Les mettre dans une casserole et les recouvrir d'eau. Couvrir la casserole et porter au point d'ébullition. Laisser mijoter durant trois minutes.

3. Retirer du feu et laisser reposer pendant deux heures.

4. Vider l'eau de cuisson et ajouter à nouveau de l'eau tiède (à la température de la pièce) juste assez pour couvrir les haricots. Laisser tremper pendant deux heures.

5. Ajouter encore de l'eau et laisser temper cette fois pendant toute la nuit.

6. Rincer encore une fois avec de l'eau à la température de la pièce.

(Les expérimentateurs ont en fait rincer les légumineuses cinq fois, mais un ou deux rinçages devraient suffire, croient-ils.)

7. Ajouter assez d'eau pour couvrir les haricots et les cuire jusqu'à ce qu'ils soient tendres, soit de 75 à 90 minutes.

N.B. Un produit appelé Beano, disponible dans les supermarchés, s'est aussi montré très efficace à dégazéifier les aliments féculents.

Mesures diététiques pour combattre la flatulence

- Si vous souffrez de flatulence aiguë, soupçonnez une intolérance au lactose, sucre présent dans le lait et les produits laitiers (sauf le yogourt).
- Attention au sorbitol, l'édulcorant à basses calories dont l'action flatulente est très féroce.
- Analysez attentivement les composantes de votre régime alimentaire afin de déterminer quels aliments vous incommodent le plus.
- Dégazéifiez les haricots secs en adoptant un mode de trempage et de cuisson spécialement conçu à cet effet.

- Ajoutez de l'ail et du gingembre aux aliments flatulents.
- Si les troubles associés à la digestion des aliments flatulents vous occasionnent de graves ennuis, diminuez votre consommation d'aliments de cette catégorie.

Chapitre 12

LES COLIQUES DU NOURRISSON: UN CRI DE PROTESTATION

> **Aliment susceptible de causer des coliques:** le lait
> **Aliment susceptible de soulager les coliques:** l'eau sucrée

On estime qu'entre 15 et 40 % des nourrissons de toutes les populations du globe sont affectés par les coliques. Si le régime alimentaire n'est pas toujours à l'origine des coliques, il y a lieu néanmoins de s'interroger sur les effets possibles de certaines substances chez le tout jeune enfant chaque fois qu'il souffre de malaises intestinaux aigus; les parents refusent trop souvent d'admettre qu'un aliment mal assimilé aura pu occasionner à leur petit d'aussi violentes douleurs. Pourtant, la majorité des cas de coliques intestinales (soit 500 000 cas par année aux États-Unis) sont reliés à une forme ou une autre d'intolérance alimentaire. L'aliment le plus souvent incriminé est le lait.

Comment reconnaître les signes de coliques chez le nourrisson

Les pleurs du nourrisson qui souffre de coliques sont bien particuliers; ils sont, en soi, pour le bébé et pour les parents, un véritable tourment. Médicalement, on considère que les coliques sont en cause dans la douleur de l'enfant quand il pleure sans raison apparente et malgré tous les soins et l'attention dont on l'entoure, trois heures par jour, trois jours par semaine, durant trois semaines ou plus.

«En règle générale, le nourrisson qui souffre de coliques hurle sans relâche en repliant les genoux vers l'abdomen, réaction qui traduit une douleur vive au niveau des viscères abdominaux. Il arrive qu'après avoir expulsé quelques gaz intestinaux l'enfant se calme pendant un moment, pour recommencer ensuite à pleurer de plus belle. Ces accès de coliques surviennent habituellement vers la fin de l'après-midi ou dans la soirée et peuvent durer plusieurs heures d'affilée», explique Alexander K.C. Leung, professeur de pédiatrie à l'Université de Calgary, en Alberta.

Ces «épisodes d'irritabilité, d'agitation, de mécontentement et de pleurs inexplicables» apparaissent habituellement dans les deux premières semaines suivant la naissance, s'intensifient quand le nourrisson a entre quatre à six semaines, puis déclinent à l'âge de trois ou quatre mois.

À l'origine de bien des crises de larmes: le lait de vache

En 1927, des chercheurs émettaient pour la première fois l'hypothèse qu'une réaction d'intolérance alimentaire pouvait être à l'origine des coliques du nourrisson. Mais il faut attendre les années soixante-dix pour que soit accordée une certaine crédibilité à l'hypothèse et que soit directement incriminé le lait de vache. Une douzaine d'études scientifiques reconnaissent aujourd'hui que ces épisodes douloureux sont attribuables (dans 70 % des cas, selon trois comptes rendus récents) à une intolérance au lait de vache. Après avoir substitué au lait un produit mieux adapté à l'organisme du nourrisson, on voit souvent disparaître complètement les coliques.

Des médecins suédois ont observé que 43 bébés sur 60 s'étaient rétablis peu après qu'on eut substitué au lait de vache du lait de soya ou une préparation pharmaceutique, tel un hydrolysat de caséine, débarrassée des protéines allergisantes. Les résultats d'une épreuve en double aveugle menée par des chercheurs de l'Université d'Édimbourg, en Écosse, viennent renforcer les conclusions de leurs homologues suédois: 68 % des 19 nourrissons suivis tout au long de l'épreuve ont été presque complètement guéris en moins d'une semaine une fois qu'on a remplacé le lait de vache par un aliment lacté d'une autre source. Certains enfants n'ont toutefois pas toléré non plus le lait de soya lors des essais.

Des chercheurs italiens ont récemment enregistré à leur tour un taux de réussite de 71 % dans le traitement des coliques chez 70 nourrissons âgés de un mois. Comme test de confirmation, les médecins leur ont redonné à deux moments différents du lait de vache: les symptômes de coliques aiguës ont réapparu aussitôt chez *tous les sujets*.

Pourquoi le lait de vache affecte-t-il tant les nourrissons?

À quel ingrédient faut-il attribuer les réactions violentes des nourrissons au lait de vache? Cette question a pendant longtemps déjoué toutes les recherches. Le Dr Anthony Kulcyzcki, immunologiste et professeur à la faculté de médecine de l'Université Washington, à St. Louis, et son collègue, le Dr Patrick S. Clyne, sont enfin parvenus à percer le mystère: une vilaine protéine, anticorps spécifique transmis au lait de l'animal à travers la circulation sanguine, serait à l'origine de ces perturbations.

À l'instar des humains, les vaches développent en effet des anticorps pour combattre les infections bactériennes ou virales. Pour des raisons encore inconnues, certains nourrissons réagiraient très mal à ces anticorps. Les recherches du Dr Kulcyzcki lui ont permis d'identifier l'agent pathogène tant dans le lait maternel que dans le lait de vache. «On retrouve dans le lait de la plupart des femmes qui allaitent un nombre incroyable de ce type d'anticorps», dit-il. Il s'est rendu compte en outre que plus ces anticorps étaient nombreux dans le lait maternel, plus les coliques étaient fréquentes chez le nouveau-né. Les expérimentateurs auraient décelé en effet dans le lait maternel des mamans dont les bébés souffraient de coliques un taux d'anticorps provenant de lait de vache supérieur de 31 % à celui des mamans dont les nourrissons n'étaient pas sujets à ces malaises. Chez les bébés nourris au lait maternel qui présentaient les plus faibles taux d'anticorps, on n'aurait relevé par contre *aucun cas* de coliques.

Le Dr Kulcyzki souligne toutefois que les anticorps en question n'occasionnent pas dans tous les cas des coliques, ce qui l'amène à présumer que les nourrissons touchés par cette affection intestinale seraient hypersensibles à l'agent en cause ou que leur système digestif serait inapte à se défendre contre les anticorps étrangers. Il n'en demeure pas moins convaincu que ces derniers sont la cause majeure des coliques; ils pourraient même en être l'unique cause, selon lui.

Il est important de savoir que ces micro-organismes ont la vie dure: ils peuvent survivre dans le lait maternel et dans les tissus du nourrisson durant une semaine (et même plus longtemps dans certains cas), ce qui leur donne amplement de temps pour torturer l'enfant. C'est ce qui explique que certains traitements ne produisent pas aussi rapidement qu'on le voudrait les résultats escomptés; si, dans certains cas, tout revient à la normale deux ou trois jours après le retrait du lait de vache et de ses dérivés, il arrive très fréquemment (dans 50 % des cas en réalité) que la période de rétablissement s'étende sur une période beaucoup plus longue: il faut donc attendre une semaine, dit le Dr Kulcyzcki.

Le lait maternel peut-il être en cause dans les coliques?

Comme le suggèrent les données des études mentionnées précédemment, les mamans qui allaitent leur enfant au sein doivent être attentives aux réactions que peuvent causer chez le nouveau-né le lait de vache et les produits laitiers qu'elles ingèrent elles-mêmes. Les substances qu'ils contiennent peuvent en effet échapper à la digestion et se retrouver dans le lait maternel; une fois transmises à l'organisme du nourrisson, elles sont susceptibles de faire autant de ravages que si l'enfant les avait avalées lui-même.

Irène Jakobsson, pédiatre de l'Hôpital général de Malmö, en Suède, a été la première à mettre en évidence qu'en éliminant le lait de vache du régime alimentaire de la mère, on peut soulager les coliques du nourrisson: dans 12 cas sur 19, lors d'une première expérience, et dans 48 cas sur 85 lors d'un second test, les bébés ont été soulagés de leurs spasmes. Pour les besoins du deuxième test, les mamans s'étaient privées de lait de vache pendant une semaine; aussitôt qu'elles eurent réintégré l'aliment à leur régime, les coliques reprirent chez 35 des nourrissons. «*Un tiers* environ des enfants nourris au sein qui souffrent de coliques sont soulagés de leurs symptômes lorsque la mère supprime le lait de vache de son alimentation», précise le Dr Jacobsson. Un seul verre de lait suffirait, selon elle, à rendre le lait maternel potentiellement nocif pour le nourrisson sujet aux coliques.

Le lait maternel peut-il être affecté par d'autres aliments?

Les femmes qui allaitent se demandent souvent si elles devraient supprimer de leur régime la caféine et les aliments épicés ou relevés pour éviter que ces substances n'irritent le nourrisson ou ne provoquent des coliques. «Rien ne permet d'affirmer pour l'instant que ces aliments soient en cause dans les coliques», dit le Dr Morris Green, directeur du département de pédiatrie de la faculté de médecine de l'Université de l'Indiana.

Les enfants nourris au sein apprécieraient, au contraire, dit-on, les aliments fortement aromatisés et odoriférants. Une récente étude a ainsi démontré qu'une odeur d'ail dans le lait maternel incitait le nourrisson à boire davantage et à téter plus longtemps! «Pour stimuler l'appétit du nourrisson, mangez un peu d'ail une heure avant de commencer l'allaitement: la forte saveur et l'odeur de l'ail dans le lait maternel inciteront le bébé à boire davantage.» Ce conseil pour le moins étonnant est formulé dans le compte rendu d'une étude menée par le Monnel Chemical Senses Center de Philadelphie. Pour mettre à l'épreuve leur hypothèse, les chercheurs avaient administré à la moitié des sujets d'un groupe expérimental, composé de femmes qui allaitaient, une capsule d'ail, l'autre moitié recevant une capsule placebo. Qu'on le croie ou non, les bébés ont semblé préférer le lait maternel au goût d'ail à la formule placebo!

Mais bébé n'aime pas l'alcool. Un goût d'alcool dans le lait maternel le rebuterait en effet totalement et diminuerait son appétit. Contrairement à ce qu'on a souvent laissé entendre, la consommation de bière, de vin ou de spiritueux avant l'allaitement réfrène au lieu de stimuler la production de lait et restreint au lieu d'augmenter l'appétit du nourrisson. On a observé que des nourrissons dont les mamans avaient bu du jus d'orange additionné d'un peu d'alcool ont tété beaucoup moins qu'en temps normal. On pense que les saveurs prononcées aiguisent l'appétit du bébé, alors que l'alcool diminuerait le désir de téter ou affecterait la capacité de succion de l'enfant ou encore la sécrétion de lait chez la mère.

Certaines mamans se demandent également si elles ne devraient pas renoncer au chocolat durant la période de l'allaitement. Le Dr Kulcyzcki incline à penser que le chocolat, du moins le chocolat fabriqué aux États-Unis, qui contient beaucoup de lait, pourrait effectivement véhiculer les protéines allergisantes et, par conséquent, causer des coliques à l'enfant. La caféine, qui passe elle aussi dans le lait maternel, pourrait également affecter le nourrisson.

Un test éprouvé

Il n'est pas toujours facile de déterminer si le lait de vache est bien l'agent pathogène, le relevé des moments où l'enfant s'agite et pleure — outil précieux pour le diagnostic — étant une démarche aussi imprécise que pénible. Les indications qui suivent devraient aider les mamans qui allaitent à établir assez facilement si le lait est en cause dans les coliques du nourrisson.

- *Si vous nourrissez au sein* un enfant souffrant de coliques, cessez de boire du lait de vache et de consommer des produits laitiers pendant au moins une semaine. Si vous craignez que cette mesure n'entraîne une carence en calcium, prenez des suppléments au cours de la période du «test».
- *Si le bébé qui souffre de coliques est nourri au lait de vache,* procédez de la façon suivante:
  1. Remplacez le lait de vache, pendant une semaine environ, par une préparation pharmaceutique spéciale — l'hydrolysat de caséine (Nutramigen), par exemple —, qui a été débarrassée des substances allergisantes, ou encore par du lait de soya, moins coûteux que le produit précédent. Il arrive toutefois que l'enfant ne tolère pas non plus le lait de soya.
  2. Après avoir cessé de nourrir l'enfant au lait de vache, prenez note tous les jours, pendant deux semaines, des symptômes (si vous trouvez ce relevé quotidien trop fastidieux, notez simplement pendant deux semaines combien de fois le bébé se réveille la nuit); si son état s'améliore ou s'il se réveille moins souvent

après que le lait de vache a été remplacé par un autre liquide, il y a de bonnes raisons de croire que le lait soit l'agent responsable de ses malaises abdominaux.

3. Vous pouvez ensuite, en sachant bien toutefois que vous risquez de causer de nouvelles douleurs à l'enfant, faire un test de tolérance pour confirmer l'«allergie», en redonnant du lait au nourrisson pendant un jour ou deux; si les coliques reviennent, il n'y a plus à douter: son organisme ne supporte pas le lait de vache.

Un peu de sucre? Pourquoi pas!

La plupart des nourrissons se calment aussitôt qu'on leur donne un peu d'eau sucrée. Est-ce à dire que ce bon vieux remède qu'est la «tétine de sucre» (une cuillerée à soupe de sucre enfouie dans un linge humide) aurait encore toute sa valeur? Pour en faire la démonstration, l'équipe d'Elliott Blass, professeur de psychologie à l'Université Cornell (Ithaca, État de New York), procéda au test suivant.

À l'aide d'une seringue, les chercheurs administrèrent à un groupe de nourrissons en pleurs une goutte d'eau sucrée (14 % de sucre) toutes les minutes, pendant cinq minutes, les bébés du groupe témoin recevant pour leur part de l'eau ordinaire. L'eau sucrée fit effet immédiatement: les petits cessèrent aussitôt de hurler et restèrent calmes pendant dix minutes environ. La durée des pleurs diminua notablement par rapport à la durée habituelle. Blass constata en outre que le pouls des enfants passa d'un rythme rapide (155 battements par minute en moyenne) à un rythme normal (entre 125 et 130 par minute): «Les nourrissons étaient moins agités et beaucoup plus détendus, tout en demeurant très alertes, rapporte-t-il. Ils n'étaient pas somnolents.» L'eau sucrée fut efficace chez 85 % des nouveau-nés environ.

L'expérience a permis d'observer que l'eau sucrée est plus efficace (de trois à cinq fois plus) qu'une tétine de caoutchouc pour calmer les gémissements et mettre fin à la douleur des nourrissons: lorsqu'ils ont été soumis à des interventions médicales douloureuses, comme la circoncision, les nouveau-nés ayant absorbé de l'eau sucrée ont pleuré deux fois moins longtemps que ceux qui n'avaient bu que de l'eau ordinaire. Comme si leur seuil de douleur se trouvait élevé sous l'effet du sucre.

Blass estime que ces infimes quantités de sucre suffisent à activer les composés opioïdes du cerveau, substances qui apaisent la douleur et diminuent la détresse. Autrement dit, le sucre agit directement comme calmant sur le cerveau des tout-petits. Le sucre ordinaire (sucrose) et le sucre de fruit (fructose) se sont avérés tout aussi efficaces l'un que l'autre. Le sucre du lait (lactose), par contre, n'a donné aucun résultat.

Mesures diététiques pour soulager
les coliques du nourrisson

- Si un bébé *nourri au biberon* et souffrant de coliques ne cesse de pleurer, essayer de remplacer, pendant une semaine au moins, le lait de vache par une préparation au lait de soya ou à l'hydrolysat de caséine. Rester attentif au moindre changement au cours de cette période.
- Si un bébé *nourri au lait maternel* a des accès de coliques, sa mère devrait cesser, durant une semaine, de boire du lait et de consommer des produits laitiers, afin de déterminer si une intolérance à certaines substances contenues dans le lait de vache absorbé par la mère ne serait pas en cause dans les malaises de l'enfant. Des suppléments de calcium pourront aider la maman à compenser les pertes à ce niveau.
- Essayer de donner au bébé un peu d'eau sucrée, après avoir vérifié auprès du médecin traitant si la cause des pleurs et des coliques ne serait pas reliée à un problème physique qui serait passé inaperçu. Il est primordial de déterminer au préalable si les coliques sont attribuables ou non à la nourriture.

Chapitre 13

DE NOUVELLES DONNÉES SUR LE TRAITEMENT DU SYNDROME DU CÔLON IRRITABLE

Aliments et substances susceptibles d'aggraver le SCI: Lait • Sorbitol • Fructose • Café • Céréales • Autres allergènes
Aliments susceptibles de soulager le SCI: Son riche en fibres

Si vous faites partie de ceux qui souffrent de cette affection mystérieuse et pratiquement intraitable connue médicalement sous le nom de *syndrome du côlon irritable* (SCI) ou de *colopathie spasmodique*, sachez qu'il est possible d'en atténuer les symptômes et même de vous en guérir complètement en modifiant vos habitudes alimentaires. Les facteurs alimentaires favorisant la diarrhée chronique et ceux qui sont à l'origine du SCI sont d'ailleurs très souvent les mêmes. Il n'est pas rare non plus qu'on diagnostique un SCI quand il s'agit en réalité d'une intolérance alimentaire. Les réactions de type allergique pourraient même être la cause première de ces troubles fonctionnels et rebelles à toute médication. L'identification, la restriction ou la suppression des agents alimentaires en cause mettent souvent fin au problème une fois pour toutes.

Le syndrome du côlon irritable: une réaction allergique?

Selon des médecins britanniques, les individus «apparemment» atteints de cette affection inflammatoire du côlon seraient en fait allergiques à certains aliments, dont le lait. Le Dr Gerald E. Mullin, immunologiste et chercheur de la faculté de médecine de l'Université Johns Hopkins, est du même avis: «La preuve est faite actuellement que les symptômes du

SCI peuvent constituer des réactions de type allergique à certaines substances alimentaires, l'état de certains patients affectés par cette maladie s'améliorant dès qu'on élimine du menu les "allergènes".» Bien que le corps médical n'admette la validité d'une telle corrélation que dans une minorité de cas, des statistiques absolument ahurissantes semblent donner raison à ceux qui défendent l'hypothèse allergénique.

On a constaté, à la Radcliffe Infirmary d'Oxford, lors d'une expérience réalisée auprès de 189 sujets atteints du SCI, que l'exclusion de certains aliments de leur régime pendant une période de trois semaines améliorait sensiblement la situation: 48 % d'entre eux, dont la moitié ont réussi à identifier plus de deux aliments allergisants — les plus souvent incriminés étant les produits laitiers (dans 41 % des cas) et les grains (39 %) — ont en effet vu leurs symptômes diminuer notablement. Et l'état des patients qui se sont abstenus de consommer les aliments en faute durant l'année des essais cliniques est resté stable, comme le rapportent les médecins-chercheurs. «La différence entre les deux groupes est tout à fait frappante, notent-ils. La quasi-totalité (72 sur 73) de ceux qui ont persisté à s'imposer certaines restrictions se sentent très bien. Par contre, le tiers de ceux qui ont repris leurs anciennes habitudes alimentaires (soit 6 sur 18) disent éprouver à nouveau des malaises.»

Les gastro-entérologues V. Alun Jones et John O. Hunter, de l'hôpital Addenbrookes de Cambridge, qui sont à l'origine de cette théorie, ont publié en 1982 dans *The Lancet* une importante étude sur les résultats extrêmement encourageants qu'ils ont obtenus en axant le traitement sur le repérage des intolérances alimentaires: les tests de tolérance ont confirmé en effet que chez 67 % des patients les symptômes avaient disparu à la suite du retrait des aliments allergisants et que 42 % de ceux qui étaient revenus à leur ancien régime ont eu des rechutes.

Les études initiales de Jones-Hunter eurent une telle audience qu'on continua de traiter le SCI par le biais de régimes restrictifs. Après avoir suivi les sujets durant deux ans, les chercheurs virent une amélioration extraordinaire chez 87 % des patients qui avaient scrupuleusement respecté leur diète: les symptômes de la maladie avaient disparu! On s'aperçut de même que les réactions étaient absolument systématiques: si l'ingestion d'un aliment donné avait initialement provoqué tel ou tel symptôme, celui-ci réapparaissait ensuite chaque fois que l'aliment mal toléré était réintégré au menu.

À titre d'expérience, Hunter et Jones invitèrent les sujets qui participaient à l'étude à supprimer pendant une certaine période les aliments qui, statistiquement, occasionnent dans 20 % des cas des douleurs aiguës aux personnes atteintes du SCI, soit les aliments ou catégories d'aliments suivants:

- céréales (blé et maïs surtout)
- produits laitiers
- café
- thé
- chocolat
- pomme de terre
- oignon
- agrumes

Ils pouvaient ensuite réintroduire petit à petit ces aliments dans leur régime, jusqu'à ce que fût identifié l'allergène. «Les personnes souffrant d'accès fréquents de diarrhée et de douleurs abdominales, celles qui se plaignent d'avoir deux ou trois fois par jour, et quatre jours par semaine, des selles liquides, souligne le Dr Hunter, sont celles qui profitent le plus de ces diètes habituellement. Elles se plaignent en général de violentes douleurs, de maux de tête et d'un état constant de lassitude.» Les patients sujets à la constipation ne bénificieraient pas autant d'un régime restrictif, selon lui.

Les deux spécialistes recommandent donc aux personnes atteintes de colite spasmodique d'essayer de supprimer, *pendant trois semaines au moins*, ces aliments afin de pouvoir déterminer s'ils jouent un rôle dans leurs malaises.

Pourquoi l'intestin réagit-il aussi violemment à certains aliments?

Les réactions alimentaires provoquées par le SCI ne mettent pas vraiment en branle le système immunitaire; il ne s'agit donc pas d'allergies, au sens strict du terme, mais plutôt de réactions à retardement survenant essentiellement dans l'intestin. Le problème serait attribuable, selon le Dr Hunter, à un déséquilibre de la flore intestinale causé par certains aliments ou par les antibiotiques.

Il y a normalement deux fois plus de bactéries *anaérobies* (c'est-à-dire qui peuvent se développer dans un milieu sans oxygène) dans un côlon sain que de bactéries *aérobies* (qui ne peuvent survivre sans air). Or, comme a pu le constater le Dr Hunter, les échantillons de matières fécales des patients souffrant du SCI révèlent en général un taux excessif de bactéries aérobies après qu'un aliment mal toléré a gagné les intestins; chez deux sujets affectés très sévèrement par des intolérances alimentaires, on aurait même observé un taux de micro-organismes aérobies 100 fois plus élevé que la normale.

Certains aliments tendraient donc à perturber l'activité bactérienne de l'intestin et à modifier, par le fait même, le mécanisme d'action du côlon, provoquant toutes sortes de malaises — constipation, diarrhée, ballonnement, douleurs abdominales — rattachés habituellement au syndrome du côlon irritable.

L'intolérance aux céréales

Ironiquement, l'aliment le plus souvent mis en cause dans l'étude Jones-Hunter est le blé, substance très souvent prescrite pourtant dans le traitement du SCI! Les chercheurs disent avoir promptement amorcé leurs recherches lorsqu'ils ont vu s'aggraver l'état de plusieurs patients après que ces derniers eurent consommé le blé tant vanté par les médecins traitants.

Les malades ont souvent de la difficulté à identifier la source de leurs maux, souligne Hunter, car il peut s'agir d'un aliment des plus familiers. «On ne demande jamais aux patients: "Serait-il possible que certains aliments vous affectent?", car ils mentionnent plus souvent qu'autrement quelque aliment exotique. Les substances les moins bien tolérées sont, selon nous, les céréales et les produits laitiers, mais la plupart des personnes ne font pas le lien entre ces aliments et les symptômes de leur affection, ces substances figurant tous les jours au menu.»

«Si une personne affectée par le SCI tolère mal le blé, dit le Dr Hunter, elle devrait soupçonner aussi le seigle et le maïs d'irriter son côlon. Celles qui réagissent mal au blé tolèrent mal également, d'une manière générale, le seigle et le maïs. L'orge est passablement irritant pour l'intestin. Le riz est en revanche inoffensif; il occasionne rarement des troubles intestinaux.»

L'intolérance au lactose

Combien d'erreurs de diagnostic ne sont-elles pas attribuables également à une méconnaissance des manifestations de l'*intolérance au lactose* (incapacité à digérer le lactose ou sucre du lait), trop souvent confondues aujourd'hui encore avec celles du SCI! Il faut dire que les symptômes des deux affections sont identiques. Des médecins italiens se sont ainsi rendu compte que 74 % des 77 patients hospitalisés pour douleurs abdominales persistantes liées au SCI présentaient, à des degrés divers, un problème d'intolérance au lait. Une fois le lait supprimé de leur régime, ils ont vu en effet diminuer leurs douleurs, et même, dans certains cas, disparaître complètement; à peine avait-on réintroduit l'aliment à la fin des trois semaines de l'essai que les voies intestinales s'enflammaient à nouveau.

Si vous êtes depuis longtemps sujet aux diarrhées et ressentez souvent des douleurs abdominales aiguës, n'acceptez donc le diagnostic de SCI qu'après avoir écarté toute possibilité d'intolérance au lactose, recommandent les chercheurs.

Les friandises «diététiques» mises en cause

Les sucres diététiques, notamment le *sorbitol,* peuvent provoquer des symptômes tout à fait semblables à ceux du SCI. Une étude, menée par des gastro-entérologues du New York Medical College à Valhalla, rend compte de plusieurs cas d'intolérance observés au sein d'un groupe de 42 adultes sains après absorption de 10 g de sorbitol (soit la quantité de sorbitol que fournissent cinq morceaux de gomme à mâcher sans sucre ou cinq menthes sans sucre ou encore une cuillerée à soupe de confiture dite «diététique») chez 43 % des sujets de race blanche et 55 % des sujets d'autres races. Ces faibles quantités de sorbitol ont affecté très violemment 17 % des adultes, déclenchant chez eux divers symptômes généralement rattachés au SCI. Les gastro-entérologues new-yorkais auraient, pendant deux ans, orienté le traitement de 15 patients en fonction du SCI, pour s'apercevoir un jour que les symptômes étaient plutôt reliés à une intolérance au sorbitol.

L'interprétation erronée des symptômes d'«allergie», fondée habituellement sur des examens hâtifs, mais très onéreux, sans compter les diagnostics non fondés de SCI chronique qui, toute leur vie durant, ébranlent tant d'individus, est chose très fréquente, disent les auteurs de l'étude.

Le *fructose,* un autre sucre naturel, absorbé seul ou combiné au sorbitol, peut également déclencher des symptômes similaires à ceux du SCI (lors d'une expérience, 50 % des patients affectés par le SCI auraient ressenti des douleurs abdominales après avoir absorbé 30 g de fructose!). Si des symptômes tels que la diarrhée chronique vous affligent, supprimez de votre alimentation les aliments à teneur élevée en sorbitol ou, tout au moins, réduisez votre consommation de ce type d'aliments, recommande avec insistance le Dr Gerald Friedman, professeur de gastro-entérologie à la Mount Sinai School of Medicine, à New York. Parmi les aliments à teneur élevée en sorbitol, on relève:

- les pêches, poires, prunes, pruneaux
- le jus de pomme
- la gomme à mâcher sans sucre
- les confitures «diététiques»
- le chocolat

Le café: un irritant pour le côlon

Mentionnons rapidement que le café risque aussi d'incommoder les personnes victimes du SCI. Ainsi, 30 % des patients atteints du SCI ayant participé à une étude menée en Angleterre (l'échantillon comprenait 65 sujets) ont affirmé en effet que le café avait accru leurs malaises lors des tests.

Augmentez l'apport en fibres

Il y a peu de temps encore, le traitement tout désigné pour le SCI était le même que pour les diverticules du côlon, soit un régime léger, à teneur réduite en fibres. Aujourd'hui, le traitement est tout à fait à l'opposé. Une consommation régulière de fibres alimentaires — étalée sur une certaine période, cela va sans dire — peut vraiment corriger certains troubles moteurs du côlon souvent à l'origine de problèmes fonctionnels, croit le Dr Friedman. Les fibres peuvent ralentir ou accélérer, selon le cas, les contractions intestinales, soulageant ainsi la diarrhée ou la constipation.

Dans les cas de diarrhée reliés au SCI, le meilleur remède est le son, le psyllium ou quelque autre aliment qui prend de l'expansion dans les voies digestives, explique le Dr W. Grant Thompson, gastro-entérologue et professeur à la faculté de médecine de l'Université d'Ottawa. Le son est un aliment économique et sûr; il solidifie les selles liquides et améliore en général la fonction intestinale. À titre de test, le Dr Thompson recommande d'avaler une cuillerée de son de blé trois fois par jour, sauf, bien sûr, si l'on tolère mal cette céréale. Il est facile de voir, dit-il, si l'aliment contribue ou non à réprimer la diarrhée occasionnée par le SCI, affection bénigne, peut-être, mais combien frustrante!

Le gastro-entérologue Martin E. Eastwood, chercheur à la faculté de médecine de l'Université d'Édimbourg, en Écosse, est du même avis: «Pour faire obstacle au syndrome du côlon irritable, à la constipation et aux diverticules, ajoutez chaque jour à vos plats deux poignées de son de blé, sans oublier les fruits: une orange et une pomme, par exemple.»

Mesures diététiques pour combattre les symptômes reliés au syndrome du côlon irritable (SCI)

- Assurez-vous d'abord que les symptômes reliés au SCI (colopathie spasmodique) ne sont pas dus à une réaction ou à une intolérance à des aliments courants: lait, sorbitol, blé, maïs, café.

- Pour mettre en évidence une correspondance entre les malaises associés au SCI et l'ingestion d'un aliment «allergisant», établissez pendant sept jours au moins un relevé détaillé des éléments suivants:
  - nature et quantité des aliments ingérés;
  - symptômes apparaissant après l'ingestion de l'aliment;
  - fréquence et consistance des selles.
- Si vous avez de bonnes raisons de croire que vos troubles intestinaux pourraient être reliés à un type d'aliment en particulier, supprimez-le durant trois semaines de votre régime. Si votre état s'améliore, refaites un peu plus tard un test de tolérance, pour confirmer qu'il s'agit bien d'un cas d'«allergie»: réintégrez temporairement l'aliment en cause dans votre menu quotidien afin de vérifier s'il provoque à nouveau l'inflammation. Pourquoi ne pas transmettre ensuite toutes ces informations à votre médecin?
- Pour régler les problèmes de constipation ou de diarrhée reliés au SCI, augmentez l'apport en fibres, en son de blé notamment, dans votre régime alimentaire, sauf, bien sûr, si vous réagissez mal à cette céréale. Optez alors pour le son de riz, un substitut très riche en fibres et peu susceptible de déclencher des réactions indésirables.

Chapitre 14

LA DIVERTICULOSE DU CÔLON

On ne trouve mention dans les traités anciens d'aucun remède pour soulager la diverticulose du côlon: aucun avis à ce propos des Hippocrate, Galien et Maimonide, éminences de la science médicale. Pourquoi? Tout simplement parce que la maladie n'existait pas à l'époque. Elle serait apparue en effet en Occident au XXe siècle. Avant 1900, la *diverticulose* — développement de petits sacs en forme de raisins (*diverticules*) le long de la paroi du côlon — était alors une pathologie extrêmement rare, une «curiosité» médicale. Elle est maintenant l'affection colique la plus fréquente chez les Occidentaux: de 30 à 50 % des personnes âgées de plus de 60 ans en seraient atteintes. Elle peut s'accompagner ou non de symptômes, ce qui explique qu'elle passe souvent inaperçue.

Dans 10 % des cas, la maladie évolue vers une affection beaucoup plus grave, la *diverticulite*, inflammation des diverticules entraînant des poussées successives de crampes et de douleurs dans la partie inférieure de l'abdomen, ainsi que de la constipation ou de la diarrhée. On relève, encore aujourd'hui, très peu de cas de diverticulose du côlon chez les sociétés primitives (dans les villages africains, par exemple), restées intouchées par les habitudes alimentaires occidentales.

Les remèdes qui guérissent et préviennent le plus efficacement la diarrhée commune, soit les aliments riches en fibres, sont habituellement considérés aussi comme un excellent traitement contre la diverticulose. Le seul fait de soulager la diarrhée aide déjà à combattre cette affection, la tension associée à la défécation tendant à amplifier le développement des diverticules le long des parois musculaires du côlon.

Le son: nouveau traitement de référence

Pendant près de cinquante ans, on a traité la diverticulose en prescrivant une diète pauvre en fibres, sous prétexte que «les matières inassimilables pouvaient irriter l'intestin». Or cette pratique déclencherait les symptômes plutôt que de contribuer à les maîtriser, selon le Dr Neil S. Painter, chirurgien au Manor House Hospital de Londres, qui contribua grandement à la mise au point d'un mode de traitement ciblant les facteurs originels de la maladie.

Dans une étude désormais célèbre, qu'il publia en 1962 dans un numéro de la revue *British Medical Journal,* il démontra que la diverticulose était causée par un déficit en fibres dans le régime alimentaire. Un apport insuffisant en fibres altère la consistance des fèces, souligne le spécialiste, ce qui oblige le côlon sigmoïde (dernier segment du gros intestin) à exercer une plus forte pression pour propulser vers l'avant les matières fécales; cette pression risque à la longue de causer une tuméfaction (hernie) des parois du côlon, trait caractéristique de la diverticulose.

Sachant que les patients atteints de diverticulose ne consomment habituellement que la moitié des fibres qu'ingèrent les sujets sains, le Dr Painter réussit à persuader 70 patients touchés par la maladie d'augmenter leur consommation de fibres alimentaires. Il obtint un succès quasi total: après vingt-deux mois de traitement, les changements apportés au régime des patients avaient soit soulagé, soit éliminé les symptômes habituels de l'infection (douleurs, nausées, flatulence, distension abdominale, constipation, etc.) dans 89 % des cas et normalisé les selles; presque tous les patients purent désormais se passer de laxatifs.

Qu'ont mangé ces patients pour obtenir pareils résultats? Du pain à 100 % de blé entier, des céréales à teneur élevée en son, une grande quantité de fruits et de légumes, et un peu de son de blé non raffiné (*miller's bran),* consommé en petite quantité d'abord, puis en augmentant graduellement la dose jusqu'à ce qu'elle permette d'obtenir des selles molles sans effort deux fois par jour (ce type de son de blé contient environ cinq fois plus de fibres que le blé entier ordinaire). Pour déterminer la posologie, le Dr Painter procéda par approximations successives, car on ne saurait concevoir en pareil cas de dose universelle. «Il n'y a pas plus de posologie universelle pour traiter les diverticules qu'il n'y a de dose standard d'insuline, souligne-t-il. Chaque patient doit arriver à établir par tâtonnements, durant une période de trois mois au moins, la quantité de son à ingérer pour obtenir les résultats escomptés.» Elle variait, lors de l'étude, entre une cuillerée à thé (3 g) à trois cuillerées à table (12 à 14 g) trois fois par jour; la dose la plus souvent utilisée pour amollir les selles est de *deux cuillerées à thé, trois fois par jour.*

On devrait pouvoir déterminer, après deux semaines de diète, quelle quantité de son non raffiné est nécessaire pour obtenir sans effort des selles molles une ou deux fois par jour. Le son non transformé étant difficile à avaler lorsqu'il est consommé sec, le Dr Painter recommande d'en saupoudrer une petite quantité sur les céréales, les potages ou le porridge, ou encore de le consommer avec du lait ou de l'eau.

On a remarqué lors des tests que les céréales de son traitées industriellement, de type All-Bran, par exemple, ont été efficaces chez quelques patients.

Les graines et les pépins peuvent-ils causer la diverticulose?

On a déjà prétendu qu'il valait mieux s'abstenir de consommer les fruits et les légumes contenant des graines, des écales ou des pépins, comme les tomates, les fraises et le maïs soufflé, lorsqu'on souffrait de diverticulose. Cette croyance était basée sur la crainte que ces matières ne restent emprisonnées dans les cavités diverticulaires et ne provoquent ainsi de l'inflammation et des crises aiguës de diverticulite. Ces matières sont en réalité inoffensives, affirment plusieurs spécialistes qui ont cessé de les proscrire.

Chapitre 15

QUELQUES CONSEILS POUR SOULAGER EN DOUCEUR LES TROUBLES DE LA DIGESTION

DYSPEPSIE - HYPERACIDITÉ - NAUSÉES

Les troubles gastro-intestinaux — hyperacidité gastrique, nausées, mal des transports, parasites intestinaux — figurent parmi les problèmes de santé les plus fréquents. La douleur et la gêne liées à ces indispositions sont habituellement passagères et sans gravité, mais elles sont si courantes qu'une variété infinie de remèdes populaires ont été mis au point depuis les temps les plus anciens pour les soulager.

Des bananes pour soulager la dyspepsie

Vous ressentez à certains moments, sans cause apparente, des douleurs intenses dans la région de l'estomac? Ces douleurs sont très semblables à celles qu'occasionne un ulcère, bien que les examens et les tests que vous avez passés ne révèlent aucune anomalie du genre? Parfois, vos malaises, qui surviennent la plupart du temps après les repas, se prolongent et s'accompagnent de crampes abdominales et de nausées? Diagnostic: ces troubles gastro-intestinaux, souvent mis au compte d'un estomac hypersensible, sont les symptômes types de la *dyspepsie non ulcéreuse*, communément appelée «indigestion».

Saviez-vous que les bananes sont un excellent remède en pareil cas? Une étude menée en Inde auprès de patients souffrant de dyspepsie a démontré en effet que ce médicament naturel contre les maux d'estomac est très efficace. Parmi les 23 sujets ayant absorbé chaque jour, durant huit semaines, de la poudre de banane en gélules, 50 % ont été complètement guéris et 25 % ont vu leurs douleurs soulagées partiellement; 25 % n'ont toutefois pas répondu au produit. Au sein du groupe témoin, dont les sujets n'avaient reçu qu'une gélule placebo, 20 % à peine ont vu leur état s'améliorer au cours de la même période. «Si votre estomac vous cause des ennuis, mangez une banane tous les jours, recommande le Dr Ronald Hoffman*; vous n'aurez plus ainsi à vous en remettre constamment à votre médecin pour traiter le bobo.»

Si vous souffrez de dyspepsie, il serait sage aussi de limiter votre consommation de café — avec ou sans caféine —, comme le conseillent des chercheurs de l'Université du Michigan. Des tests effectués auprès de 55 patients sujets à cette affection les ont amenés à conclure que deux tasses de café suffisent à perturber l'estomac. Le déca aurait produit les mêmes effets indésirables que le café ordinaire: la caféine n'est donc pas ici le facteur irritant. «Un composé acide pourrait être en cause dans la dyspepsie», suggèrent les chercheurs.

Le riz, les haricots secs et le pain: des antiacides naturels

Si les glandes de votre estomac sécrètent une quantité excessive d'acide, le riz devrait vous aider à remédier au problème. La consommation régulière d'une demi-tasse de riz donne habituellement des résultats très satisfaisants, affirme Ara H. DerMarderosian, professeur de pharmacognosie et de chimie médicale au Philadelphia College of Pharmacy and Science; le riz, un glucide complexe, très doux pour l'estomac, limite en effet l'hypersécrétion acide.

D'autres produits renfermant des glucides complexes, le pain notamment, peuvent calmer les estomacs irrités par un excès d'acide, dit le Dr DerMarderosian, à condition de ne pas en abuser; tous les aliments absorbés en quantité excessive stimulent la production d'acide gastrique, nécessaire à leur décomposition. Des études ont montré que de petites quantités de haricots secs (traditionnellement appelées «fèves» au Québec), en particulier les haricots blancs et les haricots rouges, tendent à neutraliser les effets nocifs de l'hyperacidité gastrique. Le tofu (lait caillé de haricots de soya) s'est montré également très efficace pour réduire l'acidité des sucs digestifs. On aurait obtenu aussi des résultats encourageants avec de petites portions de maïs.

---

* Cf. R. L. Hoffman, *Seven Weeks to a Settled Stomach*, New York, Simon and Schuster, 1990.

Boissons à éviter pour prévenir un excès d'acidité gastrique

La bière, le vin, le lait, le café (avec ou sans caféine), le thé (avec théine), ainsi que le 7-Up et le coca-cola auraient tous la malsaine propriété de stimuler la sécrétion d'acide gastrique, si l'on se reporte aux conclusions de chercheurs allemands qui ont testé l'un après l'autre ces produits. La bière *doublerait* même, *en une heure*, le taux d'acide dans l'estomac! Le lait ne fait pas si bonne figure, contrairement à ce qu'on aurait pu croire: plutôt que d'apaiser les maux d'estomac, il provoque en fait une sorte d'effet rebond, qui augmente l'acidité gastrique.

Plusieurs des liquides mentionnés précédemment apparaissent d'ailleurs dans la liste des aliments indigestes les plus fréquemment incriminés dans les affections gastriques. Ainsi, à la question «Quel aliment est le plus susceptible de vous causer des maux d'estomac, des douleurs gastriques aiguës ou, tout simplement, de vous incommoder?», des chercheurs d'un hôpital de Munich ont obtenu les réponses suivantes: le café, les boissons gazéifiées, la mayonnaise et les jus de fruits, ont indiqué des patients souffrant d'ulcères; le café, la viande, les aliments frits, les boissons gazéifiées et les jus de fruits, ont pointé du doigt, quant à eux, des individus affectés par la dyspepsie non ulcéreuse; les personnes en excellente santé ont mentionné pour leur part la mayonnaise, le chou et les aliments frits et salés.

Le gingembre: un supermédicament contre la nausée

Le gingembre, remède naturel dont les vertus sont depuis longtemps reconnues (les anciens traités chinois et babyloniens y font déjà allusion), est aussi, sinon plus, efficace que bien des produits pharmaceutiques modernes prescrits régulièrement pour soulager divers états nauséaux: mal des transports, mal de mer, nausées survenant à la suite d'une anesthésie générale, nausées matinales de la femme enceinte, etc. Contrairement aux médicaments, le gingembre ne produit pas d'effets secondaires, pas même de la somnolence, car le système nerveux n'est pas impliqué dans le processus qui régit le mécanisme d'action du condiment. Au moins trois études scientifiques contrôlées ont prouvé à ce jour que l'action bénéfique du gingembre sur l'estomac est bien réelle.

Daniel B. Mowrey, psychologue originaire de l'Utah, a démontré dans une étude désormais célèbre que le gingembre agit mieux que la dramamine, médicament prescrit couramment contre le mal des transports. Après avoir soumis à l'épreuve de la chaise pivotante un groupe de volontaires,

Mowrey s'est rendu compte que ceux qui avaient absorbé 100 mg de dramamine n'avaient pu tenir le coup plus de six minutes sans éprouver des malaises et sentir le besoin de vomir, alors que la moitié de ceux qui avaient avalé une cuillerée à thé environ de gingembre en poudre ont dépassé les six minutes de l'épreuve.

Un autre test, réalisé avec la collaboration de 80 cadets de la marine danoise, a montré, là encore, que les gélules de gingembre (renfermant une quantité équivalente à une demi-cuillerée à thé de gingembre moulu) aident à maîtriser le mal de mer. Les chercheurs ont constaté que le condiment diminuait de 72 % les vomissements et que, dans 38 % des cas, il pouvait même exercer — en moins de vingt-cinq minutes et durant quatre heures environ — une action protectrice contre le mal de mer.

Le gingembre s'est avéré de même étonnamment efficace à supprimer les états nauséeux survenant souvent à la suite d'une anesthésie générale. Malgré l'introduction de nouveaux médicaments pour contrer les effets des anesthésiques, beaucoup de patients encore (30 %) en sont affectés, dit M.E. Bone, de l'hôpital St. Bartholomew's de Londres. Lors d'une expérience en double aveugle menée auprès d'un groupe de 60 femmes soumises à une intervention gynécologique majeure, l'équipe du Dr Bone a constaté que les patientes ayant absorbé par voie orale avant l'opération 0,5 g (un tiers de cuillerée à thé) de gingembre avaient éprouvé moins de nausées à la suite de l'opération sous anesthésie générale que celles à qui on avait injecté 10 mg de métoclopramide, un antiémétique connu.

Contrairement aux médicaments habituellement utilisés pour diminuer les nausées postopératoires, le gingembre ne comporte aucun effet secondaire. «Il pourrait donc les remplacer avantageusement», reconnaît le Dr Bone. On pourrait même utiliser le condiment à des fins prophylactiques à la veille d'une chirurgie, estiment certains experts.

Il y aurait assez de gingembre dans les biscuits au gingembre et dans le Ginger Ale, par exemple, pour contrer une nausée faible, soutient le botaniste James Duke, du ministère de l'Agriculture des États-Unis.

Les remèdes du Dr Koch pour soulager la nausée

Le gastro-entérologue Kenneth L. Koch, médecin chercheur spécialisé dans l'étude de la nausée au Hershey Medical Center et professeur à la faculté de médecine de l'Université de l'État de la Pennsylvanie, suit de près des centaines de patients souffrant de nausée chronique. Voici quelques-unes des recommandations qui découlent de sa vaste expérience clinique et des recherches approfondies qu'il a menées sur la question.

Pour vous remettre l'estomac, buvez des liquides clairs, en prenant soin toutefois de les avaler lentement, par petites gorgées de 60 à 90 ml; ne videz jamais le contenant d'un coup. Les bouillons chauds et salés, ou des boissons comme le Gatorade, par exemple, qui renferment aussi du sel et du sucre, apportent habituellement un soulagement sensible. Les deux sont très doux pour l'estomac. Le sel permet de restaurer les électrolytes perdus lors des vomissements, prévenant ainsi la déshydratation. Les jus, tout particulièrement les jus d'agrumes, sont cependant à déconseiller, l'acide citrique étant trop irritant.

Des liquides chauds ou froids? Il n'y a pas vraiment de différence, en réalité, entre l'effet que produit une boisson chaude et celui qu'exerce une boisson froide, les liquides atteignant très rapidement la température du corps. Chacun choisira donc ce qui lui convient le mieux.

Si l'on préfère les boissons gazeuses (Coke, 7-Up, etc.), les laisser reposer pendant un certain temps avant de les avaler, afin de laisser les bulles s'évaporer: des gaz pourraient occasionner une distension et une irritation de l'estomac ou des éructations entraînant des renvois acides et des brûlures d'estomac. La carbonatation ne serait, en réalité, qu'un des facteurs aggravants possibles.

Y aurait-il quelque chose de magique dans le sirop de coca-cola, remède maison utilisé depuis longtemps pour soulager la nausée? Une expérience contrôlée visant à évaluer l'efficacité d'un sirop extrêmement concentré en cola à soulager les nausées, y compris les vomissements de la grossesse, n'a pas donné de résultats probants; le sirop aurait même dans certains cas aggravé le problème, en raison sans doute de sa forte concentration en sucre. Koch reconnaît néanmoins que le produit peut, chez certaines personnes, être efficace, la grande quantité de sucre contenue dans le sirop exerçant un effet relaxant.

Et le thé? «Le thé semble soulager bien des personnes», admet le spécialiste. Il ne saurait dire cependant si c'est la chaleur ou un constituant quelconque du thé qui lui confère son action bienfaisante. Le café? Il vaut mieux s'en abstenir quand on souffre de nausées; la plupart des personnes affectées par les nausées y réagissent mal. L'eau du robinet? Elle peut occasionner aussi chez certaines personnes des maux d'estomac, affirme le Dr Koch.

Chapitre 16

LES BRÛLURES GASTRIQUES

CAUSES - ALIMENTS DÉCLENCHEURS - TRAITEMENT

Les 10 aliments les plus irritants pour l'estomac: Chocolat •
Graisses • Menthe poivrée • Ail • Oignon • Jus d'orange •
Sauce très piquante • Tomate • Café • Alcool

Connues sous les appellations les plus variées — indigestion acide,
aigreurs d'estomac, régurgitation, reflux acide —, les brûlures d'estomac
frappent chaque jour 10 % des Américains en moyenne. Elles sont habituellement causées par le *reflux gastro-œsophagien*, renvoi de sucs gastriques (l'acide chlorhydrique et une enzyme appelée pepsine) vers la partie
inférieure de l'œsophage, c'est-à-dire dans le sens opposé à celui qu'ils
devraient emprunter normalement; d'où la sensation de brûlure et de
pression à la base du sternum. Dans certains cas, l'oppression est si vive
qu'elle peut être interprétée comme un symptôme d'affection cardiaque.
La muqueuse de l'œsophage, qui, contrairement à celle de l'estomac, est
extrêmement sensible, ne peut demeurer longtemps en contact avec des
substances caustiques; c'est ce qui explique l'irritation et les douleurs causées par les renvois acides.

Le régime alimentaire est, comme on s'en doutera, de toute première importance dans la prévention ou le traitement de cette anomalie
digestive: non seulement définit-il un milieu propice ou rebelle à l'apparition des troubles qui lui sont associés, mais il détermine aussi leur virulence actuelle ou future, selon le cas. Les brûlures gastriques peuvent être
dues, bien sûr, à une déficience héréditairement acquise, dit le Dr Donald
Castell, professeur à la faculté de médecine de l'Université de la Pennsylvanie et autorité reconnue en la matière, mais, en règle générale, les facteurs prédisposants aux brûlures d'estomac sont de nature alimentaire.

Non seulement une mauvaise alimentation déclenche-t-elle l'affection, mais elle peut au surplus en aggraver les symptômes. Ces perturbations de la digestion ne sont nullement reliées à l'âge: «La plupart des patients que je traite pour brûlures gastriques ont entre 20 et 40 ans, soulique le Dr Castell. Il faut préciser toutefois que le mal est permanent, comme le sont le diabète et l'hypertension.»

Chacun doit donc essayer de les prévenir par une saine alimentation ou faire en sorte que les aigreurs stomacales éprouvées occasionnellement, à la suite d'un abus d'alcool ou d'un repas trop copieux par exemple, ne se répètent trop souvent et n'évoluent vers la maladie chronique.

Causes physiologiques des brûlures gastro-œsophagiennes

Une défaillance du sphincter situé au point de jonction de l'œsophage et de l'estomac est souvent à l'origine des brûlures digestives. Ce petit anneau musculaire, qui fait fonction de valve, maintient les aliments dans la partie inférieure de l'œsophage; quand on avale, il se relâche et s'ouvre pour assurer le passage de la nourriture dans l'estomac, à la suite de quoi il se contracte à nouveau pour fermer l'ouverture. Mais si ce sphincter, tel un vieux ruban de caoutchouc, s'affaiblit et devient trop élastique, il ne peut plus remplir adéquatement ses fonctions: il risque alors de ne plus pouvoir se contracter normalement pour bien obturer le conduit ou de s'ouvrir brusquement au mauvais moment. Dans un cas comme dans l'autre, il peut arriver que le contenu très acide de l'estomac et des substances alimentaires partiellement digérées remontent dans l'œsophage et, frôlant au passage des cellules sensitives, provoquent une douleur éveillant une sensation de brûlure et laissent un goût acide dans la bouche.

On sait maintenant que certains aliments agissent comme relaxants musculaires et peuvent par conséquent provoquer le relâchement et l'ouverture du sphincter inférieur de l'œsophage. La pression étant plus grande à l'intérieur qu'à l'extérieur de l'estomac, les fragments d'aliments et les sucs de l'estomac refluent alors vers le segment initial du tube digestif. Une trop fréquente exposition à ces sécrétions acides risque toutefois, à la longue, de déclencher une inflammation si vive que le seul fait d'avaler certains aliments irritants peut occasionner des spasmes. Les douleurs occasionnées par les brûlures d'estomac tiennent donc tant au cheminement des aliments qu'au reflux des sucs gastriques dans l'œsophage.

Il va de soi que plus les sucs digestifs sont acides, plus fortes seront la sensation de brûlure et l'agression subies par la paroi de l'œsophage.

Mécanismes d'action

Les aliments peuvent favoriser les brûlures d'estomac de quatre façons différentes.

1. En contribuant au relâchement et à l'ouverture du sphincter inférieur de l'œsophage, certains aliments peuvent provoquer un reflux de l'acide gastrique vers l'œsophage. Ainsi peuvent agir:

- le chocolat
- la menthe poivrée
- la menthe verte
- les aliments gras
- l'alcool
- les oignons (selon toute probabilité)

Tous les aliments qui provoquent des éructations sont susceptibles en réalité de causer aussi des brûlures d'estomac.

2. D'autres aliments accroissent l'acidité des sucs gastriques et, par le fait même, la douleur ressentie lors d'un reflux œsophagien. Parmi ces substances alimentaires figurent:

- le café (avec ou sans caféine)
- les boissons à base de cola
- la bière
- le lait

3. Aussitôt avalés, certains types d'aliments peuvent causer de l'irritation et des brûlures à un œsophage déjà endommagé. Entrent dans cette catégorie:

- les agrumes
- les tomates
- les aliments très épicés
- le café

4. Manger trop rapidement et trop abondamment peut surcharger l'estomac et exercer une pression sur un sphincter affaibli, lequel risque alors de céder et de laisser remonter vers l'œsophage le contenu de l'estomac. La position allongée (sur le côté droit surtout) immédiatement après un repas contrarie les lois de la pesanteur, ce qui pousse les aliments vers le sphincter inférieur et risque de les propulser vers le haut. De même un excès de poids — et donc de graisse autour de l'abdomen — exerce une pression sur le sphincter, ce qui l'affaiblit et favorise le reflux. On réduira donc nécessairement les brûlures d'estomac en perdant du poids.

Le chocolat: un aliment souvent incriminé

Le chocolat est l'un des aliments les plus souvent mis en cause dans les brûlures gastriques. «Je suis capable de provoquer à volonté des brûlures d'estomac», dit le Dr Castell, qui a passé plus de vingt ans à sonder les mécanismes précis par lesquels les aliments favorisent ce dérèglement de la digestion. De quelle manière? «En mangeant des biscuits aux brisures de chocolat!» Ce qu'il fait rarement, s'empresse-t-il d'ajouter. Mais s'il lui arrive de céder à la tentation et de s'en gaver, il souffre à tout coup durant la nuit de brûlures d'estomac. Et il ne serait pas le seul à réagir ainsi: plusieurs de ses patients ont déjà fait état de douleurs gastriques consécutives à l'ingestion de biscuits aux brisures de chocolat ou de *brownies* (gâteaux au chocolat et aux noix).

Après avoir analysé en profondeur la question, il en est arrivé à la conclusion que le chocolat agit comme tranquillisant sur le sphincter inférieur de l'œsophage, censé protéger ce segment du tube digestif des agressions de l'acide. Trois dérivés méthylés de la xanthine — la caféine, la théophylline et la théobromine (le plus fort) — contenus dans le chocolat seraient selon lui à l'origine de cette relaxation du muscle. Le chocolat renferme de grandes quantités de théobromine, substance qui détend les muscles lisses.

Pour faire la démonstration des effets du chocolat sur les reflux œsophagiens, le Dr Castell fit l'expérience suivante. Après avoir fait avaler à des volontaires une demi-tasse environ de sirop de chocolat, il mesura la tension du sphincter inférieur de l'œsophage, pour s'apercevoir que le muscle était tombé en léthargie, état qui se prolongea pendant cinquante minutes environ. Il observa en outre dans l'œsophage des sujets des traces de l'action nocive de l'acide.

Avec la collaboration d'un groupe de volontaires, dont une partie avaient déjà souffert d'inflammation œsophagienne due à des épisodes périodiques de brûlures gastriques, le Dr Castell procéda également au test suivant. Chaque jour, après les repas, les sujets ingurgitèrent alternativement un tiers de tasse de sirop de chocolat délayé dans un verre d'eau et une solution d'eau sucrée. Moins d'une heure après avoir avalé le sirop de chocolat, la sécrétion d'acide gastrique avait augmenté chez les sujets souffrant régulièrement de brûlures d'estomac, comme on put s'en rendre compte à l'examen des œsophages; l'eau sucrée n'avait, par contre, laissé aucune trace. Chez ceux qui n'avaient jamais ou avaient rarement souffert de cette douloureuse affection, on ne nota aucun signe de renvoi acide.

Le Dr Castell prévient donc les personnes sujettes aux brûlures d'estomac des dangers du chocolat, plus particulièrement du chocolat au lait, qui, en plus de la caféine, de la théobromine et de la théophylline, contient des matières grasses, ce qui donne au total quatre substances susceptibles, en raison de leur action relaxante sur le sphincter inférieur de l'œsophage, de produire les effets que l'on sait.

Évitez les aliments à haute teneur en graisses

Pour prévenir les brûlures gastriques, réduisez votre consommation de matières grasses. Fritures, *milk-shake* (lait battu), fromage, hamburger, etc., tous les aliments gras favorisent ou augmentent cette irritation de l'estomac, souligne le Dr Castell. Ils seraient même deux fois plus nocifs (76 %) que le chocolat (40 %) chez les personnes sujettes à ces perturbations. Les brûlures digestives risquent même de s'installer à demeure chez les personnes qui absorbent régulièrement des matières grasses.

Une escale chez McDonald's

Qui mène une étude sur l'effet des graisses sur l'estomac ne saurait éviter de faire escale chez... McDonald's! Le Dr Castell invita donc un groupe de 10 hommes et femmes souffrant de douloureuses brûlures gastriques, puis un second groupe, formé cette fois de 10 sujets affectés de façon intermittente par ces symptômes, à participer à l'expérience suivante.

Le premier jour, les volontaires devaient ingérer un repas relativement faible en matières grasses, composé principalement de petits gâteaux arrosés de sirop et d'un verre de lait (225 ml). Le jour suivant, on leur servit un repas très riche en matières grasses: saucisse et œuf sur un petit pain au lait. L'apport énergétique des deux repas était le même, sauf que dans le premier cas, les graisses comptaient pour 16 % des calories, contre 61 % dans le second. Au cours des trois heures suivant chacun des repas, on enregistra les taux d'acide gastrique chez les participants.

Comme prévu, on détecta de l'acide gastrique dans les œsophages des sujets du premier groupe (personnes fréquemment victimes de fortes brûlures d'estomac) à la suite du repas très riche en lipides; au grand étonnement des chercheurs, l'autre repas, beaucoup moins riche en lipides, avait également accru la sécrétion d'acide. On nota en outre que le repas riche en graisses avait semblé plus nocif chez les sujets qui s'étaient allongés peu après avoir mangé — soit au cours des trois heures suivant l'ingestion des aliments — que chez les autres.

Quant au deuxième groupe, constitué d'individus en santé souffrant occasionnellement de brûlures digestives, l'expérience a permis de mettre en évidence à quel point il est risqué pour cette catégorie de patients d'absorber autant de matières grasses. Après qu'ils eurent avalé le repas à teneur très élevée en graisses, on vit en effet leur taux d'acide gastrique atteindre un niveau presque quatre fois plus élevé qu'à la suite du repas plus léger consommé le premier jour. On a remarqué en outre que le reflux d'acide dans l'œsophage chez ces sujets se prolongea jusqu'à trois heures après le repas!

Les aliments gras réduisent la force de contraction du sphincter, ce qui favorise le reflux œsophagien. Sous l'effet des lipides, la muqueuse de l'estomac libère certaines hormones, dont la cholécystokinine, qui régulent les contractions musculaires; on pense qu'elles auraient un rôle à jouer dans la relaxation du sphincter œsophagien. Les lipides retardent également la vidange de l'estomac, occasionnant ainsi une accumulation d'acide et de débris alimentaires dans cet organe, et, par conséquent, un risque accru de reflux œsophagien.

Oignons et épices

Les aliments épicés risquent toujours, comme on s'en doutera, d'aggraver les brûlures d'estomac. Prenons les oignons crus, par exemple. Après avoir entendu d'innombrables patients se plaindre des effets des plats à l'oignon très épicés sur leur estomac, des gastro-entérologues de la Foundation for Digestive Research et du Presbyterian Hospital d'Oklahoma ont décidé de tester l'aliment. Deux groupes — composés, pour l'un, de 16 patients souffrant de brûlures d'estomac en moyenne 4,4 fois par semaine, et, pour l'autre, de 16 sujets sains étant affectés moins d'une fois par semaine en moyenne par ces troubles digestifs — furent invités d'abord à consommer un hamburger sans garnitures, puis à y ajouter la fois suivante une tranche et demie (75 g) d'oignon cru. Les médecins enregistrèrent chaque fois, à la suite des repas, les taux d'acide gastrique et de reflux œsophagiens.

Résultats: les oignons n'ont causé aucune brûlure d'estomac ni quelque autre douleur chez les hommes et les femmes du deuxième groupe (affectés passagèrement par des reflux). Par contre, chez 40 à 50 % des patients souffrant *régulièrement* de brûlures digestives, on a noté de nouveaux reflux, une augmentation de l'acidité de l'œsophage et des sensations extrêmement fortes de brûlure, comme le précise l'un des expérimentateurs, le Dr Mark Mellow, sans compter un nombre supérieur d'éructations. Une constatation a toutefois surpris le chercheur: les ravages de l'acide ont augmenté de façon régulière dans les deux heures suivant l'ingestion des oignons.

On doit en conclure, dit-il, que les oignons sont des aliments dont l'action est très nocive — et de longue durée, de surcroît — sur l'estomac. Les oignons contenus dans les mets mexicains et italiens, habituellement très épicés, seraient donc, en partie du moins, responsables des brûlures d'estomac, se hasarde-t-il à dire. Il faut noter que les oignons utilisés lors des tests étaient des oignons (jaunes) *crus*.

La cuisson réduit-elle les risques de brûlures gastriques? La question n'a pas vraiment été élucidée, semble-t-il. Bien qu'il soit reconnu que l'oignon exerce une action relaxante sur le sphincter inférieur de l'œsophage, on croit qu'il pourrait néanmoins irriter directement l'œsophage. Une fois l'œsophage endommagé par les assauts répétés de renvois acides, il va de soi qu'en cheminant à travers cette partie du tube digestif certains aliments irritants pourront causer des sensations douloureuses de brûlure. Les patients habitués à ces perturbations digestives se plaignent ainsi des effets nocifs des agrumes et des aliments très épicés à base de tomate sur leur estomac. Des tests ont montré que ces deux types d'aliments pouvaient effectivement augmenter la douleur lorsqu'ils sont absorbés par un œsophage devenu hypersensible à la suite d'accès répétés de brûlures stomacales.

Les quantités ingérées jouent bien sûr un rôle dans cette anomalie. Un éminent gastro-entérologue fait remarquer, à titre d'exemple, que des sujets peuvent éprouver des brûlures d'estomac après avoir consommé quatre morceaux de pizza au pepperoni, alors que trois morceaux ne produiront aucun effet indésirable.

Les agressions furtives de l'alcool

L'alcool, surtout quand on l'ingurgite peu avant d'aller dormir, est susceptible de déclencher des brûlures d'estomac non seulement chez les sujets fréquemment affectés par des problèmes de reflux, mais également chez ceux qui ignorent les troubles digestifs. Durant la nuit, l'alcool tend à relaxer le sphincter œsophagien, ce qui permet à l'acide de s'infiltrer dans l'œsophage sans qu'on en ait conscience, comme l'ont montré des tests réalisés auprès de 17 hommes et femmes sains par des chercheurs de l'Université de Dundee, en Écosse.

Les volontaires, qui avaient l'habitude de boire de l'alcool trois heures après le repas du soir, soit vers 22 h, et de se coucher dans les deux heures qui suivaient, ont avalé 120 ml de whisky (à 40 % d'alcool) pur ou allongé d'eau, en proportions égales. D'autres soirs, ils ingurgitèrent une boisson placebo, composée principalement d'eau. Au cours de la nuit, les expérimentateurs enregistrèrent minutieusement les taux d'acide. Ils observèrent qu'au moins 7 des 17 volontaires, soit 41 %, avaient eu durant leur sommeil des reflux prolongés d'acide dans le conduit digestif — bien que ces sujets aient affirmé n'avoir ressenti aucune douleur gastrique — et que les attaques acides survinrent le plus fréquemment trois heures et demie après avoir ingurgité l'alcool; l'acide restait dans l'œsophage durant quarante-sept minutes, en moyenne (plus d'une heure et demie dans certains cas). On a remarqué enfin que les sujets n'avaient eu aucun reflux les soirs où ils n'avaient ingurgité que de l'eau.

Mesures diététiques pour prévenir les brûlures d'estomac

Même s'il ne vous arrive pas souvent de souffrir de brûlures d'estomac, n'abusez pas des matières grasses: ces substances nocives sont capables de transformer en affection chronique ce qui n'était jusque-là que malaise occasionnel. On peut en dire autant des repas copieux, de l'alcool, du repas pris tard dans la soirée et de l'habitude de s'allonger peu après avoir mangé.

Si, par contre, les brûlures gastriques vous affectent très souvent, voici comment en réduire la fréquence et la gravité.

• Réduisez votre consommation d'aliments gras et absorbez plus de glucides complexes et de protéines.

• Ne consommez que très peu ou pas de chocolat, de menthe poivrée, de café, d'alcool et d'oignons frits, lesquels peuvent détendre le sphincter inférieur de l'œsophage et provoquer des renvois acides.

• Si vous suspectez votre œsophage d'être très sensible aux jus d'agrumes ou aux mets épicés, abstenez-vous d'en manger. Si vous souffrez de brûlures d'estomac après avoir avalé ces substances, buvez immédiatement de l'eau (ou tout autre liquide non acide) pour débarrasser l'œsophage de ces irritants.

• L'excès de poids exercerait une pression sur le sphincter de l'œsophage. Si vous avez des kilos en trop, essayez de maigrir: la perte de quatre à sept kilos peut améliorer les symptômes.

• Ne vous allongez pas durant les trois heures suivant un repas. Lorsque vous vous assoyez ou vous levez, la loi de la gravité contribue à prévenir le reflux. Dormir la tête surélevée permet également d'éviter les brûlures gastriques.

- Couchez-vous sur le côté gauche plutôt que sur le côté droit; l'œsophage pénétrant à droite de l'estomac, lorsque vous vous allongez sur le côté droit, il se trouve juste à la base de l'ouverture de l'estomac, ce qui facilite la descente de l'acide vers et dans l'œsophage. Des recherches ont prouvé qu'on risque moins de souffrir de brûlures d'estomac en se couchant sur le côté gauche.
- Soyez attentif à ne pas aller vous coucher peu après avoir bu de l'alcool. Un tel comportement déclenche souvent des reflux œsophagiens même chez les personnes qui n'en sont pas incommodées habituellement.

Chapitre 17

LES ULCÈRES
FINIES LES DIÈTES DOUCES!

Aliments susceptibles d'aider à cicatriser les ulcères: Bananes
• Bananes plantains • Jus de chou • Réglisse • Thé • Piments
chili
Aliments susceptibles d'aggraver les ulcères: Lait • Bière •
Café • Caféine

Au premier siècle avant notre ère, le célèbre encyclopédiste médical Aulus Cornelius Celsius recommandait de «consommer des aliments légers et glutineux quand l'estomac est infesté d'ulcères». «On doit éviter toute substance âcre ou acide», précisait-il. Au VIIe siècle, un médecin originaire du Bengale occidental, Madhavkar, attribuera aux aliments frits et épicés, à l'alcool, de même qu'aux substances aigres et irritantes, les douleurs reliées à l'ulcère gastro-duodénal. Au XXe siècle, le traitement de référence des ulcères sera, à partir de 1911 et jusqu'au début des années quatre-vingt, la diète lactée du Dr Welton Sippy, mort en 1924: de la crème et du lait, à intervalles réguliers durant la journée, et ce, durant six semaines au moins. Pendant près de deux mille ans, une diète «douce», c'est-à-dire sans aliments irritants ni trop relevés, a donc été le remède de choix pour soulager et guérir les ulcères. Mais depuis que la science moderne a réexaminé la question de fond en comble, la directive va tout à fait en sens inverse.

Facteurs physiologiques et facteurs alimentaires

La cause première des ulcères gastro-duodénaux est l'hypersécrétion acide. Lorsque l'estomac sécrète plus d'acide et d'enzymes digestives que la muqueuse de l'estomac et du duodénum (partie initiale de l'intestin grêle) ne peuvent en absorber, ces substances corrosives érodent, digèrent en quelque sorte, les tissus des parois gastro-duodénales. Ces agressions peuvent causer de l'inflammation, des plaies, de petites cavités, des tiraillements d'estomac, des brûlures abdominales, parfois même des saignements. Les ulcères résultent donc d'un déséquilibre entre les malencontreuses agressions de l'acide gastrique et la capacité qu'a la muqueuse de l'estomac d'y faire obstacle.

Un agent infectieux serait-il à l'origine de cette anomalie? La question n'a pas encore été totalement résolue. Des données scientifiques de fraîche date permettent de croire cependant que l'*Helicobacter pylori* (*H. pylori*) serait en cause; l'infection stimulerait la sécrétion d'acide dans l'estomac, créant ainsi un terrain favorable à l'apparition des ulcères. Plusieurs médecins recourent donc maintenant aux antibiotiques pour prévenir les récidives.

Lorsque les aliments solides et liquides cheminent dans les voies digestives, ils empiètent nécessairement sur le territoire de l'ulcère, ce qui risque d'améliorer ou d'aggraver le problème, selon le cas. Les aliments peuvent en effet (1) contribuer à réduire l'acidité gastrique et à modifier la nature des sécrétions acides, (2) accroître les défenses des tissus cellulaires de l'estomac en les rendant moins vulnérables aux attaques acides et (3) éliminer, dans certains cas, les ulcères en détruisant la bactérie responsable de la dégradation de la paroi de l'estomac (plusieurs types d'aliments, depuis longtemps utilisés pour traiter les ulcères, auraient en effet des vertus antibiotiques).

L'alimentation peut donc indubitablement soulager ou aggraver les douleurs stomacales, contribuer ou nuire à la cicatrisation des lésions ulcéreuses.

La diète traditionnelle remise en question

La diète faible en fibres, recommandée depuis longtemps par les médecins pour prévenir les ulcères, serait, semble-t-il, sans fondement, ou presque. Des données scientifiques récentes indiquent en effet qu'un manque de résidus non digestibles (essentiellement fournis par les fibres) *favoriserait* au contraire les ulcères, en particulier les ulcères duodénaux, dont l'incidence a monté en flèche depuis 1900, soutient le Dr Frank J. Tovey, chirurgien de l'University College de Londres et éminent chercheur.

À preuve le cas japonais. Le riz poli occupe une place importante dans l'alimentation des Japonais: or, comme le rappelle le Dr Tovey, ceux-ci détiennent le triste record du plus haut taux d'ulcères gastro-duodénaux au monde. Les ulcères sont aussi un problème majeur dans le sud de l'Inde, où l'on consomme beaucoup de riz; dans le nord du pays, où l'on se nourrit plutôt de *chapattis*, gaufrettes croustillantes minces comme des feuilles de papier faites de blé non traité, les ulcères sont assez rares.

La situation est sensiblement la même en Chine: on note une forte prévalence des ulcères dans les régions méridionales, où l'on cultive le riz, mais une basse fréquence de l'affection dans le nord du pays, où pousse le blé.

Les études épidémiologiques réalisées en Afrique révèlent des disparités similaires: les aliments transformés y sont en effet mis en rapport avec les plus hauts taux d'ulcères, et les aliments à haute teneur en fibres reliés avec une fréquence peu élevée de la maladie.

L'adoption d'un régime riche en fibres aiderait donc à cicatriser les ulcères et à prévenir les récidives. Pour en faire la démonstration, S. L. Malhotra tenta l'expérience suivante auprès d'habitants de la ville de Bombay. Parmi les 42 sujets de l'étude, qui avaient tous déjà souffert d'ulcères, la moitié consentirent à abandonner pendant quelques années leur régime à base de riz pour se nourrir plutôt de blé non raffiné, de type *punjabi*, l'autre moitié du groupe (qui continua de se nourrir de riz) servant de groupe témoin. Après avoir suivi pendant cinq ans ces patients, Malhotra nota des rechutes chez 81 % des mangeurs de riz, contre 14 % seulement chez les mangeurs de blé riche en fibres.

Des résultats semblables ont été enregistrés à Oslo, en Norvège: en moins de six mois, 80 % des sujets ulcéreux soumis à une diète pauvre en fibres eurent des rechutes, ce pourcentage tombant à 45 % chez les consommateurs de fibres.

On n'a cependant pas encore élucidé le mécanisme d'action qui confère aux fibres ces propriétés étonnantes. Des experts prétendent qu'elles réduiraient la concentration d'acide gastrique dans les voies digestives. Il est possible également que leur action irritante sur la muqueuse de l'estomac renforce cette dernière à la longue.

Des études parues dans le *Scandinavian Journal of Gastroenterology* sur les aliments les plus susceptibles d'atténuer les effets nocifs de l'acide gastrique accordent aux haricots rouges et aux haricots blancs une place de choix. Le maïs et le riz non poli seraient aussi très efficaces. Les chercheurs encouragent donc les patients souffrant d'ulcères à inscrire plus souvent au menu les haricots secs (les traditionnelles «fèves»), les haricots rouges en particulier, qui ont la réputation d'exercer une action antiacide vraiment énergique.

EN BREF: *Les sources alimentaires de glucides (sucre et amidon) riches en fibres aident à combattre les ulcères; un régime pauvre en fibres aurait, par contre, des effets nocifs sur les parois de l'estomac et du duodénum.*

La banane plantain: un remède très efficace pour renforcer la muqueuse de l'estomac

Pour protéger votre estomac contre les effets délétères de l'acide et prévenir les ulcères, mangez régulièrement des bananes, notamment des bananes plantains, aliment de base des populations de plusieurs pays tropicaux. Il est maintenant prouvé que la banane plantain, dont les vertus médicinales sont depuis longtemps reconnues par la tradition populaire, a des propriétés antiulcéreuses; on prendra soin toutefois de la cuire avant de la consommer, car le fruit cru est trop dur pour être consommé tel quel. Les résultats obtenus jusqu'à maintenant sont si éloquents qu'on voit souvent prescrit en Inde une poudre de bananes plantains vertes, plus puissante encore que la poudre extraite de fruits mûrs (*Musapep*) pour guérir les ulcères; le produit serait efficace, dit-on, dans 70 % des cas.

Contrairement à ce qu'on a cru pendant longtemps, les bananes agissent non pas en neutralisant l'acide gastrique, mais en stimulant la prolifération des cellules et la production du mucus qui protègent la muqueuse de l'estomac contre l'action corrosive de l'acide. On observe d'ailleurs chez les animaux nourris à la poudre de bananes un épaississement notable de la paroi interne de l'estomac. Une expérience réalisée en Australie sur des rats a révélé que cette barrière protectrice induite ou renforcée par les bananes avait permis de prévenir 75 % des ulcérations auxquelles on s'attendait normalement, compte tenu de la dose massive d'acide qu'avaient dû absorber les animaux.

Des expériences étonnantes sur le chou pommé

C'est un professeur de la faculté de médecine de l'Université Stanford (Californie), le Dr Garnett Cheney, qui a le premier fait la preuve que le chou pommé peut contribuer à guérir les ulcères: il démontrait en effet dans les années cinquante que l'ingestion quotidienne d'un litre environ de jus de chou pommé frais soulage la douleur et cicatrise tant les ulcères gastriques que les ulcères duodénaux plus efficacement et plus rapidement que ne le font les traitements habituels.

Après avoir testé le produit auprès de 55 patients, il constatait en effet, à l'examen des radiographies et des gastroscopies, une nette amélioration des ulcères gastriques en deux à cinq jours, soit quatre fois plus rapidement qu'en temps normal, dans 95 % des cas! Les patients souffrant d'ulcères *duodénaux* ont, pour leur part, été guéris trois fois plus rapidement que d'habitude. (On notera que le chou avait été consommé cru. La cuisson et la transformation industrielle détruiraient, semble-t-il, les ingrédients actifs de l'aliment impliqués dans la cicatrisation des lésions ulcéreuses. C'est au printemps et à l'été, c'est-à-dire peu après qu'il a été cueilli, que le chou pommé agit le plus, dit le Dr Cheney; les longs entreposages affecteraient les propriétés médicinales du légume. On peut escompter des résultats en moins de trois semaines.)

Une autre expérience, en double aveugle cette fois, effectuée auprès de 45 hommes incarcérés à la San Quentin Prison, en Californie, a donné également des résultats encourageants: presque tous les ulcères (93 %) ont été guéris, en trois semaines à peine, chez les prisonniers ayant avalé des gélules de jus de chou concentré — la quantité administrée équivalant à un litre environ de jus frais par jour —, contre 32 % chez les sujets ayant reçu la capsule placebo.

Comment agit le chou pommé sur les ulcères? En renforçant la résistance de la muqueuse de l'estomac aux agressions acides, croient les spécialistes. Le chou pommé renferme du géfarnate, composé souvent utilisé comme médicament antiulcéreux, ainsi qu'une substance similaire au carbénoxolone, autre remède utilisé parfois aux mêmes fins. Ces substances médicamenteuses auraient essentiellement pour effet d'inciter les cellules à former une mince couche de mucus sur la paroi interne de l'estomac pour prévenir les ravages des sucs digestifs. G.B. Singh, de l'India's Central Drug Research Institute de Lucknow, aurait réussi également, grâce au jus de chou pommé, à guérir chez des cobayes des ulcères induits en laboratoire.

Les transformations cellulaires observées à partir d'innombrables microphotographies révèlent que le chou stimule la sécrétion de mucus, ce qui rajeunit les cellules ulcérées et conduit à la guérison. Il est possible en outre que le chou, agissant comme antibiotique, détruise diverses bactéries (y compris l'*H. pylori*, impliquée dans l'ulcération), comme l'ont montré des tests *in vitro*.

Une cure à la réglisse

«Si j'avais un ulcère, j'essaierais d'abord de le traiter avec de la réglisse», affirme le botaniste James Duke, du ministère de l'Agriculture des États-Unis, en se basant sur les conclusions de douzaines d'études sur les propriétés antiulcéreuses de cet aliment. La substance à laquelle Duke fait ici allusion n'a toutefois rien à voir avec la friandise aromatisée à l'anis fabriquée et vendue aux États-Unis sous le même nom, laquelle n'a aucune valeur thérapeutique reconnue; il se réfère plutôt ici à ces bâtons de réglisse importés d'Europe qu'on peut habituellement se procurer dans les magasins d'aliments naturels.

Des chercheurs scandinaves ont montré que les constituants de la (vraie) réglisse peuvent réduire l'acide gastrique en stimulant la sécrétion de mucus et contribuer à restaurer la paroi de l'estomac. Des entreprises pharmaceutiques ont même mis au point un médicament composé essentiellement de réglisse, mais débarrassé de la glycyrrhizine, ingrédient très problématique. Lors d'une expérience menée en Angleterre auprès de 100 ulcéreux, ce médicament à la réglisse s'est avéré aussi efficace que le Tagamet, prescrit fréquemment pour guérir les ulcères.

MISE EN GARDE

On se gardera toutefois de consommer trop de réglisse, cet aliment pouvant occasionner de la rétention d'eau et épuiser les réserves de potassium, effets secondaires propres à augmenter brusquement la tension artérielle. Deux à trois bâtons de réglisse ont déjà occasionné chez un patient une élévation de pression de 120 sur 70 à 240 sur 160! Il va de soi que *les hypertendus* et *les femmes enceintes* devront être extrêmement prudents à cet égard.

Les remèdes épicés

Contrairement à la croyance populaire, les aliments épicés ne causent pas d'ulcères, pas plus qu'ils ne retardent leur guérison; et ils n'endommagent en aucune manière les estomacs sains, rappelle le Dr David Y. Graham, professeur au Baylor College of Medicine de Houston. Pour en faire la preuve, l'équipe du Dr Graham a testé les trois menus suivants: (1) bifteck et pommes frites, (2) pizza au pepperoni, (3) enchiladas, haricots et riz arrosés de sauce piquante et garnis de 30 g de piments verts jalapeño hachés. Dans l'un et l'autre cas, les examens endoscopiques avec caméra vidéo ne révélèrent aucun signe de lésion à l'estomac ni au duodénum.

Pour s'assurer que les aliments épicés étaient vraiment inoffensifs, les chercheurs introduisirent directement dans l'estomac à travers un tube 30 g de piment jalapeño moulu: toujours aucun signe de saignement ou d'érosion de la muqueuse de l'estomac. «Les aliments épicés paraissent sûrs, en conclut le Dr Graham. Nous n'avons trouvé aucune anomalie gastrique ou mucosale après l'ingestion d'aliments très épicés. Des études précédentes avaient d'ailleurs démontré, ajoute-t-il, que l'administration de grandes quantités de piments rouges ne réduit pas le taux de cicatrisation des ulcères duodénaux.»

Si étonnant que cela puisse paraître, les piments forts aideraient même à protéger la muqueuse de l'estomac. Des expérimentations sur des animaux ont montré que la *capsaïcine* — substance qui donne aux piments leur saveur piquante — limite les dommages habituellement causés par l'aspirine ou l'alcool. Après avoir administré à des rats un soluté à base d'aspirine en même temps que de la capsaïcine, Peter Holzer, de l'Université de Graz, en Autriche, remarqua que les saignements occasionnés habituellement par ce médicament courant avaient diminué de 92 %; il constata par contre chez les rats du groupe témoin, qui n'avaient reçu que de l'aspirine, une altération notable des tissus de la muqueuse intestinale et des saignements. Les spécialistes présument que la capsaïcine exerce une action protectrice en stimulant les nerfs de la paroi de l'estomac, ce qui dilaterait les vaisseaux sanguins et améliorerait le flux sanguin.

Des comptes rendus scientifiques ont mis en évidence le fait que les populations habituées aux mets épicés — les Indiens, grands consommateurs de cari, et les Latino-Américains, habitués aux piments extrêmement forts — semblent moins exposées à développer des ulcères que celles où les mets à saveur piquante n'entrent pas régulièrement dans la composition du menu quotidien.

Le Dr Andrew Weil, de la faculté de médecine de l'Université de l'Arizona, a même mis au point une recette de thé épicé pour combattre les ulcères. «Faites l'expérience du poivre de cayenne, dit-il. Cela peut paraître absurde, mais, je vous assure! les aliments épicés n'aggravent pas les ulcères; les piments rouges, tout spécialement, pourraient même les soulager. Ce sont des anesthésiants locaux très efficaces et ils stimulent la circulation sanguine. Essayez de boire à petites gorgées ce «thé», que je prépare moi-même en faisant macérer un quart de cuillerée à thé de poivre de cayenne dans une tasse d'eau chaude; si le goût vous paraît trop fort, vous pouvez obtenir les mêmes effets avec une capsule de poudre de cayenne.»

L'action protectrice de l'ail

N'hésitez pas à consommer de l'ail si vous souffrez d'ulcères; ce condiment peut atténuer les effets nocifs des sucs gastriques et prévenir les ulcères, comme l'ont montré des chercheurs de la faculté de médecine de la Catholic University de Seoul, en Corée. Après avoir administré à des rats des doses d'alcool assez fortes pour irriter la muqueuse stomacale, tout en donnant par ailleurs à un certain nombre d'entre eux de l'ail pur ou des composés de l'ail (disulfure d'allyle et allicine), ils ont constaté que les estomacs des animaux qui avaient absorbé de l'ail présentaient beaucoup moins de lésions, et surtout moins de traces d'hémorragie; les tissus sous-jacents à la muqueuse gastrique étaient aussi moins détériorés que ceux des animaux qui n'avaient pas absorbé d'ail.

L'action protectrice de l'aliment serait attribuable non pas à l'inhibition de la sécrétion d'acide gastrique, mais à ses effets modérément irritants, lesquels activeraient la libération de substances hormonales protectrices (les prostaglandines) qui renforcent la résistance de la muqueuse de l'estomac.

Huit boissons favorisant l'acidité gastrique

Les personnes qui souffrent d'ulcères se voient souvent recommander de s'abstenir de café, de coca-cola et d'alcool, en raison de leur action stimulante sur la sécrétion d'acide gastrique. Lors de tests effectués sur diverses boissons courantes, des chercheurs de l'Université de la Californie à San Diego se sont rendu compte que d'autres produits devraient être ajoutés à la liste des aliments liquides susceptibles de favoriser les ulcères. Après avoir fait boire à des sujets sains 350 ml de divers types de boissons qu'ingurgitent régulièrement les consommateurs, en plus de la même quantité d'eau (à titre comparatif), ils ont constaté que bon nombre d'entre elles avaient exacerbé, en moins d'une demi-heure, l'activité gastrique. Voici, classées par ordre décroissant, les boissons les plus susceptibles, selon eux, d'influencer la production d'acide:

1. Lait
2. Bière
3. Kawa (café à faible acidité)
4. 7-Up
5. Sanka (café décaféiné)
6. Café avec caféine
7. Thé avec théine
8. Coca-cola

N.B. D'autres études ayant déjà démontré l'action irritante du vin sur la muqueuse de l'estomac, les chercheurs n'ont pas jugé nécessaire de l'inclure à l'ensemble des produits expérimentés.

Comme on peut le voir, la caféine n'est pas l'agent en cause dans l'ulcération; le café décaféiné de marque Sanka s'est révélé en effet plus irritant que le café régulier. Les chercheurs furent très étonnés des effets du 7-Up, cette boisson gazeuse ne contenant pas de caféine ni autres agents reconnus pour activer la sécrétion d'acide. Ils ont aussi été grandement surpris des effets marqués de la bière sur l'acidité gastrique; ils doutent toutefois que l'alcool soit, à lui seul, un facteur d'hypersécrétion acide. Que le lait soit en tête de liste n'a toutefois créé aucun étonnement.

Les effets curatifs du lait contre l'ulcère: un mythe!

Le sens commun veut que le lait neutralise ou amenuise l'effet de l'acide gastrique et aide à cicatriser les ulcères: c'est un mythe, qui a eu la vie dure! Dès 1950, les chercheurs se sont mis à douter que le lait fût un remède efficace, rien ne leur permettant de confirmer qu'il jugulait effectivement les ravages de l'acide gastrique. La neutralisation de l'acide par le lait est en réalité tout à fait passagère; elle ne dure que vingt minutes à peine dans bien des cas, après quoi les taux d'acide rebondissent, pour atteindre des niveaux supérieurs à ceux qu'ils avaient auparavant. Le lait stimulerait la production de gastrine, hormone déclenchant la sécrétion d'acide, d'où les risques d'hyperacidité.

Une étude bien connue des spécialistes, publiée en 1976 par des chercheurs de l'Université de la Californie à Los Angeles, en a déjà fait la démonstration. On expérimenta auprès de patients souffrant d'ulcères duodénaux, de même que sur des sujets sains, les effets du lait entier, du lait à faible teneur en matières grasses et du lait écrémé. On enregistra *dans tous les cas* des élévations marquées (bien au-dessus de la normale) du taux d'acidité gastrique, les taux obtenus chez les ulcéreux étant toutefois supérieurs à ceux observés chez les sujets du groupe témoin: les personnes souffrant d'ulcères seraient très sensibles aux effets stimulants du lait sur la sécrétion d'acide, lesquels peuvent se prolonger durant trois heures environ, précisent-ils.

L'argument massue fut apporté en 1986, dans le *British Medical Journal*, par des chercheurs de l'Inde: le lait entrave la cicatrisation des ulcères, il pourrait même aggraver le problème plus qu'un régime ordinaire, y lisait-on. Les expérimentateurs avaient assigné au hasard à 65 patients victimes d'ulcères duodénaux, traités à la cimétidine, soit une diète semblable à celle qui a cours habituellement dans les hôpitaux, soit une diète lactée, à raison de huit tasses de lait par jour. Après un mois, les médecins procédèrent à des examens endoscopiques (examen au moyen d'un endoscope, long tube à fibres optiques introduit dans un organe pour y observer l'évolution des symptômes d'une maladie): chez les sujets soumis à la diète hospitalière, 78 % des ulcères s'étaient cicatrisés; chez les buveurs de lait, 50 % seulement des lésions avaient guéri.

Fait intéressant, les sujets des deux groupes ont affirmé que le lait *avait soulagé la douleur* occasionnée par les ulcères. L'action insidieuse du lait — il apaise la douleur tout en sapant les défenses de l'estomac — compterait sans doute pour beaucoup dans l'usage erroné qu'on a fait du lait pendant si longtemps comme remède antiulcéreux, en a-t-on conclu.

En fait, comme le mentionne S. K. Sarin, du G.B. Pant Hospital de New Dehli, «aucune expérience contrôlée n'a jamais démontré la supériorité d'une diète sans substances irritantes ou d'une diète stricte sur un régime ordinaire pour traiter l'ulcère gastro-duodénal».

Alcool et ulcères

Vous vous demandez si un peu d'alcool peut causer des ulcères ou aggraver ceux qui vous font déjà souffrir? Les chercheurs sont loin de s'entendre sur la question. Les médecins continuent néanmoins de préconiser une réduction de la consommation d'alcool pour prévenir l'aggravation des ulcères. «Il semble bien avisé, pour un patient souffrant d'ulcère gastro-duodénal, de s'abstenir de boire de l'alcool, tout au moins l'alcool très concentré (pur à 80 %, par exemple)», dit le Dr Martin H. Floch, de la faculté de médecine de l'Université Yale. Comme le montrent de nombreuses études, l'alcool et les boissons alcooliques infligent des dommages, notamment des ulcérations et des saignements, à la muqueuse gastrique.

La preuve n'a pas encore été faite cependant que l'alcool engendrerait les ulcères, retarderait la cicatrisation et provoquerait des rechutes. Après avoir passé en revue toute la documentation médicale sur la question, S. K. Sarin écrivait en 1985: «Rien ne permet pour l'instant d'établir une corrélation directe entre la consommation d'alcool et l'incidence des ulcères duodénaux [...]. Une étude a même démontré récemment qu'une consommation modérée d'alcool favoriserait la guérison de ces pénibles symptômes.»

Après avoir suivi pendant un an 66 patients souffrant d'ulcères, des chercheurs de l'Université de Düsseldorf, en Allemagne, ont conclu qu'un peu d'alcool — c'est-à-dire un verre de spiritueux par jour — peut hâter la guérison des plaies. Selon eux, les petites attaques répétées d'irritants doux, de faibles concentrations d'alcool par exemple, augmentent la résistance de la paroi stomacale, lui permettant ainsi de mieux faire face aux agressions ultérieures de substances plus corrosives encore, dont l'acide gastrique.

Il serait néanmoins insensé de prétendre accroître la résistance de son estomac en buvant de l'alcool! Car les boissons alcooliques stimulent la sécrétion d'acides indésirables, quel que soit leur taux d'alcool.

Évitez la bière

La bière est un puissant stimulant de la sécrétion acide, suggèrent les études de Martin V. Singer, professeur à l'Université de Heidelberg, en Allemagne. L'équipe de Singer a montré clairement que la consommation de bière peut doubler en une heure chez certains sujets la production d'acide gastrique (le vin blanc pourrait également, durant la même période, augmenter de 60 % le taux d'acide). On notera toutefois que ni le whisky ni le cognac n'ont provoqué de hausses significatives.

Les expérimentateurs en ont conclu que des constituants autres que l'alcool étaient à l'origine des effets néfastes de la bière sur l'acidité gastrique. La fermentation causée par l'addition de levure en serait en grande partie responsable, selon eux. Les personnes souffrant d'ulcères, de brûlures d'estomac et autres troubles liés à l'hypersécrétion acide devraient donc s'abstenir de boire de la bière. Et du vin blanc, même si, dans ce dernier cas, les raisons en restent assez obscures.

Attention aux liquides bouillants!

Ne buvez pas de liquides bouillants. Si les mets épicés n'irritent pas votre estomac, il n'est pas pour autant à l'abri des brûlures possibles que peuvent occasionner les liquides extrêmement chauds. Certains boivent des liquides dont la température est si élevée qu'ils produiraient des cloques s'il leur arrivait d'en échapper quelques gouttes sur la peau. Il apparaît pourtant tout à fait évident que l'habitude de verser dans sa gorge de l'eau extrêmement chaude risque d'occasionner des brûlures et des ulcérations, et même d'induire diverses maladies de l'œsophage, de l'estomac ou du duodénum.

On sait, comme le rapportait un médecin en 1922, que parmi les personnes atteintes d'ulcères, plus d'une ont un fort penchant pour les boissons très chaudes. Les scientifiques s'entendent pour reconnaître que l'ingestion de liquides très chauds, de thé bouillant en particulier, peut provoquer à la longue le cancer de l'œsophage, comme l'attestent les autorités médicales japonaises. Ils risquent aussi d'endommager sérieusement la muqueuse de l'estomac et d'induire des gastrites, comme l'ont prouvé des tests effectués sur des animaux avec de l'eau dépassant 60 °C.

Des chirurgiens de la Manchester Royal Infirmary, en Angleterre, se sont intéressés récemment à la question. À titre d'expérience, ils ont demandé à des volontaires de boire du thé et du café de température adéquate. La moitié des sujets ayant choisi les boissons dont la température avoisinait les 65 °C ont développé des ulcères, alors que les sujets du groupe témoin (dont le thé atteignait 55 °C) n'ont nullement été affectés, en revanche, par le liquide. Fait intéressant, ceux qui ont ingurgité les boissons brûlantes n'ont rapporté aucune sensation de gêne ni aucune douleur. Les personnes souffrant d'ulcères ne devraient donc pas boire de liquides trop bouillants. Qui que ce soit ne devrait le faire, en fait.

Le café et le thé sont-ils à proscrire?

Aucune étude exhaustive n'a encore, à ce jour, fait la démonstration que le café occasionne des ulcères; l'on sait toutefois qu'il incite l'estomac à sécréter plus d'acide. La caféine contenue dans trois à six tasses de café stimule la production d'acide gastrique et de pepsine, révèlent des études sur la question. Le décaféiné agirait d'ailleurs tout aussi fortement que le café ordinaire sur l'acidité; il peut donc aggraver les ulcères.

Étant donné qu'il accroît les sécrétions acides, le café devrait *théoriquement* augmenter la douleur occasionnée par l'ulcère; pourtant, il n'en est pas toujours ainsi. Lorsque des chercheurs ont demandé à des patients ulcéreux s'ils ressentaient une certaine gêne dans l'estomac après avoir bu du café, un nombre surprenant de sujets ont répondu par la négative. Une étude de l'Université du Michigan a démontré, dans le même sens, que les buveurs de café souffrant d'ulcères ne se plaignent pas plus de malaises gastriques que les ulcéreux qui s'abstiennent d'en boire.

Et qu'en est-il du thé?

On sait que les Japonais sont très souvent affectés par les ulcères gastro-duodénaux, mais il semble que l'incidence de cette anomalie du système digestif serait encore plus élevée s'ils n'avaient pas l'habitude du thé vert, prétend Yukihoko Hara, chercheur spécialisé dans les études sur l'alimentation. Le thé vert est riche en catéchines, substances riches en polyphénols antibactériens et en antioxydants. «Il est maintenant clair que les polyphénols du thé réduisent les ulcères chez les souris», dit-il.

Des expérimentations ont montré que le thé vert a réduit le nombre et la taille d'ulcères induits chez des souris par des produits corrosifs. On a même noté que plus la concentration en constituants du thé était élevée, moins on relevait de lésions chez les petits animaux. Des doses de catéchines plus faibles ont réduit par ailleurs les ulcères de 22 %, taux qui grimpe à 47 % avec des doses modérées et atteint 100 % avec les doses les plus élevées.

Hara estime que les substances contenues dans le thé sont assez puissantes pour combattre les ulcères chez les humains également. «Les doses que nous avons utilisées sont très faibles, en comparaison avec la quantité que fournit généralement aux Japonais le thé vert», souligne-t-il. Les vertus thérapeutiques du thé dans le traitement des ulcères seraient attribuables selon lui aux pouvoirs antibactériens des catéchines, quoique d'autres constituants de cette boisson chère aux Asiatiques pourraient, sans qu'on le sache, aider à neutraliser l'action de la pepsine. La théine étant susceptible de stimuler la sécrétion d'acide, Hara recommande de boire du thé déthéiné.

Les thés noir et oolong, d'usage plus courant aux États-Unis, renferment aussi des catéchines, mais en quantité moindre que le thé vert.

Mesures diététiques pour prévenir ou guérir les ulcères

- La diète «douce», à base de lait et sans aliments irritants, recommandée depuis des années pour soulager les ulcères est loin d'apporter le soulagement escompté; elle serait même dommageable, comme en font foi nombre d'études. Ce qui ne signifie pas qu'il faille s'abstenir totalement de boire du lait — on recommande de s'en tenir à deux verres par jour —, mais plutôt d'éviter d'en faire une consommation abusive. La modération est de rigueur également en ce qui concerne toute autre boisson stimulant la sécrétion d'acide gastrique, la bière en particulier, qui est très dommageable en cas d'ulcères.
- On choisira de préférence, cela va de soi, les aliments qui réduisent ou préviennent l'ulcération: jus de chou pommé, bananes (les bananes plantains sont particulièrement efficaces), thé vert déthéiné, réglisse de type européen — à consommer modérément —, aliments riches en fibres et haricots rouges.
- Les piments forts et l'ail seraient des remèdes efficaces contre l'ulcération, contrairement à ce qu'on pourrait croire. En cas de douleur ou de gêne stomacale, il vaudrait mieux toutefois les exclure du menu.
- On recommande souvent d'absorber plusieurs fois par jour des portions légères de nourriture, plutôt que les trois repas habituels. Selon des spécialistes de la clinique Mayo, cette mesure diététique n'aurait aucune influence significative sur les ulcères; elle pourrait même être nocive, car elle stimule la sécrétion d'acide. On sera attentif cependant à éviter les repas trop copieux, qui distendent l'estomac.

Chapitre 18

ALIMENTS QUI AGISSENT
SUR LES CALCULS BILIAIRES

Aliments susceptibles de prévenir les calculs biliaires:
Légumes de toutes sortes • Haricots de soya • Un peu d'alcool
• Huile d'olive
Aliments susceptibles de favoriser les crises de lithiase biliaire: Café • Sucre

Les calculs biliaires peuvent occasionner des douleurs intenses irradiant depuis la partie supérieure droite de l'abdomen jusqu'au-dessus de l'épaule, parfois même jusque dans le dos. Ces crises persistantes, de durée variable — elles peuvent durer quelques minutes seulement, comme elles peuvent se prolonger durant des heures —, s'accompagnent à l'occasion de nausées ou de vomissements et causent en général beaucoup d'anxiété.

La vésicule biliaire, petit sac en forme de poire logé sous le foie, emmagasine la bile, substance sécrétée par le foie et déversée dans l'intestin grêle où elle facilite la digestion. Dans la plupart des cas (90 % chez les Occidentaux), les calculs résultent d'un excès de cholestérol qui, en cristallisant, forme des pastilles très dures, de taille variable: certaines ont la grosseur d'un grain de sable, alors que d'autres peuvent mesurer jusqu'à deux centimètres et demi.

La maladie est très souvent asymptomatique, les calculs étant indolores dans 80 % des cas; elle passe donc souvent inaperçue. Mais il peut arriver qu'au moment de se contracter pour libérer la bile, la vésicule éjecte un calcul, qui viendra obstruer l'ouverture du conduit la reliant à l'intestin grêle et au foie (le canal cholédoque), et provoquera une violente douleur. La crise prendra fin très souvent lorsque le calcul aura été repoussé vers la vésicule.

La lithiase biliaire peut entraîner diverses complications, dont une inflammation aiguë nécessitant l'extraction des calculs ou l'ablation chirurgicale de la vésicule. La maladie devient plus fréquente avec l'âge et elle affecte trois fois plus de femmes — en particulier les femmes obèses — que d'hommes. Habituellement, d'autres membres de la famille du patient en sont également affectés. Certains individus sont prédisposés plus que d'autres à former des calculs biliaires.

Le régime alimentaire joue néanmoins un rôle important dans cette perturbation du processus digestif. En effet, certains aliments réduisent, tandis que d'autres augmentent, le degré de saturation de la bile en cholestérol — facteur premier de la formation des calculs vésiculaires — et la quantité de substances «détergentes» nécessaires à la dissolution du cholestérol. L'alimentation influe également sur la régulation des contractions au cours desquelles sont expulsés les calculs dans le canal cholédoque; or on sait les graves complications que peut entraîner l'obstruction de ce conduit par un calcul.

Des travaux convaincants sur l'action protectrice des fibres et des protéines végétales

Les végétariens, de même que les grands mangeurs de légumes, souffrent rarement de lithiase biliaire. Une substance présente dans les légumes — qu'on n'a malheureusement pas réussi à identifier encore — entraverait, semble-t-il, la formation des calculs. Selon une étude britannique, les femmes végétariennes seraient même deux fois moins exposées à voir se développer ces concrétions pierreuses dans leur vésicule que les consommatrices de viande, quels que soient par ailleurs leur âge et leur poids.

Une étude de très grande envergure menée il y a quelques années par des chercheurs de Harvard auprès de 88 000 sujets féminins, de poids normal, est venue confirmer que les risques de former des calculs biliaires étaient moins élevés (60 à 70 %) chez les femmes consommant une très grande quantité de légumes et de légumineuses que chez celles qui en consommaient peu. Les femmes dont le menu comportait le plus de noix, haricots secs, haricots de Lima (ou de Siéva), lentilles, pois et oranges, se sont révélées les plus résistantes aux crises de lithiase biliaire.

À quoi attribuer ces vertus bienfaisantes? Aux fibres peut-être, ou encore — ce qui est plus probable — à une protéine végétale, croient les chercheurs. En réduisant le taux de cholestérol biliaire, une alimentation à base de protéines végétales, dont la protéine du haricot de soya, aurait ainsi permis de bloquer chez des animaux la formation de calculs. Des chercheurs du Wistar Institute de Philadelphie auraient même réussi à dissoudre complètement de petites pierres chez des hamsters en leur faisant absorber une quantité importante de protéines de soya. Ils inclinent à penser que les mêmes phénomènes pourraient se produire chez l'homme.

Plus de fibres, moins de sucre

Le régime moderne type, riche en glucides et pauvre en fibres, favorise donc l'apparition des calculs. On devrait toujours garder en tête que les fibres contribuent à «immuniser» l'organisme contre ces petites pierres indésirables. Une expérience réalisée en Angleterre est à cet égard très convaincante. Après avoir soumis pendant six semaines un groupe de volontaires à un régime sans sucre riche en fibres (27 g de fibres alimentaires, fruits et légumes en quantité, grains entiers), puis, durant six autres semaines, à un régime axé à l'inverse sur un plus grand apport en glucides (120 g) et une réduction des fibres (13 g de fibres alimentaires, farine blanche, riz blanc), on a constaté que le cholestérol biliaire avait beaucoup augmenté dans le second cas.

Comme on l'a dit précédemment, la sursaturation de la bile en cholestérol provoque la formation de calculs. Les personnes prédisposées à cette affection de la vésicule ont donc avantage à réduire leur consommation de sucre et à augmenter la part des produits céréaliers complets, des fruits et des légumes dans leur régime, estiment les chercheurs et nombre d'experts dans le domaine.

L'alcool favorise-t-il les calculs biliaires?

Une récente étude menée à Harvard suggère que la consommation régulière d'une *petite quantité* d'alcool pourrait contribuer à atténuer plutôt qu'à aggraver l'incidence de la lithiase biliaire. Les chercheurs auraient enregistré, semble-t-il, lors d'expériences visant à mesurer les effets de l'ingestion quotidienne d'un verre de vin ou de bière, ou encore d'un tiers de verre de whisky, une baisse des calculs de l'ordre de 40 %; on notera toutefois qu'un volume d'alcool supérieur n'a semblé exercer aucune action protectrice, souligne Malcolm Maclure, professeur d'épidémiologie et superviseur de l'étude.

D'un point de vue strictement théorique, il est vrai qu'un peu d'alcool favorise la baisse du taux de cholestérol dans la bile, ce qui réduit du coup les surplus à partir desquels se forment les calculs dans la vésicule.

Les effets nocifs du café sur la vésicule biliaire

Des recherches effectuées à l'hôpital universitaire de Leiden, aux Pays-Bas, sous la direction de Bruce R. Douglas, ont établi que le café stimule la contraction de la vésicule biliaire. Il aurait suffi en effet d'une demi-tasse de café noir (sans sucre ni crème) pour élever le taux sanguin de cholécystokinine — hormone intestinale agissant sur la contraction de la vésicule — chez des hommes et des femmes en excellente santé. L'eau salée n'a produit aucun effet de la sorte. Le décaféiné ayant provoqué les mêmes réactions que le café ordinaire, les chercheurs en ont conclu que la caféine n'était pas en cause dans les phénomènes observés.

Reste à savoir quelle substance occasionne ces perturbations; les chercheurs hollandais n'ont pu élucider le problème. Ils recommandent néanmoins aux personnes souffrant de calculs biliaires de s'abstenir de boire tout type de café.

Le danger des jeûnes prolongés

Selon James Everhart, du National Institute of Diabetes and Digestive and Kidney Diseases des États-Unis, le fait de se priver de nourriture pendant de longues périodes — lors des jeûnes, par exemple —, ou même la simple habitude de se passer de déjeuner favoriserait la formation de calculs biliaires. Après avoir suivi 4730 femmes durant une période de dix ans, il a constaté que celles qui se privaient de nourriture pendant quatorze heures ou plus — se passant donc nécessairement de déjeuner — formaient un plus grand nombre de calculs biliaires que celles qui jeûnaient moins de huit heures. Selon le Dr Everhart, plus longue est la durée du jeûne, plus seraient élevés les risques de voir apparaître des calculs.

La quantité d'acides biliaires, substances qui assurent la dissolution du cholestérol contenu dans la bile et préviennent, par le fait même, la formation des calculs, dépend directement de la stimulation qu'exerce sur la vésicule l'ingestion de nourriture. Il est donc important de déjeuner chaque matin et d'éviter les longues périodes de jeûne: c'est la seule façon de maintenir dans la bile assez d'acides pour «solubiliser» le cholestérol, l'empêchant ainsi de se calcifier et de s'accumuler sous forme de pierres dans la vésicule.

Calculs biliaires et obésité: des corrélations fort complexes

De plus en plus de données, dont une étude à grande échelle menée à l'Université Harvard, nous permettent de croire qu'un excès de poids favoriserait la lithiase biliaire, notamment chez les femmes d'âge moyen. Plus les gains de poids sont importants, plus élevés seraient les risques de souffrir de calculs. Les femmes obèses seraient six fois plus exposées à cette affection de la vésicule que celles qui ont un poids normal; on rapporte même que celles qui n'avaient que 4,5 kilos en trop lors de l'étude étaient presque deux fois plus vulnérables aux calculs que celles qui ne souffraient pas d'obésité.

Bien qu'on n'ait pu établir encore la raison précise de ce trouble du métabolisme, il semble que l'excès de graisses stimulerait la production de cholestérol sanguin; or on sait qu'une fois absorbé par la bile, le cholestérol est potentiellement transformable en calculs. Si votre taux de triglycérides est élevé et votre taux de cholestérol HDL (le «bon cholestérol») trop bas, votre vulnérabilité aux calculs biliaires se trouve accrue. Les spécialistes de la question mettent cependant en garde les personnes concernées contre les effets pervers des régimes amaigrissants trop draconiens. Même si cela peut paraître ici paradoxal, rien ne favorise davantage la lithiase vésiculaire que les pertes de poids trop rapides.

Des travaux ont montré que les régimes à très basse teneur en matières grasses et en calories (moins de 3 g de matières grasses et moins de 600 calories par jour) favoriseraient la lithiase biliaire chez près de 50 % de ceux qui s'y soumettent, les personnes les plus lourdes étant bien sûr les plus exposées aux répercussions de ces régimes sur la vésicule. Il arrive souvent d'ailleurs, comme le souligne C. Wayne Callaway, de l'Université George Washington, que les patients n'éprouvent de symptômes que lorsqu'ils tentent de revenir à une alimentation normale après une période de fortes restrictions.

On préviendra certains des risques associés à ces régimes en incluant chaque jour à l'un de ses repas un minimum de 5 à 10 g de matières grasses (deux cuillerées à thé d'huile d'olive, par exemple), estime Steven Heymsfield, de l'Obesity Research Center de l'hôpital St. Lukes-Roosevelt, à New York. La vésicule ne peut, sans ces matières grasses, recevoir l'impulsion qui l'amène à évacuer complètement la bile au moins une fois par jour, seule manière de limiter la formation des calculs. Quand on réduit d'une façon trop radicale l'apport en graisses, on réduit du même coup les contractions qui assurent cette évacuation de la bile dans l'intestin, indique le Dr Heymsfield. En s'acccumulant dans la vésicule, la bile risque de déclencher la formation de calculs. Plusieurs spécialistes prétendent donc qu'il est imprudent de perdre plus de un quart à un demi-kilo par semaine.

Des données contradictoires sur les effets des graisses

La lithiase biliaire épargne-t-elle ceux qui consomment moins de matières grasses?

Un apport excessif en graisses étant susceptible à la longue de mener à l'obésité, il va de soi, pour les raisons déjà énoncées, qu'il peut favoriser la lithiase biliaire. Il a été démontré également qu'une surconsommation d'aliments à haute teneur en graisses saturées d'origine animale et en cholestérol accroît la vulnérabilité aux calculs. Des chercheurs grecs en ont récemment fait la preuve à partir de tests portant sur les effets du beurre et de la viande; ils ont constaté par contre qu'une grande quantité d'huile d'olive semble avoir limité les dommages chez les sujets de l'expérience. Il est néanmoins peu probable qu'une réduction des matières grasses mette fin aux crises de lithiase chez les personnes déjà atteintes par la maladie.

On a cru pendant longtemps que les repas très riches en graisses stimulaient la libération de la cholécystokinine, hormone qui, rappelons-le, déclenche la contraction de la vésicule, favorisant ainsi le passage des calculs dans le canal cholédoque. Des travaux viennent cependant de mettre en évidence que la migration des calculs dans les conduits biliaires tient essentiellement du hasard et n'a par conséquent rien à voir avec l'apport en graisses alimentaires.

Les conclusions d'une importante étude menée à la faculté de médecine de l'Université Georgetown ne laissent aucun doute à ce propos. Pour les besoins de l'étude, 15 volontaires ont testé durant quatre jours les effets d'un petit déjeuner comprenant (1) 30 g de matières grasses, (2) 15 g de matières grasses, (3) aucune matière grasse. Après avoir mesuré par ultrasons, toutes les quinze minutes durant une heure, les contractions de la vésicule, ils se sont rendu compte qu'elles n'étaient nullement reliées à la quantité de matières grasses absorbée: la vésicule se contractait aussi bien dans le troisième cas (aucune matière grasse) que dans le premier (à teneur élevée en matières grasses). Les chercheurs de Georgetown estiment donc que si une diète faible en graisses est en général salutaire, rien ne permet d'affirmer en revanche qu'elle permette de maîtriser les accès de lithiase biliaire.

Mesures diététiques pour prévenir les calculs biliaires

- Consommez beaucoup de légumes et de légumineuses.
- Évitez d'absorber trop de sucre.
- Si vous avez l'habitude de boire un peu d'alcool, rien n'indique qu'il faille y mettre un terme; tenez-vous en toujours cependant à des quantités modérées.
- Évitez les jeûnes prolongés et prenez toujours un petit déjeuner.
- Ingérez chaque jour un peu d'huile d'olive.
- Si vous avez des kilos en trop, essayez de les perdre *lentement:* les régimes amaigrissants draconiens peuvent provoquer des calculs plutôt que de les prévenir.

Chapitre 19

CINQ FACTEURS ALIMENTAIRES DES CALCULS RÉNAUX

Aliments susceptibles de freiner la formation de calculs rénaux:
Fruits • Légumes • Grains à haute teneur en fibres • Eau et
autres liquides
Substances susceptibles de favoriser les calculs rénaux: Potassium • Sodium

La lithiase rénale, l'une des plus anciennes maladies humaines, est la formation de concrétions pierreuses (calculs) dans les reins par dépôt de cristaux habituellement composés de calcium et d'oxalate (sel de l'acide oxalique). En grossissant, ces pierres peuvent obstruer les voies urinaires et empêcher l'urine de s'écouler normalement.

Pas moins de un million d'Américains sont hospitalisés chaque année à cause de la maladie; elle frapperait trois fois plus d'hommes que de femmes et aurait tendance à récidiver. On estime à 40 % environ le pourcentage de patients déjà traités qui risquent de former à nouveau des calculs dans les cinq années suivant le traitement initial et à 80 % le pourcentage de ceux qui sont exposés au même risque dans les vingt-cinq années suivantes. Les facteurs prédisposants sont d'ordres divers: hérédité, troubles du métabolisme, infections, médications et *régime alimentaire*.

Les sels minéraux, dont le calcium et les oxalates d'origine alimentaire, sont normalement dissous dans l'urine; un taux anormalement élevé de substances minérales occasionne toutefois des dépôts de cristaux qui s'agglutinent en petites masses pour former des pierres très dures. Votre régime alimentaire déterminant la composition chimique de ces cristaux, il influe nécessairement sur la saturation de l'urine en minéraux et donc sur leur précipitation (formation de corps solides insolubles dans l'urine).

Vous atténuerez donc le problème en vous alimentant de manière à prévenir les trop fortes concentrations urinaires de calcium et d'oxalate. Environ 80 % des cas de calculs néphrétiques enregistrés dans les pays industrialisés sont attribuables à la formation de l'*oxalate de calcium.*

La lithiase néphrétique, comme tant d'affections chroniques des temps modernes, est une autre des retombées des régimes d'abondance propres aux pays occidentaux: son incidence serait 10 fois plus élevée qu'en 1990.

L'importance du régime alimentaire dans le traitement de la lithiase

Si vous avez des problèmes persistants de lithiase, essayez, avant de vous prêter à tout autre type de traitement, de modifier votre régime alimentaire. Pourquoi vous contraindre à avaler toute votre vie durant des médicaments ayant d'innombrables effets secondaires, quand vous pouvez en toute sécurité tirer les mêmes bénéfices d'un régime alimentaire établi tout spécialement en fonction de vos besoins, comme le font valoir de grands spécialistes, dont le Dr Stanley Goldfarb, professeur à la faculté de médecine de l'Université de la Pennsylvanie à Philadelphie. Des mesures diététiques appropriées peuvent éliminer plus de la moitié des récidives de lithiase rénale, dit-il.

Des chercheurs de la clinique Mayo ont révélé pour leur part que des recommandations alimentaires particulières — dont l'absorption d'une plus grande quantité de liquide — transmises à 108 patients avaient donné des résultats extrêmement encourageants chez 58 % d'entre eux: aucun nouveau calcul pendant les cinq années suivant le traitement! Il est important de noter toutefois que les mesures diététiques adoptées n'ont donné de résultats probants que chez les patients qui, avant le traitement, avaient récemment expulsé des calculs ou avaient vu la maladie s'aggraver. L'efficacité des restrictions alimentaires varierait, semble-t-il, selon les taux de calcium, d'oxalate et d'autres minéraux dans l'urine, taux que seule une analyse quantitative et qualitative des urines de vingt-quatre heures permet de déterminer.

Cinq facteurs alimentaires sont à considérer dans les calculs rénaux:
• les liquides
• le sel
• les protéines animales
• les oxalates
• le calcium

1. Les liquides

Buvez beaucoup d'eau, beaucoup plus que vous n'en buvez ordinairement: voilà la recommandation que faisait Hippocrate aux victimes de lithiase rénale. Deux mille ans après, les médecins continuent de prescrire le même remède, quel que soit le type de calculs à traiter.

Une étude a montré que les hommes ayant absorbé le plus de liquides au cours d'une expérience ont réduit de 29 % leur vulnérabilité aux calculs. L'ingurgitation d'une grande quantité de liquide amoindrit en effet les dommages potentiels du calcium, de l'oxalate ou de toute autre substance minérale susceptible de donner naissance aux calculs néphrétiques. La raison en est simple: l'eau dilue la concentration de ces minéraux dans l'urine.

Des travaux ont démontré que les personnes éliminant moins de un litre d'urine par jour sont beaucoup plus exposées à former des pierres que celles qui en éliminent un volume deux fois plus élevé. Les liquides seraient particulièrement bénéfiques aux patients qui, même s'ils limitent leur apport alimentaire en protéines, en sodium, en oxalate et en calcium, restent vulnérables à la maladie, en raison d'une hypersensibilité favorisant les fortes concentrations de minéraux dans l'urine.

La plupart des victimes de la lithiase rénale ne boivent pas autant qu'ils le devraient, et qu'ils le prétendent! Ces personnes devraient absorber en fait au cours de la journée *huit verres* de liquide au moins — dont quatre verres d'eau —, suggère le Dr Richard W. Norman, directeur de la Stone Clinic du Camp Hill Medical Centre à Halifax (Nouvelle-Écosse). «Je recommande toujours aux patients qui souffrent de lithiase rénale de boire beaucoup d'eau s'ils veulent diminuer les risques de récidive, dit le Dr Goldfarb. J'inscris même sur l'ordonnance quel volume d'eau ils doivent consommer, et à quelle fréquence: deux verres de 225 ml toutes les quatre heures (à 8 h, à 12 h, à 16 h, à 20 h et à l'heure du coucher). Je veux qu'ils prennent conscience qu'il s'agit vraiment d'une véritable prescription médicale, et non d'une vague recommandation de routine. Car ce volume d'eau est dosé indépendamment des autres liquides qu'ils avalent quotidiennement.»

Par temps chaud, on doublera le volume prescrit, en raison de la déperdition d'eau occasionnée par la transpiration. Le Dr Alan G. Wasserstein, directeur de la Stone Evaluation Clinic du centre hospitalier de l'Université de la Pennsylvanie, recommande, pour sa part: l'eau, le jus de pomme dilué et certains sodas diététiques, quoique sa préférence aille au premier liquide. Le thé, le chocolat chaud, le jus d'agrumes et les boissons gazeuses très sucrées doivent toutefois être consommées avec modération, surtout si l'on est soumis à une diète limitant l'apport en calcium et en oxalates.

Et l'alcool? L'alcool élèverait, semble-t-il, le taux de calcium et d'acide urique dans l'urine. En outre, la bière, en particulier la bière en fût, contient des oxalates. Ceux qui souffrent de lithiase rénale auraient donc avantage, croit le Dr Norman, à en consommer aussi peu que possible.

2. Le sel

Un autre moyen d'amoindrir les risques de former de nouveaux calculs est de réduire sa consommation de sel, afin de diminuer la teneur en calcium de l'urine. Chez les patients qui sont très sensibles à cette substance, l'absorption de sodium stimule en effet l'excrétion de calcium. Ceux qui excrètent habituellement une grande quantité de calcium urinaire en tireront nécessairement profit. Des patients du Dr Wasserstein ont vu leur calcium urinaire chuter de 35 % après avoir restreint l'apport en sodium et en protéines dans leur régime alimentaire.

Entre 10 et 20 % des patients prédisposés aux calculs absorberaient plus de 5000 mg de sodium par jour! Il serait sage de réduire de moitié cette quantité. Le Dr Wasserstein recommande à tous ceux qui ont des problèmes de lithiase rénale et dont l'urine est trop fortement concentrée en calcium de supprimer le sel dans la préparation ou l'assaisonnement des plats et de rayer du menu tous les aliments transformés à teneur élevée en sodium: bacon et autres viandes salées, olives, soupes en conserve (sauf les soupes diététiques sans sel), choucroute, poisson fumé, repas et plats cuisinés congelés ou en conserve (sauf les produits à basse teneur en sel).

3. Les protéines animales

Si vous êtes prédisposé aux calculs rénaux, il convient de réduire également votre consommation de viande, les protéines animales pouvant augmenter les taux de concentration des constituants de base de l'urine (calcium, oxalates et acide urique) et favoriser par le fait même la formation de calculs. De nombreuses études révèlent que les personnes souffrant de lithiase rénale consomment deux fois plus de viande qu'on le recommande habituellement. Or, pour des raisons qui restent mal connues, même des quantités raisonnables de protéines animales stimulent chez certains individus l'excrétion de calcium. Selon des chercheurs de Harvard, une surconsommation de protéines animales augmenterait de 33 % la vulnérabilité à ce type de lithiase.

Peu de calculs rénaux chez les végétariens

Le fait que les végétariens soient beaucoup moins exposés (trois fois moins environ, selon une étude britannique) à former des calculs urinaires que les gros mangeurs de viande est déjà, en soi, très significatif. Les premiers mangent deux fois plus de fibres — reconnues pour contrer les calculs urinaires — que les seconds et ils excrètent moins de calcium, font remarquer les chercheurs anglais. Des tests ont montré qu'aussitôt que les végétariens se mettent à manger de la viande, leur taux de calcium urinaire augmente.

4. Les oxalates

Les oxalates, en se combinant avec le calcium, peuvent former des calculs; on relève d'ailleurs fréquemment des taux élevés de ces sels dans l'urine des patients vulnérables à la formation des précipités. D'où l'importance de ne pas consommer trop d'aliments qui en renferment de grandes quantités. Une surconsommation de protéines accroissant par ailleurs la concentration des oxalates dans l'urine, on ne peut affirmer en toute certitude que les patients répondent à tout coup à un régime faible en oxalates.

Les taux élevés de sels d'acide oxalique décelés dans les calculs de patients consommant régulièrement des aliments tels que les épinards, la rhubarbe, les arachides, le chocolat et le thé obligent néanmoins à un minimum de prudence. Le Dr Norman établit à 180 mg la ration quotidienne maximum d'oxalates d'origine alimentaire; un apport supérieur risque de provoquer une élévation sensible des concentrations de cette substance dans l'urine, souligne-t-il.

Aliments à teneur élevée en oxalates

Aliments	Portions	Teneur en oxalates (mg)
Épinards	1 tasse	1350
Rhubarbe	1/2 tasse	1092
Bette à carde	1 tasse	1000
Feuilles de betterave	1 tasse	1000
Arachides	1 tasse	288
Groseilles à maquereau	1 tasse	132
Poireau	1 tasse	89

Mûres	1 tasse	66
Patate douce	1 moyenne	63
Haricots secs cuits	1 tasse	50
Courge	1 tasse	40
Chocolat	30 g	35
Cacao	15 ml	35
Rutabaga	1 tasse	32
Thé	1 tasse	25

5. Le calcium

Le calcium étant le constituant premier des calculs rénaux, on croit souvent qu'une réduction importante de l'apport en calcium dans le régime alimentaire suffit à juguler la maladie. «Pendant des années les médecins ont répété aux patients ayant expulsé un premier calcul de supprimer désormais les produits laitiers de leur régime, note le Dr Goldfarb, croyant que le calcium entrant dans la composition du calcul provenait directement des aliments.» Or le problème est beaucoup plus complexe que cela, ajoute-t-il, car une réduction trop draconienne de l'apport en calcium alimentaire risque d'avoir des effets nocifs, et même d'aggraver l'état du patient; elle peut, par exemple, augmenter le taux d'oxalates, favorisant ainsi la formation de nouveaux calculs. Il faut savoir en outre que le calcium n'occasionne pas autant de dépôts que le font les protéines.

Une étude à grande échelle aurait même révélé que les hommes qui absorbent le plus de calcium seraient moins vulnérables aux calculs rénaux que ceux qui lésinent sur le produit! Après avoir analysé durant quatre ans les régimes alimentaires de 45 619 patients (tous des sujets masculins), l'équipe de Gary Curham, de la Harvard's School of Public Health, rapportait en effet que les hommes absorbant le plus de calcium couraient 34 % moins le risque d'être victimes de la lithiase urinaire que ceux qui avaient absorbé les plus faibles quantités de calcium enregistrées; l'apport quotidien des sujets n'ayant jamais été affectés par les calculs était même supérieur de 600 mg environ (soit la quantité de calcium contenue dans deux verres de lait) à celui des sujets prédisposés à la maladie.

L'étude a révélé en fait que ceux qui buvaient deux verres ou plus (verres de 225 ml environ) de lait écrémé par jour présentaient beaucoup moins de risques (40 % de moins) de développer des calculs que ceux qui en limitaient leur consommation à un verre par mois. De même, loin d'entraîner la formation de calculs, l'ingestion hebdomadaire d'une tasse ou plus de fromage cottage ou de ricotta aurait réduit de 30 % les risques de lithiase néphrétique par rapport à la consommation d'une portion inférieure à une demi-tasse par mois.

Selon Curham, le calcium aurait pour effet de retenir les oxalates alimentaires dans les intestins, les empêchant ainsi de passer dans le sang et de cheminer vers les reins où se forment les cristaux qui sont à l'origine des calculs. Il recommande donc aux patients qui ont déjà expulsé des cristaux de calcium de ne pas réduire pour autant leur consommation d'aliments riches en calcium: deux ou trois portions quotidiennes de produits laitiers ou d'autres aliments riches en calcium — soit 800 mg par jour au total — seraient non seulement acceptables, mais souhaitables.

Les chercheurs de Harvard notent toutefois que les suppléments de calcium n'ont pas produit les mêmes effets que les produits laitiers. Pour être bénéfique, le calcium doit être absorbé, semble-t-il, au cours du même repas que celui qui est riche en oxalates. Or peu de personnes avalent des suppléments de minéraux au moment des repas.

Pour réduire les dépôts calciques: les fibres

L'addition d'aliments à haute teneur en fibres à un régime par ailleurs bien pourvu en liquide et faible en protéines peut aider à réduire les concentrations urinaires de calcium et d'oxalates, si souvent problématiques dans les cas de lithiase rénale. Une étude de la Halifax's Stone Clinic du Camp Hill Medical Centre faite auprès de 21 patients sujets aux calculs a prouvé qu'en ajoutant à leur régime habituel (où l'apport en fibres ne dépassait pas 8 g) deux petits pains au lait au blé entier ou au son de maïs (l'apport total en fibres passant à 18 g), on peut sensiblement abaisser le taux de calcium urinaire. Selon Janey Hugues, spécialiste en diététique, cette mesure serait particulièrement bénéfique aux patients prédisposés aux dépôts calciques.

Les aliments riches en fibres contenant toutefois des oxalates, il convient d'être prudent et d'équilibrer judicieusement l'apport en sels minéraux. (Un excès de fibres pourrait entraver l'absorption du calcium, entraînant une chute du taux normal de ce minéral dans l'organisme, chute potentiellement aussi nocive que les régimes à très faible teneur en calcium. Ce ne sont là toutefois que des hypothèses, aucune étude ne faisant état pour l'instant de carences en calcium induites par des rations trop importantes de fibres.)

Il est bon de savoir à ce propos que le son de riz et le son de maïs, qui contiennent la moitié moins d'oxalates que le son de blé, peuvent contribuer également à prévenir les calculs, comme l'ont établi des chercheurs japonais. Des tests ont révélé en effet que l'absorption de 10 g de son de riz deux fois par jour durant cinq ans, en moyenne, avait donné des résultats impressionnants (ils auraient permis de réduire les récidives six fois plus efficacement que chez les sujets du groupe témoin): 61 % des patients n'ont pas développé de nouveaux calculs au cours des cinq années qu'a duré l'étude! Les patients formant *régulièrement* des calculs sont, comme on pouvait s'y attendre, ceux qui auraient le plus bénéficié de l'action protectrice des fibres.

Des découvertes encourageantes

Des chercheurs du Japon — pays où l'incidence de la lithiase a triplé depuis la Seconde Guerre mondiale, sous l'influence de nouvelles habitudes alimentaires d'inspiration américaine — ont fait la preuve que des mesures diététiques appropriées peuvent ralentir la formation des calculs rénaux. L'étude, menée à l'Université Kinki (Osaka) avec la collaboration de 370 hommes sujets aux calculs urinaires, visait à évaluer l'efficacité des deux mesures suivantes: (1) l'absorption d'une plus grande quantité de liquide; (2) la consommation de plus de légumes et de moins de viande aux repas. Les sujets des deux groupes devaient prendre trois repas par jour, en évitant toutefois les repas trop copieux et en s'allouant une période de digestion plus longue entre le repas du soir et le moment du coucher.

Le second régime donna des résultats impressionnants: sur une période de quatre ans, la vulnérabilité à la lithiase des sujets soumis à cette diète fut de 40 à 60 % inférieure à celle des sujets du premier groupe, lesquels s'étaient contentés d'absorber plus de liquide. Précisons que le régime faible en protéines animales et riche en végétaux fut aussi efficace chez les patients sous traitement médicamenteux que chez les autres. C'est chez les sujets dont le taux initial de calcium urinaire était très élevé qu'ont été observés les effets les plus remarquables de cette diète.

Les expérimentateurs japonais en ont conclu qu'avant d'envisager tout autre type de traitement de la lithiase rénale, il faut voir d'abord quelles améliorations peuvent être obtenues par des mesures diététiques.

Un autre cas mérite l'attention. Il s'agit, cette fois, d'un banquier de Philadelphie, âgé de 47 ans, sujet depuis quinze ans à des accès de lithiase rénale. Voyant que les calculs avaient augmenté au cours des dernières années (il avait expulsé au cours des cinq dernières années cinq pierres par année, comparativement à cinq pierres au total durant les dix années précédentes) et ne pouvant plus supporter les douleurs atroces provoquées par l'expulsion des pierres, il en vint à consulter un spécialiste du Stone Evaluation Center de l'Université de la Pennsylvanie. On tenta d'abord de pulvériser les pierres par la lithotripsie (procédé utilisant les ondes de choc hydro-électriques ou les ultrasons pour briser les calculs, lesquels sont ensuite éliminés dans les urines). Le traitement ne produisit toutefois pas les résultats attendus: les radiographies révélèrent que de nouvelles pierres s'étaient formées entre-temps.

On procéda donc à l'analyse de son régime alimentaire, pour se rendre compte que les apports en sodium et en protéines étaient très élevés: 110 g par jour environ, dont 80 g en protéines animales (soit l'équivalent de 340 g de bifteck). Un spécialiste de la diététique lui conseilla alors de limiter sa consommation journalière de protéines à 65 g, d'absorber beaucoup moins de sel et de mettre de côté tous les aliments riches en oxalates; il lui fut recommandé aussi, bien sûr, de boire de l'eau en quantité durant la journée, soit deux verres de 340 ml environ toutes les deux heures. Résultats: depuis trois ans, le financier n'a pas formé ni expulsé le moindre calcul!

Mesures diététiques pour combattre les calculs rénaux

Avant de prendre des médicaments pour empêcher les récidives de lithiase rénale (pierres se formant dans les reins), il est conseillé d'examiner si des changements apportés au régime alimentaire ne permettraient pas d'enrayer le problème. Les recommandations les plus souvent formulées par les spécialistes de la question sont les suivantes.

- D'abord et avant tout, buvez beaucoup plus d'eau: au moins deux verres toutes les quatre heures, en plus des autres liquides que vous ingurgitez quotidiennement.
- Limitez votre consommation de sodium à 2500 mg par jour.
- Réduisez votre consommation de protéines animales, notamment la viande: une portion journalière se situant entre 200 et 225 g de viande, de volaille ou de fruits de mer devrait convenir, dans la plupart des cas. (À titre indicatif, 90 g environ de viande, de volaille ou de fruits de mer fournissent environ 20 g de protéines).
- Si vous mangez beaucoup d'aliments riches en oxalates, tels que les épinards et la rhubarbe, habituez-vous à en consommer

moins ou rayez-les du menu. N'abusez pas des boissons très sucrées, tels le coca-cola et les jus d'agrumes non diététiques, lesquels renferment beaucoup de sels d'acide oxalique.

- Incluez au menu quotidien deux ou trois portions d'aliments à teneur élevée en calcium, y compris les produits laitiers. Évitez toute diète pauvre en calcium (basée, par exemple, sur un apport en calcium se situant entre 650 et 800 mg par jour tout au plus).
- Consommez plus de légumes et de céréales complètes riches en fibres.

Selon les spécialistes, ces mesures peuvent contribuer à réduire de moitié au moins les risques de former de nouveaux calculs rénaux. Il va de soi que les personnes sujettes à ces calculs et habituées par ailleurs à puiser dans leur alimentation une quantité excessive de protéines et de sodium profiteront grandement de ce nouveau régime.

Chapitre 20

AUTRES AFFECTIONS DES VOIES DIGESTIVES ET DES VOIES URINAIRES

MALADIE DE CROHN

La maladie de Crohn, inflammation d'un segment de l'intestin grêle (l'iléon), frappe surtout les enfants et les jeunes adultes. Bien qu'on n'en connaisse pas la cause exacte, certains suggèrent que des intolérances alimentaires pourraient déclencher dans bien des cas les symptômes qui la caractérisent. Un groupe de médecins britanniques de l'hôpital Addenbrookes de Cambridge ont en effet réussi à maîtriser pendant plusieurs années divers cas de colite de Crohn évolutive simplement en réaménageant le régime alimentaire de leurs patients.

Ils ont d'abord tenté de déterminer quels aliments pouvaient déclencher ces inflammations, puis ont retiré un à un les aliments incriminés du régime des patients. Selon le Dr John O. Hunter, le traitement aurait été aussi efficace que la médication et la chirurgie, comme l'ont révélé les radiographies. «Le taux annuel de rechutes chez les patients qui prennent les mesures diététiques appropriées ne dépasse pas 10 %, soit un taux équivalent à celui des rechutes observées à la suite d'une intervention chirurgicale», dit-il. Ces mesures seraient même plus efficaces que la médication traditionnelle, selon lui.

Les aliments les plus susceptibles de déclencher les symptômes de la maladie de Crohn sont les suivants:

- blé
- produits laitiers
- légumes de la famille des crucifères (chou pommé, brocoli, choufleur, chou de Bruxelles)
- maïs

- levure
- tomates
- agrumes
- œufs

Des tests effectués en Écosse, à la Ninewells Medical School, ont révélé que la levure, présente notamment dans le pain, est nocive pour les personnes souffrant de ce type de colite. Après avoir ajouté pendant un mois un peu de levure à leur régime, les chercheurs ont en effet enregistré une aggravation des symptômes et de l'inflammation; mais une fois réduites les quantités de levure, la maladie régressa considérablement. Les patients qui avaient développé des anticorps contre la levure, ce qui signale indubitablement une réaction immunitaire ou «allergique», ont souffert d'inflammations extrêmement sévères; cette substance déclencherait en effet chez les personnes affectées par la maladie de Crohn une réaction immunitaire anormale à des agents inflammatoires contenus dans certains aliments, inclinent à penser les chercheurs.

On recommande donc aux patients victimes de la maladie de consommer plus régulièrement du poisson à chair grasse et d'éviter les graisses animales et les acides gras oméga-6 présents dans certaines huiles végétales, lesquels augmentent l'inflammation, comme on le sait; le poisson devrait apaiser le mal. Le sucre aurait également un rôle à jouer dans la maladie de Crohn; une absorption excessive de glucides pourrait exacerber en effet le processus inflammatoire.

PARASITES INTESTINAUX

La contamination par un parasite intestinal est chose fréquente, surtout lorsqu'on voyage dans les pays en voie de développement. Le parasite le plus souvent mis en cause est le *Giardia lamblia* ou *Giardia intestinalis*, transmis par l'ingestion d'eau contaminée. On confond souvent les troubles gastro-intestinaux qui caractérisent la maladie avec ceux du syndrome du côlon irritable (SCI): douleurs abdominales, constipation, diarrhée, nausées. Selon un médecin new-yorkais, la moitié des patients qui le consultent parce qu'ils croient souffrir du SCI souffrent en réalité de giardiase.

L'éradication du parasite se fait habituellement par le biais des antibiotiques; ceux-ci présentent toutefois le désavantage de devoir être absorbés durant d'assez longues périodes et de s'accompagner souvent d'effets indésirables. Un autre traitement très efficace est l'administration d'ail, qu'on tient depuis longtemps pour un remède exceptionnellement énergique contre les troubles intestinaux. Des médecins-chercheurs de l'Université Ain-Shams, au Caire, ont montré récemment que l'ail peut même être plus efficace que les médicaments usuels. Ils furent à même de constater que l'ail frais (même à faible dose), aussi bien que l'extrait d'ail en gélule, avait, en vingt-quatre heures, enrayer presque complètement l'infection chez 26 enfants! L'analyse des selles effectuée trois jours après le début des essais révéla que l'agent parasitaire avait été détruit chez tous les enfants. Les médicaments couramment utilisés dans le traitement de la giardiase doivent être administrés durant une période de temps plus longue — entre sept et dix jours en général —, sans compter les effets indésirables qui les accompagnent souvent.

Le remède utilisé par les chercheurs égyptiens constituait en une purée d'ail, préparée à partir d'une trentaine de gousses broyées au mélangeur électrique, à laquelle on avait ajouté une petite quantité d'eau, en prenant soin de l'ajouter peu à peu à la préparation jusqu'à ce qu'elle soit parfaitement homogénéisée; la préparation alliacée avait ensuite été réfrigérée, pour être plus tard mélangée à de l'eau distillée, à raison de 1 partie d'ail pour 20 parties d'eau. La dose thérapeutique utilisée était de un tiers de tasse, deux fois par jour.

Des résultats très satisfaisants ont également été enregistrés lors de l'application de ce remède à l'éradication d'un autre parasite, appelé *Hymenolepis nana*. Les symptômes de la contamination par ce ténia ont été de beaucoup atténués chez 8 enfants sur 10 en moins de deux jours, pour finalement disparaître complètement le troisième jour, grâce à la préparation à l'ail mise au point par les chercheurs du Caire; les deux autres enfants étaient complètement rétablis deux jours plus tard.

La consommation régulière d'ail devrait donc contribuer, d'une manière générale, à créer un terrain défavorable au développement d'infections parasitaires dans les voies gastro-intestinales et constituer une excellente protection à long terme contre les risques de contamination. Un traitement d'urgence, assez rudimentaire il faut en convenir, consiste à grignoter une gousse d'ail cru ou à mélanger un peu d'eau froide et d'ail frais pressé, qu'on avalera ensuite immédiatement.

(D'autres recherches ont mis en évidence l'efficacité des graines de citrouille dans la lutte contre les parasites intestinaux, confirmant ainsi les vertus que leur attribuait la sagesse populaire.)

PRURIT ANAL

Les démangeaisons ou les irritations ressenties dans la région du rectum ou de l'anus sont souvent d'origine alimentaire. Selon des médecins de la clinique Mayo, les aliments les plus souvent en cause dans le prurit anal sont: la caféine, les noix et le chocolat.

Si vous avez des raisons de croire que ces aliments pourraient être la source de vos malaises, supprimez-les de votre régime pendant quelques semaines, suggèrent ces spécialistes; si votre état s'améliore, vous saurez rapidement à quoi vous en tenir.

Une surconsommation de piments chili pourrait également entraîner chez certains individus des brûlures anales durant la défécation. Des médecins-chercheurs de l'Université du Texas auraient même donné le nom de *jaloproctitus* à cette affection après avoir relevé des symptômes identiques chez plusieurs patients ayant participé à un concours de mangeurs de piments jalapeño; ils avaient retrouvé dans les fèces des participants des traces importantes de capsaïcine, substance très forte contenue dans ce type de piment qui serait susceptible de provoquer une sensation de brûlure lors du passage des matières fécales à travers l'anus.

INCONTINENCE URINAIRE

Si vous êtes sujet à l'incontinence (besoin incontrôlable d'uriner survenant très fréquemment), il est bon que vous sachiez que le thé et le café aggravent souvent cette anomalie de l'appareil urinaire.

On sait que la caféine exerce une action diurétique: elle stimule la production d'urine. Mais là ne s'arrêtent pas les effets de la caféine. Des chercheurs de l'hôpital St. George de Londres ont découvert qu'elle exerce une pression sur la vessie en provoquant la contraction des muscles environnants, ce qui augmenterait l'envie d'uriner chez certains incontinents.

Des expériences mettant à contribution 20 femmes incontinentes ressentant très fréquemment le besoin impérieux d'uriner et 10 autres femmes sans problème de contrôle vésical ont permis aux chercheurs britanniques d'en faire la démonstration. Après avoir administré à tous les sujets 220 mg de caféine — soit la quantité contenue dans deux tasses de café faible environ —, ils ont constaté en effet, dans les trente minutes suivant l'ingestion de la substance testée, que les vessies des femmes incontinentes se remplissaient très rapidement, en comparaison avec celles des femmes du groupe témoin. On a noté aussi chez elles des contractions vésicales deux fois plus intenses que chez les sujets normaux.

L'alcool, autre diurétique, est susceptible également de favoriser ce type d'incontinence. Jusqu'à preuve du contraire, il ne semble pas que d'autres aliments aient quelque influence sur les émissions involontaires d'urine, selon la *Harvard Health Letter*.

C

CANCER

Chapitre 21

LE RÔLE DE L'ALIMENTATION DANS LA GENÈSE DU CANCER

Aliments susceptibles d'aider à prévenir le cancer: Légumes (ail, chou pommé, haricot de soya, oignon, carotte, tomate et tous les légumes jaunes ou verts) • Fruits (surtout les agrumes) • Poisson gras • Thé • Lait
Aliments susceptibles de freiner la dissémination des tumeurs cancéreuses: Fruits de mer • Ail • Légumes de la famille des crucifères (chou pommé, brocoli, feuilles de chou cavalier, etc.)
Aliments susceptibles de favoriser le cancer: Viande • Aliments à haute teneur en matières grasses • Certaines huiles végétales • Alcool (consommé en quantité excessive)

Un Américain sur cinq — 1400 par jour — meurt du cancer. Il est maintenant reconnu que les facteurs alimentaires interviennent dans la genèse de la maladie. Selon les données du National Cancer Institute (NCI)*, 33 % environ des cancers diagnostiqués aux États-Unis sur le territoire américain seraient reliés d'une manière ou d'une autre à l'alimentation; le Britannique Richard Doll, un spécialiste de la question, établit pour sa part ce pourcentage à 60 %. On estime ainsi que de 385 000 à 700 000 nouveaux cas de cancer et de 170 000 à 315 000 décès par cancer survenus aux États-Unis en 1993 auraient pu être prévenus grâce à des mesures diététiques appropriées.

---

* Sauf indication contraire, toute mention du NCI dans les chapitres consacrés au cancer renvoie au National Cancer Institute des États-Unis.

Mécanismes d'action

Un cancer ne se développe pas du jour au lendemain. Avant qu'il ne se manifeste dans toute sa virulence, il faut compter des années, voire des dizaines d'années; deux à trois décennies, en général — même quatre à cinq dans certains cas — , s'étalent entre le moment où une première cellule est affectée par des mutations génétiques et celui où apparaît une tumeur maligne. C'est-à-dire tout le temps dont on dispose pour «nourrir» ou, au contraire, laisser dépérir des cellules potentiellement cancéreuses.

Il est possible en effet d'influencer ce processus pathologique à différents stades de son évolution, depuis le jour où il s'amorce dans l'organisme jusqu'au moment où il envahit les tissus voisins et commence à se propager.

Les aliments peuvent:

- empêcher l'«activation» de certains produits chimiques aptes à déclencher la formation de tumeurs malignes;
- mettre en branle le système de détoxication biologique, prévenant ainsi l'altération des gènes préludant au cancer (ainsi, les vitamines et autres nutriments antioxydants peuvent tenir en échec divers agents cancérigènes ou corriger leurs méfaits);
- intervenir dans le processus de cancérisation d'un tissu déclenché par un virus ou des hormones (les œstrogènes, par exemple);
- circonscrire, même *après* qu'il a débuté, le développement d'agglomérations microscopiques de cellules qui risquent de dégénérer en tumeurs malignes ou réduire la taille de ces éruptions ou amas cellulaires précancéreux;
- influer, dans une certaine mesure, sur les *métastases*, c'est-à-dire sur la migration de cellules de la tumeur initiale vers d'autres organes, en créant un environnement hostile à l'implantation et à la multiplication des cellules cancéreuses dans une nouvelle partie du corps;
- prolonger l'espérance de vie, même après que le cancer a été diagnostiqué.

Comme on le voit, le régime alimentaire peut influer de multiples manières sur le développement et la propagation du cancer. Bien qu'on ne dispose pas encore de données suffisantes permettant de dire exactement comment agit tel ou tel aliment et qu'il faille tenir compte d'autres facteurs qui entrent en ligne de compte dans la genèse de la maladie, on peut néanmoins affirmer sans hésitation que les habitudes alimentaires ont un rôle à jouer dans l'apparition de la maladie, et ce, même si vos antécédents familiaux ou votre style de vie vous y prédisposent. Le présent chapitre et ceux qui suivent vous apprendront comment prévenir, par une saine alimentation, l'apparition du cancer ou comment *nourrir* l'espoir de tenir en échec un cancer déjà déclaré.

I. COMMENT S'ALIMENTER POUR PRÉVENIR OU FREINER LE DÉVELOPPEMENT DU CANCER

En priorité: les aliments d'origine végétale riches en antioxydants

Depuis le début des recherches sur le rôle de l'alimentation dans l'incidence du cancer, soit depuis les années soixante-dix, le même facteur refait constamment surface: *les fruits et les légumes.* «Plus on mange de fruits et de légumes, moins on s'expose au risque d'être un jour victime du cancer, qu'il s'agisse du cancer du côlon, du cancer de l'estomac ou du cancer du sein, affirme Peter Greenwald, chef de la Division of Cancer Prevention and Control, du NCI. Ces aliments auraient même un effet sur le cancer du poumon. Les grands consommateurs de fruits et de légumes sont *deux fois moins* vulnérables à divers types de cancers que ceux qui n'en absorbent que de petites quantités.»

De nombreux travaux ont confirmé la validité de cette corrélation. Au terme de l'analyse de 170 études qu'ont consacrées à la question les chercheurs de 17 pays différents, Glady Block, de l'Université de la Californie à Berkeley, arrive à la même conclusion: on note, aux quatre coins du monde, que les taux de susceptibilité au cancer du sein d'un échantillon donné sont inférieurs de 50 % chez les individus qui consomment le plus de fruits et de légumes. Cette constatation vaut aussi bien pour les cancers du poumon, du sein, du col utérin et de l'ovaire, précise Block, que pour ceux qui touchent l'œsophage, la bouche, l'estomac, la vessie, le pancréas ou le côlon.

Les analyses sanguines fournissent à cet égard de précieuses indications: des indices révèlent clairement dans le sang des patients cancéreux une consommation de végétaux bien inférieure à celle des sujets sains. Une étude menée récemment en Suisse durant douze ans auprès de 3000 hommes a mis en évidence une corrélation directe entre des taux sanguins peu élevés de *vitamine A* et de *carotène* — taux qui traduisent une consommation insuffisante de fruits et de légumes — et la susceptibilité à divers types de cancers, au cancer du poumon en particulier. De même, un taux très faible de *vitamine C* dans le sang signale un risque accru de mourir d'un cancer affectant l'estomac ou d'autres organes de l'appareil gastro-intestinal. Des chercheurs britanniques viennent de montrer également que chez les hommes qui affichent les plus hauts taux sanguins de bêta-carotène (ß-carotène) la probabilité d'être atteint d'un cancer est inférieure de 40 % à celle des sujets dont les taux sont les plus faibles. Une autre étude fait état de rapports similaires entre, d'une part, de hauts niveaux d'*acide folique* (présent dans les légumes verts) et de *lycopène* (colorant naturel de la tomate), et, d'autre part, une incidence plus faible de divers types de cancers (poumon, col utérin et pancréas).

Il est encourageant de savoir que les effets préventifs de ces micronutriments ne tiennent pas à une surconsommation de fruits et de légumes. *Deux fruits par jour* (plutôt que trois ou moins par semaine, comme c'est habituellement le cas) pourraient faire toute la différence, dit-on; on va même jusqu'à dire qu'ils permettraient de réduire de 75 % — même chez les fumeurs! — les risques d'être atteint d'un cancer du poumon. Il est effarant de constater, dit l'un des chercheurs qui ont participé aux travaux sur les vertus protectrices des fruits et des légumes contre le cancer, à quel point ces aliments des plus courants peuvent être efficaces contre une substance cancérigène aussi puissante que la fumée de cigarette.

Les résultats obtenus lors des tests sont si convaincants qu'il n'est pas impossible, estime Block, que ce remède préventif en vienne à transformer complètement le tableau endémique du cancer, de la même manière que la dépollution des réservoirs d'eau potable a contribué à éliminer des épidémies aussi dévastatrices que le choléra.

Doses quotidiennes recommandées

On n'a jamais pu établir la «dose» minimale de fruits et de légumes à absorber quotidiennement pour que puissent s'exercer les effets anticancéreux de ces aliments; à ceux qui veulent mettre toutes les chances de leur côté, on suggère en général d'inclure au menu quotidien *deux fruits et trois légumes de catégories différentes*. Ainsi, le NCI recommande de consommer chaque jour «cinq portions de fruits et de légumes», une portion correspondant ici à l'un ou l'autre des exemples suivants:

- 1/2 tasse de fruits ou de légumes crus ou cuits;
- 1 tasse de légumes à feuilles crus;
- 1 fruit de grosseur moyenne;
- 170 ml de jus de fruit ou de légume.

À peine 10 % des Américains, semble-t-il, consomment chaque jour la quantité de fruits et de légumes prescrite!

Fruits et légumes potentiellement anticancéreux

Les aliments mentionnés ci-après font partie de la liste des agents d'origine végétale actuellement soumis à des essais aux États-Unis par le National Cancer Institute.

Ail
Chou pommé
Réglisse
Haricot de soya
Gingembre
Ombellifères: carotte, céleri, panais
Oignon
Thé
Curcuma
Agrumes: orange, pamplemousse, citron, lime
Blé entier
Lin
Riz brun
Solanacées: tomate, aubergine, piments

Crucifères: brocoli, chou-fleur, chou de Bruxelles
Avoine
Menthe
Origan
Concombre
Romarin
Sauge
Pomme de terre
Thym
Ciboulette
Cantaloup
Basilic
Estragon
Orge
Baies

L'ail et les oignons: de puissants agents prophylactiques

Prenez l'habitude d'inclure chaque jour à vos menus une petite quantité d'ail et d'oignon: ils regorgent de substances anticancéreuses. On aurait identifié jusqu'à maintenant plus de 30 de ces substances, dont le disulfure d'allyle, la quercétine et l'ajoène. Des expériences de laboratoire ont révélé que ces composants de l'ail et de l'oignon produisent des effets inhibiteurs sur certains des agents oncogènes les plus terrifiants, notamment les nitrosamines et l'aflatoxine, substances toxiques impliquées dans les cancers de l'estomac, du poumon et du foie. Le NCI rapporte qu'en Géorgie, on enregistre deux fois moins de cancers de l'estomac dans la région où l'on cultive l'oignon que dans les autres régions agricoles de l'État, et trois fois moins qu'ailleurs aux États-Unis.

On a observé que l'administration d'ail à des animaux de laboratoire donnait, dans tous les cas, des résultats positifs. Des chercheurs de Harvard ont réussi, par exemple, à immuniser des hamsters contre le cancer en ajoutant des oignons hachés à l'eau dont s'abreuvaient les animaux.

Les expériences de Michael J. Wargovich, du Houston's M.D. Anderson Cancer Center, ont également produit des effets probants. Après avoir exposé à de puissants agents cancérigènes des souris auxquelles il avait préalablement administré du disulfure d'allyle purifié extrait de gousses d'ail, Wargovich s'est rendu compte que le composé alliacé avait considérablement réduit les cas de cancer du côlon: le taux de la maladie était de 75 % inférieur dans ce groupe à celui des souris nourries à leur pâture habituelle! Fait plus impressionnant encore, lorsque les souris qui avaient reçu l'extrait d'ail furent exposées à des substances provoquant habituellement chez elles le cancer de l'œsophage, aucune n'a été atteinte par la maladie!

John Milner, chef du département de nutrition de l'Université de l'État de la Pennsylvanie, rapporte avoir observé de son côté une résorption de 70 % des tumeurs mammaires chez des souris sous l'effet de doses spécifiques d'ail frais.

Des études laissent entendre que l'oignon et l'ail pourraient aussi exercer des effets bénéfiques chez l'homme en le rendant moins vulnérable à divers types de cancers.

Les vertus thérapeutiques du lycopène

On prête à l'humble tomate (crue ou cuite, fraîche ou en conserve, en sauce ou intégrée à un ketchup) des propriétés anticancéreuses non négligeables. On dit d'ailleurs qu'elle occupe une place de choix dans le régime alimentaire des sujets moins vulnérables au cancer. Le *lycopène*, pigment qui donne à la tomate sa couleur caractéristique, pourrait même être deux fois plus efficace que le ß-carotène à refroidir l'énergie destructrice de l'oxygène singulet, molécule d'oxygène toxique dont les ravages peuvent entraîner la cancérisation des cellules.

Le melon d'eau ou pastèque est une autre excellente source de lycopène. Les abricots en renferment aussi, mais en moindre quantité.

Recherchez les légumes riches en antioxydants

Les légumes verts, notamment les légumes verts *à feuilles*, devraient toujours figurer au menu quotidien: ce sont de puissants remèdes contre le cancer, comme l'indiquaient récemment des chercheurs italiens. Épinards, chou frisé, laitue vert foncé, brocoli, tous ces aliments regorgent de divers types d'antioxydants, dont le ß-carotène, l'acide folique et la lutéine. Moins bien connue que les deux autres, la lutéine agirait aussi énergiquement que le ß-carotène, selon certains scientifiques. Tous les légumes à feuilles *sombres*, dont les épinards, sont riches en lutéine; le chou frisé est aussi une excellente source de cet antioxydant (il en renferme même deux fois plus que les épinards). «Plus leurs feuilles sont foncées, plus les légumes verts contiennent de caroténoïdes et autres inhibiteurs du cancer», souligne Frederick Khachik, du ministère de l'Agriculture des États-Unis. Précisons que la cuisson et la congélation n'annulent pas les propriétés de la lutéine et autres caroténoïdes, ce qui n'est pas le cas de la vitamine C et du glutathion, par exemple, qui semblent plus fragiles.

Les agrumes: un «médicament» polyvalent

Oranges, pamplemousses, citrons, limes, tous les agrumes constituent un «médicament» de choix contre le cancer, déclare le toxicologue américain Herbert Pierson, grand spécialiste des études sur l'alimentation et le cancer, en raison de leur teneur élevée en substances naturelles — caroténoïdes, flavonoïdes, terpènes, limonoïdes et coumarines — capables de neutraliser chez les animaux l'action de produits chimiques hautement cancérigènes. On aurait isolé dans les agrumes pas moins de 58 agents anticancéreux connus! Aucun autre aliment n'en recèle autant.

De plus, estime Pierson, «il est hautement probable que l'ensemble de ces substances chimiques d'origine végétale agisse plus énergiquement [...] que ne le ferait chacune prise isolément, comme c'est le cas de tout mélange naturel». Autrement dit, les fruits *entiers* de la famille des agrumes sont de merveilleux cocktails de composés anticancéreux, au rang desquels figure le glutathion. On a relevé des concentrations importantes de cet antioxydant dans les oranges; le jus d'orange n'en renferme toutefois pas autant que le fruit entier. L'orange constitue aussi une excellente source — la meilleure qui soit, en réalité — de glucarate, autre inhibiteur du cancer. Certains spécialistes américains attribuent à une augmentation de la consommation d'agrumes la chute du nombre de cancers d'estomac aux États-Unis.

Des agents anticancéreux dans les haricots de soya

On devrait consommer plus souvent des haricots de soya et des produits comme le tofu, fabriqué à partir du lait de soya: certains de leurs constituants (cinq d'entre eux auraient été isolés à ce jour) ont des propriétés anticancéreuses inestimables.

- Les haricots de soya pourraient contrecarrer le développement des cancers d'origine hormonale, tels le cancer du sein et le cancer de la prostate, en faisant obstacle à l'action néfaste d'un certain type d'œstrogène.
- Ils sont une source exceptionnellement riche d'*inhibiteurs des pro-*

téases, agents capables d'entraver ou de ralentir la croissance de divers cancers chez l'animal (côlon, bouche, poumon, foie, pancréas et œsophage), comme l'ont montré certaines expériences.

- Les *phytostérols*, autres constituants des haricots de soya, auraient déjà fait obstacle au cancer du côlon, chez l'animal, en stoppant la division et la prolifération cellulaire.
- Les vertus des *saponines* contenues dans les haricots de soya sont multiples: elles stimuleraient le système immunitaire; elles pourraient détruire directement les cellules cancéreuses; elles seraient capables de ralentir la croissance des cellules cancéreuses du col utérin et de la peau; enfin, elles pourraient *inverser* la multiplication des cellules cancéreuses dans le côlon!
- Des composants des haricots de soya entraveraient aussi la formation des nitrosamines, substances reconnues officiellement comme étant l'un des plus redoutables agents cancérigènes (elles seraient en cause dans le cancer du foie notamment). On incline même à penser que les haricots de soya inhiberaient les nitrosamines plus efficacement que ne le fait la vitamine C (qu'on ajoute habituellement aux salaisons pour neutraliser l'action des nitrosamines).

Le régime alimentaire des Japonais fournit cinq fois plus de ces substances anticancéreuses que celui des Américains. Le régime type des pays occidentaux assure, par exemple, un apport de 80 mg de phytostérols environ, contre 400 mg pour celui des Japonais (les végérariens absorberaient à peu près 345 mg de saponines quotidiennement). On ne s'étonnera donc pas que les taux de cancer restent très bas au Japon. Ironiquement, la quasi-totalité des récoltes de soya aux États-Unis servent à nourrir le bétail, le reste étant exporté au Japon!

La cuisson altère-t-elle les propriétés anticancéreuses des légumes et des fruits?

Les substances anticancéreuses présentes dans les fruits et les légumes agiraient avec plus de force, dit-on, lorsque ces aliments sont consommés crus, la chaleur affectant leurs propriétés, comme cela se produit dans le cas de la lutéine, ou les annulant totalement; ainsi, les indoles et la vitamine C sont complètement détruits par la cuisson. D'où l'importance de manger crus une grande quantité de légumes verts à feuilles (laitue, épinards, brocoli, etc.) et de crucifères (chou-fleur, chou pommé, etc.) ou de ne jamais les soumettre à une cuisson prolongée.

Le ß-carotène fait toutefois exception à la règle comme le rapporte John Erdman fils, de l'Université de l'Illinois à Urbana; une cuisson brève rendrait en effet le ß-carotène plus facilement assimilable. De nouvelles données, fournies par des chercheurs allemands, suggèrent que la cuisson des tomates faciliterait dans ce cas-ci l'absorption du lycopène, autre anti-oxydant très puissant susceptible de faire obstacle au cancer.

Des fruits et des légumes pour vaincre le cancer

Selon John Potter, de l'Université du Minnesota, les végétaux les plus efficaces pour prévenir les divers types de cancers seraient les suivants:

Cancer du poumon: carottes et légumes verts à feuilles.

Cancer du côlon: carottes et légumes de la famille des crucifères.

Cancer de l'œsophage, de la cavité buccale et du pharynx: fruits en général.

Cancer du larynx: fruits et légumes en général.

Cancer de l'estomac: fruits en général et légumes tels que laitue, oignon, tomate, céleri, courge (consommés crus de préférence).

Cancer du pancréas: fruits et légumes en général.

Cancer de la vessie: carottes et autres légumes; fruits.

Cancer de la thyroïde: légumes de la famille des crucifères.

Les vertus anticancéreuses du thé vert

Les résultats obtenus au terme d'expériences visant à évaluer le potentiel anticancéreux du thé (thé noir, thé oolong et thé vert) sont extrêmement encourageants, comme le rapporte John Weisburger, de l'American Health Foundation. Ces trois variétés de *Camellia sinensis*, très populaires dans le monde entier, n'ont toutefois rien à voir avec les tisanes, mélanges locaux d'herbes et d'épices qui ne partageraient pas les propriétés des substances anticancéreuses qui ont été isolées dans le thé.

Les études menées récemment en Chine, au Japon et aux États-Unis ont toutes mené à la même conclusion: le thé est une boisson étonnamment efficace pour stopper le développement de divers cancers chez les animaux de laboratoire. Allan Conney, de l'Université Rutgers, au New Jersey, rapporte ainsi que la consommation de thé vert, à des concentrations normales (équivalentes du moins à la concentration habituelle du thé que boivent les humains), a permis de stopper chez des souris jusqu'à

87 % des cancers de la peau, 58 % des cancers de l'estomac et 56 % des cancers du poumon.

On serait parvenu de même à inhiber le cancer chez l'animal grâce à certains constituants du thé oolong et du thé noir, deux variétés de thé vert fermenté et séché. Bien que la plupart des marques connues de thé noir soient censées exercer les mêmes effets bénéfiques que le thé vert, on persiste à croire que ce dernier, disponible dans les épiceries et les restaurants asiatiques, peut contribuer davantage à faire obstacle au cancer.

Des chercheurs du Japon ont isolé dans le thé vert un type de catéchine particulièrement puissant: le gallate d'épigallocatéchine. Selon Chitang Ho, chimiste de l'Université Rutgers, le thé vert renfermerait une très grande quantité de cc type de catéchine, soit 10 fois plus que dans le thé noir et 2,5 fois plus que dans le thé oolong. Les divers traitements qu'on fait subir à ces deux dernières variétés de thé pour les rendre consommables détruiraient une partie des catéchines.

La nocivité des graisses animales et des acides gras oméga-6

Lorsqu'on compare les régimes alimentaires de diverses populations à l'échelle du globe ou des habitants de différentes régions à l'intérieur d'un pays, il est frappant de constater que *les taux élevés de cancer sont souvent en relation directe avec les régimes riches en graisses animales.*

«La surconsommation de viande accroît la susceptibilité aux cancers du pancréas, du côlon, du poumon et du sein. Les risques de contracter la maladie sont encore plus élevés, bien sûr, chez les gros mangeurs de viande qui ne peuvent se passer de la cigarette et ne consomment pas tous les jours de légumes verts et de légumes jaunes.» Ces constatations de Takeshi Hirayama, de l'Institut d'oncologie préventive de Tokyo, sont fondées sur une vaste étude ayant mis à contribution 265 118 adultes de six préfectures différentes du Japon pendant dix ans.

Certaines graisses d'origine végétale peuvent aussi être très nocives. Les acides gras oméga-6 polyinsaturés, qu'on retrouve dans des produits d'usage courant, dont l'huile de maïs, seraient des substances dangereuses, potentiellement cancérigènes: les taux de cancer chez les animaux nourris à l'huile de maïs rejoignent en effet ceux des animaux à qui ont été inoculés en laboratoire des agents cancérigènes.

L'action nocive des matières grasses peut s'exercer de diverses manières.
- Les matières grasses favorisent la croissance des tumeurs, un peu comme un combustible alimente le feu; privées de corps gras, les

cellules prédisposées à la cancérisation demeureraient relativement «calmes».

• Elles stimulent la sécrétion d'acides biliaires dans le côlon, créant ainsi un terrain favorable à la cancérisation cellulaire.

• Un excès de graisses d'origine animale ou végétale de type oméga-6 est toujours susceptible d'affaiblir les mécanismes de défense contre la tumeur (comme le suggèrent des recherches menées à l'American Health Foundation et au St. Luke's-Roosevelt Hospital Center de New York).

On prendra note toutefois que les graisses monoinsaturées (prédominantes dans l'huile d'olive, entre autres) ne sont pas ici concernées: elles ne figurent pas au rang des agents oncogènes, précise Ernst L. Wynder, président de l'American Health Foundation. De nouvelles données laissent croire, au contraire, que les graisses monoinsaturées aideraient à freiner le développement du cancer. Les acides gras oméga-3, très abondants dans les poissons de mer, pourraient même faire régresser certains types de cancer, dont le cancer du sein.

EN BREF: *Les graisses d'origine animale et les huiles végétales riches en acides gras polyinsaturés sont potentiellement cancérigènes. Les acides gras monoinsaturés — présents dans l'huile d'olive, par exemple — et l'huile de poisson pourraient, en revanche, faire régresser la maladie.*

Des données contradictoires sur les effets du lait

Les graisses saturées présentes dans le lait entier seraient susceptibles, dit-on, comme tous les acides gras saturés, de favoriser certains cancers. Au terme d'une étude menée auprès de 1300 personnes, des chercheurs du Roswell Park Memorial Institute de Buffalo rapportaient que le lait à 2 % de matières grasses et le lait écrémé ne produisaient toutefois pas ces effets.

On a observé que les buveurs de lait à 2 % ou de lait écrémé étaient non seulement moins exposés que les consommateurs de lait entier à développer divers types de cancers (cavité buccale, estomac, rectum, poumon et col de l'utérus) — ce qui n'a rien d'étonnant en soi —, mais qu'ils se montraient aussi plus résistants à des formes variées de cancer (bouche, estomac, côlon, rectum, poumon, vessie, sein et col de l'utérus) que ceux qui s'abstiennent totalement de boire du lait! Selon le coordonnateur de l'étude, Curtis Mettlin, il y aurait dans le lait *à faible teneur en matières grasses* certains agents anticancéreux — peut-être le calcium ou la riboflavine ou encore les vitamines A, C ou D — capables de neutraliser les effets potentiellement cancérigènes des graisses saturées.

Le mode de cuisson des viandes: un facteur non négligeable

Quel est le mode de cuisson des viandes, de la volaille et du poisson le moins susceptible de favoriser le cancer?

Les viandes cuites au four à micro-ondes, les viandes braisées ou étuvées, pochées ou bouillies, répond Richard H. Adamson, du NCI; ces modes de cuisson *à basse température* risquent moins, selon lui, de déclencher la formation d'amines aromatiques hétérocycliques (AAH), agents cancérigènes qui seraient à l'origine de 6000 nouveaux cas de cancer par année aux États-Unis. On a vu apparaître divers types de cancer chez des animaux exposés aux AAH, dont les cancers du foie et du sein (chez des singes).

Une étude suédoise publiée récemment laisse entendre que le cancer du côlon serait plus fréquent chez les consommateurs de viande grillée ou frite. Tous les modes de cuisson à température élevée, asséchante — friture, cuisson à la poêle, sur le gril ou au barbecue —, produisent en effet quantité d'agents cancérigènes; la cuisson sur le gril et la cuisson au barbecue, où la viande peut atteindre des températures dépassant 180° C (350° F), seraient les plus dommageables. La cuisson au four (en excluant le gril toutefois) donnerait naissance à des quantités plus ou moins élevées (de «faibles» à «modérées») de AAH; c'est le cas notamment du rôtissage.

Pour prévenir le cancer, il est donc conseillé d'étuver, de pocher ou de bouillir le plus souvent possible les viandes. Adamson recommande aussi de consommer la viande de bœuf *à point* plutôt que bien cuite, la cuisson prolongée augmentant le taux d'AAH. On aurait avantage aussi à cuire d'abord, en partie, au micro-ondes les croquettes de bœuf haché (viande à hamburger), les côtelettes, le poulet et le poisson avant de les saisir au barbecue, en ayant soin de laisser s'égoutter leur jus avant de les déposer sur le gril. Évitez de même de réutiliser le jus de viande dans la préparation des sauces. Enfin, variez autant que possible les types de cuisson.

L'alcool favorise-t-il le cancer?

L'alcool peut élever les risques de cancer des voies digestives supérieures et inférieures, du foie, de la prostate, du sein et, surtout, du côlon. Les grands buveurs qui, de surcroît, fument abondamment multiplieraient par 43 le risque de développer un cancer de la gorge et par 135 celui d'être victime d'un cancer des voies nasales, selon une vaste étude menée par l'Institut international de recherche sur le cancer de Lyon auprès de sujets masculins vivant en territoire européen.

Le cancer du rectum est souvent lié à une surconsommation de bière. Selon des chercheurs de l'Université de l'Oklahoma, les hommes qui ingurgitent cinq bières ou plus par jour doubleraient leurs risques de développer un cancer du rectum. On estime que plus une personne consomme d'alcool, plus elle s'expose habituellement à être victime de divers types de cancers.

De nouvelles données suggèrent en outre que la consommation d'une quantité excessive d'alcool *en une seule fois* peut stimuler la progression du cancer, en affaiblissant le système immunitaire. Gayle Page, de l'Université de la Californie à Los Angeles, soutient même que quelques épisodes d'intoxication ou un excès d'alcool *à une occasion* suffiraient à accélérer la dissémination de la tumeur. Elle s'est rendu compte que, chez l'animal, l'absorption en moins d'une heure d'un volume d'alcool équivalent à quatre ou cinq verres chez l'humain avait doublé les métastases pulmonaires d'un cancer de la mamelle.

Le message est clair, donc: *les personnes atteintes de cancer devraient éviter de consommer trop d'alcool.*

II. COMMENT S'ALIMENTER POUR FREINER LA DISSÉMINATION DU CANCER

Des aliments aux vertus chimiothérapeutiques

Si certains aliments aident à prévenir le cancer, peut-on entrevoir aussi qu'ils puissent contribuer, au même titre que la chimiothérapie, à contenir les ravages du cancer, une fois qu'il a fait son nid? Certains composants chimiques des aliments peuvent-ils vraiment intervenir dans le cours de la maladie?

D'un point de vue strictement théorique, oui. Dans les faits, des données scientifiques de plus en plus nombreuses donnent à penser que les propriétés chimiothérapeutiques de certaines substances alimentaires seraient bien réelles et qu'elles pourraient effectivement empêcher les tumeurs de s'accroître, de se disséminer à distance et même agir directement sur ces transformations malignes en détruisant les cellules cancéreuses.

Ce qui ne signifie pas pour autant que les aliments doivent *remplacer* les traitements mis au point par la médecine moderne pour vaincre le cancer. Il faut plutôt envisager les mesures diététiques comme un adjuvant de la thérapie médicamenteuse de base, un atout de plus dans la lutte contre le cancer et dans la prolongation de la vie du patient.

Parmi les aliments et substances alimentaires pouvant contribuer non seulement à prévenir l'apparition du cancer, mais à freiner le développement de tumeurs secondaires (métastases), figurent:

- *l'huile de poisson,* particulièrement efficace contre le cancer du sein;
- *le chou pommé, le chou cavalier et autres crucifères,* qui aident à prévenir ou à stopper le cancer du sein;
- *l'ajoène et l'allicine,* extraits de l'ail;
- *le bêta-carotène,* présent dans les légumes et les fruits vert sombre et les oranges de couleur foncée;
- *les triterpénoïdes,* présents dans la réglisse, qui pourraient réprimer la prolifération rapide de certaines cellules cancéreuses et corriger le rythme de croissance de cellules précancéreuses.

Les stupéfiantes propriétés des constituants de l'ail

Il n'est pas impossible que l'ail puisse ralentir la marche du cancer. Une étude menée récemment en Allemagne a démontré en effet que des composés de l'ail exercent une action toxique sur les cellules malignes, ce qui suggère qu'ils pourraient produire des effets similaires à ceux qu'on attend des médicaments utilisés dans la chimiothérapie. Les auteurs de cette étude rapportent avoir observé que l'ajoène, l'un des composants de l'ail, produisait des effets toxiques trois fois plus marqués sur les cellules (humaines) malignes que sur les cellules saines.

L'ail pourrait aussi contrecarrer l'évolution d'un cancer déjà déclaré en agissant comme «modificateur» du processus d'immunité, selon le Dr Benjamin H.S. Lau, de la faculté de médecine de l'Université Loma Linda, qui explore depuis plusieurs années les vertus médicinales de l'ail. Cet aliment agirait un peu à la manière de l'interleukine, dont on entend beaucoup parler depuis quelques années. Comme l'interleukine (composant du plasma sanguin sécrété par les macrophages et certains lymphocytes), l'ail amplifierait la réponse immunitaire en stimulant d'autres cellules à lutter contre l'envahisseur. À l'aide de composés sulfurés de l'ail, le Dr Lau a lui-même réussi à activer *in vitro* les macrophages et les lymphocytes T, constituants du système immunitaire chargés de détruire les cellules tumorales. Il reste à démontrer que l'ail peut produire les mêmes effets chez l'homme, dit le Dr Lau.

L'Américain Tim Byers, du Center for Disease Control and Prevention, incline à penser que l'ail pourrait aussi réprimer les cancers du côlon et de l'estomac en détruisant l'*H. pylori* — bactérie possiblement en cause dans ces deux cancers —, comme le ferait un antibiotique.

Faites réserve de bêta-carotène

Le bêta-carotène (ß-carotène) présent dans les fruits et les légumes est un puissant antidote contre le cancer. Il contribuerait non seulement à prévenir la formation de tumeurs malignes mais à les empêcher d'envahir les tissus voisins et de se propager à d'autres organes. Les travaux les plus récents sur la question laissent entendre que le ß-carotène peut détruire les cellules cancéreuses humaines de multiples manières.

D'abord, le ß-carotène stimulerait la production de substances immunisantes s'attaquant directement aux cellules cancéreuses; on a déjà pu observer que les tumeurs d'animaux à qui on avait administré cette substance antioxydante étaient sept fois plus petites que celles des animaux qui n'en avaient pas reçu.

Des chercheurs de Harvard ont magistralement démontré il y a quelques années que le ß-carotène avait exercé un effet toxique direct, chez l'homme, sur des cellules prélevées d'une tumeur épithéliale maligne (carcinome) solide; il pourrait donc agir comme le font les médicaments utilisés dans la chimiothérapie. Ils ont pu constater que le carotène avait non seulement réduit la prolifération de cellules cancéreuses au niveau du poumon mais qu'il avait limité les effets oncogènes des radicaux libres dans les cellules cancéreuses et stimuler l'action anticancéreuse des enzymes.

Les résultats des expériences menées par l'équipe de Xiang-dong Wang, de l'Université Tufts, sont encore plus stupéfiants. Les chercheurs bostonais ont en effet réussi à prouver que le ß-carotène peut se transformer dans l'organisme en une substance, appelée acide rétinoïque, utilisée actuellement dans plusieurs pays pour traiter le cancer, notamment le cancer du sang et le cancer de la vessie, traitement qui aurait produit jusqu'ici des résultats impressionnants. La transformation du ß-carotène dans le tractus intestinal déclenche effectivement la production de cet acide, lequel se trouve alors infusé dans la circulation sanguine; le ß-carotène étant emmagasiné dans les poumons, le foie, les reins et les tissus adipeux, l'organisme dispose ainsi d'une réserve d'acide rétinoïque dans laquelle il peut puiser à volonté.

Lorsque vous consommez des aliments qui renferment une quantité abondante de cet antioxydant, vous injectez donc vous-même dans vos tissus une substance anticancéreuse à laquelle pourront recourir vos cellules en cas de besoin. Est-ce assez pour vous convaincre de l'importance de consommer beaucoup de fruits et de légumes à teneur élevée en ß-carotène? (Vous en trouverez la liste dans l'Appendice placé à la fin du livre.)

Les effets inhibiteurs de l'huile de poisson

L'huile de poisson est un prodigieux médicament pour combattre le cancer et retarder la progression des tumeurs. «D'innombrables études ont montré que l'huile de poisson réduit invariablement, chez l'animal, la taille et le nombre de tumeurs, et réprime leur tendance à se propager», dit le Dr Artemis Simopoulos, président du Center for Genetics, Nutrition and Health de Washington, D.C. Ces constatations vaudraient aussi pour les humains.

L'analyse d'une étude gouvernementale mettant à contribution 6000 hommes d'âge moyen par Theresa A. Dolececk, du MRFIT Coordinating Center de Minneapolis, a révélé que les décès par cancer étaient moins nombreux, de fait, chez les hommes dont le sang était mieux pourvu en acides gras provenant de l'huile de poisson, signe qu'ils en consomment régulièrement. D'autres travaux, tout aussi stimulants, laissent entendre que l'huile de poisson réprimerait le développement des lésions qui sont à l'origine de cancer du côlon chez les humains.

Le Dr George Blackburn, professeur de chirurgie à la faculté de médecine de l'Université Harvard, estime, pour sa part, que l'huile de poisson peut entraver la dissémination du cancer du sein après l'ablation chirugicale de la tumeur. Selon lui, l'huile de poisson pourrait contribuer à empêcher les cellules tumorales errantes d'établir de nouveaux points d'ancrage, faisant ainsi obstacle à leurs tentatives de donner naissance à distance à des tumeurs secondaires. Pour confirmer ses hypothèses, il a incité un groupe de femmes ayant subi l'ablation d'une tumeur mammaire à se soumettre pendant une certaine période à un régime riche en huile de poisson. Les essais du Dr Blackburn étaient toujours en cours au moment de la rédaction de cet ouvrage; mais, compte tenu des résultats déjà enregistrés, il serait néanmoins très étonné, dit-il, que ce régime ne contribue pas à réduire les risques de métastases d'un cancer du sein.

Autres aliments susceptibles d'aider à limiter la diffusion du cancer

Les crucifères et le son de blé. — Comme on le sait, des taux excessifs d'œstrogènes peuvent provoquer le cancer du sein; les patientes victimes de la maladie — particulièrement celles qui ne sont pas encore ménopausées — devraient donc être vigilantes à cet égard. Les crucifères, dont le chou pommé, le brocoli, le chou-fleur, le chou frisé et le navet, de même que le son de blé, exerceraient un effet stimulant sur le métabolisme des œstrogènes. Ces aliments tendent à épuiser les réserves d'œstrogènes de l'organisme, réduisant du coup celles dont peuvent disposer les cellules cancéreuses, comme on le verra plus en détail dans le prochain chapitre.

Les champignons shiitake. — Un composé présent dans les champignons shiitake (*lentinan*), pourrait modifier, dit-on, le processus immunologique: il est capable, à ce titre, d'amplifier les réactions immunologiques du corps contre le cancer.

Le yogourt. — Les cultures actives du yogourt peuvent également mobiliser le système immunitaire en incitant l'organisme à produire des agents à action antivirale, connus sous le nom d'*interférons gamma*, capables d'inhiber la croissance des cellules tumorales.

La réglisse. — Les triterpénoïdes présents dans la (vraie) réglisse peuvent s'attaquer aux cellules cancéreuses qui se multiplient trop rapidement et faire en sorte que certaines cellules précancéreuses retrouvent un rythme de reproduction normal.

Le régime anti-cancer

Imaginons qu'une personne ait la chance de vivre dans des conditions idéales lui permettant d'acquérir très tôt les meilleures habitudes alimentaires qu'on puisse concevoir actuellement pour prévenir le cancer. Que mange-t-elle, que boit-elle chaque jour? Quels aliments exclut-elle de son régime?

- Elle mange des légumes et des fruits en quantité. Elle se gave de légumes verts (brocoli, chou, laitue, etc.), adore les carottes, les tomates, les oignons et a développé un goût tout particulier pour l'ail, cru ou cuit. Elle fait régulièrement provision de fruits de couleur vive: raisins rouges, fraises, framboises, melon d'eau et orange.
- Elle aime aussi toutes les variétés de noix, bonnes sources de vitamine E et d'agents anticancéreux, avec une préférence marquée pour les noix du Brésil, les noix de Grenoble et les amandes (les premières regorgent de sélénium, les secondes d'acide ellagique et les troisièmes d'acide oléique); elle n'en abuse pas toutefois car elle sait que les noix sont très caloriques.
- Le son, tout spécialement le son de blé, ainsi que le pain à grain entier de consistance ferme (sans beurre ni margarine), les haricots secs et les haricots de soya figurent régulièrement au menu.

- Elle boit du lait à faible teneur en matières grasses et mange régulièrement du yogourt (fabriqué à partir d'une culture d'acidophiles), mais évite le lait entier, les fromages et la viande rouge riches en graisses saturées. Des charcuteries? Jamais! S'il lui arrive d'avoir envie d'un peu de viande, elle opte pour la poitrine de dinde (sans la peau).
- Le poisson à chair grasse, dont l'huile a des propriétés anti-cancéreuses, constitue à ses yeux un aliment de choix. Elle n'hésite pas non plus à manger de l'anguille, poisson exceptionnellement riche en vitamine D et censé aider à combattre le cancer. Pas de poisson fumé ni trop salé toutefois.
- Parmi les corps gras, elle a une préférence marquée pour l'huile d'olive, l'huile de canola et surtout l'huile de lin.
- Elle s'est habituée au thé vert, ce qui ne l'empêche pas, quand elle en a vraiment envie, de boire du café.
- Il lui arrive aussi, à l'occasion, de boire de l'alcool. Un tout petit peu…

Chapitre 22

LE CANCER DU SEIN

> **Aliments susceptibles de prévenir ou de freiner le cancer du sein:** Légumes de la famille des crucifères • Fruits et légumes riches en vitamine C • Haricots secs • Huile de poisson • Son de blé • Huile d'olive
>
> **Aliments susceptibles de favoriser le cancer du sein:** Viande • Aliments riches en graisses saturées • Huiles végétales riches en acides gras oméga-6 • Alcool

Parmi les multiples facteurs impliqués dans le développement du cancer du sein, maladie qui affecte actuellement aux États-Unis une femme sur neuf et occupe le deuxième rang (après le cancer du poumon) dans la mortalité due au cancer, figure, en bonne place, le régime alimentaire. Non seulement l'alimentation détermine-t-elle en grande partie l'apparition de la maladie, disent les chercheurs, mais elle influence aussi sa diffusion dans l'organisme, voire son aboutissement. On a mis en évidence divers types de transformations cellulaires — dont certaines affecteraient notamment les œstrogènes — déclenchées par certains aliments.

Les Japonaises sont cinq fois moins exposées au risque de développer un cancer du sein que les Américaines et les Européennes. On sait en outre que lorsque les Japonaises sont atteintes de tumeurs malignes, ces excroissances se développent en général beaucoup plus lentement que chez les femmes des autres pays. On objectera que l'hérédité peut ici entrer en ligne de compte. Sans doute, mais des données épidémiologiques montrent clairement que les antécédents familiaux ne sont pas dans ce cas le seul facteur en cause. On observe ainsi, chez les Japonaises qui ont émigré vers un autre pays, celles qui vivent à Hawaï par exemple, une augmentation notable des taux de susceptibilité au cancer du sein, lequel avoisine souvent ceux du pays d'accueil.

«Quelque chose», une ou plusieurs substances alimentaires, semble donc, à n'en pas douter, protéger les femmes asiatiques des tumeurs mammaires, de même que «quelque chose» rend pour sûr les femmes occidentales extrêmement vulnérables à ces tumeurs souvent fatales — à moins que les deux «choses» soient impliquées dans la maladie.

Si les scientifiques qui se consacrent sans relâche à l'étude de ces phénomènes n'ont pas encore réussi à établir la liste complète des facteurs diététiques favorables ou défavorables au cancer du sein, de nouvelles données leur permettent maintenant de prodiguer aux femmes divers conseils qui devraient les aider à mettre toutes les chances de leur côté. Les autorités sanitaires encouragent d'ailleurs maintenant très fortement les femmes à adopter de saines habitudes alimentaires pour faire échec à cette maladie. Selon le Britannique Richard Peto, grand spécialiste de la question, le réaménagement du régime alimentaire des Américaines permettrait de *prévenir jusqu'à 50 % de tous les cancers du sein* diagnostiqués aux États-Unis!

Le facteur œstrogènes

Le cancer du sein est, comme celui de l'utérus et celui de l'ovaire, une maladie dite *hormono-dépendante:* un taux excessif d'*œstrogènes,* hormones sexuelles de la femme, favoriserait le développement de cette pathologie. Tous les aliments qui peuvent intervenir d'une manière ou d'une autre dans l'absorption ou le métabolisme des hormones œstrogènes seraient, par conséquent, de précieux alliés dans la lutte contre le cancer du sein.

Certains médicaments, dont le tamoxifène, utilisés comme traitement préventif et curatif des tumeurs mammaires, n'agissent pas autrement: ils contrent les effets nocifs d'un excès d'œstrogènes. Or on sait maintenant que plusieurs aliments peuvent produire les mêmes effets. La surveillance du régime alimentaire, tant avant qu'après la ménopause, est donc d'une importance primordiale dans la prévention du cancer du sein. Même si après la ménopause les ovaires ne sécrètent plus ce type d'hormones et que, par conséquent, les concentrations sanguines en œstrogènes diminuent, les risques qui y sont associés ne disparaissent pas pour autant, car certaines cellules adipeuses continuent d'en produire.

Une sécrétion excessive d'œstrogènes dès leurs jeunes années exposerait certaines femmes aux risques de développer plus tard un cancer du sein, selon certains scientifiques; d'où l'importance d'adopter très tôt un régime diététique préventif. On prétend aussi que les œstrogènes circulant dans l'organisme ne sont pas sans rapport avec le fait que le cancer récidive et qu'il s'étende à l'autre sein ou se dissémine dans l'organisme. Il est capital, par conséquent, même après l'apparition du cancer, de consommer des aliments qui aident à réguler les taux d'œstrogènes.

Il faut savoir aussi que certaines substances alimentaires peuvent exercer un effet toxique sur les cellules cancéreuses; d'autres, spécialement les matières grasses, stimuleraient ou, au contraire, stopperaient la croissance du cancer du sein, selon des mécanismes que n'ont toutefois pas encore réussi à élucider les chercheurs.

Le présent chapitre, élaboré à partir des découvertes les plus récentes sur la question, vise à vous faire connaître des mesures diététiques qui peuvent faire toute la différence dans le développement, l'extension et l'issue d'un cancer du sein, comme en témoignent de nombreuses études.

Découvrez les aliments «anti-œstrogéniques»

Les crucifères

Parmi les aliments qui agissent sur le métabolisme des œstrogènes, mentionnons d'abord le chou, le chou-fleur, le brocoli et les choux de Bruxelles. Les recherches de John Michnovicz et de ses collaborateurs de l'Institute for Hormone Research de New York ont révélé que des substances contenues dans les crucifères — les *indoles* — accélèrent le métabolisme des œstrogènes, réduisant du coup la quantité d'hormones dont disposent les cellules cancéreuses pour se développer.

Des indoles spécifiques, dont l'indole-3-carbinol, accéléreraient le processus par lequel l'organisme désactive ou annihile le type d'œstrogène qui est précisément à l'origine du cancer du sein. Des surdoses quotidiennes de 500 mg de cet indole, équivalentes à 400 g environ de chou cru, ont augmenté en effet de 50 % le processus de désactivation des œstrogènes chez les hommes et les femmes ayant participé à l'expérience, rapporte Michnovicz. Il présume que des doses plus faibles stimuleraient, elles aussi, à un moindre degré, bien sûr, la «combustion» des œstrogènes.

Les femmes dont le métabolisme œstrogénique est adéquatement réglé sont, en général, moins vulnérables aux cancers hormono-dépendants, comme les cancers du sein, de l'utérus ou de l'endomètre. Michnovicz incline donc à penser que la faible incidence du cancer du sein chez les femmes asiatiques pourrait être attribuable à la place importante qu'occupent les crucifères, dont le *bok choy* («chou chinois») dans leur régime alimentaire. Des expériences effectuées sur des souris lui ont permis d'observer une baisse stupéfiante des taux de tumeurs mammaires sous l'effet d'indoles extraits de légumes de cette famille. Des recherches menées sur des animaux à l'Epley Cancer Center de l'Université du Nebraska ont aussi mis en évidence les propriétés anticancéreuses des crucifères, dont le chou pommé et le chou frisé: ils auraient non seulement contribué à prévenir les tumeurs mammaires, mais aussi à réduire les métastases.

On prendra note que la cuisson affecte les vertus des indoles. Pour profiter au maximum des effets «anti-œstrogènes» et anticancéreux des crucifères de toutes sortes (chou pommé, chou frisé, chou-fleur, choux de Bruxelles, brocoli, feuilles de moutarde et navet), Michnovicz recommande donc de les consommer crus ou cuits légèrement.

Le son de blé

Une étude remarquable menée par le Dr David P. Rose, de l'American Health Foundation de New York, auprès de 65 femmes, dont l'âge variait entre 20 et 50 ans, a démontré que le son de blé possède, comme les crucifères, la propriété de réduire la quantité d'œstrogènes circulant dans le sang, contribuant ainsi à diminuer les risques de cancer du sein attribuables à ce facteur.

Au terme d'une expérience visant à comparer les effets de l'ingestion quotidienne de trois à quatre muffins riches en fibres fournissant au total 30 g de fibres (soit le double de l'apport habituel) — un premier groupe faisant l'essai de muffins au *son d'avoine*, le second celui des muffins au *son de maïs* et le troisième celui des muffins au *son de blé* —, on n'observa à la fin du premier mois du traitement aucune baisse significative des taux d'œstrogènes. Au terme du deuxième mois toutefois, on enregistra chez les consommatrices de *son de blé* — mais chez elles seulement — des chutes de 17 %, en moyenne.

Les résultats obtenus s'expliquent de la façon suivante: le son de blé est une fibre dont le degré d'insolubilité est très élevé, ce qui fournit aux bactéries du côlon amplement de substance à digérer et réduit conséquemment, par une série de transformations biochimiques extrêmement complexes, la quantité d'œstrogènes réintroduits dans la circulation sanguine.

À quelle dose le son de blé s'oppose-t-il aux effets des œstrogènes? En ajoutant chaque jour à son régime habituel une demi-tasse de plus de céréale de son de blé ou une tasse et demie de céréales de son en flocons ou encore six cuillerées à soupe de son de blé consommé tel quel (non raffiné et non cuit), on devrait pouvoir escompter les mêmes effets que ceux obtenus lors des expériences de laboratoire, dit le Dr Rose. Bien que son étude ait porté essentiellement sur les femmes non ménopausées, il estime que les mêmes conclusions valent aussi après la ménopause.

S'il faut en croire les auteurs d'une autre étude, effectuée cette fois à la faculté de médecine de l'Université Tufts, la fibre de blé réduirait même les taux sanguins d'œstrogènes plus efficacement que ne le font les diètes à très basse teneur en matières grasses.

Margo Woods, qui a enquêté sur la question, fait état de données extrêmement intéressantes. Il semble qu'en augmentant la part des fibres tout en réduisant celle des matières grasses dans la ration alimentaire d'un groupe de sujets, on aurait réussi à bloquer la production de l'œstrone (sulfate d'œstrone), un type particulier d'œstrogène; une autre hormone ovarienne, l'œstradiol, souvent incriminée dans le cancer du sein, répondrait aux fibres. Des expériences sur des animaux de laboratoire ont démontré qu'un régime faible en graisses mais riche en fibres de blé peut réduire de 50 % l'incidence des tumeurs mammaires. D'autres études ont établi une corrélation directe entre la consommation régulière de légumes riches en fibres et une plus faible fréquence du cancer du sein.

Les haricots secs

Une consommation abondante de haricots secs (les traditionnelles «fèves») constitue également un bon moyen de protection contre le cancer du sein, selon Leonard A. Cohen, de l'American Health Foundation de New York. L'action bienfaisante de ces légumineuses serait attribuable, selon lui, aux «phyto-œstrogènes», substances capables de bloquer l'action nocive des œstrogènes. D'autres agents anticancéreux, au rang desquels figurent les inhibiteurs des protéases et les phytates, pourraient aussi être en cause, dit-il.

On sait que les taux de cancer du sein sont beaucoup moins élevés chez les Hispaniques des Caraïbes et du Mexique que chez les Américaines. Or les haricots de toutes sortes — haricot pinto, haricot garbanzo et haricot noir — occupent une place importante dans le régime des femmes habitant ces régions: elles consomment en fait deux fois plus de haricots secs que les Américaines (soit trois quarts de tasse par jour, six fois par semaine pour les Hispaniques, contre trois fois par semaine pour les Afro-Américaines et deux fois par semaine seulement pour les Américaines de race blanche).

La relation entre ces habitudes alimentaires et les taux de cancer du sein tient-elle du hasard? Cohen ne le croit pas, comme il le soutient dans une autre étude qu'il vient de consacrer à la question.

Les prodiges du soya

«Les Américaines — surtout celles qui ont des antécédents familiaux de cancer du sein — devraient augmenter leur consommation de haricots de soya ou des dérivés du soya (protéines de soya texturées, tofu, lait de soya)», estime Kenneth Setchell, du Cincinnati Children's Hospital Medical Center. Des constituants de cet aliment agissent sur les œstrogènes et peuvent inhiber la croissance de cellules cancéreuses, contribuant ainsi à réduire le risque de développer un cancer du sein chez les femmes de tous âges, précise Stephen Barnes, professeur de pharmacologie et de biochimie à l'Université de l'Alabama.

De fait, l'un des composants du haricot de soya est assez semblable chimiquement au tamoxifène, médicament anti-œstrogènes prescrit dans certains cas pour aider à prévenir le développement et les métastases du cancer du sein. Les phyto-œstrogènes présents dans les haricots de soya contrarient — du moins chez l'animal — l'action néfaste de l'hormone femelle à peu près de la même façon que le fait le tamoxifène, souligne Barnes. Les résultats obtenus (40 à 65 % *de moins* de tumeurs mammaires) au terme d'essais consistant à mesurer l'effet protecteur d'une consommation élevée de haricots de soya après inoculation d'agents cancérigènes lui paraissent très significatifs.

Barnes et ses collègues ont réussi à isoler ce qu'ils croient être l'ingrédient le plus énergique parmi les anticancéreux que contient le haricot de soya; le composé en question, nommé *genistein*, aurait déjà contribué à prévenir des tumeurs mammaires chez l'animal. Des expérimentations visant à déterminer si une dose particulière de lait de soya pourrait atténuer les facteurs de risque biologiques habituellement mis en rapport avec le cancer du sein sont présentement en cours.

Le haricot de soya semble exercer chez les femmes asiatiques une action prophylactique contre le cancer du sein. Ainsi une étude révélait récemment que des femmes de Singapour ayant consommé avant la ménopause deux fois plus de protéines de soya qu'on en consomme normalement présentaient deux fois moins de risques d'être victimes d'un cancer du sein. Herman Adlercreutz et ses collaborateurs de l'Université d'Helsinki établissent une corrélation du même type impliquant cette fois des Japonaises: le haricot de soya serait, selon eux, le facteur primordial des faibles taux de cancer du sein enregistrés dans ce pays.

En analysant en détail les composantes du régime traditionnel des résidents d'un village situé non loin de Kyoto, ils ont constaté que les grands consommateurs (90 g par jour environ) de haricots de soya ou de ses dérivés — tofu, miso, haricots fermentés et haricots bouillis — présentaient les concentrations urinaires les plus élevées d'isoflavonoïdes, substances anticancéreuses particulièrement efficaces dans le cas du cancer du sein et du cancer de la prostate. Le miso aurait contribué aussi à diminuer chez des animaux tant les risques de développement que les risques de prolifération de tumeurs mammaires.

On a déjà noté dans le même sens que les cancers du sein apparus après la ménopause proliféraient beaucoup plus lentement chez les Japonaises que chez les femmes de race caucasienne.

Il faut préciser que seule la *protéine* de soya — donc les haricots de soya, les protéines de soya texturées, le lait de soya, le tofu, le miso, le tempeh — est dotée de vertus anticancéreuses. Comme on peut le constater, la sauce soya et l'huile de soya sont exclus de la liste.

L'action «anti-œstrogénique» du soya: un paradoxe?

Comment donc le haricot de soya, qui regorge d'œstrogènes d'origine végétale, peut-il aider à *prévenir* le cancer du sein? Il faut reconnaître que les propriétés de cette légumineuse sont assez paradoxales. Tout semble se passer comme si le haricot de soya agissait de la même manière que les œstrogènes humains, dit Barnes, sans que l'action du soya ne s'accompagne toutefois des effets néfastes des hormones femelles sur le cancer du sein. Le haricot de soya renfermerait une substance qui serait la réplique naturelle du tamoxifène, médicament qui, fort étrangement, est à la fois un œstrogène et un anti-œstrogène: l'aliment, comme le médicament, contrarierait la tendance des œstrogènes à stimuler les transformations malignes des tissus du sein, tout en ayant une action bénéfique sur le squelette et le système cardiovasculaire.

L'hypothèse de Barnes est qu'en se fixant sur les récepteurs œstrogéniques des cellules (qui «reconnaissent» ce groupe d'hormones), l'agent actif du haricot de soya empêche l'œstrogène nocif — celui qui favorise le cancer — d'entrer en contact avec elles et, par le fait même, fait obstacle au cancer. L'hormone destructrice ne pouvant plus se fixer sur les récepteurs, la tumeur se trouverait nécessairement privée de nourriture, ce qui ralentirait sa croissance. D'autres études ont montré toutefois que les constituants du haricot de soya peuvent freiner complètement la croissance des cellules cancéreuses indépendamment de leurs effets antagonistes sur les récepteurs œstrogéniques; on ignore toutefois quels mécanismes sous-tendent le phénomène.

Le cancer répondrait donc de deux façons différentes au haricot de soya. D'où l'importance d'intégrer cet aliment au régime aussi bien avant qu'après la ménopause pour prévenir le cancer.

Pour stimuler le système immunitaire: de l'huile de poisson

Les poissons de mer, particulièrement les poissons à chair grasse, peuvent contribuer également à tenir en échec le cancer du sein. Rashida Karmali, professeur de nutrition à l'Université Rutgers, au New Jersey, a découvert effectivement que des suppléments d'huile de poisson, à des doses équivalentes à l'apport en huile de poisson dans la ration alimentaire des femmes japonaises, enrayaient chez les femmes présentant les plus hauts facteurs de risque d'un cancer du sein les signes biologiques annonciateurs de la maladie. Une enquête épidémiologique effectuée dans 32 pays par des chercheurs canadiens a confirmé que l'incidence du cancer du sein et les taux de mortalité se rapportant à cette pathologie sont moins élevés dans les pays où l'on consomme le plus de poisson, au Japon, par exemple.

L'huile de poisson peut freiner la progression des tumeurs mammaires, et même contribuer à stopper les métastases, affirme aussi le Dr George Blackburn, de l'Université Harvard. L'huile de poisson renforce, selon lui, la fonction immunitaire, ce qui a pour effet de détruire les cellules cancéreuses en migration vers d'autres sites. Elle empêcherait aussi les cellules qui se sont détachées des tumeurs cancéreuses de se fixer sur d'autres tissus de l'organisme et d'y proliférer, pour donner naissance à de nouvelles tumeurs malignes. Le Dr Blackburn mène actuellement une vaste étude auprès de femmes atteintes du cancer du sein pour mettre à l'épreuve ses théories.

Le rôle de la vitamine D dans la prévention du cancer du sein

Des données scientifiques de fraîche date, établies par Frank Garland, du département de médecine familiale et communautaire de l'Université de la Californie à San Diego, laissent entendre que le risque de développer un cancer du sein est plus élevé chez les femmes d'âge avancé consommant peu d'aliments riches en vitamine D, ce qui vient renforcer la corrélation dont nous faisions état précédemment entre une consommation abondante d'huile de poisson — huile très riche en vitamine D, comme on sait — et une faible incidence du cancer du sein. Selon Garland, les aliments riches en vitamine D contribueraient à prévenir *chez les femmes de 50 ans et plus* les cancers mammaires survenant après la ménopause. On ne retrouve toutefois pas les mêmes effets dans le cas des cancers apparus chez les femmes plus jeunes.

Malheureusement, la plupart des femmes vivant aux États-Unis n'absorbent que le quart de l'apport en vitamine D recommandé, soit 200 unités internationales (UI) par jour à partir de l'âge de 22 ans. À titre comparatif, mentionnons que les Japonaises consomment quotidiennement 1200 UI de vitamine D, soit six fois plus que les Américaines. Il est intéressant de noter que chez les Japonaises qui ont émigré aux États-Unis on enregistre une baisse de l'apport en vitamine D et une hausse significative de la fréquence des cas de cancer du sein.

Les femmes devraient toutes être attentives à inclure à leur régime des aliments leur assurant un apport quotidien de 400 UI de vitamine D. Les meilleures sources alimentaires de vitamine D sont:
- l'anguille, très populaire au Japon (on la retrouve, entre autres, dans les sushis);
- les poissons à chair grasse: saumon, sardine, maquereau, hareng, thon;
- le lait additionné de vitamine D (on choisira de préférence un lait à faible teneur en matières grasses).

(Voir aussi l'Appendice placé à la fin du livre.)

La vitamine C: un anticancéreux très puissant

La consommation régulière de fruits et de légumes riches en vitamine C peut réduire sensiblement, à tout âge, le risque de développer un cancer du sein et divers autres types de cancers. Une synthèse de 12 études importantes sur les rapports entre le cancer du sein et l'alimentation réalisée par des chercheurs de l'Institut national du cancer du Canada fait état des vertus protectrices indéniables de la vitamine C; il semble même qu'un apport insuffisant en vitamine C soit plus dangereux pour le cancer du sein que les matières grasses.

En se basant sur les données recueillies, les chercheurs formulent l'hypothèse qu'un apport quotidien de 380 mg de vitamine C d'origine alimentaire — soit six fois l'apport recommandé officiellement — pourrait réduire de 16 % les risques de cancer du sein. En consommant chaque jour beaucoup de fruits et de légumes, les femmes infusent immédiatement la dose de vitamine C recommandée. (Voir l'Appendice.)

Selon les chercheurs canadiens, l'action protectrice de cette vitamine se manifesterait avec plus d'évidence encore chez les femmes ménopausées ayant réduit leur consommation de matières grasses, de graisses saturées d'origine animale (viande et produits laitiers) en particulier. En limitant à 9 % des calories absorbées l'apport en matières grasses dans leur ration alimentaire, extrapolent-ils, les femmes ménopausées pourraient réduire de 10 % leurs risques d'être victimes d'un cancer du sein; si elles consentent en outre à absorber quotidiennement 380 mg de vitamine C, ce pourcentage pourrait grimper à 24 %!

Une vaste étude menée en Italie corrobore les vertus des légumes verts, riches en vitamine C, et celles du ß-carotène et d'autres caroténoïdes antioxydants dans la prévention du cancer du sein: on a observé en effet que, chez les femmes habituées à consommer plus d'un légume vert par jour, la probabilité d'être victime de la maladie était *trois fois moins grande* que chez celles qui en consommaient une quantité inférieure.

L'alcool favorise-t-il le cancer du sein?

Près de 25 études sur le cancer du sein associent la consommation d'alcool à un risque accru de ce type de cancer. Quant à savoir à quelle dose l'alcool est nocif, et de quelle manière s'exerce l'action de l'alcool dans ce cas précis, c'est une tout autre affaire: les spécialistes n'arrivent pas à établir de consensus sur la première question, et ils ne peuvent pour l'instant fournir de réponse à la seconde.

Selon Matthew P. Longnecker, de l'Université Harvard, qui a procédé en 1988 à une analyse de toutes les études pertinentes publiées à cette date sur les rapports entre le cancer du sein et la consommation d'alcool, il y a, à n'en pas douter, une relation dose-effet entre l'alcool et les risques de cancer du sein. La consommation quotidienne de deux verres d'alcool environ augmenterait, par exemple, le risque de cancer du sein d'à peu près 50 %. Selon Longnecker, 13 % de tous les cancers du sein diagnostiqués aux États-Unis peuvent être mis au compte de l'alcool.

Les dangers associés à la consommation de un verre ou moins d'alcool par jour ne sont toutefois pas assez marqués pour qu'il faille à tout prix y renoncer, car on présume que l'action protectrice qu'exercent sur le cœur de petites quantités d'alcool dépasse de beaucoup les effets cancérigènes qu'elles pourraient produire. D'autres recherches établissent la dose inoffensive à deux verres par jour, en insistant cependant sur les risques auxquels s'exposent celles qui ingurgitent régulièrement un volume d'alcool plus élevé. Il va de soi que les femmes atteintes d'un cancer du sein devraient éviter les abus d'alcool et, à plus forte raison, tout volume d'alcool pouvant provoquer une intoxication.

Il est prouvé qu'un taux élevé d'alcool dans le sang peut favoriser les métastases du cancer du sein, rappelle Gayle Page, chercheur à l'Université de la Californie à Los Angeles. Après avoir administré à des rats souffrant de tumeurs mammaires des doses d'alcool assez fortes pour enivrer un homme, Page et ses collaborateurs ont constaté que plus les taux sanguins d'alcool étaient élevés chez ces animaux, plus les tumeurs étaient susceptibles de s'étendre à d'autres parties du corps. Ainsi, chez des rats ayant un taux d'alcool de 0,15 % (quatre à cinq verres en termes «humains»), on a découvert ultérieurement deux fois plus de métastases pulmonaires du sein que chez les rats n'ayant pas ingurgité d'alcool. Un taux d'alcool de 0,25 % aurait multiplié par huit chez certains animaux le nombre de foyers secondaires du cancer.

En inactivant le système immunitaire, l'alcool rend inopérantes les cellules dites «tueuses» (ou cellules NK: *Natural Killer Cells*) qui ont pour fonction naturelle de détruire les cellules tumorales circulant dans l'organisme. N'est-il pas affolant de constater, dit Page, qu'un seul épisode d'intoxication peut suffire à inciter le cancer à se disséminer!

EN BREF: *Un verre d'alcool par jour ne semble pas augmenter les risques de cancer du sein; cette quantité aurait même des effets bénéfiques sur le système cardiovasculaire. Plusieurs spécialistes mettent cependant les femmes en garde contre les effets nocifs d'une consommation d'alcool supérieure à celle-là, particulièrement si des prédispositions héréditaires augmentent leurs risques de développer un cancer du sein.*

La caféine

Rien n'indique que le café ou tout autre aliment contenant de la caféine favorisent le cancer du sein, affirme F. Lubin, de l'Université de Toronto, dans un compte rendu sur la question publié récemment dans la revue *Cancer Letter*. L'un et l'autre créeraient toutefois un terrain propice au développement de tumeurs fibrokystiques, tumeurs bénignes qui renferment des kystes. (Pour des détails supplémentaires sur les mesures diététiques contribuant à prévenir les tumeurs fibrokystiques, voir le chapitre 43, à la rubrique «Tumeurs bénignes du sein».)

La surconsommation de matières grasses: un facteur de risque

Une surconsommation de matières grasses peut-elle provoquer le développement d'un cancer du sein? Certaines études épidémiologiques suggèrent en effet que les graisses jouent un rôle dans le déterminisme de la maladie. Ainsi, une étude très convaincante effectuée en Italie auprès de 750 femmes révèle que les participantes dont la ration totale en graisses saturées et en protéines animales était la plus élevée de l'échantillon ont été trois fois plus vulnérables au cancer du sein que celles qui en consommaient le moins. D'autres travaux d'importance, dont une étude de chercheurs de Harvard mettant à contribution près de 90 000 femmes, nient cependant toute corrélation entre la teneur du régime en acides gras et le cancer du sein.

On dispose néanmoins de données suffisantes permettant de consolider l'argument qu'une surconsommation de matières grasses peut influencer l'extension et la virulence d'un cancer déjà déclaré, aussi bien que la récurrence d'une tumeur et les chances de survie de la personne atteinte. Des recherches ont montré que plus est élevée la part des graisses saturées d'origine animale dans la ration alimentaire d'une femme, plus est élevé aussi le risque que la maladie ne s'étende par la voie des ganglions lymphatiques axillaires; de même, plus est élevé l'apport alimentaire total en graisses, plus est élevé le risque de succomber à un cancer du sein. Voilà peut-être un élément d'explication du fait que le nombre de Japonaises survivant au cancer du sein (c'est-à-dire franchissant le cap des cinq années au-delà desquelles on peut parler de «guérison») est supérieur de 15 % à celui des Occidentales.

Il semble que le type de graisses ingérées y soit pour quelque chose. Les plus nocives seraient les graisses saturées d'origine animale et les huiles végétales riches en acides gras oméga-6, telle l'huile de maïs. Des expériences effectuées sur des animaux de laboratoire ont démontré que ce type de matières grasses peut, à forte dose, accélérer le développement et accroître la taille des tumeurs mammaires, de même qu'il peut hâter les métastases.

L'huile de poisson, riche en oméga-3, ainsi que l'huile d'olive se sont, en revanche, révélées bénéfiques: elles auraient inhiber la croissance de tumeurs mammaires chez les petits animaux. On enregistre d'ailleurs chez les femmes vivant dans le bassin méditerranéen — qui sont de grandes consommatrices d'huile d'olive, comme on sait — des taux peu élevés de cancer du sein. Même constatation en ce qui a trait aux Japonaises, dont l'alimentation est riche en huile de poisson mais très faible en graisses animales. Les taux de cancer du sein dans les pays où l'on consomme beaucoup de graisses animales sont tous très élevés.

Théoriquement, il y a de bonnes raisons de présumer que les graisses favorisent le cancer du sein, ne serait-ce qu'à cause de l'effet stimulant qu'exercent les graisses animales saturées sur la sécrétion d'œstradiol. Or il a été démontré qu'un taux élevé d'œstradiol est un indice de la susceptibilité au cancer du sein. Une étude menée par le NCI auprès de 73 femmes ménopausées a révélé qu'en réduisant leur apport en matières grasses à 20 % des calories totales (soit 18 % de moins qu'auparavant), elles avaient abaissé de 17 % leur taux d'œstradiol.

Mentionnons enfin qu'un régime riche en graisses affaiblit aussi la fonction immunitaire, et affecte par conséquent l'aptitude de l'organisme à se défendre contre le cancer.

L'effet des graisses sur la progression et la récurrence du cancer du sein

Les femmes qui souffrent déjà d'un cancer du sein seraient bien avisées de ne pas consommer trop de matières grasses, particulièrement de graisses d'origine animale (fromage, beurre, gras de viande), lesquelles augmentent les risques de récidives après un traitement chirurgical, si l'on se reporte aux conclusions d'une étude menée récemment en Suède auprès de 220 femmes. Les expérimentateurs ont en effet découvert que les graisses alimentaires stimulent la croissance de nouvelles tumeurs hormono-dépendantes, qui possèdent de nombreux récepteurs d'œstrogènes; les graisses n'ont toutefois produit aucun effet sur les tumeurs dépourvues totalement ou presque de récepteurs œstrogéniques.

Les chercheurs suédois formulent l'hypothèse que les régimes riches en graisses font grimper les concentrations sanguines d'œstrogènes, fournissant ainsi à l'organisme tout le combustible nécessaire au développement de nouvelles tumeurs. On a pu constater que, parmi les 220 participantes, celles qui consommaient habituellement le plus de graisses animales étaient plus susceptibles que les autres de souffrir à nouveau d'un cancer du sein dans les quatre années suivant le traitement chirurgical initial: la probabilité de former de nouvelles tumeurs chez ce groupe de patientes serait de 20 % supérieure à celle des femmes qui consomment peu de graisses animales.

Bien qu'on ne s'accorde pas encore sur le rôle des graisses dans l'incidence du cancer du sein, Norman F. Boyd, de l'Ontario Cancer Institute de Toronto, croit indiqué de recommander aux femmes qui souffrent d'un cancer du sein ou qui en ont été opérées d'adopter un régime faible en graisses, de manière à éviter par tous les moyens possibles de stimuler la croissance d'une tumeur existante. En prévenant les récidives, ces femmes augmentent nécessairement leurs chances de survie.

Mesures diététiques pour prévenir l'apparition ou la progression du cancer du sein

- Avant et après la ménopause, consommer régulièrement du poisson à chair grasse; l'huile de poisson peut contribuer en effet à prévenir tant l'apparition que la croissance d'un cancer du sein.
- Manger aussi beaucoup d'aliments qui entravent l'action potentiellement cancérigène des œstrogènes: haricots de

soya, légumes de la famille des crucifères et céréales de son de blé.

- Toujours inclure au régime quotidien une grande quantité de légumes verts: ils auraient, croit-on, la propriété de faire obstacle au développement du cancer du sein.

- Parmi les matières grasses, opter en priorité pour les huiles riches en acides gras oméga-3 (huile de poisson) et oméga-9 (graisses monoinsaturées) et restreindre sa consommation de graisses saturées d'origine animale et d'acides gras oméga-6, prédominantes dans les huiles de maïs, de carthame et de tournesol, de même que dans les shortenings et les margarines fabriqués à partir de ces huiles.

Il s'agit, somme toute, d'adopter un régime alimentaire se rapprochant le plus possible du régime «traditionnel» des Japonaises (du moins celui qui était en vigueur avant la Seconde Guerre mondiale), qui connaissent moins le cancer du sein que les femmes vivant en Occident. Soit, en gros, pour une journée:

- 225 g de fruits;
- 250 g de légumes;
- 90 g de produits fabriqués à partir du haricot de soya (le tofu, surtout);
- 135 g de poisson;
- une petite quantité de viande, de lait et d'alcool.

Chapitre 23

LE CANCER DU CÔLON

Aliments susceptibles de contribuer à maîtriser le cancer du côlon: Son de blé • Légumes, dont le chou pommé, le brocoli, le chou-fleur et autres crucifères • Lait • Yogourt • Poisson de mer • Aliments à haute teneur en fibres, en calcium et en vitamine D
Aliments susceptibles de favoriser le cancer du côlon: Aliments à teneur élevée en matières grasses • Viande rouge • Alcool

Des données scientifiques absolument stupéfiantes révèlent que l'alimentation peut influencer l'évolution d'un cancer du côlon (gros intestin) en freinant la prolifération anarchique des cellules intestinales exposées à la cancérisation ou en réprimant (quelquefois même en inversant), à un stade plus avancé de la maladie, le développement de polypes évoluant vers la tumeur maligne. Certains chercheurs inclinent même à penser qu'un régime spécialement adapté à la condition du patient pourrait prévenir les récidives après l'ablation d'une tumeur du gros intestin.

À l'instar des médicaments chimioprophylactiques ou chimiothérapeutiques, certaines substances alimentaires contribueraient à prévenir ou à traiter ces tumeurs malignes qui, chaque année, frappent aux États-Unis près de 110 000 individus et sont responsables de 50 000 décès environ. Les ravages du cancer du côlon pourraient être circonscrits à 90 % grâce à un régime adéquat, estime l'éminent cancérologue Richard Peto, de l'Université d'Oxford.

Il ne faut, par conséquent, jamais désespérer: même si vous êtes au mitan de la vie et que des antécédents familiaux vous prédisposent à ce type de cancer, il est toujours temps de commencer à vous alimenter de manière à déjouer cette affection maligne parfois fatale ou d'en interrompre le développement. Les spécialistes du cancer disposent maintenant d'éléments leur permettant de mieux comprendre comment on peut résister aux assauts du cancer du côlon à différents stades du long processus qui sous-tend la maladie. Certains signes indicatifs, tels que la prolifération cellulaire et l'apparition de polypes, permettent maintenant aux chercheurs d'apprécier l'effet de diverses substances alimentaires sur les tumeurs cancéreuses du côlon, souligne le Dr Peter Greenwald, du NCI. En relevant le nombre et en mesurant la taille de ces petites tumeurs lors d'un examen des structures internes de l'organe, ils peuvent maintenant déterminer très rapidement si tel ou tel aliment a ralenti ou stimulé la prolifération des polypes précancéreux. Si les polypes ont grossi, c'est mauvais signe; s'ils ont régressé, c'est qu'ils répondent au traitement diététique adopté.

«La plupart des transformations cellulaires au stade initial du développement du polype surviennent habituellement à un âge relativement avancé — entre 40 et 60 ans —, souligne le Dr Greenwald. Il est donc très important d'intervenir au plus tôt dans ce processus afin de briser une chaîne de phénomènes qui pourrait être fatidique. Même à un âge très avancé, le réaménagement du régime alimentaire devrait avoir un impact majeur sur la prédisposition au cancer du côlon et du rectum.» Il est donc essentiel de savoir quels aliments peuvent favoriser ou inhiber le développement de cette grave maladie.

Voici quelques pistes.

L'action protectrice et curative des fibres végétales

Selon le *Journal of the National Cancer Institute*, qui rend compte des recherches et des découvertes les plus récentes dans le domaine de la cancérologie, les fibres alimentaires pourraient diminuer de 30 à 50 % le risque d'être atteint d'un cancer du gros intestin. Non seulement ce «nouveau» médicament est-il absolument sûr et on ne peut plus abordable, mais il présente aussi l'avantage d'être efficace à de très petites doses.

Après avoir analysé en détail 13 études récentes sur la question, Geoffrey R. Howe et ses collaborateurs de l'Université de Toronto en sont arrivés à la conclusion qu'en consommant chaque jour une portion supplémentaire de 13 g de fibres (ce qui équivaut à un bol de céréales de blé à très haute teneur en fibres), on pourrait abaisser de 31 % le taux de cancer colo-rectal aux États-Unis. Ils estiment que 50 000 Américains pourraient ainsi être épargnés chaque année par la maladie. La consigne est la suivante: augmentez de 70 % l'apport en fibres — céréales, fruits, légumes, légumineuses et noix — de votre ration alimentaire. Tous ces aliments renferment, en plus des fibres comme telles, une pléthore de substances anticancéreuses naturelles.

Les vertus thérapeutiques du son de blé

Pour vous prémunir contre le cancer du côlon, rien de tel que le son de blé. Si vous ne prenez aucune autre mesure pour vous protéger contre la maladie, empressez-vous d'intégrer cet aliment à votre régime, conseille le Dr Jérôme J. De Cosse, chirurgien au Memorial Sloan-Kettering Cancer Center de New York.

Une expérience effectuée auprès de 58 patients atteints de *polypose familiale*, affection génétique caractérisée par l'apparition d'innombrables polypes dans le côlon et le rectum, lui a permis de se rendre compte que la consommation régulière d'une petite quantité de son de blé (deux bols de 30 g de céréales ou deux tiers de tasse de Kellog's All-Bran à haute teneur en fibres) avait suffi à provoquer, après une certaine période, la résorption des polypes précancéreux et à les empêcher par le fait même de dégénérer en tumeurs malignes.

L'épreuve — en double aveugle, c'est-à-dire où ni le médecin-chercheur ni les volontaires ne savent avant que les résultats de l'expérimentation ne soient enregistrés qui a reçu le produit testé et qui a reçu le placebo — se déroula de la façon suivante. Certains sujets furent invités à consommer chaque jour pendant quatre ans les céréales de son de blé, l'autre se voyant prescrire un produit placebo, consistant en des céréales d'apparence semblable mais très pauvres en fibres. L'apport quotidien en fibres était de 22 g pour les consommateurs de All-Bran, contre 12 g — apport habituel chez les Américains — pour les sujets de l'autre groupe.

Le D^r De Cosse et ses collaborateurs procédèrent, à l'aide d'un endoscope, à des examens périodiques des côlons des patients afin de vérifier si des changements étaient survenus dans le développement des polypes. Quand fut ouvert le code, c'est-à-dire quand fut levé l'anonymat dans lequel cette expérience avait été menée, le D^r De Cosse s'aperçut que les sujets chez qui on avait observé une réduction notable du nombre et de la taille des polypes en moins de six mois faisaient tous partie du premier groupe, c'est-à-dire des consommateurs de céréales de son de blé à teneur élevée en fibres. Les polypes ont d'ailleurs continué de régresser durant les trois années suivantes.

Qu'une si petite quantité de nourriture puisse avoir des effets aussi spectaculaires et en une période aussi courte sur une maladie aussi dévastatrice est absolument ahurissant, ont noté les expérimentateurs. Ces essais montrent bien que même à un stade assez avancé de la maladie, soit après l'apparition des polypes précancéreux, il est encore temps d'intervenir. On ne peut donc que recommander vivement à tous ceux qui sont affligés de polypes colo-rectaux d'intégrer au plus tôt les céréales de son de blé à leur régime quotidien. Qui sait? Peut-être est-il encore temps de faire obstacle à la dégradation des polypes en tumeurs malignes. On estime habituellement à dix ans environ la durée de ce processus de dégradation.

Une consommation insuffisante de fibres multiplie par trois, dit-on, le risque de développer des polypes colo-rectaux, selon une vaste étude réalisée par des chercheurs de Harvard. Ils ont découvert en effet qu'à l'intérieur du groupe expérimental les patients qui consommaient le plus de fibres — soit plus de 28 g par jour — présentaient trois fois moins de polypes que ceux qui en mangeaient le moins (17 g par jour). La dose protectrice s'établit, selon eux, à la quantité de fibres contenue dans une tasse de céréales de son de blé à haute teneur en fibres. Il est important de lire attentivement les étiquettes.

Le son de blé est-il efficace après l'ablation de la tumeur?

Sachez que le son de blé peut aussi améliorer votre état *après* l'ablation d'une tumeur cancéreuse, comme le prétend le Dr David S. Alberts, de l'Arizona Cancer Center, à Tucson. Il rapporte à ce propos avoir observé que des transformations cellulaires propres à favoriser la réapparition de tumeurs dans le côlon et le rectum ont pu être freinées chez certains sujets grâce aux céréales de son de blé.

Durant une période de deux mois, 17 hommes et femmes relevant de l'exérèse d'une tumeur colo-rectale consommèrent chaque jour une demi-tasse environ de céréales de son de blé, ration qui fournit 13,5 g de fibres. On évalua ensuite le rythme de prolifération des cellules rectales de surface, indice sûr, selon les chercheurs, de la probabilité d'une récidive ou même de l'apparition d'un cancer. Parmi les sujets à risque, c'est-à-dire ceux dont le rythme de prolifération cellulaire habituel est très rapide, les céréales de son de blé ont refréné chez la moitié des patients la croissance cellulaire.

Encore une fois, les chercheurs ont noté combien les céréales de son de blé à haute teneur en fibres agissent rapidement — en soixante jours à peine! — sur «tout ce qui accélère le cancer du côlon», pour reprendre les mots du Dr Alberts.

Phénomène assez singulier, parmi toutes les variétés de céréales de son, seul le son *de blé* semble agir. Sans qu'on sache trop pourquoi d'ailleurs. Les résultats d'expérimentations effectuées par des chercheurs de l'American Health Foundation (AHF) sont venus corroborer le fait. Après avoir mis à l'essai durant huit semaines, auprès de 75 femmes, des muffins au son, des muffins à l'avoine et des muffins au maïs, à raison de deux à trois muffins par jour (l'apport total en fibres étant dans ce cas de 30 g), ils ont constaté que seuls les muffins au son semblaient limiter les transformations cellulaires évoluant possiblement vers le cancer du côlon.

Selon les expérimentateurs de l'AHF, la fibre «biologiquement active» du blé et/ou d'autres composants de la céréale seraient capables de tenir en échec les instigateurs du cancer du côlon, notamment en réduisant les concentrations d'acides biliaires et d'enzymes bactériennes dans les selles. Certains chercheurs attribuent les résultats obtenus au phytate, substance qui se serait montrée capable de bloquer le développement du cancer du côlon chez l'animal. Le Dr De Cosse croit, pour sa part, que l'ingrédient actif est dans ce cas-ci le pentose, sucre dont les effets inhibiteurs sur le cancer ont déjà été démontrés.

Les fruits et les légumes riches en fibres: un puissant antidote au cancer du côlon

Le botaniste James Duke, grand spécialiste des plantes médicinales, attaché au ministère de l'Agriculture des États-Unis, a des antécédents familiaux de cancer du côlon. Que fait-il pour empêcher la maladie de s'abattre sur lui? Il incorpore une grande quantité de légumes à son régime alimentaire. «Mes polypes intestinaux ont beaucoup diminué depuis que je mange régulièrement du chou cru», dit-il.

Selon le Dr Greenwald, on devrait pouvoir escompter les mêmes bénéfices d'autres légumes à teneur élevée en fibres. Prenant en compte les données de 37 travaux consacrés à l'étude du sujet au cours des vingt dernières années, il en est arrivé à la conclusion qu'une consommation régulière de divers aliments à haute teneur en fibres et/ou de légumes réduit de 40 % le risque d'être victime d'un cancer du côlon.

On n'est toutefois pas encore parvenu à déterminer lequel des deux — les fibres comme telles ou les légumes, qui, en plus des fibres, renferment d'autres agents anticancéreux — offre la meilleure protection contre les tumeurs cancéreuses du côlon et du rectum.

Parmi les légumes qui peuvent contribuer à opposer une solide résistance à la maladie, les *crucifères* viennent en première place. Un ingrédient actif, dont la nature est encore mal connue — ce pourrait être les indoles, composés qui se sont avérés très efficaces dans l'interruption du cancer du côlon chez l'animal —, leur confère des pouvoirs médicinaux indéniables. Huit des neuf études avec groupes témoins, citées dans le compte rendu du Dr Greenwald font état des résultats encourageants obtenus grâce aux crucifères; le chou pommé, le brocoli, les choux de Bruxelles et le chou-fleur seraient, selon lui, de redoutables ennemis du cancer du côlon.

Les preuves ne manquent pas. Chaque fois que le chou a été mis à l'essai, les effets observés ont été absolument stupéfiants. La première étude mettant à l'avant-scène les vertus uniques de ce légume dans le traitement des tumeurs colo-rectales a été réalisée auprès de résidents de Buffalo, dans l'État de New York. On a pu observer à cette occasion que les sujets qui mangeaient le plus de légumes étaient le plus résistants à la maladie. Les hommes consommant du chou une fois par semaine étaient trois fois moins exposés à développer des tumeurs cancéreuses que ceux qui n'en consommaient qu'une fois par mois ou pas du tout.

Même en se limitant à en consommer toutes les deux ou trois semaines, on augmenterait de 50 % la résistance au cancer du côlon. Une vaste étude effectuée par des chercheurs de la faculté de médecine de l'Université de l'Utah en arrivait récemment aux mêmes conclusions: on relevait en effet chez les grands consommateurs de crucifères une sensibilité beaucoup moins grande — inférieure de 70 %, selon les auteurs — à celle des personnes qui mangent le moins de légumes. Ils seraient aussi mieux protégés contre les polypes précancéreux.

La pectine: une fibre soluble aux propriétés uniques

Une fibre soluble présente dans les pommes et divers autres fruits, de même que dans certains légumes, peut faire obstacle tout autant que le son de blé (fibre insoluble) au cancer, estime Ivan Cameron, professeur de biologie au Health Science Center de l'Université du Texas à San Antonio. Il s'est rendu compte qu'en nourrissant des rats avec de la pectine, les taux de cancer du côlon avaient chuté de 50 %, sans compter une baisse de 30 % des taux de cholestérol.

La pectine représente donc, selon Cameron, un remède unique pour inhiber les tumeurs colo-rectales. On trouve de la pectine dans les aliments suivants:
- pomme, banane, poire, prune, abricot
- membranes blanches des agrumes et marmelade
- carotte
- haricots secs

Des fruits-aspirines?

Une nouvelle théorie, pour le moins intrigante, veut que le *salicylate* — substance de base de l'aspirine — contenu dans les fruits contribue encore plus que leurs fibres à faire obstacle au cancer du côlon.

Des chercheurs ont établi que l'aspirine pouvait réduire considérablement le risque de former des tumeurs colo-rectales cancéreuses. Est-ce à dire que les fruits et autres aliments riches en salicylates pourraient produire les mêmes effets? L'Américain Tim Byers, du Center for Disease Control and Prevention, incline à le croire. Les pommes, les dattes et les baies, fruits très riches en salicylates, devraient permettre d'infléchir, autant que l'aspirine, les taux de cancer du côlon. «Cette hypothèse ouvre un tout nouveau champ de recherche qu'il vaut la peine d'explorer», dit Byers.

Pour prévenir les polypes: du poisson à chair grasse

L'un des meilleurs moyens de stopper rapidement la croissance des polypes du côlon et, par conséquent, de diminuer les risques de développer un cancer dans cette partie de l'intestin est de consommer du poisson à chair grasse en très grande quantité. C'est du moins la conclusion à laquelle en sont venus des chercheurs de l'Université catholique de Rome au terme d'une étude d'une durée de trois mois. Ils sont parvenus en effet, grâce à l'huile de poisson, à réduire de 62 % la prolifération de cellules coliques précancéreuses chez la plupart (90 %) des patients participant aux essais; la multiplication cellulaire a même été complètement interrompue chez l'un des sujets du groupe. Après deux semaines seulement de traitement, les changements ont commencé à se manifester.

Les doses d'huile de poisson administrées quotidiennement étaient très élevées, soit une quantité équivalente à 225 g de maquereau environ. Le Dr Blackburn explique que des surdoses de ce type peuvent être nécessaires initialement pour corriger un déficit en huile de poisson accumulé durant plusieurs années; des quantités plus faibles devraient suffire par la suite, selon lui, à empêcher les cellules de se diviser de façon anarchique.

Les autorités sanitaires américaines recommandent de consommer régulièrement de petites quantités de poisson pendant plusieurs années pour prévenir l'apparition de polypes et le cancer colo-rectal.

Pourquoi le lait constitue un remède de choix contre le cancer du côlon

1. Les effets antagonistes du calcium

De nombreuses études laissent entendre que le calcium s'oppose aux effets désastreux de certains phénomènes physiologiques aptes à provoquer le cancer du côlon. Cedric Garland, coordonnateur des études sur le cancer à l'Université de la Californie à San Diego, prétend que les hommes qui, depuis plus de vingt ans, boivent deux verres de lait par jour sont trois fois moins exposés au cancer du côlon que ceux qui s'en abstiennent. Il estime qu'un apport quotidien de 1200 à 1400 mg de calcium pourrait prévenir entre 65 et 75 % des cancers du côlon.

Les hommes d'âge moyen absorbent en général 700 mg de calcium par jour, et les femmes de la même catégorie d'âge 450 mg environ, ce qui laisse à penser en dernière analyse que deux ou trois verres de lait écrémé de plus par jour — fournissant chacun 316 mg de calcium — pourraient décider de l'issue des ravages occasionnés par des cellules anarchistes prêtes à former des tumeurs malignes. Cette réalité est particulièrement inquiétante chez les sujets à risque, ceux, par exemple, qui ont déjà des polypes.

Comment s'explique ce phénomène? Il semble que le calcium puisse réprimer la prolifération des cellules de surface de la muqueuse du côlon, prévenant ainsi l'accélération du rythme de la multiplication cellulaire qui préside au développement du cancer. Ainsi, après avoir administré pendant trois mois à 35 hommes et femmes une dose de calcium se situant entre 1250 et 1500 mg, des chercheurs de l'hôpital Ichilov, en Israël, ont enregistré une baisse de 36 % de la prolifération cellulaire. Après un mois de traitement seulement! Quand les patients cessèrent ultérieurement de prendre du calcium, on nota, à l'examen des côlons, des signes de prolifération extrêmement rapide.

Des scientifiques de l'hôpital Henry Ford de Detroit ont constaté de même qu'en administrant chaque jour, durant *une semaine à peine*, 1250 mg de calcium à des hommes atteints de polypes, ils étaient parvenus à ralentir de 50 % environ l'activité enzymatique favorable à la croissance des tumeurs coliques chez certains patients! Certains sujets n'ont toutefois pas réagi au calcium.

2. Le rôle préventif de la vitamine D

Selon le Dr Garland, il est possible de prédire, d'après les taux sanguins de vitamine D, si une personne risque ou non d'être atteinte un jour du cancer du côlon. La mise en corrélation de 25 620 prélèvements effectués au Maryland en 1974 et de l'incidence du cancer du côlon chez les sujets de l'échantillon dans les huit années suivant les prélèvements ont amené le Dr Garland à formuler les conclusions suivantes: la probabilité d'être victimes de la maladie chez ceux qui affichaient des taux sanguins élevés de vitamine D était inférieure de 70 % à celle des individus dont les concentrations sanguines en vitamine D étaient les plus faibles.

Il n'est pas nécessaire, dit-il, d'en absorber une mégadose pour profiter de ses vertus prophylactiques: un apport quotidien de 200 UI de vitamine D — soit la moitié de l'apport recommandé aux hommes par les autorités sanitaires américaines — constituerait une bonne protection contre le cancer du côlon. Deux verres (de 225 ml chacun) de lait additionné de vitamine D fournissent la quantité recommandée, indique le Dr Garland. Les produits de la pêche sont aussi d'excellentes sources de vitamine D.

3. Le lait à acidophiles

Protégez votre côlon des dangereux assauts du cancer en y infusant toutes les bonnes substances que renferme le lait ou le yogourt à acidophiles. Vous assurerez ainsi à votre organisme une triple protection contre la maladie: le calcium, la vitamine D et les acidophiles. Des recherches menées par Barry R. Goldin et Sherwood L. Gorbach, du New England Medical Center, ont montré en effet que le *Lactobacillus acidophilus* contribue à réprimer l'activité enzymatique nécessaire à la conversion de certaines substances, à l'origine inoffensives, en composés chimiques cancérigènes.

Pendant un mois, les volontaires ont bu chaque jour deux verres de lait ordinaire, pour ensuite faire l'essai du lait à acidophiles. Lorsque les chercheurs ont mesuré l'activité enzymatique nocive dans les côlons des participants, ils se sont rendu compte qu'elle avait subi une baisse de l'ordre de 40 à 80 %, ce qui laisse supposer que l'action de certains agents cancérigènes aurait été fortement refrénée. (Le lait à acidophiles disponible dans les supermarchés contient la même quantité de cultures que celui qui a été utilisé lors des tests. Certains yogourts sont aussi préparés à partir de cette bactérie.)

4. Lait et son de blé: le parfait mélange

Il ressort des développements précédents que les céréales de son de blé arrosées de lait à faible teneur en matières grasses constituent l'un des meilleurs remèdes naturels que l'on puisse composer soi-même pour combattre, au jour le jour, le cancer du côlon. En témoigne une étude suédoise qui s'est attachée à comparer durant quinze ans les habitudes alimentaires de patients ayant déjà été opérés d'un cancer du côlon et ceux de sujets sains. À la fin de l'étude, les chercheurs faisaient en effet ressortir trois caractéristiques constantes des régimes de ceux qui semblent protégés contre ce type de cancer:
- l'absorption régulière de céréales à haute teneur en fibres;
- un apport adéquat en calcium;
- des menus à basse teneur en matières grasses.

Les ravages des graisses animales

Si vous souffrez de polypes colo-rectaux, si vous êtes atteint du cancer du côlon ou si des antécédents familiaux vous prédisposent à la maladie, veillez à réduire votre consommation de viande et de graisses d'origine animale, car elles peuvent créer un terrain favorable au développement de ce type de cancer.

Des corrélations statistiques ont été établies partout à travers le monde entre la surconsommation de viande — plus précisement de graisses animales — et une forte prévalence du cancer du côlon.

Il faut savoir aussi que des apports élevés en graisses saturées d'origine animale *doublent* le risque de développer des polypes précancéreux, comme l'ont montré Edward Giovannucci et ses collaborateurs de Harvard dans une étude à laquelle ont accepté de participer 7248 hommes: ils ont pu observer en effet que les sujets dont l'apport en graisses animales saturées représentait tout au plus 7 % de la ration énergétique totale présentaient deux fois moins de polypes précancéreux que les sujets qui allouaient aux graisses animales saturées 14 % des calories absorbées dans la journée.

Les chercheurs rapportent par ailleurs avoir noté que la formation des polypes s'accélérait sous l'effet d'une diminution de l'apport en fibres, ce qui les a amenés à conclure que des interactions entre les graisses animales et d'autres substances, dont les fibres, jouent un rôle déterminant dans l'apparition du cancer du côlon.

Comment s'exercent les effets néfastes des graisses animales sur le côlon? Selon Michael J. Wargovich et d'autres chercheurs spécialisés dans l'étude du cancer, les produits de la digestion des graisses alimentaires occasionneraient des lésions de la muqueuse du côlon, à la suite de quoi les cellules se multiplieraient pour pallier ces ravages; une surconsommation de matières grasses pourrait provoquer cependant une prolifération absolument anarchique, et illimitée, de cellules aptes à stimuler éventuellement la croissance des polypes et même le développement de tumeurs malignes dans le côlon. Il est possible également qu'en se fixant aux acides biliaires, le calcium, les fibres et possiblement d'autres substances alimentaires neutralisent l'action cancérigène des graisses animales, les empêchant ainsi d'altérer la muqueuse du côlon et de déclencher le processus de cancérisation des cellules.

Attention aux viandes rouges!

Les viandes rouges seraient très nocives pour l'intestin, non seulement en raison de leur teneur élevée en graisses saturées, mais aussi à cause de substances chimiques extrêmement nocives — peut-être même plus que les graisses — , comme le prouvent certaines statistiques absolument ahurissantes.

Des études faites en Norvège ont fait ressortir une corrélation directe entre une grande consommation de viandes traitées industriellement et la fréquence du cancer du côlon. Même constatation chez les Suédois: au terme d'une longue étude d'une durée de quatorze ans, on a constaté que *le seul* facteur alimentaire associé aux plus hauts taux de cancer du côlon était la surconsommation de viande (bœuf et agneau).

Les données les plus troublantes ont été produites par des chercheurs de Harvard qui, au terme d'une étude de six ans portant sur un très vaste échantillon — pas moins de 90 000 femmes —, laissent clairement entendre qu'aucune ration de viande rouge, si petite soit-elle, n'est «sûre» quand il est question de cancer du côlon. Le Dr Walter Willett et ses collaborateurs ont constaté en effet que la probabilité de développer un cancer du côlon chez les femmes ayant consommé au cours des six années de l'étude une ration quotidienne de 150 g de viande — bœuf, porc ou agneau — était de 250 % supérieure à celle des femmes qui en consommaient moins d'une fois par mois.

Plus la consommation de viande est élevée, plus serait élevé de même le risque d'être victime de la maladie. Même l'ingestion occasionnelle — soit une fois par semaine ou une fois par mois — de viande rouge entraîne un risque élevé (de 40 % supérieur à celui des femmes qui en mangent moins d'une fois par mois) d'être victime du cancer du côlon.

Le poisson et le poulet, par contre, sans doute à cause de la nature tout à fait différente de leurs graisses, présume le Dr Willett, contribueraient, au contraire, à prévenir le cancer du côlon. Deux à quatre repas de poisson par semaine réduiraient en effet de 25 % le risque d'être affligé par cette maladie; un repas de poulet chaque jour ferait chuter ce risque de 50 %, croit-il. Selon lui, les résultats de cette étude menée auprès de 90 000 femmes devraient normalement pouvoir s'appliquer de même aux hommes.

Le Dr Willett dit avoir noté, lui aussi, lors de ses expériences l'effet protecteur des fibres, évoqué précédemment.

Les dangers de l'alcool

Les abus d'alcool représentent une menace indiscutable pour les tissus de l'intestin: non seulement favorisent-ils le développement des polypes, mais ils peuvent doubler ou tripler le risque d'être atteint d'un cancer du côlon et du rectum. Il semble aussi que le degré de malignité des tumeurs soit en rapport direct avec le volume d'alcool ingurgité, s'il faut en croire des chercheurs australiens qui ont passé en revue 52 études sur le sujet, toutes basées sur des expériences sur l'humain.

La bière est la boisson la plus souvent incriminée. Les spiritueux seraient moins dommageables, et le vin encore moins. Les scientifiques n'ont toutefois pas réussi à élucider les mécanismes qui régissent l'action délétère de l'alcool sur le côlon. Certains d'entre eux croient que la consommation régulière de boissons alcooliques affaiblit les défenses immunitaires, rendant ainsi le corps moins apte à freiner le processus de cancérisation. À moins que certaines boissons alcooliques, telle la bière, contiennent des agents cancérigènes, les nitrosamines, par exemple.

L'alcool serait particulièrement nocif dans le cas du cancer du *côlon sigmoïde*, partie du gros intestin en forme de *S* qui s'étend de la cavité pelvienne au rectum. Une étude menée durant dix-sept ans auprès de 26 118 Japonaises âgées de plus de 40 ans laisse entendre que les buveurs seraient quatre fois plus exposés au cancer du côlon sigmoïde que les non-buveurs. Une fois de plus, la bière est incriminée; la consommation quotidienne de bière aurait entraîné en effet une probabilité 13 fois plus élevée que chez les non-buveurs d'être atteint de ce type de cancer. Les consommateurs de saké (bière de riz) et de *shochu* (vin de riz) s'exposeraient quant à eux quatre à six fois plus que les non-buveurs au risque de développer un cancer du sigmoïde.

(Ces expériences ont confirmé, elles aussi, la nocivité des viandes dans le cas du cancer de l'intestin.)

La bière favoriserait le cancer du rectum

Une étude réalisée à l'Université de l'État de New York à Buffalo a mis en évidence que les hommes qui boivent deux à trois bières par jour durant toute leur vie s'exposent au risque de contracter un cancer du rectum. Le vin et les spiritueux n'auraient toutefois pas le même effet; il a fallu utiliser des doses quatre fois plus élevées que pour les autres boissons alcooliques pour obtenir les mêmes effets. L'alcool, en soi, stimule le cancer du rectum, présume-t-on; la bière serait encore plus nocive toutefois car elle peut être contaminée par d'autres produits chimiques cancérigènes.

Un groupe de chercheurs suédois est venu confirmer cette hypothèse. Une étude réalisée durant dix-neuf ans auprès de 6230 travailleurs d'une fabrique de bière a apporté la preuve que ces hommes présentaient un taux de cancer de tous types, dont le cancer du rectum, légèrement plus élevé que le Suédois moyen. Or, selon l'enquête, ces travailleurs buvaient sept fois plus de bière que leurs compatriotes.

Mesures diététiques pour prévenir le cancer du côlon

- Consommez chaque jour des céréales de blé entier arrosées de lait.
- Évitez la viande rouge et toute espèce de gras de viande; si vous ne pouvez y renoncer totalement, ayez soin tout au moins de choisir le mode de cuisson le moins dommageable pour votre santé, soit le rôtissage ou la cuisson au micro-ondes de préférence à la cuisson à la poêle ou au gril. Mangez plutôt du poulet et du poisson, lesquels semblent réprimer la tendance à développer un cancer du côlon. Si vous souffrez déjà de polypes, mangez beaucoup de poisson gras: cela devrait hâter leur résorption.
- Augmentez votre concommation de légumes, de crucifères en particulier (chou pommé, brocoli, chou-fleur et choux de Bruxelles), excellente source de fibres et d'autres composés, dont les indoles: deux ou trois portions de crucifères par semaine sont un excellent antidote au cancer du côlon. (Il n'est pas nécessaire de manger du chou pommé tous les jours; cette habitude alimentaire peut même être dommageable à certaines personnes.)
- Le lait écrémé et/ou le yogourt sans matières grasses devraient aussi vous être bénéfiques.
- Ne buvez pas plus de deux verres d'alcool par jour et évitez la bière: elle favoriserait la formation de tumeurs cancéreuses dans le côlon et le rectum.

Toutes ces mesures s'imposent avec encore plus d'évidence si vous avez été opéré d'un cancer du côlon ou si vous souffrez de polypes, lesquels sont toujours susceptibles de devenir cancéreux.

Chapitre 24

LE CANCER DU POUMON

Aliments susceptibles de prévenir le cancer du poumon:
Légumes à feuilles vert sombre • Légumes et fruits à chair
jaune ou orangée • Carotte • Brocoli • Épinards • Chou frisé
• Laitue à feuilles très foncées • Chou cavalier • Choux de
Bruxelles • Citrouille • Patate douce • Thé vert • Haricots secs
• Lait à faible teneur en matières grasses
**Aliments susceptibles de prolonger la vie une fois le cancer
déclaré:** Légumes de toutes sortes, en particulier le brocoli et
la tomate

Les chercheurs spécialisés dans l'étude du cancer du poumon sont
unanimes: les fumeurs, les ex-fumeurs, les «fumeurs passifs» et tous ceux
qui, d'une manière générale, ont des raisons de craindre d'être vulnérables
au cancer du poumon devraient se faire une obligation de manger chaque
jour des fruits et des légumes. Les carottes et les légumes à feuilles vert
sombre, tel le brocoli, sont particulièrement efficaces.

Une seule carotte de plus que d'habitude, une demi-tasse de légumes orange vif ou vert sombre, un fruit ou un verre de jus, consommés
chaque jour — ou plus d'une fois par semaine — peuvent faire toute la
différence dans la résistance au cancer du poumon: d'aussi petites portions peuvent réduire de 50 %, et même plus dans certains cas, le risque
d'être victime de cette maladie! En ralentissant le rythme de croissance de
la tumeur et en prolongeant la durée de la survie, une consommation
régulière de légumes contribuerait même à combattre le cancer du poumon après qu'il a commencé à se développer.

Il peut sembler un peu farfelu de prétendre qu'une carotte, un bou-
quet de feuilles de brocoli ou une feuille d'épinard puissent tenir en échec
une maladie aussi grave que le cancer du poumon. Pourtant, un grand

nombre de chercheurs de renom croient fermement aux vertus de cette mesure diététique préventive. La documentation médicale abonde d'ailleurs de recommandations en ce sens. Gladys Block, chercheur à l'Université de la Californie à Berkeley, rapporte que presque toutes les études (30 sur 32) consacrées aux rapports entre l'alimentation et le cancer du poumon indiquent que les fruits et les légumes sont de très puissants antidotes à cette maladie.

«De tous les cancers, ceux qui sont associés au tabagisme (cancers du poumon et de la cavité buccale) sont ceux qui commandent le plus fortement l'adoption de mesures diététiques préventives, dit l'épidémiologiste Tim Byers, du Center for Disease Control and Prevention des États-Unis. Toutes les études publiées jusqu'à maintenant aux quatre coins du monde laissent entendre qu'une consommation insuffisante de fruits et de légumes augmente le risque d'être atteint d'un cancer associé au tabagisme.» Selon Byers, le tabac aurait un effet «synergique», c'est-à-dire que ses pouvoirs cancérigènes s'exerceraient avec plus de force encore chez les fumeurs dont le régime est déficient.

Il est maintenant reconnu que le cancer pulmonaire est attribuable non seulement à la fumée de cigarette et à la pollution mais également à une carence — en partie surmontable — en aliments d'origine végétale doués de propriétés «chimiopréventives». Les fumeurs et ex-fumeurs peuvent donc difficilement se permettre de lésiner sur les fruits et les légumes, source de nutriments *essentiels*, comme le rappelle aussi avec insistance l'épidémiologiste John Potter, de l'Université du Minnesota. «Les fumeurs auraient vraiment avantage à remplacer ces petits morceaux de cancer que sont les cigarettes par des morceaux de carotte ou de haricot de soya», dit James Duke, du ministère de l'Agriculture des États-Unis.

Le bêta-carotène: un puissant antidote

Recherchez les légumes et les fruits dont la couleur est particulièrement accentuée, ceux dont la chair est d'un orange vif ou vert foncé. Plus leur couleur est profonde, plus ils renferment de bêta-carotène (ß-carotène), pigment orangé, isolé il y a cent cinquante ans dans la carotte; le ß-carotène présent dans les légumes verts se trouve masqué par la chlorophylle.

Le ß-carotène a fait ses preuves comme agent inhibiteur du cancer chez des animaux exposés à de puissants agents cancérigènes. La presque totalité des études épidémiologiques menées au cours des dix dernières années suggèrent que ce caroténoïde exercerait chez l'homme également une action protectrice non négligeable: en effet, le taux de probabilité d'être atteint d'un cancer pulmonaire chez ceux qui consomment le plus d'aliments riches en ß-carotène se situerait entre 40 et 70 %. «Même les personnes qui fument depuis plusieurs années peuvent en tirer des bénéfices», dit Richard Shekelle, de l'Université du Texas à Houston.

Des essais effectués récemment à l'Université de l'État de New York à Buffalo ont permis d'établir que la consommation de plus de 30 g de légumes riches en ß-carotène par semaine abaisse considérablement le risque d'être victime du cancer du poumon. Deux carottes crues par semaine, au moins, réduiraient jusqu'à 60 % la vulnérabilité à ce type de cancer; de même, une tasse de brocoli et des épinards crus intégrés au menu plus d'une fois par semaine diminueraient respectivement de 70 % et de 40 % le risque de former des tumeurs bronchopulmonaires cancéreuses.

La baisse du taux de ß-carotène: une bombe à retardement

Il est important de toujours maintenir à un niveau adéquat le taux sanguin de ß-carotène. Une baisse sensible de ce taux — indice d'une menace éventuelle du cancer, plus spécialement du cancer du poumon — prend figure d'une véritable bombe à retardement dans votre organisme.

Dans une étude bien connue des spécialistes, Marilyn Menkes, chercheur de l'Université Johns Hopkins, a comparé, à près de dix ans d'intervalle (1974 et 1983), les taux de ß-carotène dans les analyses sanguines d'un groupe de donneurs, pour ensuite déterminer les relations possibles entre ces taux et la fréquence du cancer des poumons chez les sujets de l'échantillon. Les conclusions de l'étude se résument ainsi: (1) au cours de la décennie, 18 % des sujets ont développé un cancer du poumon; (2) on a relevé deux fois plus de victimes du cancer du poumon chez les donneurs présentant les plus faibles taux sanguins de ß-carotène que chez les autres; (3) un taux de ß-carotène déficitaire dans les prélèvements de 1974 annonce invariablement l'apparition, une décennie plus tard, du plus menaçant des cancers du poumon, le carcinome épidermoïde bronchique, qui se développe à partir de la paroi interne des voies respiratoires. Menkes en a déduit que le taux sanguin de ß-carotène est un précieux indicateur de la vulnérabilité à cette affection maligne. Le manque de vigilance quant à l'apport alimentaire en ß-carotène peut donc entraîner de très graves répercussions. Selon les analyses de Menkes, les sujets présentant les taux de ß-carotène les plus faibles au sein du groupe auraient *quadruplé*, par rapport à ceux dont les concentrations sanguines en ß-carotène étaient les plus élevées, leur risque de développer cette forme redoutable de «cancer des fumeurs».

Le NCI pilote actuellement 14 études épidémiologiques à travers le monde visant à apprécier l'efficacité du ß-carotène en capsules pour vaincre le cancer. Cinq de ces études ciblent plus particulièrement le cancer du poumon.

Apports en ß-carotène recommandés

La carotte et la patate, communément appelée «patate douce», de même que les épinards et autres légumes verts à feuilles, sont d'excellentes sources de ß-carotène. Même une toute petite portion de l'un ou l'autre de ces légumes vous sera salutaire, bien qu'il soit recommandé d'en consommer au moins une demi-tasse à une tasse par jour.

Il est difficile de déterminer exactement la dose de ß-carotène qui vous protégerait à coup sûr contre le cancer du poumon, des facteurs tels que l'hérédité, les dommages déjà infligés par la fumée de cigarette et la facilité avec laquelle chacun absorbe le ß-carotène entrant aussi en ligne de compte. La différence entre l'apport en ß-carotène observé chez ceux qui présentent les plus hauts taux de risque et celui des sujets qui semblent le moins exposés à la maladie n'est pas très marquée en réalité: à peine une demi-tasse par jour de légumes orange foncé ou vert sombre chez les ex-fumeurs, selon Regina Ziegler, du NCI.

La dose protectrice minimale équivaudrait à la quantité fournie par une carotte par jour, selon les estimations de chercheurs de l'Université de l'État de New York. «Si chacun mangeait une carotte de plus chaque jour, on pourrait prévenir annuellement de 15 000 à 20 000 décès par cancer du poumon», soutient Menkes. Des chercheurs britanniques de l'Imperial Cancer Research Fund d'Oxford ont même ramené récemment cet écart à un bâtonnet de carotte de plus par jour!

Une étude à laquelle ont participé 193 hommes a révélé que la susceptibilité à la maladie chez les sujets qui absorbaient tout au plus 2,7 mg de ß-carotène par jour était inférieure de 55 % à celle des sujets qui limitaient leur apport quotidien à 1,7 mg. Comme on le voit, l'écart — qui fait toutefois toute la différence dans la résistance ou la vulnérabilité au cancer — n'est que de 1 mg! (Mentionnons à titre indicatif qu'une carotte moyenne contient environ 6 mg de ß-carotène.) Les essais ont permis également de conclure à une relation dose-effet: une plus grande quantité de ß-carotène entraîne bel et bien une diminution du risque d'être atteint du cancer du poumon.

On n'indique habituellement dans ce type d'étude aucune dose maximale, car on sait que même ceux qui inscrivent à leurs menus les aliments les plus riches en ß-carotène n'en consomment néanmoins, en général, que des quantités assez faibles. Les effets anticancéreux de deux ou trois carottes par jour ou de doses équivalentes de ß-carotène n'ont pas été testés encore.

Qui sait? Peut-être l'adoption d'un régime très riche en légumes (quatre ou cinq portions par jour) pourrait-elle faire une brèche beaucoup plus grande qu'on ne le pense dans les taux de cancer.

On attribue, théoriquement du moins, les vertus anticancéreuses du ß-carotène à ses propriétés antioxydantes et à sa capacité de stimuler le système immunitaire, lequel joue un rôle primordial dans la prévention et le traitement du cancer.

(On trouvera au début de l'Appendice placé à la fin du volume une liste des aliments riches en ß-carotène.)

L'importance d'un apport adéquat en acide folique

Pour augmenter la résistance des tissus pulmonaires aux dangereux assauts du cancer, veillez à absorber de même une quantité suffisante d'acide folique (ou de folates), vitamine du groupe B. Les légumes verts à feuilles sont une bonne source de cette substance protectrice extrêmement puissante.

Douglas Heimburger, de l'Université de l'Alabama, a été à même de constater à quel point l'acide folique joue un rôle important dans la prévention du cancer du poumon. À l'examen des taux d'acide folique relevés dans les tissus pulmonaires d'un groupe d'hommes atteints du cancer puis dans les tissus d'hommes sains, il s'est rendu compte en effet qu'on pouvait détecter à certains endroits bien localisés des tissus pulmonaires des sujets cancéreux un taux insuffisant de vitamine B. Or une carence en vitamine B peut favoriser la fragmentation des chromosomes dans les cellules, les rendant ainsi plus vulnérables à la cancérisation.

Heimburger a observé en outre que les fumeurs présentaient des taux sanguins d'acide folique beaucoup plus bas que ceux des sujets sains, ce qui n'a rien d'étonnant. Voilà autant de données corroborant l'hypothèse que la prédisposition au cancer du poumon serait due en partie à une «carence en légumes».

Les épinards, le chou cavalier, le navet, les feuilles de betterave, le brocoli et les choux de Bruxelles sont d'excellentes sources d'acide folique; on en retrouve aussi de bonnes quantités dans les haricots secs de toutes sortes, y compris les haricots de soya. (Voir l'Appendice.)

Autres caroténoïdes efficaces contre le cancer du poumon

Pour opposer une résistance encore plus forte au cancer du poumon, soyez attentif à varier le plus possible les légumes lorsque vous composez vos menus. Beaucoup d'autres substances chimiques présentes dans les aliments d'origine végétale, à part le ß-carotène et l'acide folique, ont en effet un potentiel anticancéreux non négligeable.

Une importante étude du Cancer Research Center de l'Université de Hawaï a révélé que tous les légumes, notamment les légumes verts à feuilles, les crucifères et les tomates, diminuent considérablement le risque d'être atteint d'un cancer du poumon, même plus que ne le fait le ß-carotène pris isolément. La consommation régulière *de diverses espèces végétales* permettrait d'obtenir un taux de cancer du poumon sept fois moins élevé chez les femmes et un taux trois fois moins élevé chez les hommes, alors que l'administration de ß-carotène seule détermine un taux trois fois moins élevé chez les femmes et deux fois moins élevé chez les hommes.

On voit une fois de plus que d'autres caroténoïdes contenus dans les légumes — la lutéine, le lycopène et les indoles, par exemple — jouent un rôle dans la prévention du cancer du poumon.

Les vertus prophylactiques du thé vert

Les taux de cancer du poumon chez les fumeurs américains diffèrent sensiblement de ceux que l'on enregistre au Japon. Comment expliquer cet écart? Il est possible, dit Fung-lung Chung, chercheur à l'American Health Foundation de New York, que la grande consommation de thé vert chez les Japonais fasse ici la différence. Des tests effectués sur des souris ont révélé qu'un puissant agent cancérigène présent dans le tabac pouvait être neutralisé en partie par un composant du thé vert.

On a relevé en effet chez les souris ayant ingurgité pendant une certaine période du thé vert ou une solution concentrée de l'agent en question un nombre de tumeurs pulmonaires inférieur de 30 à 45 % à celui des souris qui n'avaient reçu que de l'eau. D'autres études réalisées au Japon et aux États-Unis dressent le même constat. La protection que semble offrir le thé vert est absolument inouïe, affirme Hirota Fujiki, un des représentants du Japan National Cancer Center Research Institute: «La consommation de thé vert pourrait être l'un des moyens de prévention les plus pratiques et les plus facilement accessibles actuellement pour la population en général.»

Le thé noir ordinaire, disponible dans les supermarchés, renferme de plus petites quantités de l'ingrédient actif censé prévenir chez la souris le cancer pulmonaire.

Quels profits les fumeurs peuvent-ils vraiment escompter de ces mesures diététiques?

Les fumeurs, aussi bien que les ex-fumeurs et les non-fumeurs, ne peuvent que tirer profit, à divers niveaux, d'une consommation accrue de légumes et d'autres aliments anticancéreux. Plusieurs chercheurs hésitent toutefois à formuler les choses de cette manière, de crainte que cette déclaration n'atténue dans l'esprit des gens les dangers associés au tabagisme. Des études laissent entendre qu'une consommation abondante de fruits et de légumes profiterait surtout à ceux qui fument ou qui ont récemment cessé de fumer. Une étude menée à Hawaï fait état d'une baisse notable des taux de cancer pulmonaire chez les gros fumeurs ou ceux qui ont récemment mis de côté la cigarette et chez les fumeuses légères ou qui ont cessé de fumer après avoir entretenu pendant très longtemps cette habitude. D'autres travaux rapportent que les fruits et les légumes exercent une action anticancéreuse plus marquée chez les ex-fumeurs, quoique les fumeurs «actifs» profitent aussi considérablement de leur action protectrice.

Ce qui ne signifie pas évidemment que vous pouvez continuer de fumer impunément en vous disant que des remèdes naturels vous protègent d'ores et déjà du cancer du poumon. Cesser de fumer demeure la mesure la plus importante et la plus efficace à adopter. Le régime alimentaire ne peut en aucune façon compenser totalement les effets catastrophiques de la fumée de cigarette sur les poumons. Les fumeurs qui consomment une grande quantité de fruits et de légumes anticancéreux demeurent exposés — et ce, 10 fois plus que les non-fumeurs — au cancer du poumon.

Si vous fumez et n'avez pas l'intention de renoncer au tabac, vous avez avantage, cela va sans dire, à vous constituer une réserve aussi grande que possible de nutriments anticancéreux. Si vous avez cessé de fumer récemment, sachez que ces nutriments peuvent hâter la cicatrisation des tissus pulmonaires, atténuant ainsi plus rapidement le risque de développer un cancer. L'infusion régulière d'antioxydants peut contribuer à intercepter la lente marche vers le cancer du poumon, laquelle se poursuit habituellement pendant des années après qu'une personne a cessé de fumer.

Richard Shekelle, de l'Université du Texas, à Houston, a montré dans une étude innovatrice, que même les hommes qui fument depuis très longtemps — depuis trente ans, par exemple — profitent des effets salvateurs des nutriments contenus dans les légumes. Il notait à cette occasion que ceux qui mangent le moins d'aliments riches en ß-carotène sont sept fois plus exposés au cancer du poumon que ceux qui en consomment le plus.

Les fumeurs «passifs»

Une saine alimentation peut aider les non-fumeurs également à se prémunir contre le cancer du poumon. Lors d'une expérience effectuée auprès d'un groupe de femmes du New Jersey — toutes des «fumeuses passives», c'est-à-dire exposées malgré elles à la fumée émise par un ou plusieurs membres de leur entourage — a révélé que celles qui avaient consommé une demi-tasse de plus de légumes jaune foncé et orange vif ont réduit de près de 50 % leur vulnérabilité au cancer du poumon.

Une autre étude, mettant à contribution cette fois 88 femmes de Hong-Kong, dont plusieurs étaient atteintes du cancer du poumon sans toutefois avoir jamais fumé de leur vie, a démontré que certains aliments exercent une action protectrice supérieure aux autres: il s'agit des légumes verts à feuilles et des carottes, du tofu et autres produits fabriqués à partir du haricot de soya, ainsi que des fruits crus et du poisson frais. Les femmes ayant consommé le plus de carottes, de légumes verts à feuilles et de fruits crus auraient en effet réduit leurs risques d'être victimes de la maladie de 90 %, de 70 % et de 40 % respectivement.

Le régime alimentaire peut-il contribuer à freiner la croissance d'un cancer du poumon?

Les remarques précédentes concernant les effets protecteurs des légumes et des fruits s'appliquent aussi aux personnes qui souffrent actuellement d'un cancer du poumon. On sait maintenant que les aliments non seulement exercent une action protectrice contre le cancer mais qu'ils possèdent en outre des propriétés curatives. Il a été clairement démontré que le ß-carotène peut attaquer et détruire les cellules cancéreuses, retardant ainsi la croissance et l'extension des tumeurs.

Les partisans des médecines parallèles prescrivent depuis longtemps un régime de type végétarien ou macrobiotique aux patients atteints du cancer, dont le cancer du poumon. De plus en plus de données établies par des représentants de la médecine institutionnelle suggèrent également que les spécialistes du traitement du cancer devraient encourager leurs patients à adopter un régime où les fruits et les légumes occupent une place de choix.

Un compte rendu de chercheurs du Cancer Research Center de l'Université de Hawaï, à Honolulu, publié récemment mentionne que les pouvoirs chimiothérapeutiques des légumes peuvent contribuer à réprimer la progression du cancer, à atténuer sa gravité et à prolonger la durée de la survie. Les chercheurs hawaïens ont observé lors d'une étude portant sur 463 patients et 212 patientes atteints du cancer du poumon, que la consommation d'une grande quantité de légumes de toutes sortes pouvait même doubler (de 18 mois à 33 mois) la durée de la survie chez les femmes. Les fruits et les tomates auraient contribué également à prolonger la vie des patients. On a enregistré en effet chez les hommes une extension de la durée de survie en liaison avec une consommation accrue d'oranges et de tomates.

On croit que le lycopène présent dans la tomate et les caroténoïdes qu'on retrouve dans les autres légumes seraient en partie responsables des vertus anticancéreuses des aliments d'origine végétale; ces substances sont parvenues, de diverses manières, à détruire *in vitro* des cellules tumorales humaines.

Mesures diététiques pour prévenir ou freiner le cancer du poumon

- Le meilleur régime qui soit pour *prévenir* le cancer du poumon — que vous ayez déjà fumé ou non dans le passé — est de manger beaucoup de légumes. On choisira de préférence les légumes riches en caroténoïdes, dont le ß-carotène: carotte, brocoli, épinards, laitue vert foncé, citrouille, patate douce, etc.
- Si vous avez déjà fumé ou si présentement vous fumez régulièrement, la directive précédente a encore plus d'importance. Une portion quotidienne de une demi-tasse — au moins — de légumes vert sombre ou orange foncé peut avoir un impact déterminant sur la santé de ceux qui viennent de cesser de fumer: elle peut en effet intercepter la lente marche vers le cancer du poumon qui se prolonge durant dix ans ou plus après qu'on a cessé de fumer. Les constituants chimiques des légumes peuvent faire obstacle au développement du cancer du poumon et à la formation de tumeurs.
- Le thé, en particulier le thé vert, exercerait également une action protectrice.
- On présume que les légumineuses peuvent, elles aussi, faire obstacle au cancer du poumon, quoique les données scientifiques ne soient pas dans ce cas aussi convaincantes.

- Si vous êtes atteint du cancer du poumon, l'addition à votre régime des substances chimiques anticancéreuses que fournissent les légumes les plus variés, dont les tomates, le brocoli et les légumes riches en caroténoïdes (ß-carotène, lycopène, lutéine, etc.) peut certes vous aider à lutter contre la maladie et à prolonger votre existence.

Chapitre 25

LE CANCER DU PANCRÉAS

Aliments susceptibles d'aider à prévenir le cancer du pancréas: Agrumes et autres catégories de fruits • Tomates • Légumineuses

Aliments susceptibles de favoriser le cancer du pancréas: Viandes de porc salées et fumées (bacon, jambon, viandes froides) • Viande rouge

Le cancer du pancréas est en général assez rebelle aux traitements, d'où l'importance d'une alimentation saine pour y faire obstacle. De plus en plus de données scientifiques laissent en effet entendre qu'on peut arriver à prévenir cette maladie meurtrière.

Des études probantes sur la fonction protectrice des fruits dans la prévention du cancer du pancréas

De nombreux travaux ont montré que les grands consommateurs de fruits sont moins exposés au cancer du pancréas que ceux qui en mangent peu. Des chercheurs suédois ont apporté la preuve qu'en mangeant un agrume par jour, comparativement à moins d'une fois par semaine, on peut réduire de 50 à 70 % environ le risque d'être victime de ce type de cancer. Une autre étude menée par des membres de la secte religieuse des adventistes a révélé que les tomates, les agrumes et les fruits secs avaient des vertus prophylactiques. L'étude la plus convaincante sur la question reste toutefois celle qui a été réalisée auprès des Cajuns de la Louisiane, population la plus gravement affectée par le cancer du pancréas aux États-Unis, comme l'ont démontré les analyses du NCI; une surconsommation de charcuteries (bacon, jambon, saucisses, viandes froides et porc frais non traité), que les Cajuns accompagnent habituellement de riz, expliquerait selon le NCI les taux extrêmement élevés de cancer du pancréas au sein de ce groupe.

Les essais ont révélé qu'une consommation abondante de fruits peut contrebalancer les effets potentiellement cancérigènes des régimes où la viande occupe une place importante dans la ration alimentaire. On a observé ainsi que la probabilité d'être victime d'un cancer du pancréas chez ceux qui mangeaient chaque jour 30 g de porc était de 70 % supérieure à celle des individus qui en mangeaient moins de deux fois par semaine; l'ingestion quotidienne d'une quantité supérieure à 30 g entraînait un risque trois fois plus élevé de développer un cancer du pancréas.

On a noté par ailleurs lors de ces expériences que les sujets consommant des fruits deux fois par jour (banane, orange, fraises, pomme, fruits en conserve ou jus d'orange) étaient exposés à 40 % seulement au cancer du pancréas par rapport à ceux qui mangeaient moins de 30 g de fruits par jour. Les chercheurs ont pu établir une relation dose-effet: plus l'on consommait de fruits, plus bas étaient les taux de risque. On pouvait s'y attendre!

Quel ne fut pas l'étonnement des chercheurs américains toutefois lorsqu'ils constatèrent que la consommation abondante de fruits exerçait la même action protectrice chez les grands mangeurs de porc, comme si les fruits venaient contrebalancer les effets nocifs de cette viande sur le pancréas ou les neutralisaient complètement. Ils rapportent que les grands mangeurs de porc qui, en même temps, se gavaient de fruits ne semblaient pas plus exposés à la maladie que ceux qui en consommaient peu!

Les chercheurs tiennent la vitamine C responsable de cette action bienfaisante. Des douzaines d'autres substances chimiques anticancéreuses pourraient aussi expliquer les effets salutaires d'une consommation régulière de fruits sur les tissus du pancréas.

Le taux de lycopène: un indice de la vulnérabilité au cancer du pancréas

Les effets disuasifs du lycopène sur le cancer du pancréas sont absolument remarquables. La tomate est la source la plus importante de lycopène (pigment qui lui donne sa couleur caractéristique) dans l'alimentation des Américains. Selon des chercheurs de Johns Hopkins, de faibles taux sanguins de lycopène sont un indice d'une certaine vulnérabilité au cancer du pancréas; ces affirmations sont fondées sur l'examen, à dix ans d'intervalle, des prélèvements de 26 000 personnes. Les carences en lycopène auraient même entraîné un risque cinq fois plus élevé, par comparaison avec les sujets sains dont le taux de lycopène était normal, d'être affligé par cette redoutable maladie.

Habituellement, un taux peu élevé de lycopène dans le sang signale une faible consommation de tomates. Mais il y a d'autres bonnes sources de lycopène: le melon d'eau, par exemple. (On notera que les baies rouges, contrairement à ce qu'on pourrait penser, ne sont pas une bonne source de lycopène; leur couleur est due à une autre substance chimique.)

Des inhibiteurs des protéases dans les haricots secs

Il est fortement recommandé de consommer des haricots secs au moins une fois par semaine. Une étude à grande échelle a montré que le risque de mourir d'un cancer du pancréas chez ceux qui mangeaient chaque semaine des légumineuses, y compris des haricots de soya, était de 40 % inférieur à celui des personnes qui en consommaient peu (moins d'une fois par semaine). Selon le coordonnateur de l'étude, Paul K. Mills, du département de médecine préventive de la faculté de médecine de l'Université de Loma Linda, en Californie, l'ingrédient actif serait ici les *inhibiteurs des protéases*, quoique les légumineuses renferment d'autre substances anticancéreuses aux effets éprouvés.

Chasse aux graisses animales

La preuve est faite que les populations qui ingèrent le plus de graisses sont aussi celles qui affichent les plus hauts taux de cancer du pancréas. Il est possible cependant que l'agent responsable dans le cas qui nous occupe soit le gras plutôt que la viande elle-même. D'innombrables travaux ont montré qu'une consommation de viande frite ou grillée augmente, autant que les préparations salées et fumées à base de porc, le risque de développer un cancer du pancréas. L'étude louisianaise a bien montré les effets cancérigènes de la viande de porc fraîche et des produits de transformation tels que bacon, jambon et saucisse, sur le pancréas.

Au Japon, on a observé que l'ingestion d'une portion de viande par jour augmentait de 50 % la probabilité de succomber à ce type de cancer. En Suède, des chercheurs ont démontré, eux aussi, que les viandes *frites* ou *grillées* augmentaient la probabilité d'être atteint d'un cancer du pancréas. Chez les habitants de Los Angeles qui consomment de la viande cinq fois par semaine, ces taux seraient deux fois plus élevés que chez ceux qui en consomment peu. Les animaux dont la nourriture est très riche en graisses présentent souvent des lésions cellulaires du pancréas.

Si ce n'est pas au gras de viande, considéré isolément, que l'on peut imputer ces statistiques alarmantes, qu'est-ce donc qui est en cause? Bien que cette question n'ait pas encore été élucidée, on pense que les agents responsables pourraient être les nitrosamines, substances qui peuvent se former à partir du nitrite de sodium utilisé comme agent de conservation dans le traitement des viandes. La vitamine C aide à neutraliser les nitrosamines, ce qui explique peut-être pourquoi les aliments très riches en vitamine C sont d'aussi puissants agents protecteurs contre le cancer.

Café, thé, alcool

Au début des années quatre-vingt, deux études suggéraient que le café pouvait favoriser le cancer du pancréas; on prétendait même qu'à peine une ou deux tasses de café par jour doubleraient ou presque le risque d'être victime de cette maladie. Une douzaine de nouvelles études bien documentées publiées sur la question sont venues cependant invalider totalement ces conclusions. Contrairement à ce que la majorité des chercheurs supposaient, le café — tant le café ordinaire que le déca — ne peut être tenu responsable de la formation de tumeurs malignes dans le pancréas.

Dix études, au moins, portant sur les relations entre la consommation de thé et le cancer du pancréas (soit 80 % des travaux consacrés à la question) ont apporté la preuve qu'aucune corrélation directe ne peut être établie non plus entre l'habitude de boire du thé et l'incidence de ce type de cancer. Alors qu'une étude britannique rapporte que trois tasses ou plus de thé par jour pourraient doubler le risque d'être atteint d'un cancer du pancréas, une étude italienne fait état de données statistiques tout à fait à l'opposé: la consommation régulière de thé réduirait de 50 % le risque d'être atteint d'un cancer du pancréas! Il semble que l'action du thé soit «neutre» dans le cas du cancer du pancréas.

Qu'en est-il de l'alcool? En dépit de plusieurs comptes rendus publiés dans les années soixante et de quelques études plus récentes incriminant l'alcool, notamment la bière, dans l'apparition du cancer du pancréas, la plupart des chercheurs soutiennent que les données disponibles ne permettent pas d'établir des relations directes entre l'une et l'autre, indique le Dr Pelayo Correa, professeur de pathologie au Louisiana State University Medical Center, sauf à parler d'effets légers, peu significatifs.

Chapitre 26

LE CANCER DE L'ESTOMAC

Aliments susceptibles de prévenir le cancer de l'estomac:
Chou pommé • Thé • Ail • Oignon • Haricot de soya • Fruits
et légumes riches en vitamine C
Aliments susceptibles de favoriser le cancer de l'estomac: Sel
• Viandes salées

Très fréquent au début du siècle, le cancer de l'estomac est en nette diminution aux États-Unis depuis quelques décennies; il demeure toutefois une cause de mortalité importante dans d'autres parties du monde, au Japon, par exemple. Les nouvelles habitudes alimentaires des Américains expliqueraient, selon plusieurs spécialistes, la baisse spectaculaire du taux de cancer de l'estomac au sein de cette population. Le fait de pouvoir s'approvisionner facilement, à longueur d'année, en fruits et en légumes frais, grâce aux procédés modernes de réfrigération, expliquerait en partie ces changements diététiques.

Les qualités préventives des fruits et des légumes tiennent d'abord à la vitamine C, qui a le pouvoir de neutraliser les nitrosamines, de puissants agents cancérigènes qui irritent l'estomac; ce n'est pas sans raison qu'on ajoute de la vitamine C aux viandes traitées. Mais elles tiennent aussi à d'autres substances, telles que les caroténoïdes, les indoles et certains composés sulfurés.

La valeur des crudités comme traitement préventif

Il est important de manger régulièrement toutes sortes de fruits et de légumes crus; ceux qui en absorbent peu sont deux à trois fois plus exposés au cancer de l'estomac. Des études réalisées au Japon, en Angleterre et en Pologne ont clairement mis le fait en évidence. Le céleri, le concombre, la carotte, le piment vert, la tomate, l'oignon, la laitue, tous ces légumes facilement disponibles offrent une excellente protection contre le cancer de l'estomac.

Certains chercheurs prétendent que les légumes seraient, dans le cas du cancer de l'estomac, des agents prophylactiques encore plus puissants que les fruits. Après avoir comparé dans une étude de grande envergure les régimes alimentaires de près de 70 000 hommes de descendance japonaise — en 1965 d'abord, puis en 1983, soit à dix-huit ans d'intervalle —, des chercheurs hawaïens ont constaté que les sujets qui avaient développé au cours de cette période un cancer de l'estomac (soit 111 sur 70 000) ne consommaient pas autant de crudités que ceux que la maladie avait épargnés.

Les analyses comparatives ont révélé que le facteur préventif déterminant était la consommation d'*une grande quantité de légumes crus*. Les hommes ayant l'habitude de consommer 90 g de légumes crus par jour étaient exposés à 60 % seulement au risque d'être affligés par la maladie. Les crucifères — dont le chou — et les légumes verts sont les aliments qui reviennent le plus souvent dans la liste des espèces préférées des sujets non touchés par la maladie.

Quelques cuillerées de chou…

Le chou est le légume le plus efficace pour tenir en échec le cancer de l'estomac, conclut une passionnante étude réalisée dans la province de Heilongjiang, dans le nord-est de la Chine, où cette maladie est la première cause de mortalité par cancer. Divers autres légumes, notamment le chou chinois — dont les vertus thérapeutiques seraient inestimables, semble-t-il — l'épinard, la courge, l'aubergine et le haricot vert, ont été associés à une faible prévalence du cancer. À peine un tiers de tasse de chou cru par jour ou deux cuillerées à soupe de chou cuit par jour auraient un effet protecteur.

Les propriétés étonnantes des liliacées

L'une des études les plus convaincantes sur l'impact d'une alimentation équilibrée dans la prévention du cancer de l'estomac est celle qu'a réalisée le NCI auprès d'habitants de la province de Shandong, une région de la Chine où les taux de cancer de l'estomac sont particulièrement élevés. Après avoir examiné les composantes des régimes de 564 patients atteints de cancer de l'estomac, pour ensuite les comparer avec celles de 1131 sujets sains, les chercheurs du NCI ont constaté que les sujets qui consommaient quotidiennement 90 g environ d'ail, d'oignon et autres espèces de la famille des liliacées, tels l'oignon vert, la ciboulette chinoise et l'ail, étaient exposés à 40 % seulement, en comparaison avec les habitants de la même région qui en consommaient une quantité trois fois moindre, au risque de développer un cancer de l'estomac.

L'oignon vert (souvent appelé, à tort, «échalote») aurait été le plus efficace; viennent ensuite l'ail et la ciboulette chinoise. Une relation dose-effet a été clairement établie: en effet, plus la quantité ingérée était élevée, plus bas étaient les niveaux de cancer enregistrés. Un oignon de grosseur moyenne ou une demi-tasse d'oignons hachés fournissent la dose protectrice, établie à 900 g. Considérant l'importance des effets préventifs de ces aliments, la quantité est peu élevée.

Les chercheurs connaissant le large éventail de substances chimiques anticancéreuses (notamment les composés sulfurés) contenues dans les légumes de la famille des liliacées et leurs effets curatifs spectaculaires sur des animaux de laboratoire exposés à de puissants agents cancérigènes, ils n'ont pas été étonnés outre-mesure par les résultats obtenus.

Le thé

Une étude menée au Japon auprès de 4729 adultes grands consommateurs de thé vert a révélé que le thé pourrait contribuer à prévenir le cancer de l'estomac. La quantité absorbée quotidiennement — soit 10 petits bols — fournirait de 40 à 50 mg de vitamine C, estime-t-on. La preuve a été faite, tant chez l'homme que chez l'animal, que le thé noir, aussi bien que le thé vert, s'oppose aux effets des nitrosamines, de puissants agents cancérigènes.

Pourquoi ne pas essayer la soupe au miso?

Le miso, sorte de pâte fermentée fabriquée à partir de haricots de soya, aurait également des vertus thérapeutiques, croient certains chercheurs japonais spécialisés dans l'étude du cancer de l'estomac. Ils se sont rendu compte en effet que les hommes et les femmes qui consommaient un bol de soupe au miso par jour résistaient trois fois mieux à la maladie que ceux qui n'en mangeaient jamais. Même l'ingestion occasionnelle de miso offre une bonne protection contre ce cancer (les taux de risque sont en effet inférieurs — de 17 % chez les hommes et de 18 % chez les femmes — à ceux qui n'en consomment jamais).

À l'époque où ces données furent publiées, soit il y a dix ans, elles en étonnèrent plus d'un! On ne connaissait pas, comme c'est le cas aujourd'hui, les multiples propriétés anticancéreuses de divers constituants du haricot de soya. On croit que ces constituants neutraliseraient aussi les effets de la grande quantité de sodium contenue dans le miso.

Les viandes grasses salées et fumées: triplement nocives

Pour se prémunir contre le cancer de l'estomac, il est important d'éviter les aliments trop salés. Les effets potentiellement cancérigènes du sel sur l'estomac, surtout lorsqu'ils se conjuguent à ceux d'autres agents cancérigènes, tels les résidus et la fumée qui se forment lors de la cuisson au barbecue et sur le gril, sont maintenant bien connus. Les viandes traitées industriellement, comme les hot-dogs, le jambon, le bacon et autres charcuteries, renfermant une très grande quantité de sodium, ils sont particulièrement nocifs pour l'estomac.

Le sodium peut causer l'inflammation de la muqueuse gastrique, accroître la multiplication des cellules précancéreuses et amplifier le potentiel cancérigène de certains produits chimiques. Le sel est particulièrement dangereux, semble-t-il, dans les cas où le régime est pauvre en aliments — fruits et les légumes notamment — capables de contrebalancer les effets négatifs du sodium sur le processus de cancérisation.

Chapitre 27

AUTRES TYPES DE CANCERS

```
CANCER DE LA PEAU
```

Le mélanome malin (cancer de la peau) a doublé aux États-Unis depuis 1980. Il est donc important de tenter de le prévenir de toutes les façons possibles. Voici des mesures diététiques qui devraient vous aider à vous prémunir contre ce cancer.

1. *Réduisez votre consommation d'huiles riches en acides gras oméga-6 (huile de maïs, huile de carthame, huile de tournesol) et consommez plus souvent de l'huile de poisson, riche en acides gras oméga-3.* Lorsque les cellules contiennent trop d'acides gras oméga-6 et pas assez d'acides gras oméga-3, la production de prostaglandines se trouve amplifiée, ce qui peut favoriser la formation et la croissance de tumeurs de la peau. L'huile de poisson aide à contrer ces effets, et partant, à bloquer cette série de phénomènes biochimiques qui mène au cancer.

Des expérimentations sur des souris ont montré qu'on pouvait stimuler la croissance du mélanome malin en leur administrant de l'huile de carthame ou de l'huile de tournesol. On a constaté par ailleurs récemment dans le cadre d'une expérience que des patients atteints de cette affection consommaient près de deux fois plus d'acides gras polyinsaturés de type oméga-6 que les sujets (sains) du groupe témoin.

Le quotient entre oméga-3 et oméga-6 doit demeurer élevé, dit James Dukes, du ministère de l'Agriculture des États-Unis. Il recommande par conséquent de manger du poisson au moins deux fois par semaine et d'éviter les huiles végétales à haute teneur en acide linoléique, telle l'huile de maïs. L'huile d'olive représente, par contre, un excellent choix. Lors d'un congrès international sur le mélanome malin, tenu en 1989, on aurait même conclu que le beurre, qui contient plus d'acides gras oméga-3 que d'oméga-6, était moins dommageable à cet égard que les huiles végétales à haute teneur en oméga-6.

2. Il est important aussi de *consommer régulièrement des fruits et des légumes,* excellentes sources d'antioxydants, lesquels peuvent empêcher les oméga-6 de favoriser le développement du mélanome. On a observé, par exemple, qu'en ajoutant de la vitamine C à l'eau de boisson de souris atteintes du mélanome, on était parvenu à réduire la taille de la tumeur, à contenir sa croissance et son extension, et à prolonger par le fait même la vie des animaux.

3. *L'ail, les graines de lin, l'oignon* et *l'huile de noix* pourraient contribuer également à prévenir le cancer de la peau, selon Herbert Pierson, une autorité dans le domaine de l'alimentation et du cancer.

CANCER DE L'ENDOMÈTRE

Le régime alimentaire «joue un rôle important dans l'étiologie (les causes) du cancer de l'endomètre», affirment les auteurs d'une étude menée à l'Université de l'Alabama à Birmingham. Une étude comparative des régimes alimentaires de patientes atteintes du cancer de l'endomètre a révélé en effet que celles qui mangeaient au moins une fois par jour un aliment à teneur élevée en *carotène* (carotte, épinards, brocoli, cantaloup, laitue) étaient peu sujettes (à 27 % seulement) au cancer de l'endomètre, en comparaison avec celles qui en mangeaient une fois par semaine. Les aliments riches en *calcium* (yogourt, fromage, etc.) réduiraient aussi de façon significative le risque d'être victime de ce type de cancer.

CANCER DU COL UTÉRIN

Certains aliments pourraient, dit-on, stopper le virus qui serait à l'origine de 80 % des cas de cancer du col utérin.

1. *Les aliments riches en acide folique.* — Les femmes qui présentent de hauts taux sanguins d'acide folique, une vitamine du groupe B présente entre autres dans les légumes verts et les haricots secs, seraient beaucoup moins aptes à développer ce type de cancer, selon les données les plus récentes établies par le Dr Charles Butterworth fils, de l'Université de l'Alabama à Birmingham. Il a pu constater en effet que, parmi les 464 patientes déjà infectées par le virus, celles qui affichaient les taux les plus bas d'acide folique étaient cinq fois plus vulnérables à des transformations cellulaires pouvant mener au cancer du col de l'utérus que celles dont les taux d'acide folique étaient les plus élevés.

Une carence en acide folique est, en quelque sorte, une «double malédiction» dit le Dr Butterworth: les chromosomes sont plus exposés à se fragmenter aux endroits «fragiles», ce qui facilite la pénétration du virus dans les cellules saines du matériel génétique, phénomène favorable aux premières mutations annonciatrices du cancer. Un apport adéquat en acide folique est donc essentiel. Deux bouquets de brocoli par jour fournissent à peu près la moitié de l'apport quotidien recommandé (qui est de 400 microgrammes). Une fois le cancer déclaré, la supplémentation excessive en vitamines n'est pas efficace.

(On trouvera à l'Appendice placé en fin de volume une liste des aliments à haute teneur en acide folique.)

2. *Les aliments riches en lycopène.* — Les tomates sont aussi fortement recommandées pour prévenir la néoplasie intra-épithéliale cervicale. Cette inflammation signale habituellement que des cellules précancéreuses sont en formation. Selon des chercheurs de l'Université de l'Illinois à Chicago, les femmes présentant les taux sanguins les plus élevés de lycopène (présent en abondance dans les tomates) y seraient cinq fois moins vulnérables que les autres.

CANCER DU LARYNX

Le cancer du larynx frappe habituellement les fumeurs et les anciens fumeurs. Les mesures diététiques recommandées dans le chapitre consacré au cancer du poumon s'appliquent donc également au cancer du larynx.

La consommation régulière d'aliments riches en bêta-carotène (ß-carotène), tels que carotte, patate douce, légumes verts à feuilles et citrouille, feraient merveille chez les ex-fumeurs, particulièrement dans les années suivant le moment où ils ont écrasé leur dernière cigarette. Telle est du moins la conclusion d'une importante étude menée par Dorothy Mackerras, du Health Science Center de l'Université du Texas.

En comparant les régimes de sujets atteints du cancer du larynx et ceux de sujets sains, Mackerras s'est aperçue que, parmi ceux qui avaient cessé de fumer entre deux et dix ans auparavant, les cas où l'apport alimentaire en carotène était le plus faible étaient associés à un taux de probabilité d'être frappé par ce type de cancer cinq fois et demie plus élevé que celui des sujets qui consommaient suffisamment de carotène. «Il semble que, chez ceux qui ont cessé de fumer, le carotène favorise la cicatrisation des tissus endommagés, ce qui diminue les risques de cancer du larynx», dit Mackerras.

On prendra note cependant que le traitement correctif au carotène n'a pas permis, même en ayant recours à des surdoses, d'enrayer le cancer du larynx chez les fumeurs qui n'étaient pas arrivés à se défaire de la cigarette; elles ont été efficaces seulement chez les ex-fumeurs.

CANCER DE LA PROSTATE

Des études ont démontré que les régimes riches en produits laitiers à haute teneur en matières grasses favorisent le cancer de la prostate. On a observé par exemple chez les membres d'une communauté religieuse (*Adventists of the Seventh Day*) que ceux qui buvaient deux verres de lait par jour étaient deux fois plus exposés au cancer de la prostate que ceux qui en buvaient deux fois moins; trois verres de lait par jour ont par ailleurs fait grimper le coefficient de risque à deux fois et demie; les gros mangeurs de fromage, d'œufs et de viande se sont montrés également plus vulnérables au développement du cancer de la prostate.

La substance nocive dans le lait est, semble-t-il, les matières grasses. Des chercheurs du Roswell Park Memorial Institute de Buffalo ont constaté, eux aussi, en comparant les régimes de sujets victimes du cancer de la prostate et ceux de sujets sains, que le lait entier figurait dans les régimes des sujets cancéreux. L'habitude de boire de grandes quantités de lait riche en matières grasses (plus de trois verres par jour, par exemple) multiplierait par 2,5, selon cette étude, le risque d'être atteint de ce type de cancer.

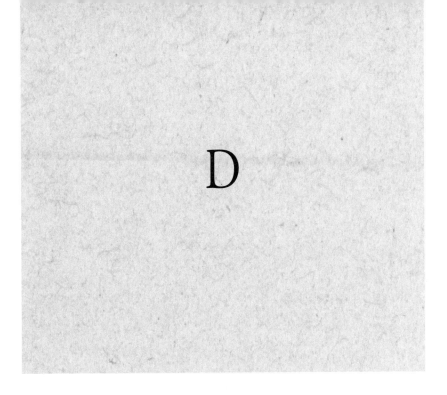

D

TROUBLES MINEURS
DU SYSTÈME NERVEUX

Chapitre 28

L'ART DE SE NOURRIR L'ESPRIT

Substances alimentaires susceptibles d'accroître la vigilance et de stimuler l'activité psychique: Caféine • Protéines
Substances alimentaires susceptibles d'affaiblir la vigilance et l'activité psychique: Glucides (sucre, miel, pâtes, pain, alcool)

On sait que les habitudes alimentaires jouent un rôle primordial dans la prévention et le traitement des pathologies les plus courantes aujourd'hui: cancer, cardiopathies, arthrite, troubles digestifs. Mais sait-on qu'elles ont des répercussions tout aussi importantes sur le fonctionnement du cerveau?

Les composantes du régime alimentaire d'un individu fournissent de précieuses indications sur son degré de vigilance et de vitalité, l'étendue de sa mémoire et sa capacité de concentration, sa vulnérabilité à la dépression ou à l'anxiété, sa propension à l'agressivité, et même, dit-on, sur ses ondes d'activité mentale et sa vulnérabilité à certains troubles psychiques et maladies dégénératives du système nerveux.

Les effets presque immédiats des glucides, des protéines, des matières grasses ou de la caféine sur l'humeur et l'énergie mentale peuvent être absolument spectaculaires: d'innombrables expériences scientifiques en ont fait la preuve. On a établi également que des carences légères en nutriments peuvent, à la longue, perturber totalement les ondes et l'activité cérébrales. «Un enfant qui, au retour de l'école, avale des croustilles et un coca-cola, suivis au repas du soir d'une pizza et de crème glacée, aura probablement beaucoup de difficulté à faire ses travaux scolaires, car la surdose de glucides qu'il aura absorbées préalablement le maintiendra pendant plusieurs heures dans un état de somnolence et de léthargie peu propice au travail intellectuel», fait remarquer Judith J. Wurtman, chercheur au Massachusetts Institute of Technology (MIT).

Jamais on n'aurait pu supposer que des causes aussi anodines puissent avoir de telles retombées, reconnaissent certains chercheurs. Heureusement, en s'alimentant de façon adéquate, on peut corriger ces défaillances.

Les théories du Dr Wurtman

C'est au neuro-endocrinologue Richard Wurtman et à ses collaborateurs du MIT que revient en grande partie le mérite d'avoir découvert comment agissent les substances alimentaires sur l'activité cérébrale.

Les *neurotransmetteurs* ou neuromédiateurs, molécules qui assurent la transmission chimique de l'influx nerveux d'un neurone à l'autre, seraient à la base du mécanisme régissant les interactions entre les aliments et l'activité du cerveau. Ces messagers chimiques sont synthétisés par les cellules nerveuses (neurones) à partir de constituants alimentaires appelés *précurseurs*.

Les aliments contribuent à produire divers types de neurotransmetteurs, selon la nature des précurseurs qui servent de matière première; ces neurotransmetteurs ont chacun une fonction spécifique. Ainsi, le tryptophane, acide aminé entrant dans la composition des protéines alimentaires, est le précurseur de la *sérotonine* (c'est-à-dire qu'il se transforme en sérotonine), neurotransmetteur qui entre en jeu dans les états de relaxation, de somnolence et même de confusion. La tyrosine, autre acide aminé, est le précurseur de la *dopamine* et de la *norépinéphrine*, neurotransmetteurs qui stimulent le cerveau et rendent l'esprit plus alerte: ces deux médiateurs stimulent l'activité cérébrale, assurent la vigilance et l'attention et accroissent la motivation et l'énergie mentale.

Les réactions chimiques qui sous-tendent l'activité cérébrale étant extrêmement complexes, il va de soi que la consommation d'un aliment riche en acides aminés de telle ou telle espèce n'a pas automatiquement de répercussions déterminées sur le cerveau. Le poids moléculaire des acides aminés et leurs concentrations dans le plasma sanguin étant variables, certains prennent nécessairement le pas sur d'autres; autrement dit, ils sont en compétition. Ainsi, paradoxalement, quand vous buvez du lait (source de tryptophane), le taux de tryptophane dans le cerveau n'augmente pas, mais au contraire décroît, les molécules de ce composé organique se trouvant évincées par d'autres acides aminés présents en plus grand nombre dans le lait. Les repas où l'apport en tryptophane est nul et l'apport en glucides très élevé entraînent, en revanche, une augmentation du taux de tryptophane — dont dérive la sérotonine, rappelons-le — et, par conséquent, une certaine décontraction.

Si les scientifiques n'adhèrent pas tous aux théories très complexes du Dr Wurtman sur la chimie du cerveau, il reste que bon nombre de chercheurs s'entendent pour reconnaître que, chez les individus normaux, la consommation d'aliments riches en glucides tend à affaiblir les fonctions cérébrales et que les protéines alimentaires s'opposent en général aux effets de lourdeur et d'indolence souvent liés à l'absorption des glucides. Sauf chez les sujets appartenant à l'une ou l'autre des catégories suivantes: les femmes affectées par le syndrome prémenstruel, les personnes souffrant du «trouble affectif saisonnier» (forme de dépression manifeste surtout durant l'hiver) et les fumeurs en période de sevrage. Ceux-ci réagissent, semble-t-il, tout à fait à l'opposé: les glucides les stimulent plutôt que de les amortir. Les causes de ce phénomène restent toutefois inconnues.

Des protéines avant tout

Les glucides, notamment le sucre, exercent en général un effet dépresseur sur le cerveau. Les aliments riches en protéines, par contre, aiguisent les fonctions cérébrales. Si vous devez entreprendre une activité ou effectuer des tâches qui exigent vigilance, attention et vivacité d'esprit, évitez donc de vous gaver de bonbons, gâteaux, beignes, crème glacée, sorbet, céréales sucrées, riz ou pâtes servis sans viande ni lait ni quelque autre aliment protéique. Évitez également les matières grasses, très indigestes, qui ralentissent le travail mental. Optez plutôt pour les aliments à haute teneur en protéines, que vous pourrez consommer tels quels ou accompagnés d'aliments sucrés ou/et de féculents. Parmi les bonnes sources de protéines figurent:

- les poissons de mer, crustacés et mollusques à faible teneur en matières grasses
- la poitrine de dinde
- le lait écrémé
- le yogourt à faible teneur en matières grasses
- la viande de bœuf maigre

D'autres aliments, dont les légumes verts à feuilles, ne semblent pas occasionner de langueur ni de confusion, pas plus d'ailleurs qu'ils n'accroissent la vivacité d'esprit: on les dit «neutres» en ce sens.

Si les spécialistes recommandent de consommer des aliments riches en protéines pour stimuler l'activité du cerveau, ce n'est pas parce que ces aliments ont des vertus énergisantes exceptionnelles ou qu'ils peuvent améliorer du jour au lendemain votre quotient intellectuel, dit Bonnie

Spring, professeur de psychologie au Chicago Medical College et chercheur spécialisé dans l'étude des influences de la nourriture sur l'humeur; c'est parce qu'ils empêchent les glucides de vous embrouiller l'esprit. En intégrant à vos menus une petite quantité de protéines — 5 à 10 % de l'apport énergétique total environ —, vous contrez en quelque sorte l'action calmante de la sérotonine accumulée dans votre cerveau. Plusieurs études suggèrent en effet que la sérotonine, neurotransmetteur facilitant le sommeil, serait à l'origine de la somnolence et de l'état de confusion souvent induits par les glucides.

Pâtes *et* viande (ou fromage), ou lait *et* biscuits, ou encore pain *et* thon constituent, de ce point de vue, d'excellentes combinaisons toniques qui facilitent l'activité cérébrale. Les bonbons, caramels, boules de gomme à mâcher, barres de chocolat pur, fudge, guimauves, miel, et même le sucre ajouté au thé ou au café sont *à éviter*, par contre, car ces sources d'hydrates de carbone ne renferment aucune protéine, ou très peu. On ne peut donc escompter qu'ils stimulent les facultés mentales.

Vertus et dangers du café

Un énergisant incomparable

Depuis le XVIIe siècle, où il faisait son apparition chez les apothicaires et dans les débits européens — les premiers «cafés» —, on ne cesse de vanter les vertus galvanisantes du café. À l'époque, on jugeait toutefois ses effets psychiques si puissants et si nocifs que seuls les médecins étaient autorisés à le prescrire; il s'en trouva même pour recommander qu'on en interdît l'usage au commun des mortels. Aujourd'hui, des millions de consommateurs ont recours à cette substance énergisante pour se ragaillardir.

Le mécanisme d'action de la caféine sur le cerveau est assez singulier. Contrairement à ce qu'on pourrait croire, la caféine ne libère pas de composés chimiques «excitants», mais il réprime la production de substances inhibitrices qui ralentissent l'activité cérébrale. Les chercheurs inclinent à penser que, agissant à la manière de l'adénosine — substance sécrétée par les terminaisons nerveuses qui freine l'activité des cellules du cerveau —, et se substituant en quelque sorte à ce composé, la caféine se fixe sur les récepteurs cellulaires, empêchant ainsi l'adénosine d'exercer ses effets inhibiteurs sur le cerveau. L'excitabilité des cellules cérébrales se trouve ainsi préservée.

La dose efficace et sans danger

Il est important de savoir que, même à très petites doses, l'action de la caféine est perceptible. Deux tasses de café* suffiraient à bloquer durant deux heures la moitié des récepteurs cérébraux de l'adénosine, disent les spécialistes.

Pour apprécier avec plus de précision les effets reliés à diverses doses de caféine, Harris R. Lieberman, psychologue auprès de l'U.S. Army Research Institute de Natick, au Massachusetts, et grand spécialiste de l'étude des comportements induits par la caféine, a effectué diverses expériences. L'une d'elles consistait à évaluer les effets sur des sujets masculins de l'absorption de doses de caféine se situant entre 30 et 250 mg environ, après le lever matinal. (Mentionnons, à titre indicatif, qu'une boisson gazeuse à base de cola renferme 32 mg de caféine et qu'une grande tasse de café ordinaire préparé à la cafetière en renferme 256 mg). Après avoir avalé leur café, les sujets furent soumis à une batterie de tests d'aptitudes exigeant une grande subtilité d'esprit; les tests permettaient d'apprécier notamment le temps de réaction, le champ de l'attention, le niveau de concentration et la facilité à manipuler correctement les relations arithmétiques.

Au grand étonnement des expérimentateurs, toutes les doses de caféine — y compris les doses infiniment petites — furent efficaces: sous l'effet du café, les sujets semblaient en mesure de penser et de réagir plus rapidement et de se concentrer davantage, ce qui améliora bien sûr leur performance lors des tests.

Beaucoup d'autres recherches du genre ont apporté la preuve que la caféine augmente la vigilance, améliore l'habileté mentale et retarde la fatigue. À quelle dose commence-t-elle à agir? On estime qu'en absorbant entre 100 et 200 mg de caféine — soit la quantité contenue dans une tasse de 150 à 300 ml environ — le matin d'abord, puis vers la fin de l'après-midi, où le café matinal n'agit plus et où l'énergie mentale commence à décroître, on devrait obtenir les effets recherchés. Il est intéressant de noter que des doses supérieures de caféine, soit plus de une ou deux tasses de 150 ml chacune par jour, n'ont pas amélioré les résultats précédemment enregistrés. Il est donc inutile d'avaler café après café tout au long de la journée pour rester alerte.

---

*   Dans les passages du livre consacrés aux effets du café, on tiendra compte du fait qu'il s'agit toujours, sauf indication contraire, du café brun, préparé au percolateur ou à la cafetière filtre, tel que le consomment en général les Nord-Américains.

Boissons et aliments qui renferment de la caféine

Sources	Teneur moyenne en caféine (mg)
Café (150 ml ou 1 tasse)	
Préparé à la cafetière:	
• café filtre	115
• café au percolateur	80
• décaféiné	3
Instantané:	
• ordinaire	65
• décaféiné	3
Thé (150 ml ou 1 tasse)	
Infusé:	
• importé	60
• de marque américaine	40
Soluble ou instantané	
(1 c. à table de poudre)	30
Boissons gazeuses	
• Type Mountain Dew	54
• Colas (ordinaires et diététiques)	46
Chocolat	
• Chocolat noir, semi-sucré (30 g)	30
• Lait au chocolat (30 ml)	6
• Chocolat chaud (150 ml)	4

Le café: un bon moyen de contrer la somnolence durant la période de digestion

L'habitude, chez bon nombre de Nord-Américains et d'Européens, de boire du café à la fin des repas serait une réaction tout à fait naturelle de l'organisme cherchant à contrer l'état de somnolence qui survient au moment où commence le processus digestif. Des psychologues du collège de Cardiff de l'Université de Galles ont montré que la sensation de langueur éprouvée à la suite du repas du midi, même après un repas très léger, est un phénomène tout à fait courant. Chez 32 hommes et femmes soumis à des tests, ils ont pu observer effectivement divers signes de léthargie après l'heure du lunch, quelle que soit la quantité d'aliments ingérée: somnolence, baisse de vigilance, affaiblissement de l'acuité mentale, perte d'énergie. Ils ont observé en outre qu'ils étaient beaucoup plus sujets, à ce moment de la journée, à commettre des erreurs dans l'exécution de tâches exigeant une attention soutenue.

Les chercheurs gallois ont tenté de déterminer ensuite si la caféine pouvait prévenir ces diverses manifestations d'un ralentissement de l'activité du cerveau et du système nerveux. La réponse est *oui:* le café ordinaire a bel et bien enrayé presque tous ces symptômes lors des tests; le décaféiné n'a toutefois pas agi sur les sujets participant aux essais.

La dépendance à la caféine

Si vous consommez régulièrement de la caféine pour vous stimuler mentalement, sachez que vous courez le risque cependant de développer une dépendance physique et psychique à cette substance psychotrope. Si, chez certains, l'accoutumance reste faible et sans danger et les bénéfices que procurent le produit dépassent de beaucoup ses effets négatifs, chez d'autres individus, par contre, elle peut, en s'accentuant, devenir absolument dévastatrice tant pour le corps que pour l'esprit et l'humeur.

«La consommation répétée de caféine en renforce le besoin, il n'y a plus de doute là-dessus», affirme le Dr Rolland R. Griffiths, professeur de psychiatrie et de neurosciences à l'Université Johns Hopkins. L'organisme réagit violemment lorsqu'il est subitement privé de caféine durant quelques jours ou une semaine: fatigue, céphalées, dépression: autant de signes d'une intoxication chronique. Les spécialistes ont cru pendant longtemps, qu'il fallait boire plus de cinq tasses de café par jour pour développer une accoutumance à cette boisson. Or, comme l'a prouvé le Dr Griffiths, une seule tasse de café, soit à peine 100 mg de caféine, par jour suffit à induire le caféisme.

«En suis-je là?» vous demandez-vous peut-être en ce moment. Voici un moyen très simple de le savoir: pendant deux jours, supprimez de votre régime les aliments où vous puisez habituellement votre caféine — café, thé, chocolat, boissons gazeuses —, puis soyez attentif à noter si vous avez mal à la tête, si vous êtes fatigué (signes les plus fréquents) et/ou si vous vous sentez déprimé, renfrogné, moins motivé.

(Nous reviendrons plus loin, soit au chapitre 32, sur la façon de mettre fin au caféisme.)

Le café vous fait-il dormir?

La *Harvard Medical School Health Letter* a déjà fait état de réactions tout à fait contraires. Il semble en effet que, chez certains individus, le café ou la caféine prédispose au sommeil plutôt que de s'y opposer; une fois la caféine retirée du régime, plus aucun problème de somnolence! Ne soup-çonnant pas qu'elles puissent être affectées par ce trouble inné, pour le moins étrange, ces personnes boivent café après café dans l'espoir d'être un peu plus en éveil. Mais en vain: plus elles absorbent de caféine, plus elles manquent de dynamisme et s'endorment durant la journée. Une patiente âgée de 35 ans, qui buvait 10 tasses de café et 2 litres de cola par jour, rapporte que non seulement elle dormait douze heures par nuit, mais qu'elle passait tous ses dimanches au lit à roupiller!

Des réactions paradoxales de ce genre restent toutefois assez rares, souligne le Dr Quentin Regestein, psychiatre à l'hôpital Brigham de Bos-ton; ces phénomènes idiosyncratiques, c'est-à-dire particuliers à certains individus en vertu d'une disposition innée, demeurent un mystère pour la science. Il recommande néanmoins à ceux qui ont des raisons de croire qu'ils pourraient être atteints de ce trouble singulier d'essayer de se priver, durant deux à trois semaines, de toute source de caféine, afin de pouvoir mieux juger de ses effets sur leur système nerveux, et d'y renoncer si cela s'avérait nécessaire.

EN BREF: *Une tasse de café le matin et une autre au milieu ou à la fin de l'après-midi suffisent en général à fournir au cerveau l'énergie dont il a besoin. Mais attention aux surdoses de caféine (plus de cinq tasses de café par jour): loin d'accroître l'énergie, la concentration et l'attention, elles peuvent provoquer de la nervosité, de l'agitation, de l'anxiété, des tremblements même. Ces symptômes de «caféisme» peuvent être déclenchés par des doses inférieures à cinq tasses par jour chez certains individus particulièrement sensibles à la caféine. La tolérance à cet excitant varie grandement d'un individu à l'autre: ce qui rend l'un euphorique peut littéralement empoisonner l'autre.*

Fruits et noix: de bonnes sources de bore

Les fruits et les légumes, aliments riches en *bore* — oligo-élément qui agit sur l'activité électrique du cerveau —, rendent l'esprit plus alerte, prétend le psychologue et chercheur James G. Penland, du USDA Human Nutrition Research Center de Grand Forks (Dakota du Nord).

Après avoir soumis, pendant quatre mois environ, un groupe de 15 personnes âgées de 45 ans, à un régime pauvre en bore, Penland a observé, à la lecture des électro-encéphalogrammes (tracés obtenus par enregistre-ment de l'activité électrique du cerveau au moyen d'électrodes appliqués sur le cuir chevelu), que l'activité cérébrale de ces sujets était plus lente que d'habitude. «On y relevait beaucoup plus d'ondes thêta, et beaucoup moins d'ondes alpha, rythme caractéristique des états de somnolence», dit le chercheur. Comme si la déficience en bore avait «modifié à la baisse l'activité de ces cerveaux».

Penland mit ensuite à l'essai un régime encore plus pauvre en bore que le précédent. Les volontaires éprouvèrent alors de la difficulté à exécuter aussi rapidement que d'habitude les activités mentales les plus simples. Claquer des doigts, toucher une cible à l'aide d'une manette d'ordinateur, reconnaître spontanément des lettres de l'alphabet, voilà autant d'actes très simples qui se trouvaient tout à coup ralentis.

Quand les participants furent ensuite soumis à un régime mieux équilibré en bore (3 mg par jour), on se rendit compte que l'activité électrique du cerveau s'était rétablie dans tous les cas. Penland s'est dit très étonné de constater que le cerveau pouvait être à ce point sensible à d'aussi infimes quantités de substances alimentaires et à d'aussi faibles différences dans les apports nutritionnels.

Comment faire des provisions de bore? En mangeant régulièrement:
• des noix
• des légumineuses
• des légumes à feuilles, tels que le brocoli
• des fruits (pommes, poires, pêches et raisins notamment)

La dose quotidienne de 3 mg utilisée dans les tests équivaut à la quantité contenue, par exemple, dans deux pommes (1 mg de bore) et 135 mg d'arachides environ (2 mg de bore).

Un esprit alerte, à tout âge!

Il est important d'absorber chaque jour les quantités de thiamine, de riboflavine, de carotène et de fer recommandées par les autorités sanitaires. Lors d'expériences mettant à contribution 28 personnes saines âgées de plus de 60 ans, Penland et ses collaborateurs ont constaté que même de faibles déficits en nutriments essentiels pouvaient affecter la pensée et la mémoire des sujets plus âgés. Voici, schématiquement présenté, l'essentiel de leurs observations.

Nutriment	Observations	Sources alimentaires du nutriment testé
Thiamine (vitamine B1)	Des apports insuffisants en thiamine, la «vitamine des nerfs», ont été associés à un ralentissement de l'activité cérébrale.	Germe de blé et son Noix Viande Céréales supplémentées en vitamines et minéraux

Riboflavine (vitamine B2)	Des apports adéquats en riboflavine ont été associés à une meilleure performance lors des tests de mémoire.	Foie Lait Amandes Céréales supplémentées en vitamines et minéraux
Carotène	Des apports suffisants en carotène ont été associés à une meilleure performance lors des test cognitifs (capacité intellectuelle)	Légumes verts à feuilles Fruits et légumes orange foncé
Fer	Des apports élevés en fer ont été associés à une activité électrique cérébrale similaire à celle de jeunes adultes.	Légumes verts Foie Fruits de mer Viande rouge Haricot de soya

Les chercheurs ont noté également que, pour pouvoir exploiter au maximum leurs facultés mentales, les sujets n'avaient pas eu à absorber des surdoses de vitamines: de toutes petites quantités (les apports recommandés habituellement) ont suffi.

Chacun devrait donc trouver dans une alimentation équilibrée tous les nutriments protecteurs dont son cerveau a besoin, conclut Penland.

L'action du zinc sur l'attention et la mémoire

Si votre mémoire faiblit et votre attention fléchit, il est possible que votre ration alimentaire soit trop pauvre en zinc. De toutes récentes découvertes suggèrent en effet que des déficits en zinc relativement faibles peuvent affecter les facultés mentales.

Un groupe de scientifiques, sous la direction de Harold Sandstead, de l'Université du Texas à Galveston, ont constaté en effet, à leur grand étonnement, que des sujets masculins et féminins dont le régime n'assurait pas un apport en zinc tout à fait adéquat (légèrement en-dessous de l'apport nutritionnel recommandé) ont obtenu des résultats assez faibles lors de tests de mémoire et de concentration. Une fois l'apport en zinc normalisé, on vit s'améliorer de façon notable leur habileté mentale; ainsi, les résultats obtenus par des sujets de sexe féminin lors de deux tests de mémoire — rappel de mots et de signes visuels — augmentèrent respectivement de 12 et de 17 %.

Les chercheurs des laboratoires du ministère de l'Agriculture des États-Unis, à Grand Forks, ont eux aussi conclu, au terme d'une série de tests administrés à un groupe de sujets qu'ils ont suivis de près durant une période de sept mois, à une corrélation entre de très faibles apports en zinc (1 à 4 mg) et l'affaiblissement du travail mental. Les résultats enregistrés dans 10 tests sur 15 visant à apprécier les aptitudes mentales et l'intelligence sensorimotrice révèlent en effet des taux d'erreurs plus élevés que la moyenne et des temps de réaction plus longs, ce qui suggère que le déficit en zinc aurait affecté plus particulièrement la mémoire immédiate (à court terme) et l'attention.

Il ne faudrait pas en conclure pour autant qu'en absorbant des surdoses de zinc par voie de suppléments, vous aurez une mémoire d'éléphant! Pour stimuler votre mémoire, intégrez régulièrement au menu des aliments de l'une ou l'autre des catégories suivantes:
- poissons de mer, mollusques (notamment les huîtres) et crustacés
- légumineuses
- céréales
- grains entiers
- dinde (viande brune)

À titre indicatif, mentionnons que 30 g à peine d'huîtres fraîches fournissent 20 mg de zinc, selon les données du ministère de l'Agriculture, soit une quantité supérieure à l'apport nutritionnel recommandé (qui est de 15 mg), tandis que 90 g d'huîtres fumées procurent 103 mg de ce précieux minéral.

«Des théoriciens ont déjà laissé entendre que si les hommes avaient privilégié les terres situées à proximité des lacs et des mers tout au long de leur évolution, c'est que le poisson, à la différence des autres espèces animales et végétales, leur fournissait une matière première de choix pour développer leur cerveau», rappelle S.E. Bender, professeur émérite de l'Université de Londres. «Les gens ne disent-ils que le poisson est l'aliment par excellence pour "nourrir" le cerveau?», ajoute-t-il.

L'influence des graisses sur l'activité mentale

Des études scientifiques absolument fascinantes sur les effets cumulatifs de divers types de matières grasses sur les fonctions cérébrales (la mémoire, notamment) sont actuellement en cours. On soupçonne les graisses saturées d'origine animale d'être à l'origine de divers troubles d'ordre mental. Théoriquement, l'hypothèse de l'influence des graisses sur le fonctionnement du cerveau est parfaitement admissible. Les cellules du cerveau, comme tout autre type de cellules, sont reliées les unes aux autres par leurs membranes; or on sait que le type d'acide gras que l'on absorbe modifie la conformation des membranes cellulaires et influe sur la production d'innombrables messagers biologiques, notamment les neurotransmetteurs.

C'est en 1986 que des chercheurs canadiens de l'Institut psychiatrique Clark de Toronto énonçaient l'hypothèse que les matières grasses peuvent affecter la mémoire et l'apprentissage. Lors d'expérimentations sur des rats, ils avaient constaté, entre autres, que des animaux nourris au haricot de soya arrivaient beaucoup plus facilement à trouver l'issue d'un labyrinthe que ceux qui avaient reçu du saindoux, graisse animale hautement saturée, ou un mélange de matières grasses.

Lors d'expériences de contrôle, un autre groupe de chercheurs de l'Université de Toronto, sous la supervision de Carol E. Greenwood, refirent la même expérience, en l'étalant cette fois sur une période de trois mois. Ils observèrent eux aussi que les grands consommateurs de saindoux avaient réalisé les pires performances lors de tests du labyrinthe passablement complexes: on nota chez ces rats des signes évidents de déficience dans l'apprentissage de la configuration de certains parcours du labyrinthe et un affaiblissement important de leur mémoire temporelle à court et à long termes.

Les chercheurs torontois ne sont pas encore arrivés à définir les bases des mécanismes occasionnant cette altération des facultés mentales, tout spécialement la mémoire; ils inclinent à penser que les graisses provoqueraient «une altération diffuse mais assez étendue du cerveau». Les conclusions des expérimentations effectuées sur l'animal peuvent-elles être appliquées à l'homme? En bouffant des *Big Macs* à longueur de semaine, s'expose-t-on davantage à affaiblir son quotient intellectuel qu'en mangeant du tofu? On n'en sait rien encore…

Épargnez votre cerveau: buvez moins!

Selon la plupart des spécialistes, on ne devrait pas consommer plus de deux verres d'alcool par jour; certains recommandent même de se limiter à un verre.

Une trop grande consommation d'alcool peut causer de graves dommages au cerveau, particulièrement à la mémoire, rappelle le Dr Gene-Jack Wang, du Brookhaven National Laboratory d'Upton (New York). Par des procédés d'imagerie médicale extrêmement sophistiqués — la tomographie ou scanographie par émission de positions

(TEP) et la résonance magnétique nucléaire (RMN) — permettant une exploration approfondie, le Dr Wang a relevé divers signes d'atteintes au cerveau: resserrement du cortex, altération des structures cérébrales et réduction du métabolisme. «On y observe, dit-il, une diminution de l'activité métabolique à travers tout le cerveau, tout spécialement dans le cortex frontal et dans les zones du cerveau associées à l'exercice de la mémoire.»

Des Q.I. supérieurs à la moyenne grâce au lait maternel?

En s'appuyant sur de nombreux travaux scientifiques, le Dr Alan Lucas, chef de l'Infant and Child Nutrition Department de la Medical Research Coucil's Dunn Nutrition Unit de Cambridge, en Angleterre, affirme qu'une substance présente dans le lait maternel (inconnue pour l'instant) stimulerait le développement des facultés mentales de l'enfant. Des tests visant à apprécier le quotient intellectuel de 300 enfants à l'âge de sept ans, d'abord, puis à l'âge de huit ans et demi, révèlent en effet que les enfants nourris au lait maternel lorsqu'ils étaient petits ont obtenu des scores de 103,7 points, contre 93,1 points en moyenne chez ceux qui avaient été nourris à la fois au sein et au lait diététique après la naissance. Plus l'allaitement s'était prolongé, plus les scores étaient élevés, a été à même de constater par ailleurs le Dr Lucas.

Ces différences pourraient être attribuables au lien affectif particulier qui s'établit durant l'allaitement au sein, objectera-t-on. Il n'en est rien toutefois dans ce cas particulier, le lait maternel et le lait diététique ayant tous deux été administrés par voie de tubes, ces prématurés n'étant pas aptes encore, à la naissance, à téter avec assez de force.

Selon certains spécialistes, les acides gras oméga-3 (que l'on trouve en abondance dans les poissons de mer) seraient le constituant du lait maternel responsable des effets observés; les oméga-3 joueraient en effet un rôle important dans le développement du cerveau au stade fœtal et dans les premières années du nourrisson. Ils recommandent donc aux femmes enceintes et à celles qui allaitent de puiser régulièrement aux produits de la mer, de manière à fournir au bébé ces huiles importantes pour le développement de son cerveau.

MISE EN GARDE

Les mamans ou futures mamans devront être attentives à ne pas consommer ou à consommer peu de poissons susceptibles d'avoir été contaminés par les polychlorobiphényles — les dangereux PCB — ou par le méthylmercure, produits toxiques qui pourraient affecter gravement le fœtus ou le nourrisson. Elles seraient donc bien avisées de:

- ne pas manger d'espadon, de requin, ni de thon frais plus d'une fois par mois;
- ne pas consommer plus de 200 g de thon en conserve plus d'une fois par semaine;
- ne pas consommer les poissons pêchés dans les lacs, rivières, baies océaniques et ports localisés à proximité de sources de pollution industrielle;
- ne pas ingérer la peau ni les organes internes des poissons;
- varier les espèces de poissons de mer consommées.

(N.B. Les poissons de petite taille, comme les sardines, sont sans danger.)

Mesures diététiques pour stimuler les fonctions cérébrales

Vous vous préparez à passer un examen, à prononcer un discours, à participer à une réunion très importante ou à toute autre tâche exigeant attention, concentration et vivacité d'esprit? Intégrez alors au menu des aliments à faible teneur en glucides et en matières grasses, mais riches en protéines, recommande avec insistance Judith Wurtman, nutritionniste et chercheur au Massachusetts Institute of Technology. Voici quelques menus types et quelques conseils qui devraient vous être utiles*.

	Choisissez	Évitez
Matin	Lait écrémé	Œufs et bacon
	Yogourt sans matières grasses	Pommes de terre rissolées
	Fruit	Toasts et confiture
	Œuf à la coque	Muffin
	Café, thé ou jus de fruit	Crêpes ou gaufres
		Bagel
Midi	Thon	Spaghetti, pizza, etc.
	Laitue (et un peu de vinaigrette)	Frites

---

* Extraits de J. Wurtman, *Managing Your Mind and Mood Through Food*, New York, Rawson Associates, 1986.

	Crevettes bouillies ou cuites à la vapeur	Sandwich au beurre d'arachides et à la confiture
	Assiette de fruits variés	Biscuits
	Fromage cottage à faible teneur en graisses	Boissons gazeuses (non diététiques)
	Dinde, poulet ou rôti de bœuf maigre (90 - 100 g)	
Soir	Saumon ou autre poisson grillé	Rôti de bœuf
	Légumes verts	Pomme de terre et
	Tomates	crème sure
	Baies	Maïs en épi
		Tarte

• Si vous voulez rester alerte, ne mangez pas *au début* du repas les aliments riches en glucides: par exemple, pas de pain avant un aliment source de protéines, comme le poisson, car cela annule l'effet énergisant qu'exerce sur le cerveau l'aliment protéique. Avalez d'abord les aliments riches en protéines, afin que leurs effets stimulants puissent s'exercer sur le cerveau, puis ajoutez plus tard, une fois qu'aura été amorcée la digestion des protéines, les glucides. La séquence des plats à l'intérieur des repas a toute son importance.

• N'avalez pas d'aliments glucidiques lorsque vous avez l'estomac vide ou, à tout le moins, accompagnez-les d'une source de protéines: par exemple, le matin, ne mangez pas de céréales très sucrées sans les arroser de lait à teneur élevée en protéines. Le pain, les brioches, les pâtes, les craquelins jetés seuls dans un estomac vide vous maintiendront dans un état de somnolence et de relaxation autant que le ferait un verre d'alcool.

• Évitez de consommer un repas trop lourd et riche en matières grasses avant d'exécuter des tâches qui exigent d'être très en éveil et alerte mentalement: l'absorption d'une trop grande quantité d'aliments favorisent la léthargie. Les graisses demeurant plus longtemps que les autres substances dans les voies digestives, elles prolongent la fatigue. Plus votre repas est lourd et riche en graisses, plus il vous faudra de temps pour retrouver votre attention et votre énergie.

Chapitre 29

DES ANTIDOTES À LA DÉPRIME

> **Aliments susceptibles de redresser l'humeur:** Aliments riches en acide folique • Aliments riches en sélénium • Aliments riches en glucides complexes • Caféine • Ail

Votre façon de vous nourrir influence indéniablement votre humeur, votre état d'esprit, que vous soyez en grande forme ou que vous ayez le moral à zéro. Des travaux suggèrent même que certaines habitudes alimentaires ne tiendraient pas tant aux goûts personnels et autres critères de choix dits «conscients» qu'au besoin de répondre à certaines demandes immédiates de l'organisme. Comme si le corps savait reconnaître les aliments qui lui redonneront de l'élan, comme s'il savait inconsciemment de quelle manière intervenir dans les échanges biochimiques qui soustendent l'activité cérébrale. Lorsqu'il est en panne, des mécanismes inconscients d'automédication le porteraient ainsi d'instinct vers les aliments «antidépresseurs». Mais il faut savoir que l'organisme peut, en revanche, durant de longues périodes, manquer de vigilance et ne pas déceler ni corriger certaines carences nutritionnelles, entretenant de cette manière un terrain favorable à la dépression chronique.

Malheureusement, mis à part la caféine et le sucre, peu de substances alimentaires ont à ce jour donné lieu à des études approfondies mettant en lumière leurs effets directs et indirects sur l'humeur. On a cependant clairement mis en évidence que certains constituants alimentaires affectent les molécules responsables de la neurotransmission. Des travaux ont montré, par exemple, qu'un déficit en sérotonine est souvent impliqué dans la dépression et les comportements violents.

Selon le Dr Simon N. Young, du département de psychiatrie de l'Université McGill, à Montréal, un faible taux de sérotonine dans le cerveau doit être considéré comme un symptôme de trouble psychiatrique potentiel. Cette carence est fréquente chez les personnes suicidaires ou encore chez les criminels en proie aux comportements impétueux et violents. On remarque d'ailleurs que l'élévation du taux de sérotonine ou la stimulation de l'activité de ce neurotransmetteur contribuent, dans certains cas, à soulager la dépression. Ce n'est sans doute pas sans raison que certaines personnes ressentent le besoin de consommer des aliments sucrés quand l'hiver s'attarde.

Les troubles affectifs saisonniers (le SAD)

Pas moins de 35 millions d'Américains seraient affectés par le SAD (*seasonal affective disorder*), troubles affectifs manifestes surtout l'hiver. Le fait d'être privé de lumière pendant une trop longue période serait à l'origine de cette affection qui touche les individus très sensibles aux changements atmosphériques. On a observé que plusieurs d'entre eux éprouvent durant la saison froide un besoin impérieux de consommer des aliments riches en sucre, tels que pâtisseries, pâtes alimentaires, féculents, «comme s'ils trouvaient tout naturellement dans les glucides un remède à leur dépression», ainsi que l'explique Judith Wurtman, du Massachusetts Institute of Technology (MIT).

Le Dr Norman Rosenthal, du National Institute of Mental Health (NIMH), abonde dans le même sens. En règle générale, quelle que soit la saison, l'absorption de glucides, le sucre par exemple, mine la vigilance et réduit l'énergie, explique le chercheur. Chez les personnes victimes du SAD, c'est tout à fait le contraire: les glucides «les énergisent et améliorent leur état d'âme».

À l'occasion de l'une des nombreuses expériences qu'il a effectuées sur le SAD, le Dr Rosenthal a constaté que, deux heures après avoir avalé six biscuits très sucrés (105 g de glucides au total), les patients souffrant de cette dépression saisonnière étaient beaucoup plus fringants et énergiques; ils étaient aussi moins tendus qu'avant l'expérience. Chez les sujets du groupe témoin, non affectés pas le SAD, les glucides ont toutefois produit un effet grisant très marqué. Comment expliquer ces réactions? Elles seraient attribuables, selon lui, à une anomalie du métabolisme de la sérotonine; les glucides viendraient en quelque sorte pallier le dysfonctionnement de la production de cet antidépresseur.

Il n'y a pas lieu, par conséquent, de vous priver de glucides si vous êtes victime de troubles affectifs saisonniers; en vous en privant, dit le spécialiste, vous ne faites qu'augmenter le mal, car cette appétence de sucre et d'amidon (aussi forte que la dépendance à la cocaïne, ont dit certains

patients) est soumise à l'action extrêmement complexe d'agents renforça-
teurs. Ce n'est certes pas en éliminant totalement les glucides de votre
régime que vous réglerez le problème.

À toutes les personnes sensibles à cette forme de dépression, le
Dr Rosenthal fait les recommandations suivantes:

- évitez, surtout l'hiver, où le temps d'exposition à la lumière est
  plus court, les régimes riches en protéines et faibles en glucides;
- optez de préférence pour les glucides *complexes* — haricots secs,
  pâtes, légumes, céréales, pain, craquelins — beaucoup plus sains
  que les glucides d'absorption rapide (même si leurs effets sont un
  peu plus lents à se manifester que les autres sucres, les sucres complexes sont très efficaces);
- ne consommez pas trop d'alcool ou de caféine (pas plus de deux
  tasses de café par jour), substances potentiellement anxiogènes.

L'efficacité de la caféine à petites doses

La caféine est sans doute le psychotrope le plus utilisé à travers le
monde. Et depuis longtemps… En effet, si les preuves scientifiques de son
action stimulante sur l'humeur ont été apportées assez récemment, on a
recours «instinctivement» à la caféine depuis des siècles pour diverses fins:
le matin, pour sortir du sommeil; l'après-midi, pour se ragaillardir; et le
soir, pour se stimuler. C'est tout naturellement aussi qu'on aurait recours
à cet antidote quand on est d'humeur massacrante ou que le moral est au
plus bas.

«Le café exacerbe les sensations et provoque une sensation de bien-
être, souvent même d'euphorie», souligne le Dr Roland Griffiths, professeur de psychiatrie et de neurologie à l'Université Johns Hopkins; c'est
d'ailleurs ce qui pousse certaines personnes à «s'auto-administrer» ce
médicament très puissant. Les recherches du Dr Griffiths sur le caféisme
lui ont permis de constater que les individus puisent invariablement à la
source de caféine qui leur aura procuré le plus de satisfaction ou qui aura
le plus rapidement calmé leur anxiété et leur besoin incontrôlable de cette
substance. Ils savent — ou plutôt leur corps sait — si le café qu'on leur a
servi contient ou non de la caféine; comme l'ont montré des tests, parmi
divers types de café (non étiquetés, bien sûr), les grands buveurs de café
sauront pratiquement chaque fois repérer celui qui renferme de la caféine
et ils en boiront davantage que s'il est décaféiné.

Il faut toutefois être prudent quand vient le temps de mettre fin à
l'habitude du café. «En plus des céphalées, le sevrage brutal de la caféine

peut provoquer la dépression», fait remarquer le Dr Seymour Solomon, du Montefiore Medical Center de New York. Cet état dépressif dure habituellement un jour ou deux; dans certains cas, il peut durer une semaine environ, souligne-t-il. On veillera donc, si l'on est forcé ou si l'on choisit délibérément de cesser de boire du café, de le retirer *progressivement* du régime; les répercussions psychiques en seront de beaucoup allégées (voir la section intitulée «Les effets paradoxaux de la caféine», au chapitre 32).

Un coup de fouet en un rien de temps… et en une dose

Le café est un excitant unique, en ce que, fort heureusement, il n'est pas nécessaire d'en augmenter constamment la dose pour obtenir l'effet désiré, dit Andrew Baum, professeur de psychologie médicale à l'Uniformed Services University of the Health Sciences à Bethesda (Maryland). Il semble en effet, comme l'ont montré des tests effectués auprès de 48 sujets masculins grands consommateurs de café, que la stimulation que procure jour après jour la tasse de café matinale se renouvelle, quel que soit le degré de dépendance au café. Et *une seule tasse* suffit! Baum a observé que, chaque fois qu'on leur avait servi au lever un café décaféiné ou un thé déthéiné, les sujets ont paru maussades, irritables, léthargiques durant la matinée; ils se sont plaints en outre de maux de tête et se sont montrés mentalement peu performants. Quand ils avaient ingurgité, toujours à leur insu, une tasse de café contenant de la caféine, ils étaient, en revanche, de très bonne humeur, moins tendus, et ont mieux réussi les épreuves d'aptitudes mentales.

Selon le Dr Melvin Konner, de l'Université Emory, à Atlanta, «il est possible, et même probable, que, parmi les millions d'Américains qui boivent beaucoup de café, une bonne partie utilisent en réalité, consciemment ou non, la caféine comme antidote à la dépression, trouble psychiatrique le plus fréquent chez les Américains».

Des recherches en psychophysiologie ont récemment fait la preuve, dit-il, que la caféine peut, sans danger, être utilisée comme antidépresseur léger. Il n'y voit pour sa part rien de répréhensible dans les cas d'états dépressifs sans gravité ne requérant pas de consultation médicale. «Contrairement aux médicaments antidépresseurs ou stimulants délivrés sur ordonnance, la caféine a été utilisée des milliards de fois depuis plusieurs siècles sans qu'aucun effet désastreux ne soit jamais signalé. Cela suffit à attester, il me semble, de l'innocuité du café absorbé en quantité raisonnable (*pas plus de deux à quatre tasses pas jour).*» Au-delà de cette quantité, il est bien connu que la caféine peut perturber l'humeur et le sommeil et déclencher l'anxiété, à des degrés qui varient selon le seuil de tolérance de chacun à ce «médicament».

Les séquelles d'une carence en acide folique

Saviez-vous que les légumes verts à feuilles et les légumineuses — sources d'acide folique, une vitamine du groupe B — sont d'excellents remontants et qu'une consommation insuffisante de ces deux groupes d'aliments peut provoquer des états dépressifs?

Cette association vous paraît étonnante? Pourtant, la documentation médicale, en particulier les travaux du Dr Young, de l'Université McGill, ne manque pas d'exemples de troubles psychiatriques très graves (dépression, démence et schizophrénie notamment) associés à une carence en acide folique, carence très répandue aux États-Unis, en particulier chez les femmes. Des expériences ont montré que, privés d'acide folique durant une période de cinq mois, des sujets avaient éprouvé des problèmes d'insomnie, de manque de mémoire et d'irritabilité; aussitôt rétabli l'apport en acide folique, on a vu disparaître en deux jours presque tous les symptômes.

Que cette vitamine puisse agir comme antidépresseur ne fait plus de doute. Une épreuve en double aveugle (où ni le sujet ni le médecin ne connaissent, au moment de l'épreuve, le contenu du produit administré) effectuée auprès de 75 patients traités au lithium a clairement démontré que même une faible dose d'acide folique aide à combattre la dépression: les sujets ayant reçu à peine 200 microgrammes (µg) d'acide folique par jour, soit la quantité contenue dans trois quarts de tasse d'épinards environ, ont vu leur état s'améliorer nettement, contrairement à ceux à qui on avait administré un placebo.

Selon le Dr Young, un apport d'acide folique se situant entre 200 et 500 µg par jour devrait aider les personnes sujettes à la dépression à atténuer les symptômes de ce trouble affectif. Chacun devrait facilement trouver une quantité d'acide folique dans son alimentation quotidienne correspondant à l'apport recommandé officiellement.

Mise en garde
Les surdoses d'acide folique peuvent être toxiques.

Le précieux sélénium

Le poisson a, dit-on, des effets bénéfiques sur le cerveau. Mythe ou réalité? Des études récentes, absolument fascinantes, révèlent que les poissons de mer et les mollusques — riches en sélénium — peuvent en effet aider à améliorer l'humeur et à combattre les états dépressifs. Les personnes qui n'absorbent pas assez de sélénium seraient, dit-on, plus sujettes à la morosité. Les psychologues gallois David Benton et Richard Cook, de l'University College de Swansea, ont démontré assez récemment que ceux qui absorbaient moins de sélénium étaient plus sujets à l'anxiété, à la dépression et à la fatigue; leur état s'améliorait toutefois sous l'effet d'un apport en sélénium adéquat. Voici, en gros, comment se sont déroulés ces essais étroitement contrôlés.

Un groupe de 50 volontaires — hommes et femmes en parfaite santé, âgés de 14 à 74 ans — ont reçu quotidiennement durant cinq semaines soit 100 µg de sélénium, soit une capsule placebo; l'apport en sélénium dans leur régime alimentaire était également enregistré réguliè-rement. Après six mois, on interchangeait les «médicaments»: ceux qui avaient pris du sélénium se voyaient administrer cette fois le placebo, et inversement. Tout au long de la période de l'épreuve, les participants furent soumis à divers tests visant à apprécier, sous divers aspects, leur humeur: étaient-ils plus calmes ou plus anxieux? plus aimables ou plus hostiles? plus exaltés ou plus déprimés? plus confiants ou plus inquiets? plus vigoureux ou plus fatigués? plus lucides ou plus confus?

Les constatations étonnantes formulées par les expérimentateurs pourraient être résumées ainsi:

(1) un apport adéquat en sélénium a amélioré notablement l'humeur des sujets;

(2) plus la carence en sélénium était élevée, plus la dose adéquate administrée subséquemment a eu des effets bénéfiques sur l'humeur des sujets;

(3) une faible carence en sélénium, c'est-à-dire non accompagnée de symptômes pathologiques manifestes, affecte l'humeur; en corrigeant ce léger déficit, on voit aussitôt s'améliorer l'humeur des patients;

(4) des doses de sélénium supérieures à l'apport officiellement recommandé n'ont pas accru les effets positifs observés.

Les chercheurs croient que les états dépressifs associés à une carence en sélénium peuvent s'intensifier avec le temps. On a vu l'humeur de sujets n'ayant consommé que 72 µg de sélénium la veille du test s'amélio-rer sensiblement après que l'apport en sélénium eut été augmenté. Or le Britannique moyen n'absorberait que 43 µg par jour; de même, la ration alimentaire de l'Américain moyen en sélénium est en général déficiente en sélénium.

À quoi attribuer les effets bénéfiques de cet oligo-élément sur le cer-veau? Les chercheurs n'ont pas encore réussi à élucider la question; son action antioxydante pourrait être le facteur déterminant, croient certains. D'autres travaux ont fait état d'améliorations marquées de l'humeur, des aptitudes mentales et de la circulation sanguine dans le cerveau après qu'on eut administré à des personnes âgées du sélénium couplé à de la vitamine E et à d'autres antioxydants. Une étude menée auprès de patients au premier stade de la maladie d'Alzheimer a révélé que les antioxydants, dont le sélénium, stimulaient les fonctions cérébrales et redressaient l'humeur. Les chercheurs gallois se demandent néanmoins si le sélénium ne jouerait pas un rôle fondamental, dont ils n'ont pas la moindre idée à l'heure actuelle, dans le fonctionnement du système nerveux.

Sources de sélénium

Parmi les bonnes sources alimentaires de sélénium figurent les noix du Brésil, les grains, les poissons et fruits de mer, les céréales et la viande (voir l'Appendice).

Selon Donald J. Lisk, directeur du Toxical Chemical Laboratory de l'Université Cornell, une seule noix du Brésil (100 µg) par jour suffirait à prévenir les carences en sélénium. Ces noix, cultivées dans un sol très riche en sélénium, renferment une quantité exceptionnellement élevée de sélénium: elles seraient, selon lui, 2500 fois plus riches en cet oligoélément que tout autre type de noix. La consommation d'une demi-douzaine de noix du Brésil élèverait, et très rapidement, les taux de sélénium sanguin de 100 à 300 %. On ne devrait toutefois jamais excéder cette quantité, dit Lisk, car le sélénium peut être toxique.

Les portions suivantes d'aliments riches en sélénium fournissent la même quantité de sélénium que celle contenue dans *une* noix du Brésil (100 µg):

- 135 g de thon blanc en conserve
- 200 g d'espadon ou de palourdes
- 150 g d'huîtres cuites
- 135 g de graines de tournesol
- 12 tranches de pain blanc
- 225 g de son d'avoine cru
- 165 g de céréales de blé soufflé
- 150 g de foie de poulet

Des petites gousses stimulantes

Plusieurs chercheurs ont noté, à l'occasion d'expérimentations visant à apprécier l'action de l'ail sur le sang et le cholestérol, que cet aliment semble avoir des effets très positifs sur l'humeur: les sujets «avaient une sensation accrue de bien-être», rapporte l'un deux.

Des expériences menées en Allemagne, à l'Université de Hanovre, ont été particulièrement concluantes à cet égard: les questionnaires remplis par les sujets à la suite de l'expérience font état d'une réduction notable de la fatigue, de la sensibilité, de l'agitation et de l'irritabilité sous l'action de l'ail. Voilà donc un atout de plus à ce fantastique remède! Ce qui n'est pas sans importance, disent les chercheurs, quand on sait tous les effets secondaires dont s'accompagnent bon nombre de médicaments utilisés pour soulager les états dépressifs. «Cet état de bien-être associé à la consommation d'ail explique peut-être la popularité des préparations pharmaceutiques à base d'ail.» Les suppléments d'ail sont le médicament sans ordonnance le plus vendu en Allemagne.

Des chilis euphorisants

Les piments forts de type «chili» produiraient, dit-on, un effet excitant qui n'est pas seulement d'origine sensorielle. La capsaïcine, substance qui donne au condiment son goût piquant, occasionnerait en effet, selon le psychologue Paul Rozin, de l'Université de la Pennsylvanie, une élévation du taux d'endorphines dans le cerveau, entraînant un état de bien-être passager. Sous l'effet de la «brûlure» occasionnée par la capsaïcine (réaction dont on ignore les causes), les terminaisons nerveuses de la langue et de la bouche transmettraient de faux signaux de douleur au cerveau. En réponse au message, le cerveau se mettrait à sécréter ces analgésiques naturels que sont les endorphines pour protéger l'organisme de la blessure ressentie, produisant ainsi, telle une injection de morphine, une sensation de bien-être. Un peu plus de chilis et voilà à nouveau les endorphines à l'œuvre et l'effet calmant toujours plus accentué.

Cet état «euphorique» expliquerait peut-être pourquoi les consommateurs de chilis sont en quête de piments au goût toujours plus accentué. Ces piments pourraient, selon lui, entraîner une dépendance.

Chapitre 30

DES REMÈDES NATURELS POUR SOULAGER L'ANXIÉTÉ ET LE STRESS

Aliments ou substances susceptibles d'aider à soulager l'anxiété: Sucre • Féculents
Aliments ou substances susceptibles de favoriser l'anxiété: Café • Alcool

La tension, l'irritabilité, le stress, l'anxiété n'ont rien d'anormal en soi. Ces réactions émotionnelles, tout à fait naturelles, sont le lot quotidien de tout un chacun. Il peut arriver toutefois que l'anxiété prenne une forme chronique, beaucoup plus grave, se traduisant par un fort sentiment de menace, d'appréhension et d'incertitude, s'accompagnant parfois de tachycardie (accélération du rythme des battements du cœur), d'hyper-sudation et de tremblements, sans compter les attaques de panique et diverses phobies invalidantes, malaises tous aussi alarmants les uns que les autres pour celui qui en est victime.

Ces troubles psychiques peuvent indéniablement être atténués par une hygiène alimentaire mieux adaptée à la sensibilité de l'organisme qui en est affecté. Certains aliments et certaines boissons ont en effet le pouvoir d'inhiber ou d'amplifier les états d'anxiété, d'éprouver ou d'épargner le système nerveux. Vous devez être en mesure de les reconnaître et d'opérer les choix qui vous sont le plus favorables.

La caféine mise en cause dans les états anxieux et les crises de panique

L'un des agents les plus souvent incriminés dans le déclenchement de l'anxiété est la caféine, substance psychotrope bien connue que l'on retrouve dans le café, le thé, le chocolat et les boissons à base de cola. Il est rare que la consommation modérée de caféine ait des effets nocifs sur le psychisme: elle est censée, au contraire, améliorer l'humeur et stimuler les facultés mentales. Toutefois, chez un assez grand nombre de personnes, dont le cerveau serait très sensible à cette substance médicamenteuse, la consommation de plusieurs tasses de café (cinq à six tasses par jour) peut déclencher les symptômes correspondant ordinairement à certains troubles psychiatriques.

Une augmentation de la dose habituelle de caféine perturberait — à des degrés divers, selon la sensibilité de chacun à cet alcaloïde — les centres nerveux et provoquerait des réactions anxieuses chez un très grand nombre de sujets sains. L'American Psychiatric Association classe d'ailleurs parmi les troubles mentaux l'«intoxication à la caféine», à laquelle se rattachent les symptômes suivants: nervosité, excitation, hyperactivité, tachycardie, insomnie, agitation psychomotrice, pensées et discours décousus.

«Les symptômes du caféisme sont essentiellement les mêmes que ceux de la névrose d'angoisse», affirme le Dr John F. Greden, ancien directeur de la recherche en psychiatrie au Walter Reed Army Medical Center de Washington, D.C. À combien d'examens mal ciblés, de prescriptions fautives et de traitements psychiatriques erronés cette confusion n'aura-t-elle pas donné lieu, dit-il. «Pour soulager un patient de l'angoisse, il peut être nécessaire dans certains cas d'avoir recours aux médicaments, ajoute-t-il; dans bien d'autres cas, par contre, le retrait d'un médicament — la caféine, en l'occurrence — serait beaucoup plus profitable au patient que la prescription d'un médicament supplémentaire.»

Un cas type de caféisme

Peut-être avez-vous déjà connu vous-même le supplice qu'a enduré ce jeune lieutenant-colonel américain de 37 ans qui, après avoir été pendant deux ans en proie à l'angoisse et avoir enduré tous les malaises physiques et psychiques qui s'y rapportent — vertiges, tremblements, inquiétudes professionnelles, estomac noué, agitation, épisodes fréquents de diarrhée et difficultés à trouver le sommeil ou à sortir du sommeil —, s'est retrouvé dans une clinique psychiatrique. Trois bilans de santé établis à la suite d'examens approfondis ne révélèrent aucun problème particulier. L'administration quotidienne de Valium et autres tranquillisants ne donna pas les résultats escomptés et affecta grandement son rendement professionnel.

Lorsque, à l'occasion d'une consultation, le Dr Greden l'informa des effets potentiels de la caféine sur le système nerveux, le jeune lieutenant refusa d'abord d'admettre qu'il pût lui-même être gravement intoxiqué par les «quelques» tasses de café (entre 8 et 14!) qu'il aimait et qu'*il lui fallait* ingurgiter quotidiennement. L'anxiété devenant intolérable, il consentit un jour à réduire sa consommation de caféine. En moins d'un mois, les symptômes commencèrent à disparaître, puis la maladie s'apaisa peu à peu, jusqu'à céder complètement trois mois plus tard!

Caféine et attaques de panique

Ceux et celles qui sont sujets aux attaques de panique (crises de terreur panique récurrentes pouvant évoluer vers des phobies) devraient être particulièrement attentifs aux dangers d'un usage abusif de la caféine. Des facteurs d'ordre génétique pourraient être à l'origine de ces crises aiguës d'angoisse dont sont victimes trois millions d'Américains. Programmé comme un système d'alarme «hypervigilant» en quelque sorte, leur cerveau réagirait de façon plus immédiate que chez la plupart des individus au stress et à d'autres stimuli, dont la caféine. Ces réactions excessives définissent une entité clinique physiologiquement différente des autres formes d'anxiété.

Un grand spécialiste américain du traitement des troubles affectifs et des états anxieux, le Dr Thomas Uhde, du National Institute of Mental Health, a clairement démontré que la caféine peut provoquer des états anxieux très intenses et des crises de panique non seulement chez les individus prédisposés à ces crises mais chez tout individu, quel qu'il soit. À l'occasion de tests effectués auprès d'un groupe de patients sujets aux attaques de panique et d'un groupe d'individus ne présentant aucun trouble émotionnel particulier, il fut à même de constater en effet que des doses de 480 mg de caféine (quatre à cinq tasses de café) avaient induit des troubles de panique chez les sujets prédisposés à ces crises et — ce qui est plus alarmant encore — qu'en haussant la dose à 750 mg (sept à huit tasses de café) on avait provoqué ce type de crise chez deux à huit sujets du groupe témoin formé de personnes non sujettes habituellement à ces troubles.

Que la caféine puisse déclencher des réactions aussi affolantes et invalidantes montre à quel point ses effets pharmacologiques sur le cerveau peuvent être nocifs.

Ces cas d'anxiété ou de terreur panique induites par la caféine sont-ils fréquents? Selon le Dr Malcolm Bruce, du London's Institute of Psychiatry, la caféine est «un facteur important, trop souvent mésestimé, des états anxieux». Des expériences effectuées récemment l'ont amené à conclure que 25 % des cas d'anxiété pourraient être améliorés grandement en supprimant la caféine.

Ainsi, une femme de 33 ans, en proie depuis dix ans à de fréquentes attaques de panique (deux à trois crises par semaine) qui ne semblaient répondre à aucun traitement (ni les médicaments ni la psychothérapie ne lui avaient apporté de soulagement) consentit un jour, sous les conseils du Dr Bruce, à renoncer pendant une semaine au moins au rituel du thé, qui l'amenait à boire près de neuf tasses de thé fort par jour renfermant au total 540 mg de caféine, soit l'équivalent de cinq à six tasses de café. Son état s'améliora aussitôt. Peu après, le médecin mit fin à toute médication. Les attaques de panique cessèrent, pour ne plus jamais réapparaître, sauf lorsqu'elle dépassait la «dose» permise, soit une demi-tasse de thé par semaine. Dès qu'elle augmentait la dose de caféine, les crises survenaient à nouveau.

Certains cerveaux sont plus sensibles que d'autres à cette substance médicamenteuse, il faut bien le reconnaître. Le Dr Uhde a noté d'ailleurs que les personnes sujettes aux crises de panique ont tendance, par une sorte d'instinct d'autoprotection, à réduire d'eux-mêmes leur consommation de café. On est forcé d'admettre néanmoins que la caféine peut, à des doses et à des degrés variables, induire inopinément des états de terreur et d'anxiété chez des individus (y compris les enfants) qu'on pourrait croire totalement à l'abri de ces troubles.

Plusieurs autres sources de stress, liées davantage à la vie quotidienne et à l'environnement, sont bien sûr en cause dans l'apparition de l'anxiété et des attaques de panique chez les personnes dont le système nerveux est très en éveil; elles ne peuvent pas toujours être facilement éliminées, toutefois. Le café peut l'être, lui.

Crises de panique et alcool

Anxiété et alcool vont souvent de pair. Mais où est la cause et où est l'effet? L'alcool aiderait-il à calmer l'anxiété? Ou, une fois passés les effets de l'alcool, les gros buveurs particulièrement vulnérables psychologiquement développeraient-ils une anxiété chronique? La question fait toujours l'objet de controverses. Selon le Dr Uhde, certains patients sont victimes de crises de panique ou sont plus fréquemment exposés à faire des crises de panique dans les six à douze heures suivant l'ingestion d'alcool, et ce, même si la quantité ingurgitée est minime. Comme s'ils réagissaient au «mini-sevrage» que ressent l'organisme lorsque s'atténuent les effets de l'alcool. On peut présumer de même que les patients sujets aux troubles paniques tolèrent moins bien l'alcool; une faible consommation d'alcool déclencherait chez eux le même degré d'activité au niveau des neurotransmetteurs que celle qu'occasionnent normalement des quantités d'alcool beaucoup plus importantes.

Le Dr Uhde recommande néanmoins à toute personne sujette à ces crises d'essayer, à titre de test, de renoncer totalement à l'alcool ou, tout au moins, de ne pas boire plus de un ou deux verres d'alcool par jour pendant une certaine période afin de vérifier si l'alcool favorise ou non les crises. Si elle se rend compte que même une toute petite quantité d'alcool accroît l'intensité ou la fréquence de ces manifestations d'angoisse, elle devrait y renoncer totalement.

Le sucre: un bon tranquillisant

Il existe, depuis des siècles, des moyens naturels extrêmement simples d'apaiser l'esprit et de soulager le stress et l'anxiété. Nos ancêtres ne recommandaient-ils pas d'avaler un peu de miel pour s'abandonner plus facilement au sommeil? Un proverbe chinois ne dit-il pas: «Dans les moments de tension, sucrez le thé»? L'idée que les aliments sucrés calment le cerveau a longtemps alimenté la croyance populaire.

Certains vous diront que le sucre est la substance idéale pour stimuler l'énergie, pour aiguillonner le cerveau et se tenir en éveil. Des recherches menées il y a quelques années suggèrent, au contraire, que tous les types de glucides, y compris le sucre et l'amidon, produisent l'effet inverse chez la plupart des personnes: ils exerceraient plutôt une action sédative, favoriseraient la relaxation et la somnolence. Plusieurs expériences sont venues corroborer cette hypothèse.

Bonnie Spring, professeur de psychologie à la Chicago Medical School, rapporte, par exemple, que des tests administrés à des hommes et des femmes en bonne santé qui avaient consommé deux heures auparavant, pour les besoins de l'expérience, soit un sorbet très riche en *glucides,* soit quelques tranches de poitrine de dinde riches en *protéines*, ont montré que les femmes qui avaient mangé du sorbet étaient somnolentes, comparativement à celles qui avaient consommé de la dinde; les hommes qui avaient mangé du sorbet paraissaient, quant à eux, très détendus. Le Dr Spring souligne que certains individus — les femmes et les personnes âgées de plus de 40 ans notamment — semblent plus sensibles à l'action sédative du sucre; sous l'effet des glucides, certains ressentiraient même une forte impression de fatigue, d'indolence.

Comment agissent les glucides sur le cerveau? Leur action calmante sur le cerveau pourrait être attribuable à une série de réactions biochimiques très complexes. Plusieurs chercheurs estiment que la consommation de glucides favorise l'absorption d'une plus grande quantité de tryptophane par le cerveau, où cet acide aminé est transformé en sérotonine, neurotransmetteur dont les effets tranquillisants sont bien connus.

Mentionnons à ce propos que l'action sédative des glucides n'est pas due, comme on l'affirme souvent, à une hausse marquée suivie d'une

diminution du taux de glucose dans le sang (hypoglycémie); les prélèvements révèlent souvent de hauts taux sanguins de glucose chez les personnes sujettes à la somnolence. La vigilance aussi bien que la fatigue sont
dues à des réactions biochimiques bien particulières dans le cerveau, non
au glucose sanguin.

EN BREF: *Pour apaiser votre esprit ou calmer votre anxiété, ayez
recours aux glucides, en particulier aux glucides complexes, que vous trouverez dans les pommes de terre, les pâtes alimentaires, le pain, les haricots secs et
les céréales. Si vous recherchez un effet tranquillisant très rapide, avalez du
miel ou du sucre. Les édulcorants de synthèse, tels que l'aspartame et la saccharine, n'exercent toutefois pas le même effet.*

Quelques remèdes naturels pour calmer rapidement le stress et l'anxiété

«Rien de tel que les glucides pour déclencher la production de sérotonine, dit Judith J. Wurtman, du Massachusetts Institute of Technology.
Cette substance qui agit sur l'humeur peut apaiser l'anxiété en moins de
vingt minutes. La bonne dose — deux cuillerées à table de sucre blanc (45
à 60 g de glucides) — administrée au bon moment devrait être aussi efficace qu'un tranquillisant.»

Son mari, le D\r Richard Wurtman, a mis en lumière certains des
mécanismes, fort complexes et apparemment contradictoires, qui régulent
l'action des glucides sur le cerveau. À partir de ces données, Judith J.
Wurtman a établi une série de conseils pratiques sur les façons d'utiliser
les glucides pour alléger le stress et l'anxiété. En voici quelques-unes[*].

- Les sucres et les amidons sont des substances alimentaires tran-
  quillisantes. Les premiers agissent cependant plus rapidement
  que les seconds: une boisson sucrée peut agir en effet en 5 minutes, alors qu'il faut compter entre 30 et 45 minutes avant que
  l'organisme ne réponde aux amidons, présents dans les céréales et
  le pain, entre autres.
- On devrait obtenir très rapidement un effet calmant en absorbant de 45 à 60 g de glucides purs, dose de sucre que procurent,
  par exemple, 60 g de boules de gomme à mâcher, deux tasses de
  céréales *Cheerios* (sans lait ni sucre ajouté) ou 250 g de boisson à
  base de cola non diététique. Ces quantités suffisent amplement.
  Aussitôt avalés les premiers morceaux de friandise, de biscuit, de
  céréale ou les premières gorgées de boisson gazeuse, les réactions
  chimiques induisant dans le cerveau l'effet tranquillisant recherché se déclenchent.

---

[*] Extrait de J. Wurtman, *Managing Your Mind and Mood Through Food.*

- N'ajoutez pas de protéines (pas de lait, donc) aux glucides: les aliments riches en glucides agiront plus rapidement s'ils sont consommés seuls. Même une toute petite quantité de protéines peut en effet affaiblir les effets calmants des glucides.
- Optez pour les aliments sucrés *à basse teneur en graisses,* car les friandises et les desserts à forte teneur en matières grasses agissent plus lentement. Les boules de gomme, caramels, menthes et sucettes — composés presque essentiellement de sucre — soulagent plus rapidement l'anxiété qu'une barre de chocolat riche en matières grasses.
- Pour apaiser le plus rapidement possible le stress, on choisira des *boissons* sucrées, de préférence à des aliments solides riches en sucre, car les liquides traversent plus rapidement les parois de l'estomac. Une tasse de tisane additionnée de deux cuillerées à table de sucre, une tasse de cacao instantané mélangé avec de l'eau (et non du lait) ou encore une canette de 225 ml de boisson gazeuse ordinaire (et non pas «diététique») sans caféine, *bue très lentement* à l'aide d'une paille devraient vous apporter un soulagement notable.
- Si vous prévoyez avoir à faire face à une longue période de stress (d'une durée de douze à quatorze heures environ), grignotez des aliments à basse teneur en graisses mais riches en glucides: maïs soufflé, gâteaux de riz, guimauves miniatures, céréales sucrées. Les sucettes et bonbons acidulés produisent un effet calmant.

Un sédatif dans l'oignon

Dans l'Égypte ancienne, on avait recours aux oignons pour favoriser la relaxation et le sommeil. On puisait ainsi tout naturellement à une source de quercétine, substance antioxydante, anti-inflammatoire et légèrement sédative, comme l'ont confirmé des expérimentations effectuées en France sur des souris.

Mesures diététiques pour soulager l'anxiété et le stress

- Si vous êtes sujet à l'anxiété, renoncez pendant une semaine au moins à la caféine ou, tout au moins, restreignez votre consommation de boissons et d'aliments qui renferment de la caféine: café, thé, cacao, chocolat, boissons à base de cola.

Vous pourrez ainsi déterminer si cette substance est en cause dans vos accès d'anxiété et prendre, s'il y a lieu, les mesures qui s'imposent.

Ne vous inquiétez pas outre-mesure si, au cours de la période suivant le retrait de la caféine de votre régime, vous souffrez de maux de tête: les céphalées, manifestation tout à fait normale du «syndrome de privation» associé à toute cure de désintoxication, apparaissent habituellement dans les dix-neuf heures suivant le sevrage, pour augmenter ensuite durant les premiers jours et finalement se calmer peu à peu. Vous pourrez aussi, un peu plus tard, faire un test de confirmation en absorbant un peu de caféine: si l'anxiété refait surface, vous serez à même de tirer vos conclusions.

- Si vous êtes prédisposé aux attaques de panique ou à tout autre trouble psychique relié à la peur panique, abstenez-vous d'absorber de la caféine ou du moins réduisez votre apport quotidien en caféine. Selon le spécialiste américain Thomas Uhde, du National Institute of Mental Health, une ou deux tasses de café par jour ne devraient pas déclencher de crise de panique; une consommation supérieure à celle-là le pourrait cependant. Soyez attentif à observer si la caféine agit comme déclencheur. Consultez un spécialiste, qui vous aidera à mettre au point le mode de traitement approprié.

- Si vous vous sentez plus anxieux ou plus enclin à la panique après avoir consommé de l'alcool, il serait sage de réduire le volume d'alcool ingéré quotidiennement ou même d'y renoncer totalement.

- Pour alléger l'anxiété et le stress liés à la vie quotidienne, consommez des glucides *complexes*, tels que les pâtes alimentaires et les pommes de terre. Pour un effet plus immédiat, choisissez un aliment contenant du sucre ou du miel: ce sont des tranquillisants doux mais efficaces.

Chapitre 31

HABITUDES ALIMENTAIRES ET TROUBLES COMPORTEMENTAUX

> **Aliments susceptibles de freiner les tendances agressives:**
> Glucides, notamment le sucre et l'amidon

Des idées erronées sur les effets du sucre

D'aucuns prétendent que la consommation d'aliments à haute teneur en sucre favoriserait l'hyperactivité, les comportements asociaux et même la criminalité. Ces présomptions auront même incité des établissements correctionnels, dans les années soixante-dix et quatre-vingt, à bannir les friandises et casse-croûte sucrés dans l'espoir de maîtriser la psyché criminelle.

Un exemple bien représentatif de comportements agressifs mis au compte des effets du sucre est le fameux cas de réaction de défense (connu sous le nom de «Twinkie Defense») qui avait impliqué en 1978 le dénommé Dan White. Accusé du double meurtre du maire George Morcone et du chef du conseil municipal Harvey Milk, de Francisco, le criminel avait invoqué pour sa défense l'état de confusion mentale provoqué par la surconsommation de *Hostess Twinkies*, un aliment à très haute teneur en sucre. Des expériences de laboratoire étroitement contrôlées ont toutefois invalidé depuis l'argument invoqué, les résultats enregistrés étant peu probants. La nouvelle fit à l'époque l'effet d'une bombe.

Des études du National Institute of Mental Health (NIMH) des États-Unis ont aussi maintes fois contredit les parents qui, pour expliquer le comportement de leurs enfants, invoquaient une hypersensibilité au sucre. L'une des expériences réalisées dans le cadre de ces recherches mettait à contribution 18 garçons d'âge préscolaire (entre 2 et 6 ans) qui, selon leurs parents, étaient «sensibles au sucre» et 12 autres garçons aucunement affectés, disait-on, par l'absorption de sucre. On administra aux sujets des deux groupes une boisson gazéifiée au citron additionnée soit de sucre, soit d'édulcorant artificiel (aspartame et saccharine), sans qu'aucun des expérimentateurs ni aucun des enfants ne sachent au départ qui recevait quoi, et à quel moment. On observa ensuite le comportement des enfants grâce à un appareil spécialement conçu pour mesurer l'activité physique. Personne — ni les parents, ni les instituteurs, ni les expérimentateurs — ne fut en mesure de déterminer, d'après la façon dont les enfants jouaient avec leurs compagnons, lesquels avaient ingurgité le liquide sucré. «L'ingestion d'une abondante quantité de sucre n'a exacerbé chez aucun des sujets les comportements agressifs ni accru l'activité physique», notent les auteurs de l'étude.

La plupart des expériences en double aveugle menées sur les effets des glucides ont démontré que le sucre ne peut être mis en cause dans les troubles comportementaux. Après avoir comparé toutes les données scientifiques alors disponibles (soit près de 60 travaux sur la question), Diane Gans, professeur de nutrition à l'Université d'Hawaï à Manoa, écartait formellement en 1991 toute corrélation possible entre la surconsommation de sucre et les comportements asociaux; elle affirmait en outre que rien ne permet d'associer l'hyperactivité à une consommation abusive de glucides, tout en admettant, bien sûr, que des cas d'exception puissent se présenter. Elle mettait d'ailleurs à cette occasion les parents en garde contre les dangers des restrictions imposées en ce sens aux enfants pour prévenir les troubles de comportement: en les privant de sucre et d'autres glucides, ils risquent de produire l'effet inverse, ce qui pourrait entraîner des conséquences fâcheuses.

Comme le montrent diverses études, les glucides ont plutôt tendance en effet à *calmer* le cerveau qu'à l'exciter, et par conséquent à *réduire* l'hyperactivité et l'agressivité plutôt qu'à les intensifier. Bonnie Spring, psychologue de la Chicago Medical School et l'un des premiers chercheurs à avoir exploré ce domaine, croit que les enfants hyperactifs auraient tendance à abuser des glucides précisément à cause de leurs effets tranquillisants. Les parents en concluent souvent, à tort, que le sucre est à l'origine du problème, alors que le sucre pourrait, au contraire, atténuer le problème.

Une expérience étonnante auprès d'un groupe de délinquants

Des chercheurs de l'Université du Wisconsin prétendent que la consommation de sucre pourrait améliorer le comportement de certains délinquants. Une expérience à simple insu menée auprès de 115 adolescents incarcérés pour cause de délinquance et de 39 adolescents d'une école secondaire de la région leur a permis de consolider leurs hypothèses. Il s'agissait d'apprécier chez les sujets divers facteurs d'ordre neuropsychologique — concentration, hyperactivité, troubles d'humeur, troubles de comportement — après qu'ils eurent ingéré un petit déjeuner à base de céréales riches en sucrose (l'apport total en sucre étant de 45 g) puis après un petit déjeuner à base de céréales édulcorées à l'aspartame (sans sucrose, donc).

«On a dû en conclure, selon toute évidence, que le sucre n'avait eu d'effet véritable sur aucun des sujets des deux groupes», rapporte le psychologue John P. Newman, auteur de l'étude. Le sucre pourrait même aider, selon lui, à freiner l'hyperactivité et les tendances destructrices des jeunes aux prises avec de graves problèmes de comportement; ces sujets «ont mieux réussi les tests après qu'ils eurent absorbé du sucrose qu'à la suite du petit déjeuner sans sucrose», souligne-t-il. Même constatation à propos des non-délinquants. Par contre, chez les délinquants «non hyperactifs», la performance lors des tests d'habileté mentale, tels que le claquement de doigts ou le test de mémoire immédiate, a paru quelque peu affaiblie par l'ingestion de sucrose, ce qui n'a pas étonné les chercheurs, le sucre et les autres types de glucides ayant habituellement tendance à provoquer la somnolence et à ralentir l'activité mentale chez les sujets normaux.

EN BREF: *Il est rare que les aliments riches en sucre provoquent l'agressivité, la violence ou l'hyperactivité. Les études sur la question suggèrent, au contraire, que l'absorption de glucides (y compris le sucre) a un effet calmant, tranquillisant, qui réduit l'agressivité chez la plupart des enfants et des adultes. Certains chercheurs inclinent à penser que l'ingestion de glucides serait un acte d'«automédication» plutôt que d'autodestruction. Priver totalement les jeunes de glucides risque en réalité d'exacerber les problèmes de comportement plutôt que de les atténuer.*

Ce qui ne signifie pas qu'il faille systématiquement augmenter sa consommation de sucre ou celle de ses enfants pour modifier les réactions biochimiques qui régulent l'activité cérébrale ou corriger les troubles comportementaux. Une consommation abusive de sucre risque à la longue de mener à l'obésité et d'élever inopportunément les taux sanguins d'insuline et de glucose.

Il est recommandé de consommer des glucides complexes — pâtes alimentaires, céréales, pain — plutôt que des glucides à action rapide, même si leur action tranquillisante prend plus de temps à se manifester.

L'hypocholestérolémie peut-elle affecter le comportement?

Si inconcevable que cela puisse paraître, il semble qu'un taux très bas de cholestérol sanguin puisse favoriser l'agressivité et les troubles d'humeur. Une vaste étude menée en 1981 à travers les États-Unis par le National Institute of Health a révélé en effet, au grand étonnement des chercheurs, que si un taux de cholestérol inférieur à la normale réduit les risques de crise cardiaque, il ne prolonge pas pour autant l'espérance de vie. Il semble en effet que les nombreux cas d'accidents, d'homicides et de suicides relevés parmi les individus atteints d'hypocholestérolémie annuleraient en quelque sorte le facteur de protection contre les cardiopathies associé à leur condition. Des chercheurs finlandais ont aussi mis en évidence certains rapports entre des taux de cholestérol sanguin inférieurs à la moyenne et les conduites aggressives.

Il arrive que les hommes de science aient à penser l'impensable. Les psychologues Jay Kaplan, de la Bowman Gray School of Medicine, et Stephen Manuck, de l'Université de Pittsburgh, tentèrent un jour d'analyser le comportement d'un groupe de singes, nos plus proches cousins biologiques, sous l'effet d'un régime faible en matières grasses entraînant une baisse du cholestérol sanguin. Pendant deux ans, une partie des animaux furent soumis à un régime à basse teneur en graisses (soit 30 % seulement des calories absorbées quotidiennement); on vit alors chuter les taux de cholestérol, comme on s'y attendait. Les autres singes furent nourris d'aliments très riches en graisses, ce qui eut pour effet de multiplier par trois leur taux de cholestérol.

Les expérimentateurs constatèrent, à leur grand étonnement, que la probabilité d'adopter une conduite violente (s'aggripper à leurs voisins, les mordre, les pousser, les harceler) chez les singes présentant de faibles taux de cholestérol était de 50 % supérieure à celle des singes soumis au régime gras. «Nous n'avons aucune idée des mécanismes d'action qui sont ici en cause, devait reconnaître Manuck. Un faible taux de cholestérol sanguin rend-il les animaux méchants? Ou un taux élevé de cholestérol les apaiserait-il?» On n'en sait rien pour l'instant. Il est possible, dit Manuck, qu'un taux élevé de cholestérol influence la façon dont le cerveau libère les neurotransmetteurs, dont la sérotonine, qui, comme on le sait, peut affecter l'humeur. Une étude récente suggère d'ailleurs que certains hommes âgés présentant des taux très peu élevés de cholestérol (moins de 4,1 mmol/l) seraient plus sujets à la dépression que ceux dont les taux de cholestérol sont plus élevés.

Chapitre 32

LES MAUX DE TÊTE
ALIMENTS DÉCLENCHEURS ET ALIMENTS INHIBITEURS

Aliments susceptibles de soulager ou de prévenir les maux de tête: Poisson et huile de poisson • Gingembre
Aliments et substances susceptibles de déclencher des maux de tête: Chocolat • Vin rouge • Caféine • Glutamate monosodique • Aspartame • Viandes salées et fumées • Fromage fermenté • Noix • Alcool • Crème glacée

De nouvelles découvertes, qui devraient révolutionner le traitement de cette affection, suggèrent que les céphalées dites «vasculaires», qu'il s'agisse de la céphalée sinusale, de la céphalée par tension nerveuse ou de la céphalée de stress, sont souvent causées par un ou des aliments que tolère mal l'organisme. Combien d'individus sujets aux maux de tête ne se sont jamais interrogés sur leur régime alimentaire! Il faut savoir que les enfants peuvent en être affectés de même, souvent sans qu'on le sache, malheureusement.

La migraine, mal de tête très intense, pourrait, elle aussi, être liée à des facteurs diététiques. Il a été démontré que les aliments qui déclenchent les symptômes de la migraine peuvent donner lieu également à l'une ou l'autre des céphalées vasculaires mentionnées précédemment; elles procéderaient des mêmes mécanismes sans toutefois être aussi violentes.

De nouvelles théories sur les céphalées

«Les maux de tête ont à voir avec la génétique, affirme le Dr Joel Saper, professeur à la faculté de médecine de l'Université de l'État du

Michigan et directeur du Michigan Head Pain Neurological Institute, à Ann Harbor: ou vous êtes prédisposé à souffrir de maux de tête ou vous en êtes, de par vos gènes mêmes, épargnés. L'alimentation peut cependant intervenir dans le déclenchement des symptômes chez les sujets qui ont une tendance innée à ces malaises.» Il semble en effet que la fréquence et la sévérité des céphalées dépendent en grande partie de prédispositions génétiques.

Changements atmosphériques, lumière éblouissante, odeurs pénétrantes, cycle menstruel, voilà autant de facteurs absolument incontrôlables pour les individus présentant un terrain héréditaire favorable aux douleurs céphaliques. Un seul facteur, absolument déterminant, est facilement maîtrisable, dit le Dr David W. Buchholz, chef de la Neurological Consultation Clinic du centre hospitalier de l'Université Johns Hopkins: ce facteur, c'est votre régime alimentaire.

Les aliments ne sont jamais le seul facteur impliqué dans les maux de tête; d'autres facteurs concomitants sont évidemment en cause. D'où la complexité des mécanismes en jeu. On considère que plusieurs facteurs sont habituellement conjugués dans les perturbations qui sont à l'origine des céphalées, un peu comme un court-circuit est occasionné par une surcharge des circuits électriques. Ainsi, le vin rouge peut déclencher une migraine à un moment donné et être absolument inoffensif dans d'autres circonstances. Sous les effets simultanés du vin rouge, du roquefort et du stress, par exemple, vous risquez fort de voir se développer une migraine.

Les quantités ingérées comptent également pour beaucoup, comme le souligne le Dr Seymour Solomon, du Montefiore Medical Center de New York*: un petit morceau de chocolat ne produira pas les mêmes effets que l'ingestion de toute une boîte de chocolats, cela va de soi. Il est possible également que la céphalée n'apparaisse que le jour suivant l'ingestion d'un aliment, ou même beaucoup plus tard, compliquant ainsi singulièrement l'identification de l'agent en cause, notamment lorsqu'il s'agit d'aliments consommés très fréquemment.

Aliments déclencheurs

Plusieurs aliments courants renferment des composés chimiques, dont les tyramines et les nitrites, qui, selon certains spécialistes, agissent sur le système nerveux et les vaisseaux sanguins et donnent lieu à des transformations chimiques pouvant provoquer des maux de tête. Les douleurs céphaliques seront plus ou moins violentes selon le degré de vulnérabilité à l'affection et les effets cumulatifs de la nourriture et des autres

---

* Cf. S. Solomon, *The Headache Book.*

facteurs impliqués. Ainsi, les effets vasoconstricteurs (resserrement des vaisseaux sanguins) de certains aliments peuvent perturber la circulation sanguine et provoquer divers symptômes neurologiques transitoires, des troubles visuels notamment. Il arrive de même que les vaisseaux sanguins qui entourent le cerveau se dilatent et s'enflamment sous l'action de substances alimentaires, ce qui risque d'occasionner de violentes douleurs. Pour les tenants de cette théorie, tous les aliments qui renferment les composés chimiques «déclencheurs» — chocolat, fromage fermenté, bacon, vin rouge — sont susceptibles de causer des céphalées.

D'autres chercheurs croient plutôt que les céphalées chez les adultes et les enfants seraient très souvent occasionnées par des allergies ou des intolérances alimentaires insoupçonnées. En réaction à l'absorption de l'aliment allergisant, le système immunitaire, croyant faire face à un antigène (substance étrangère), déterminerait une série de phénomènes agissant directement sur les vaisseaux sanguins et provoquant des maux de tête. Pour les tenants de cette seconde théorie, un large éventail d'aliments, sans liens apparents du point de vue de leur composition chimique, peuvent causer des céphalées; tout dépend de la sensibilité de chaque individu aux substances que renferment les aliments.

Il n'est pas impossible non plus que l'action qu'exercent certains aliments sur le mécanisme extrêmement complexe qui régule la libération des prostaglandines ait à voir indirectement avec la douleur et l'inflammation. Les céphalées étant reliées à la fois aux changements affectant les vaisseaux sanguins et aux processus inflammatoires, les aliments qui influent sur ces phénomènes physiologiques (l'huile de poisson et le gingembre, par exemple) devraient normalement pouvoir soulager les céphalées.

Les céphalées d'origine alimentaire sont-elles fréquentes?

Il est difficile de déterminer le pourcentage de céphalées attribuables aux facteurs d'ordre alimentaire. Certains spécialistes affirment qu'une faible proportion — de 5 à 20 % — seraient dues à la nourriture; James Breneman, ancien président du Food Allergy Committee de l'American College of Allergy, y associe quant à lui 75 % des migraines; enfin, d'autres experts croient que la majorité des cas de céphalée y sont directement reliés.

La liste des aliments propres à occasionner des maux de tête s'allonge toujours davantage. On peut considérer, à la limite, que tout aliment est susceptible de jouer un rôle dans le déclenchement de la maladie. Ainsi, une patiente s'est déjà plainte de souffrir de migraines chaque fois qu'elle mangeait un aliment épicé à la cannelle, substance qui n'a jamais figuré sur les listes habituelles d'agents provocateurs. Les produits laitiers sont très souvent mis en cause, dit le Dr Saper; on ignore toutefois comment ils affectent le cerveau. Pour le Dr Buchholz, la caféine reste la substance la plus nocive pour les sujets prédisposés aux céphalées.

En réduisant sa consommation de l'aliment allergisant ou en y renonçant totalement, on devrait pouvoir diminuer la fréquence et l'intensité des maux de tête dans 70 à 85 % des cas, croit Cynthia L. Radnitz, professeur de psychologie à l'Université Fairleigh Dickinson (Rutherford, New Jersey).

Examinons maintenant plus en détail comment certains aliments peuvent occasionner des maux de tête. La plupart des expériences qui sous-tendent les découvertes dont nous ferons état dans les pages qui suivent ont été menées auprès des personnes souffrant de céphalées vasculaires aiguës (migraines); il y a tout lieu de croire cependant, affirment les experts, que les données recueillies lors de ces expériences puissent s'appliquer à tous les types de céphalées.

Le rôle des amines dans la migraine

Pline l'Ancien tenait les dattes fraîches responsables des maux de tête. Nous savons maintenant qu'une amine entre dans la composition chimique des protéines contenues dans les dattes; or les amines sont de puissants «activateurs» de la céphalée. Ainsi en est-il de la *phényléthylamine,* qu'on retrouve dans le chocolat, et de l'*octopamine,* présente dans les agrumes; l'amine la plus souvent impliquée dans les céphalées reste toutefois la *tyramine,* présente en abondance dans les aliments suivants:

- boissons alcooliques (le vin, en particulier);
- fromages à pâte ferme et fromages fermentés, yogourt et crème sure (voir tableau qui suit);
- viandes salées et fumées et certains poissons tels que le hareng;
- produits contenant de la levure (certains types de pains et de gâteaux);
- figues, dattes et raisins;
- noix;
- choucroute.

Fromages les plus susceptibles de causer des maux de tête

Fromage	Teneur en tyramine (mg) par portion de 15 g de fromage
Stilton	17,3
Roquefort	15,0
Cheddar fort	7,5
Roquefort danois	5,5
Mozzarella	2,4
Gruyère suisse	1,9
Feta	1,1
Parmesan râpé	1,1
Gorgonzola	0,8

Des tests ont révélé toutefois que l'administration de tyramine pure ne provoque pas toujours de maux de tête, ce qui suggère que d'autres facteurs, conjugués à cette amine, seraient responsables de l'action nocive de certains aliments sur le cerveau.

Le vin rouge

De toutes les boissons alcooliques, le vin rouge est celle qui a la plus mauvaise réputation en tant qu'instigatrice des céphalées. Les agents nocifs seraient les *congénères* (groupe de substances dont fait partie la tyramine), présents en abondance dans les constituants des raisins. Plusieurs études, dont celle qu'a menée Julia T. Littlewood, à la Princess Margaret Migraine Clinic de l'hôpital Charing Cross de Londres, ont apporté la preuve que le vin rouge peut déclencher des maux de tête.

Un groupe de 19 patients souffrant de migraines ont été invités à boire le contenu de petites bouteilles brunes (un peu plus d'une tasse de vin rouge espagnol, dans un cas, et de la vodka mêlée à de la limonade dans l'autre cas), qu'on avait pris soin de refroidir pour masquer le goût des deux boissons; le taux d'alcool des boissons ingurgitées était le même de part et d'autre. Après que les sujets eurent avalé leur boisson, qu'ils croyaient être un sirop contre la toux ou quelque autre concoction sucrée, on observa minutieusement leurs réactions.

En moins de trois heures, 9 des 11 migraineux qui avaient consommé du vin rouge ont développé une forte migraine accompagnée de douleurs lancinantes unilatérales, de nausées et de photosensibilité; les sujets non migraineux semblèrent, en revanche, nullement affectés par le vin rouge. Les migraineux à qui on avait administré la boisson à base de vodka ne présentèrent eux non plus aucun symptôme de céphalée.

On voit donc, dit Littlewood, que le vin rouge peut provoquer la migraine; il ne semble pas toutefois que l'alcool, comme tel, soit l'ingrédient nocif. Puisqu'elle avait délibérément choisi un vin à basse teneur en tyramines — si souvent blâmées pour leurs effets sur les migraineux —, elle ne croit pas non plus que les tyramines soient seules en cause ici. L'agent actif serait, selon elle, un composé phénolique naturel (absent du vin blanc) que les individus sujets à la migraine ne pourraient, à cause d'une déficience d'ordre enzymatique, métaboliser adéquatement.

Le chocolat noir

Lors d'une enquête réalisée récemment auprès de 490 personnes prédisposées à la migraine, 19 % d'entre elles ont affirmé que le chocolat était, après l'alcool, l'aliment qui les incommodait le plus souvent.

Une expérience en double aveugle réalisée en Angleterre avec la participation de 20 patients a confirmé le fait. Vingt heures après avoir consommé une barre de chocolat noir de 40 g environ, 5 patients sur 12 ont éprouvé des symptômes de migraine. Aucun des 8 sujets qui avaient reçu la barre placebo n'a, par contre, présenté le moindre malaise.

On notera que le chocolat blanc, qui contient du «beurre» de cacao mais aucune liqueur de chocolat (source de tyramine), n'exerce pas les mêmes effets; les migraineux n'ont donc pas à s'en méfier.

Les viandes traitées au nitrite de sodium

Si la migraine vous affecte régulièrement, soyez attentif à noter également les effets que pourraient produire sur votre cerveau les viandes traitées au nitrite ou au nitrate de sodium. Les neurologues William R. Henderson et Neil H. Raskin, de l'Université de la Californie à San Francisco, rapportent avoir étudié de près le cas d'un patient âgé de 58 ans — grand consommateur de hot-dogs, de bacon et autres viandes traitées au nitrite — qui se plaignait constamment de maux de tête et parfois de rougeurs au visage. Les symptômes commençaient à se manifester trente minutes environ après l'ingestion de ces aliments et pouvaient se prolonger durant des heures.

À titre de test, on l'invita à ingurgiter pendant une certaine période deux boissons insipides et inodores constituées, pour l'une, d'une solution à base de nitrite de sodium (10 mg ou moins), et pour l'autre d'un mélange d'apparence semblable mais sans nitrite, sans qu'il ne sache jamais, bien sûr, laquelle des deux il ingurgitait.

Les neurologues rapportent que 8 fois sur 13 la solution au nitrite de sodium a provoqué des céphalées chez le patient, alors qu'à aucun moment ils n'ont enregistré de signes de malaises après l'ingestion du liquide placebo. Le patient cessa par la suite de consommer ce type de viande: ses maux de tête disparurent complètement!

L'aspartame

Malgré les dénégations des fabricants, il semble que l'aspartame (NutraSweet) pourrait provoquer des maux de tête chez bon nombre des personnes qui y sont prédisposées, en particulier les migraineux. C'est du moins ce qu'en ont conclu les autorités fédérales, à la lumière de nombreuses plaintes de consommateurs, et certains spécialistes de la question, dont le neurologue new-yorkais R.R. Lipton, qui a effectué des expériences sur l'action de l'aspartame auprès de 117 patients du Montefiore Medical Center.

Une autre étude, menée durant quatre semaines par Shirley M. Koehler, de l'Université de la Floride, a démontré que la fréquence des migraines avait augmenté chez plus de la moitié des sujets d'un groupe expérimental sous l'effet de quatre doses quotidiennes de 300 g d'aspartame: la fréquence des migraines a plus que doublé (passant de 1,55 à 3,55 par jour) par rapport aux sujets qui avaient reçu l'édulcorant placebo. On a remarqué en outre que les maux de tête des consommateurs d'aspartame duraient plus longtemps et s'accompagnaient d'un nombre accru de «symptômes inhabituels»: étourdissements, tremblements, rétrécissement du champ visuel.

Comment agit l'aspartame? On l'ignore pour l'instant. Mais on a noté que seuls les sujets qui ont une tendance innée à la céphalée sont affectés par l'édulcorant.

Le glutamate monosodique

La céphalée déclenchée par le glutamate monosodique (GMS) peut être très incommodante, surtout lorsqu'elle s'accompagne d'autres symptômes de ce qu'on a pris l'habitude d'appeler le «syndrome du restaurant chinois»: brûlures et picotements dans le visage et la poitrine, transpiration, douleurs abdominales aiguës, vertiges. Les cas de céphalées vasculaires déclenchées par le GMS sont très courants. Cette réaction serait due à une incapacité de métaboliser adéquatement cette substance chimique; la réponse excessive de l'organisme à son accumulation dans la circulation sanguine provoquerait divers symptômes, dont les maux de tête.

L'usage de cet additif pour accentuer la saveur des aliments est maintenant très répandu dans l'élaboration des aliments industriels. Les fabricants ne sont toutefois pas tenus, malheureusement, de signaler très distinctement la présence de cet additif sur les étiquettes.

Si vous êtes hypersensible au GMS, il est important que vous sachiez repérer, et que vous vous absteniez de consommer, s'il y a lieu, les aliments contenant des substances telles que les protéines végétales hydrolysées (extraites de légumes ou d'autres végétaux) et l'extrait de kombu, qui renferment du GMS, comme le précise le Dr Alfred L. Scopp, de la Northern California Headache Clinic.

Les effets paradoxaux de la caféine

Une seule tasse de café fort peut contrer une céphalée légère. Des tests menés par le Dr Nicholas Ward, psychiatre-chercheur de l'Université de Washington, ont même démontré que la caféine peut soulager la douleur aussi efficacement que l'acétaminophène.

Mais, paradoxalement, la caféine est aussi l'un des facteurs — sinon *le* facteur — le plus souvent incriminés dans les céphalées, même chez les individus non prédisposés à ces malaises. S'il est vrai que la caféine peut temporairement soulager un mal de tête en resserrant les vaisseaux sanguins dilatés ou tuméfiés, il reste que son action est nocive à long terme. «Quand la caféine n'agit plus, les vaisseaux sanguins qui s'étaient resserrés enflent de nouveau et se dilatent, effet rebond qui ne fait qu'accroître les douleurs céphaliques.» Les gens croient en général que le café calmera rapidement leurs maux de tête, alors qu'en réalité l'usage fréquent de la caféine les favorise dans la plupart des cas. Il n'est donc pas recommandé, dit le Dr Buchholz, de traiter la céphalée par la caféine.

Les quantités de caféine utilisées sont-elles déterminantes? La tolérance à la caféine varie énormément d'un individu à l'autre, dit le spécialiste: une seule tasse de café peut suffire à provoquer un mal de tête chez certains individus prédisposés à ces dérèglements, alors que d'autres pourront en avaler plusieurs tasses sans jamais en être affectés. Il ne s'agit donc pas de bannir systématiquement le café, mais plutôt d'encourager ceux qui ont une tendance héréditaire à la céphalée ou qui réagissent mal à la caféine d'y renoncer.

Attention aux sevrages trop rapides!

Le retrait brusque de la caféine peut entraîner des maux de tête très violents et toutes sortes de malaises extrêmement désagréables. On pense habituellement que le «syndrome du sevrage» est rare et sans gravité et qu'il n'affecte que les gros buveurs de café (plus de cinq tasses par jour) privés subitement de caféine. Or il a été démontré que si les symptômes de privation sont plus accentués chez ces derniers, ils accablent surtout ceux qui ne boivent qu'une ou deux tasses de café par jour.

Les maux de tête reliés à la privation totale ou temporaire (une journée, par exemple) de caféine sont un phénomène courant. Ces douleurs sont aussi intenses que dans tout autre type de céphalée, disent leurs victimes; elles sont souvent extrêmement violentes, et peuvent même être temporairement invalidantes. Ce qui a amené récemment un groupe de spécialistes à recommander dans l'*American Journal of Psychiatry* que les céphalées induites par manque de caféine soient officiellement inscrites parmi les troubles mentaux.

Des tests effectués par le Dr Roland R. Griffiths à la faculté de médecine de l'Université Johns Hopkins ont montré que cet état de manque pouvait se manifester de même chez les personnes consommant tout au plus chaque jour une tasse de café ou trois boissons gazeuses contenant de la caféine. Ainsi, lorsqu'un groupe de 62 consommateurs de café furent soumis, à double reprise, à un sevrage brutal de caféine pendant deux jours (ils recevaient tout au long de l'étude soit une gélule contenant la même quantité de caféine que celle de deux tasses de café à peu près, soit une gélule placebo), on observa les symptômes suivants: céphalées (52 % des cas); dépression (11 %); fatigue (11 %), sans compter les douleurs musculaires, raideurs articulaires, symptômes pseudo-grippaux, nausées et vomissements; 13 % des sujets ont même éprouvé des malaises si intenses qu'ils n'ont pu respecter jusqu'à la fin les consignes des expérimentateurs et ont pris de l'aspirine ou d'autres analgésiques pour soulager les malaises.

Les symptômes commenceraient apparemment à se manifester dans les douze à vingt-quatre heures suivant le retrait de la caféine, ils atteindraient leur intensité maximale entre vingt et quarante-huit heures plus tard, puis s'estomperaient peu à peu, pour disparaître après une semaine environ.

Céphalées matinales et caféine

Si vous souffrez régulièrement de maux de tête au lever, il est possible que ces malaises soient dus à la privation de caféine durant la nuit.

Combien de buveurs de café sont affectés depuis longtemps par ces céphalées matinales sans en connaître la cause! Aussitôt le premier café avalé, le mal disparaît comme par enchantement. Mais, prenez garde! Il est possible que votre organisme en redemande. C'est un cercle vicieux…

Si vous souffrez de maux de tête surtout les week-ends ou les jours de congé, il est possible que vous soyez affecté, de la même manière, par la réduction des doses de café que votre organisme est habitué d'absorber lorsque vous êtes au travail. Une étude a même montré que les céphalées postopératoires, qu'on a pendant longtemps attribuées aux effets de l'anesthésie, pourraient être causées dans certains cas par le retrait de la caféine avant et pendant l'opération.

Un cas type des effets pervers de la caféine

Un homme de 34 ans souffrait très fréquemment, durant les week-ends, de maux de tête lancinants et persistants. L'examen médical ne révélant rien d'anormal, son médecin lui recommanda de consulter un psychiatre. L'évaluation psychiatrique ne mit en évidence aucune anomalie, sinon une anxiété assez élevée. Il mentionna toutefois, au cours de sa conversation avec le médecin, qu'il avalait chaque jour 8 à 10 analgésiques en vente libre contenant de la caféine et qu'il pouvait ingurgiter sans problème de 10 à 15 tasses de café (soit 1500 mg de caféine) au cours d'une journée de travail; aucun de ses collègues ne pouvait en faire autant, disait-il. Durant les week-ends, il en buvait évidemment beaucoup moins.

Le cas devenait un peu plus clair… Les céphalées (surtout fréquentes les week-ends, c'est-à-dire lorsqu'il buvait beaucoup moins de café) étaient une réaction à la diminution du taux sanguin de caféine. Quelques semaines après qu'il eut réduit sa consommation de café, ses maux de tête disparurent presque complètement.

Un sevrage sans douleur… ou presque

Pour éviter que votre corps n'exprime violemment son déplaisir à être privé subitement de caféine, réduisez *graduellement* votre consommation de café et des autres aliments renfermant de la caféine. Un sevrage étalé sur deux semaines sera certes beaucoup moins brutal pour l'organisme que s'il est opéré du jour au lendemain.

Des spécialistes de l'Université Tufts vous donnent quelques conseils à ce propos.

Si vous devez renoncer au café, réduisez d'abord de une tasse, tous les deux ou trois jours, votre consommation habituelle jusqu'à ce que vous vous sentiez bien. Vous pouvez également, si vous le préférez, ajouter du décaféiné à votre café ordinaire, en augmentant graduellement la proportion du premier par rapport au second. Vous devrez aussi, bien sûr, diminuer l'apport en caféine provenant d'autres sources, notamment les boissons gazeuses au cola (vous trouverez dans les supermarchés des boissons sans caféine) et les boissons de type Mountain Dew, qui sont des stimulants très puissants.

Les fumeurs métabolisant la caféine beaucoup plus rapidement que les non-fumeurs, il leur faut une quantité supérieure de caféine pour obtenir l'effet excitant recherché. Si vous décidez d'arrêter de fumer, veillez donc de même à réduire votre apport en caféine, sans quoi l'élévation de votre taux sanguin de caféine pourrait bien occasionner quelques sursauts et une grande nervosité.

Les aliments glacés

Il vous est sûrement déjà arrivé d'éprouver un violent mal de tête frontal après avoir consommé un aliment très froid, une glace ou un yogourt glacé. Ce type de mal de tête ne dure pas longtemps en général (de vingt à trente secondes) et peut s'étendre aux voies nasales, aux tempes et aux joues. Comme l'explique le Dr Saper, lorsqu'un aliment froid entre en contact avec le palais, le cinquième nerf crânien se trouve excité à travers une ramification nerveuse s'étendant de la surface de la bouche à la tête. Ce nerf crânien est le vecteur principal des douleurs céphaliques.

Une étude britannique menée auprès de 50 étudiants a révélé que 46 % des sujets avaient souffert de ces maux de tête passagers après qu'on eut appliqué un peu de crème glacée au palais. Il reste que, pour des raisons inconnues, certains individus sont insensibles à cet effet immédiat des aliments glacés.

Pour prévenir ces douleurs, le Dr Saper recommande de manger ou de boire *lentement* les aliments glacés. Pour amoindrir le choc qui provoque la douleur, placez momentanément en face de la bouche l'aliment à consommer, afin de donner au palais le temps de se refroidir avant de l'avaler.

La gueule de bois

Qu'est-ce qui occasionne les douloureux maux de tête qui surviennent après une soirée où l'on a bu beaucoup d'alcool?

Comme tous les autres types de céphalées, celui-ci a une origine héréditaire. Il faut mentionner en outre que l'alcool, comme tel, n'est pas seul en cause dans ces malaises. Beaucoup d'autres constituants, ingrédients ou essences qui donnent à chaque boisson alcoolique son goût particulier, les *congénères,* y seraient aussi impliqués, selon le Dr Solomon. Certains de ces congénères sont d'origine naturelle: ainsi en est-il des phénols contenus dans les raisins ou des aldéhydes obtenus lors de la distillation ou au cours du processus de maturation. D'autres, par contre, sont des agents de conservation artificiels, tels les sulfites.

Le vin rouge, le champagne et le bourbon renferment une grande quantité de congénères, ce qui peut expliquer pourquoi ces boissons sont si souvent mises en cause dans les céphalées, et pourquoi la vodka, qui en contient le moins, n'est pas aussi souvent incriminée. Il ne faudrait pas en conclure pour autant que les cuites au vodka sont sans danger! Toute consommation abusive d'alcool risque éventuellement d'occasionner des maux de tête, dit le Dr Solomon.

Les mécanismes qui sous-tendent l'action de l'alcool sur le cerveau n'ont pas encore été clairement mis en évidence. Certains travaux suggèrent qu'un excès d'alcool perturberait le métabolisme, entraînant une sorte d'hypoglycémie (un manque de sucre) dans le cerveau. Aussi certains spécialistes recommandent-ils de prendre une petite collation à haute teneur en fructose avant d'aller dormir, un jus de fruit par exemple. «Le fructose aide à métaboliser les composés chimiques de l'alcool responsables des maux de tête et de divers autres symptômes», précise le Dr Solomon. Il est important également de boire beaucoup de liquide après avoir ingurgité un important volume d'alcool, car l'alcool déshydrate, comme on sait.

Les conclusions de la célèbre étude Egger sur la céphalée infantile

Il arrive fréquemment que l'alimentation soit à l'origine de migraines chez les enfants, comme l'a magistralement démontré le Dr Joseph Egger, pédiatre et neurologue du Hospital for Sick Children de Londres. Il a été le premier à étudier les effets des intolérances alimentaires sur la céphalée infantile. Les résultats stupéfiants d'expériences en double aveugle qu'il a effectuées auprès de 88 enfants (garçons et filles âgés de 3 à 16 ans) souffrant de sévères migraines ont amené le corps médical à prendre conscience une fois de plus de l'action nocive de certains aliments sur les enfants prédisposés à cette affection.

Le Dr Egger a bien montré que les céphalées disparaissaient dans presque tous les cas (le taux de réussite a été de 93 %!) après que les enfants eurent cessé de consommer l'aliment allergisant. Certains se rétablirent immédiatement; d'autres virent les malaises s'estomper peu à peu, pour disparaître complètement après trois semaines.

Le groupe britannique a été particulièrement étonné de constater qu'un aussi grand nombre d'aliments puissent provoquer non seulement des céphalées mais divers autres symptômes: douleurs abdominales, diarrhée, asthme, eczéma, hyperactivité. Parmi les aliments allergisants qui ont déclenché le plus de symptômes allergiques au cours des essais, on retrouve:

- le lait de vache (source de 30 % des migraines)
- les œufs (27 %)
- le chocolat (25 %)
- les oranges (24 %)
- le blé (24 %)
- le fromage (15 %)
- les tomates (15 %)

Figurent plus loin, au bas de la liste, les aliments suivants: porc, bœuf, maïs, soya, thé, avoine, café, arachides, bacon, pomme de terre, pomme, pêche, raisin, poulet, banane, fraise, melon et carotte.

Les expérimentateurs rapportent que la plupart des enfants semblaient mal réagir à *plusieurs* types d'aliments; dans 20 % des cas seulement, *un seul* aliment provoquait des effets antagonistes. Les migraines sont apparues soit quelques minutes à peine, soit deux ou trois jours après (cas le plus fréquent), soit une semaine ou plus après l'ingestion de l'agent pathogène. Fait inquiétant, les enfants raffolaient habituellement des aliments allergisants et en consommaient donc en abondance. Le Dr Egger croit que, contrairement aux véritables allergies alimentaires, auxquelles réagit violemment l'organisme dans les minutes qui suivent l'absorption de l'agent pathogène, les intolérances alimentaires à l'origine de certaines migraines se développeraient lentement après l'exposition à la substance allergisante, et seulement lorsque les quantités ingérées sont suffisamment importantes.

Des crises d'épilepsie induites par des facteurs alimentaires?

À l'occasion d'expériences menées dans le cadre d'une autre étude d'envergure, le Dr Egger s'est rendu compte que les enfants sujets aux migraines étaient souvent victimes de crises d'épilepsie et qu'on pouvait, là encore, intervenir dans cette maladie en modifiant l'alimentation des enfants. Pour mettre à l'épreuve ses hypothèses, le pédiatre-neurologue suivit 63 enfants, dont 18 souffraient uniquement d'épilepsie et 45 étaient sujets *à la fois* aux migraines et aux crises d'épilepsie. Durant quatre semaines, ces jeunes furent soumis à une diète dite «oligoantigénique», constituée d'aliments ne déclenchant habituellement pas de réactions allergiques. La diète fit merveille chez les enfants du second groupe (épilepsie *et* migraine): 55 % se virent soulagés totalement de leurs fréquentes crises d'épilepsie et 25 % les virent diminuer sensiblement. Elle resta cependant sans effet sur les enfants du premier groupe (épilepsie sans migraine).

Pour confirmer ses hypothèses, le Dr Egger procéda à de nouveaux essais en double aveugle consistant à réintégrer secrètement un à un à la diète des enfants atteints du «syndrome épilepsie-migraine» les aliments allergisants. Résultat? Dans 89 % des cas, on vit réapparaître les crises d'épilepsie! Les aliments qui ont le plus souvent donné lieu à ces crises sont:

- le lait de vache (dans 37 % des cas)
- le fromage de vache (36 %)
- les agrumes (29 %)
- le blé (29 %)
- les œufs (19 %)
- les tomates (15 %)
- le porc (13 %)
- le chocolat (11 %)
- le maïs (10 %)

On a remarqué que les enfants atteints du syndrome réagissaient toujours à deux aliments au moins.

Après avoir retiré de leur régime alimentaire, durant une période s'étendant entre sept mois et trois ans, les aliments que les jeunes épileptiques-migraineux toléraient mal, on vit les crises d'épilepsie se sta-biliser chez plus de la moitié des jeunes, et diminuer de 50 % chez les autres sujets. Les migraines disparurent également ou, du moins, dimi-nuèrent d'intensité.

Les expériences du Dr Egger montrent à quel point le régime ali-mentaire peut jouer un rôle important dans le traitement du syndrome «épilepsie-migraine». Reste à déterminer les liens entre l'une et l'autre affections. Selon le Dr Egger, toutes deux seraient liées à des modifications biochimiques au niveau des neurotransmetteurs, eux-mêmes influencés par les constituants alimentaires. On sait, par exemple, que les peptides opioïdes ont été mis en rapport avec les crises d'épilepsie et certaines modifications des défenses immunitaires; or plusieurs aliments, dont le lait et le blé, contiennent des peptides de ce genre, dit-il. Faut-il établir un lien entre les deux? La question reste ouverte.

Un vieux remède contre les maux de tête: le gingembre

Le gingembre serait, dit-on, tout aussi efficace que les médicaments — les effets indésirables en moins — à prévenir et à enrayer la migraine. Cette épice, utilisée depuis des siècles par certaines populations comme remède à la céphalée, à la nausée et aux troubles nerveux, agirait à peu près de la même manière que l'aspirine et d'autres médicaments antimigraine, dit le professeur Krishna C. Srivastava, de l'Université d'Odense, au Danemark: elle bloque, semble-t-il, la synthèse des prostaglandines, substances hormonales qui jouent un rôle dans la douleur et contribuent à la régulation des réactions inflammatoires où est impliquée, entre autres, l'histamine. En bloquant la synthèse de la prostaglandine, le gingembre se trouve à réduire l'inflammation et la douleur, comme le ferait l'aspirine.

Une femme de 42 ans sujette aux migraines a vu disparaître en moins de trente minutes ses symptômes après avoir avalé une solution d'eau et de poudre de gingembre (soit un tiers de cuillerée à thé ou de 500 à 600 mg environ de gingembre). La solution au gingembre a été ingurgitée aussitôt que se sont manifestés les premiers signes de troubles visuels (l'aura), comme l'avait prescrit le Dr Srivastava. L'expérience, répétée quatre fois par jour durant les quatre jours suivants, s'avéra tout à fait concluante. La patiente prit donc l'habitude d'ingérer quotidiennement un peu de racine de gingembre frais. La fréquence et l'intensité de ses migraines diminuèrent notablement: au cours des treize mois que dura le traitement expérimental, ses accès de céphalée aiguë passèrent de deux ou trois par mois à un tous les deux mois.

Voilà donc un excellent produit, dit le Dr Srivastava, efficace et sans effets secondaires, pour contrer la migraine aussi bien chez les enfants que chez les adultes.

Substituez l'huile de poisson aux graisses saturées

Des expériences effectuées sous la coordination de Timothy McCarren, de la faculté de médecine de l'Université de Cincinnati, ont révélé que l'absorption de capsules d'huile de poisson pendant six semaines avait réduit de moitié, chez 60 % des sujets, des accès de céphalée aiguë bihebdomadaires, de même que l'intensité des crises et les douleurs céphaliques. Les expérimentateurs ont noté toutefois, sans avoir pu élucider le mystère, que les hommes semblaient mieux répondre à l'huile de poisson que les femmes. Il ne faudrait pas croire toutefois qu'un seul morceau de poisson peut immédiatement enrayer le mal. La consommation *régulière* de poisson, tout spécialement de poisson gras (saumon, thon, maquereau, sardines), devrait cependant, s'il faut se fier aux résultats obtenus lors des essais, exercer à long terme une action bénéfique sur le cerveau, et conséquemment réduire les accès de migraine.

Selon McCarren, les personnes sujettes à la migraine auraient aussi avantage à réduire leur consommation de graisses saturées d'origine animale, celles-ci stimulant la sécrétion d'une substance hormonale qui déclenche une série de réactions favorisant la migraine.

Les aliments riches en cuivre: des «antidouleur»?

Faut-il accorder quelque crédibilité aux théories voulant que certains aliments, dont les huîtres, le homard, le foie, les noix, les graines, les olives vertes et le son de blé aident à combattre la douleur? Peut-être bien, si l'on en croit du moins certains chercheurs du ministère de l'Agriculture des États-Unis, qui attribuent au cuivre — présent en abondance dans tous ces aliments — des vertus analgésiques aussi puissantes que bien des médicaments en vente libre. Après avoir analysé plusieurs études menées auprès d'hommes et de femmes soumis à une diète pauvre en minéraux, le psychologue James G. Penland s'est rendu compte en effet que tous ceux dont la diète était pauvre en cuivre avaient réclamé des analgésiques (aspirine, tylenol, etc.) deux fois plus souvent que lorsque leur ration était adéquatement pourvue en cuivre.

Selon lui, une carence en cuivre — phénomène très courant chez les Américains — pourrait affecter les échanges chimiques dans le cerveau et/ou la constriction des parois des vaisseaux sanguins, accroissant ainsi la douleur et les maux de tête.

Mesures diététiques pour prévenir
et combattre les maux de tête

A) Le traitement du Dr Buchholz
1. Avant toute chose, dit le Dr David Buchholz, de l'Université Johns Hopkins, essayez de repérer et d'éviter les aliments qui pourraient déclencher chez vous des maux de tête. Les aliments les plus souvent incriminés sont les suivants:
- caféine (on évitera donc le café, le thé chaud ou glacé, les boissons à base de cola et tout médicament contenant de la caféine: Anacin, Excedrin, Adtifed, etc.);

- chocolat;
- fromage (sauf le fromage en crème, le fromage cottage et les fromages de fabrication américaine);
- yogourt et crème sure;
- noix (en incluant le beurre d'arachide);
- viandes fumées et salées et viandes qui ont vieilli: hot-dogs, saucisses, bacon, salami, saucisson de Bologne, etc.
- boissons alcooliques: vin rouge, champagne, spiritueux (la vodka serait moins nocive que les autres boissons fortement alcoolisées);
- glutamate monosodique;
- agrumes (orange, pamplemousse, citron, lime), ananas et jus de ces fruits;
- banane, raisin, prune rouge, figues en conserve, avocat;
- graines de gourgane ou fèves des marais, haricots de Lima, petits haricots blancs, cosses de pois, choucroute, oignon;
- pain maison au levain et tout autre produit de boulangerie contenant de la levure;
- aspartame (NutraSweet).

2. Durant un mois, évitez de manger les aliments apparaissant sur la liste précédente.

MISE EN GARDE

Si vous êtes un grand consommateur de caféine, ne mettez pas fin brusquement à cette habitude: étalez plutôt le sevrage sur une période de deux semaines, sans quoi l'état de manque risque de provoquer des malaises intenses.

3. Si vos maux de tête régressent ou disparaissent complètement, faites un test de tolérance, en réintégrant un à un, tous les deux jours ou une fois par semaine, les aliments suspectés. Vous serez ainsi à même de juger si tel ou tel aliment ou substance est en cause. Si la céphalée réapparaît dans les vingt-quatre heures suivant l'absorption d'un aliment, il est clair que vous tolérez mal, et que vous devriez éviter, l'aliment déclencheur. Le Dr Buchholz recommande toutefois à ceux qui souffrent de maux de tête chroniques de ne pas réintroduire la caféine dans leur régime; il vaut mieux en pareil cas y renoncer totalement, dit-il.

B) Les conseils du Dr Egger

Le célèbre pédiatre et neurologue anglais Joseph Egger a montré que les enfants victimes de violents maux de tête ou souffrant de maux de tête *et* de crises d'épilepsie étaient souvent «allergiques» à certains aliments. On veillera donc, avec l'aide d'un spécialiste, à repérer toute intolérance alimentaire qui pourrait être à l'origine du mal. Le lait est le suspect numéro un.

C) Autres remèdes

D'autres spécialistes recommandent enfin de manger régulièrement du poisson à chair grasse et un peu de gingembre.

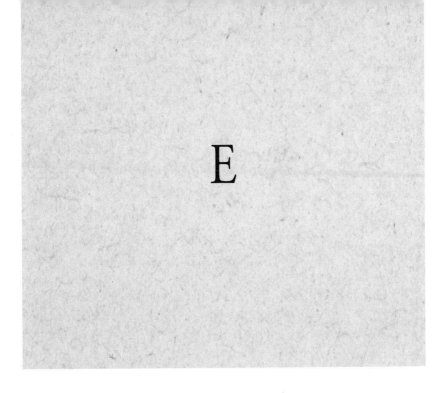

E

INFECTIONS COURANTES ET TROUBLES RESPIRATOIRES

Chapitre 33

L'HYGIÈNE NUTRITIONNELLE:
UN FACTEUR IMPORTANT DANS
LA LUTTE CONTRE LES INFECTIONS

Aliments et régimes susceptibles de stimuler le système immunitaire: Yogourt • Champignons shiitake • Ail • Aliments riches en bêta-carotène et en zinc • Régime végétarien • Régime faible en matières grasses
Aliments et régimes susceptibles d'affaiblir le système immunitaire: Régime riche en matières grasses, tout spécialement en huiles végétales polyinsaturées, telles l'huile de maïs, l'huile de carthame et l'huile de soya

Le bon fonctionnement du système immunitaire est la clef de voûte d'un corps en santé. Si le bagage génétique joue un rôle de premier plan dans l'immunité, les facteurs environnementaux — l'alimentation notamment — participent néanmoins de façon déterminante à la défense de l'organisme. Les scientifiques s'appliquent depuis peu à explorer et à mettre en lumière le fonctionnement extrêmement complexe du système immunitaire et ses rapports avec le comportement alimentaire. Il n'est plus question de mettre en doute que le régime peut influencer les mécanismes prodigieux qui régissent l'immunité. Des études ont démontré clairement que les vitamines, les minéraux et d'autres composés moins bien connus peuvent en effet stimuler les défenses immunitaires et accroître la résistance de l'organisme aux infections virales ou bactériennes de même qu'aux tumeurs cancéreuses.

Immunité et habitudes alimentaires

Les aliments que vous consommez quotidiennement jouent un rôle important dans la résistance qu'opposent vos globules blancs aux agents infectieux et au cancer. Cette première ligne de défense de l'organisme comprend, entre autres, (1) les *neutrophiles*, cellules capables de phagocyter (d'englober) et de dévorer les bactéries envahissantes et les cellules cancéreuses, et (2) les *lymphocytes*, qui comprennent à leur tour:

- les *lymphocytes B*, responsables de la formation d'importants anticorps capables de s'attaquer aux envahisseurs tels que virus, bactéries et cellules tumorales;
- les *lymphocytes T*, qui président à divers processus immunologiques fondamentaux et libèrent des substances chimiques, dont l'interféron et l'interleukine, essentielles à la défense contre les infections et à la répression des cellules cancéreuses;
- les *cellules tueuses naturelles* ou *lymphocytes NK* (*natural killer cells*), qui forment un premier rempart contre le développement des tumeurs cancéreuses; elles peuvent détruire directement à la fois les cellules cancéreuses et les cellules infectées par un virus.

De nombreux travaux scientifiques ont établi à ce jour que divers types d'aliments et de substances alimentaires peuvent contribuer à maintenir à un niveau adéquat les concentrations sanguines en globules blancs et à préserver leurs pouvoirs immunologiques. Ils favorisent et amplifient ainsi la réponse immunitaire.

L'irremplaçable yogourt

Le yogourt est l'un des meilleurs adjuvants alimentaires de l'immunité qui soit. Sa réputation n'est plus à faire: on l'utilise depuis des siècles pour combattre les maladies. Non seulement peut-il détruire ou mettre hors de combat les bactéries, mais il stimule de façon impressionnante les défenses immunitaires.

Des expérimentations effectuées assez récemment sur l'homme et sur l'animal ont révélé, par exemple, que le yogourt peut stimuler à la fois la libération d'interférons gamma, l'activité des lymphocytes NK et la production d'anticorps. Des cultures de cellules effectuées par le Dr Claudio DeSimone, professeur à la faculté de médecine de l'Université de L'Aquila, dans les Abruzzes (Italie), ont aussi apporté la preuve que le yogourt peut, aussi efficacement qu'un médicament de synthèse, renforcer les mécanismes immunitaires de l'organisme.

L'équipe du Dr Georges Halpern, de la faculté de médecine de l'Université de la Californie à Davis, a apporté la preuve que ces conclusions peuvent être appliquées à l'homme. Une importante étude — la première du genre en réalité — visant à apprécier les effets du yogourt sur l'immunité cellulaire ont amené les chercheurs californiens à constater qu'en consommant pendant quatre mois deux tasses de yogourt par jour, des sujets avaient multiplié par cinq (par rapport à ceux qui n'en consommaient pas) les taux sanguins d'interférons gamma!

Le projet mettait à contribution 68 personnes, âgées de 20 à 40 ans, réparties en trois groupes: aux sujets du premier groupe on avait donné du yogourt à cultures bactériennes actives; à ceux du deuxième groupe du yogourt préalablement chauffé de manière à détruire les cultures actives; à ceux du troisième groupe, enfin, un produit placebo. Or seuls les sujets du premier groupe, nourris au yogourt contenant des cultures actives de *Lactobacillus bulgaricus* et de *Streptococcus thermophilus* ont vu leur taux d'interférons monter en flèche.

Quel ne fut pas, une fois de plus, l'étonnement du Dr Halpern, lorsqu'il constata, au terme d'une autre étude, étalée sur une période de douze mois, que la consommation quotidienne de 175 g de yogourt à peine avait contribué à prévenir la diarrhée et les rhumes, dont le rhume des foins, chez de jeunes adultes et des personnes âgées. Les chercheurs ont observé en effet à cette occasion dix fois moins de rhumes des foins que normalement! Et le nombre de rhumes ordinaires avait diminué de 25 %!

Les propriétés anticancéreuses de certaines cultures bactériennes

Joseph A. Scimeca, chercheur en nutrition à Kraft General Foods Inc., a mis en évidence d'autres propriétés absolument stupéfiantes du yogourt. Après avoir inoculé des cellules cancéreuses à des souris nourries au yogourt (yogourt ordinaire tel que vendu dans les supermarchés), le chercheur s'est aperçu que leurs risques de développer un cancer du poumon étaient trois fois moins élevés que prévus. Fait surprenant, même le yogourt préalablement chauffé (où 95 % des cultures actives se trouvent détruites) a donné de bons résultats; ce qui signifie que, même une fois mortes, les bactéries exercent des effets stimulants sur le système immunitaire.

Si les chercheurs soupçonnaient depuis longtemps que le yogourt exerce une action anticancéreuse, ils n'étaient cependant jamais parvenus à le démontrer scientifiquement. Les découvertes de Scimeca venaient enfin confirmer que les deux souches bactériennes le plus fréquemment utilisées dans la fabrication du yogourt commercial (*Lactobacillus bulgaricus* et *Streptococcus thermophilus*) exercent une action protectrice contre le cancer. D'autres travaux suggèrent que les cultures de *Lactobacillus acidophilus* peuvent également aider à prévenir le cancer, notamment le cancer du côlon.

À quoi tiennent les propriétés anticancéreuses du yogourt? On croit que le yogourt stimulerait les cellules tueuses naturelles ou lymphocytes NK, comme le donnent à penser des expériences effectuées sur l'animal et sur l'homme par Scimeca et d'autres chercheurs.

À quelle dose agit le yogourt? Bien que les doses administrées aux souris étaient très élevées, Scimeca estime que la quantité de bactéries qu'elles contenaient est comparable à celle que fournissent les contenants ordinaires de yogourt. Ce sont précisément les fortes concentrations de lactobacilles dans le yogourt qui incitent, selon lui, les lymphocytes NK à s'attaquer encore plus férocement aux cellules cancéreuses. Des tests lui permettent de croire que la congélation ou la cuisson n'affectent pas l'action stimulante qu'exerce le produit sur les agents de l'immunité cellulaire.

Les bienfaits indéniables des régimes végétariens sur l'immunité

Les fruits et les légumes renferment d'innombrables composés, dont la vitamine C et le bêta-carotène (ß-carotène), qui renforcent les défenses immunitaires. Une étude réalisée assez récemment auprès d'un groupe d'hommes végétariens par le Centre de recherche sur le cancer de Heidelberg, en Allemagne, a révélé que les globules blancs des végétariens étaient deux fois plus efficaces à détruire les cellules tumorales que ceux des consommateurs de viande.

Pourquoi? La question n'a pas été élucidée encore. On présume que les contingents de lymphocytes NK guerroyant contre les agents pathogènes sont plus nombreux ou plus féroces chez les végétariens que chez les carnivores. Les analyses sanguines ont également mis en évidence des taux plus élevés de carotène chez les végétariens; or on sait depuis longtemps que le carotène présent dans les fruits et les légumes stimule les agents immunitaires qui protègent l'organisme tout autant des infections bactériennes et virales que du cancer.

N'hésitez donc pas à consommer beaucoup d'épinards, de carottes, et autres légumes et fruits riches en ß-carotène. Une étude effectuée auprès de 60 femmes et hommes dans la cinquantaine (âge moyen: 56 ans) sous la direction de Ronald R. Watson, de l'Université de l'Arizona, à Tucson, révèle que le ß-carotène augmente le taux sanguin de cellules spécialisées dans les réponses immunitaires spécifiques, telles les cellules NK, les lymphocytes activés et les lymphocytes T auxiliaires.

Plus le taux sanguin de ß-carotène est élevé, plus est élevé aussi, semble-t-il, le degré de protection assurée par ces cellules spécialisées. Ainsi, des apports quotidiens de 30 mg et de 60 mg en ß-carotène durant deux mois ont amplifié notablement l'action des cellules responsables de l'immunité; des doses supérieures à celles-là auraient accru encore davantage les réactions immunitaires. Deux mois après qu'on eut interrompu l'absorption de ß-carotène, les taux de cellules conférant l'immunité se mirent à baisser, pour revenir à ceux qu'on avait enregistrés avant l'expérience.

Les chercheurs estiment que de 5 à 10 carottes ou une portion de une à deux tasses de patates douces en purée par jour fournissent une quantité de ß-carotène équivalente aux doses administrées. Un régime riche en aliments à haute teneur en ß-carotène (épinards, chou frisé, patate douce, citrouille et carotte) devrait par conséquent contribuer à stimuler les réactions de défense de l'organisme contre les antigènes.

Un antiviral dans les champignons shiitake

Les praticiens de la médecine asiatique traditionnelle attribuent depuis longtemps des vertus médicinales uniques aux champignons shiitake. Kenneth Cochran, de l'Université du Michigan, découvrait en 1960 à quoi tiennent les vertus curatives de ces gros champignons brun foncé au chapeau très charnu qu'on trouve de plus en plus fréquemment dans les marchés américains: il isolait du shiitake une substance antivirale appelée *lentinan*, dotée, selon lui, de propriétés «immunostimulatrices».

D'autres études sont venues confirmer le fait. L'antiviral contenu dans le shiitake a la réputation d'amplifier la réponse immunitaire et de stimuler l'activité des macrophages et des lymphocytes T. Des expériences ont montré que cet antiviral incite les macrophages à accroître tant leur production d'interleukine 1, substance qui entrave le développement des tumeurs, que leur action cytotoxique (destruction des cellules). Le champignon shiitake a également le pouvoir de stimuler la prolifération des lymphocytes T, en particulier les lymphocytes auxiliaires, qui élaborent l'interleukine 2.

Des chercheurs hongrois de la faculté de médecine de l'Université Semmelweis à Budapest ont de leur côté démontré que l'antiviral en question peut augmenter la résistance des cellules à l'implantation ou à la diffusion de cellules cancéreuses pulmonaires. Le shiitake aiderait donc le système immunitaire non seulement à combattre le cancer mais aussi à le prévenir.

L'ail: antiviral, antibactérien et anticancéreux

L'ail a la réputation d'opposer une forte résistance aux bactéries, aux virus et au cancer. On attribue cette propriété à sa capacité de stimuler la fonction immunitaire. Il contribue de façon plus particulière à amplifier la réponse des lymphocytes T et des macrophages, éléments clés dans la défense de l'organisme, comme l'a bien montré le Dʳ Benjamin H. S. Lau, de la faculté de médecine de l'Université Loma Linda, en Californie. Le Dʳ Lau a observé en effet en laboratoire que de l'extrait d'ail — qu'il classe parmi les «amplificateurs de la réponse immunitaire» — avait incité les macrophages à élaborer une plus grande quantité de substances antimicrobiennes et antitumorales. On tente actuellement de mettre au point des «amplificateurs» synthétiques qui aideraient à lutter contre le cancer.

Il y a quelques années, le Dʳ Tarig Abdullah et ses collaborateurs de l'Akbar Clinic and Research Center de Panama City, en Floride, se prêtèrent à une expérience visant à apprécier les effets de surdoses d'ail (équivalentes à 15 gousses par jour environ). Certains consommèrent de l'ail cru, d'autres du Kyolic, un extrait d'ail japonais pressé à froid, d'autres enfin s'en abstinrent totalement. Résultats? Les analyses sanguines révélèrent des concentrations plus élevées de lymphocytes NK chez les consommateurs d'ail que chez ceux qui n'en avaient pas consommé; de fait, un nombre beaucoup plus élevé (de 140 à 160 % de plus!) de cellules cancéreuses avaient été détruites par les lymphocytes NK chez les premiers.

Le zinc: un immunostimulant essentiel

Consommez régulièrement des aliments riches en zinc: ils sont indispensables au bon fonctionnement de votre système immunitaire. Ce nutriment entre en jeu dans divers processus d'immunité: il contribue à la production d'anticorps et de lymphocytes T, de même qu'il stimule l'activité d'autres globules blancs. Des carences en zinc chez l'animal entraînent une grande réceptivité aux bactéries, virus et parasites. De même, un apport alimentaire en zinc déficitaire chez l'homme — tant les adultes que les enfants — affaiblit la résistance aux rhumes et aux affections des voies respiratoires.

On pense que le zinc pourrait même «rajeunir» le système immunitaire des personnes âgées. Selon Novera H. Spector, chercheur du National Institute of Health, le zinc pourrait en effet mettre un frein à la détérioration rapide des fonctions immunologiques chez les personnes de plus de 60 ans. Au-delà de la cinquantaine, le thymus, glande qui joue un rôle de premier plan dans l'immunité, commence en effet à se rétracter; la diminution de volume est même très importante. Le taux sanguin de thymuline, hormone qui stimule la production de lymphocytes T, se trouve à diminuer par le fait même.

Des chercheurs italiens ont constaté que l'absorption journalière de faibles doses de zinc avait accru de 80 % la régénération du thymus chez des souris et avait augmenté de façon significative le taux sanguin d'hormones actives et de lymphocytes T impliqués dans les réactions immunitaires. L'Italien Nicola Fabris, du Centre national de la recherche sur le vieillissement de Ancona, a constaté pour sa part avec stupéfaction que l'administration de 15 mg de zinc par jour à un petit groupe de personnes âgées de plus de 65 ans avait considérablement élevé les taux sanguins d'hormones et de lymphocytes T actifs; l'administration de zinc aurait même ramené le taux d'agents immunitaires à un niveau comparable à ceux de personnes plus jeunes.

La meilleure source de zinc est les huîtres: 90 g d'huîtres crues contiennent 63 mg de zinc, et 90 g d'huîtres fumées pas moins de 103 mg. (On trouvera dans l'Appendice placé à la fin du volume une liste plus détaillée des aliments riches en zinc.)

Les matières grasses affaiblissent le système immunitaire

Saviez-vous qu'une surconsommation de matières grasses, tout spécialement celles que l'on dit nocives, affaiblit le système immunitaire? Des chercheurs attestent en effet qu'un excès de graisses dans le sang inhibe l'activité des lymphocytes NK, cellules tueuses qui patrouillent le corps à la recherche des vilains radicaux libres et des agents cancéreux, qu'elles annihileront avant que les agresseurs n'aient eu le temps d'établir leurs quartiers. Ainsi, James R. Hebert, professeur d'épidémiologie à la faculté de médecine de l'Université du Massachusetts, a observé qu'après avoir réduit la consommation de graisses (la part des graisses dans la ration quotidienne passant de 32 à 23 % des calories totales) chez de jeunes hommes, l'activité des lymphocytes NK avait augmenté de 48 %; les hausses les plus spectaculaires ayant bien sûr été enregistrées chez ceux qui avaient réduit de façon plus marquée leur consommation de matières grasses.

La vitalité des agents immunitaires dépend en outre du type de graisses ingérées. Ainsi, l'huile de poisson (source d'acides gras oméga-3) semble améliorer la réponse immunitaire, alors que les huiles riches en graisses polyinsaturées (sources d'oméga-6), prédominantes dans les huiles de maïs, de carthame et de tournesol, peuvent l'affaiblir gravement. Ces huiles végétales peuvent inhiber l'élaboration des lymphocytes, réduisant ainsi partiellement les réactions immunitaires. Les oméga-6 contenus dans certaines huiles végétales tendant au surplus à s'oxyder plus rapidement, ils accroissent également le nombre de radicaux libres de l'oxygène capables de détruire les agents immunitaires. De multiples expérimentations sur l'animal ont mis en évidence l'action nocive des acides gras oméga-6 sur les fonctions immunologiques et la défense contre les radicaux libres; on a constaté, entre autres, que l'huile de maïs avait favorisé le développement de cancers chez des animaux.

Pourquoi les buveurs de vin résistent mieux aux infections

Les Grecs utilisaient le vin pour désinfecter les plaies. C'est aussi grâce au vin qu'ont été épargnées d'innombrables victimes de l'épidémie de choléra sévissant dans la région de Paris à la fin du XIXᵉ siècle. Un médecin français, qui s'était rendu compte que les buveurs de vin semblaient moins vulnérables que les autres au fléau, avait incité les malades à ajouter du vin à l'eau de boisson pour se prémunir contre la maladie. (Des tests effectués par un médecin de l'armée autrichienne devaient confirmer que les germes du choléra et de la fièvre typhoïde meurent rapidement — en moins de quinze minutes — sous l'effet du vin rouge ou du vin blanc pur ou mêlé à de l'eau en parties égales.) Les Français eurent à nouveau recours au vin durant la Deuxième Guerre mondiale pour désinfecter l'eau du robinet.

Des tests ultérieurs ont attesté que le vin tue invariablement les bacilles (*Salmonella, Staphylococcus, Escherichia coli*, etc.) impliqués couramment dans les intoxications alimentaires. Les pouvoirs immunitaires du vin sont attribuables à certains composés chimiques formés à partir des pelures de raisin durant la fermentation. L'alcool pur est apte également à détruire les agents pathogènes.

«La science moderne nous a permis de mettre en évidence un mécanisme d'action dont nos grands-mères ont depuis toujours eu l'intuition, rappelle le professeur Yves Glories, de l'Institut d'œnologie de Bordeaux: pour détruire les bactéries qui auraient pu infester le poisson ou les fruits, il suffit de les faire tremper dans du vin!» Effectivement, si vous buvez une boisson alcoolique en même temps que vous ingérez un aliment contaminé par une bactérie ou un virus pathogènes, vous risquez moins d'être malade.

Les exemples ne manquent pas, dit Karl C. Klontz, médecin-chercheur de la Food and Drug Administration des États-Unis, de cas où l'ingestion d'un seul verre d'alcool aura évité la mort à des individus exposés à des salmonelles ou à des staphylocoques. Des expériences menées récemment lui permettent de croire que l'alcool pourrait également éliminer le risque d'hépatite relié à la consommation d'huîtres crues contaminées.

Après avoir analysé les circonstances et les conséquences d'une épidémie d'hépatite virale A, causée par des huîtres crues contaminées, le Dr Klontz a constaté que ceux qui avaient avalé un verre de vin, un cocktail ou un spiritueux lors du repas où les huîtres avaient été servies n'ont pas contracté la maladie. L'alcool aurait réduit en effet de 90 % le risque de développer une hépatite, quelle que soit la quantité d'huîtres ingérée. Il est important de noter que les buveurs de bière n'ont toutefois pas été épargnés; sans doute les concentrations d'alcool dans la bière sont-elles trop faibles, dit le Dr Klontz, pour neutraliser le virus responsable de cette inflammation du foie. L'alcool bloquerait, selon un mode d'action encore inconnu, le passage du virus de l'hépatite dans le courant sanguin. À moins qu'il ne détruise une bonne partie des micro-organismes avant qu'ils n'atteignent l'intestin grêle.

MISE EN GARDE
La consommation d'huîtres crues, même arrosées d'alcool, reste dangereuse. Il semble en effet que l'alcool ne puisse venir à bout de la *Vibrio vulnificus* — potentiellement mortelle — qu'on a déjà trouvée dans les huîtres crues; seule la cuisson peut annihiler cette bactérie vorace.

Mesures diététiques pour stimuler le système immunitaire

- Consommez beaucoup de fruits et de légumes riches en bêta-carotène et en vitamine C. L'ail représente également un aliment de choix pour lutter contre les infections.
- Les aliments riches en zinc, dont les poissons à chair grasse et les fruits de mer, offrent aussi une très bonne protection.
- Mangez du yogourt régulièrement.
- Évitez de manger trop de viande, particulièrement de viandes riches en matières grasses.
- Réduisez le plus possible votre consommation d'acides gras oméga-6 (présents, entre autres, dans les huiles de maïs, de carthame et de tournesol).
- N'abusez pas du sucre: des études suggèrent que le sucre affaiblit les défenses immunitaires.

Chapitre 34

INFECTIONS DE L'APPAREIL RESPIRATOIRE

DÉCONGESTIONNANTS, EXPECTORANTS ET ANTIBIOTIQUES NATURELS

Aliments susceptibles d'aider à lutter contre les infections respiratoires: Soupe au poulet • Ail • Raifort • Piment chili • Cari • Aliments riches en vitamine C • Yogourt

Aliments susceptibles d'aggraver les infections respiratoires: Lait

Nombre de remèdes populaires utilisés depuis des siècles pour guérir ou soulager les troubles respiratoires sont tout aussi efficaces, et valables scientifiquement, que bien des médicaments courants, concluait un grand spécialiste des maladies pulmonaires, le Dr Irwin Ziment, professeur à la faculté de médecine de l'Université de la Californie à Los Angeles, après avoir analysé toute la documentation médicale sur la question.

Le mécanisme d'action est le même de part et d'autre: tant les aliments que les médicaments dits «mucocinétiques» fluidifient les sécrétions de la muqueuse pulmonaire (mucosités) qui encombrent les voies aérienne et elles facilitent leur expectoration. En tête des aliments décongestionnants et expectorants figurent les aliments très épicés, tel le piment fort de type chili. Hippocrate ne prescrivait-il pas le vinaigre et le piment pour traiter les infections respiratoires?…

L'action des épices et des condiments sur les voies respiratoires

Les aliments les plus prisés depuis l'Antiquité pour traiter les maladies pulmonaires et les infections de l'appareil respiratoire sont les chilis, l'ail et la moutarde. Comment s'en étonner! Ils ont à peu près les mêmes propriétés que certaines préparations pharmaceutiques mises au point tout spécialement pour traiter ce type d'affection.

Ainsi, la capsaïcine, présente dans le piment de Cayenne, ressemble chimiquement à la guaifénésine, un expectorant très connu qui entre dans la composition d'au moins 75 types de sirops antitussifs, comprimés contre le rhume et/ou expectorants délivrés sur ordonnance ou en vente libre (Robitussin, Vicks Formule 44D, Sudafed, etc.). De même l'ailliline est transformée dans l'organisme en une substance voisine de la S-carboxyméthylcystéine (Mucodyne), médicament prescrit couramment en Europe pour réguler l'écoulement du mucus. On sait par ailleurs que l'agent actif dans la racine de raifort, plante de la famille des crucifères, au même titre que la moutarde, est l'isothiocyanate d'allyle (huile de moutarde), substance qui irrite les terminaisons nerveuses des nerfs olfactifs et est à l'origine des larmes et de la salivation.

Bien que leurs principes actifs soient différents, les piments forts, l'ail et la moutarde ont en commun la propriété de déclencher un afflux de liquide dans les voies aériennes, lequel a pour effet de réduire la viscosité du mucus et de faciliter son évacuation. «De nombreux médicaments en vente libre contre le rhume, la toux et la bronchite agissent exactement comme le font les piments forts, dit le Dr Ziment. Je préfère quant à moi les piments forts, car ils ne causent aucun effet secondaire. Je suis convaincu que 90 % des individus peuvent tolérer les aliments très épicés et en tirer le plus grand bénéfice.»

Comment agissent les substances piquantes sur les troubles respiratoires?

Lorsque les épices entrent en contact avec la bouche, la gorge et l'estomac, elles affleurent les récepteurs responsables de la transmission de l'influx nerveux au cerveau; le cerveau active à son tour le nerf vague ou pneumogastrique qui régit le fonctionnement des glandes sécrétrices des voies respiratoires; ces glandes libèrent alors instantanément des flots de liquides qui provoquent parfois des larmoiements ou de l'écoulement nasal, comme on peut s'en rendre compte lorsqu'on mord à belles dents dans un piment très épicé ou qu'on avale un peu de wasabi, moutarde forte servie habituellement avec les sushis. L'afflux de sécrétions dans les bronches se produit de la même manière.

En supprimant la congestion, en libérant les sinus et en débarrassant les voies respiratoires des substances irritantes, certains condiments contribuent, comme tout autre médicament mis au point à ces fins particulières, à soulager le malade, prétend le Dr Ziment. Aussi les prescrit-il chaque fois qu'un patient est incommodé par des sécrétions excessivement visqueuses, soit dans les cas de sinusite, de rhume accompagné de congestion, d'asthme, de rhume des foins, d'emphysème ou de bronchite chronique.

Selon lui, une consommation régulière de substances à saveur forte (trois fois par semaine, au moins) facilite grandement la respiration chez les patients atteints de bronchite chronique ou d'emphysème, ce qui permet de réduire le traitement médicamenteux. Des enquêtes ont d'ailleurs révélé, dit-il, que les personnes qui consomment le plus de mets relevés sont moins exposées à développer ces deux maladies, même chez les sujets à risque, les fumeurs par exemple.

Les conseils du Dr Ziment
pour soulager divers troubles respiratoires

«Lorsque vos voies respiratoires sont congestionnées, il vaut mieux consommer un plat arrosé de *salsa* que de sucer une pastille à la menthe contre la toux», dit-il. Pour soulager les troubles respiratoires les plus divers (nez enchifrené, congestion pulmonaire, sinusite, bronchite, emphysème), le Dr Ziment recommande également de:

- boire ou se gargariser avec de l'eau additionnée de sauce Tabasco (10 à 20 gouttes dans un verre d'eau);
- mâcher des chilis;
- intégrer au menu des plats mexicains (au moins trois fois par semaine si l'on souffre d'une affection respiratoire chronique);
- ajouter des gousses d'ail entières épluchées à la soupe (les passer d'abord au micro-ondes pour préserver la concentration des gousses en allicine).

Pour soigner le rhume et la grippe: condiments, shiitake et bouillon de poulet

L'ail

«Le meilleur remède maison que je connaisse pour combattre le rhume, dit le Dr Andrew Weil*, est de manger plusieurs gousses d'ail cru dès qu'apparaissent les premiers symptômes [...] Coupez les gousses en morceaux et avalez-les comme s'il s'agissait de comprimés. S'ils vous donnent des gaz, réduisez la dose. Je recommande habituellement aux patients qui sont sujets aux infections chroniques ou récurrentes ou encore aux mycoses de manger une ou deux gousses d'ail par jour.»

Aussitôt que se manifestent les premiers signes de maux de gorge, il est indiqué, en effet, d'avaler de l'ail ou de l'oignon. Il n'y a rien de tel pour enrayer ou même prévenir le rhume ou la grippe, croit également James North, chef du département de microbiologie à l'Université Brigham Young à Provo (Utah). Des essais au cours desquels North a réussi à détruire à la fois, presque à 100 %, un rhinovirus humain à l'origine de nombreux cas de rhumes de même que le virus para-influenza 3, facteur de divers troubles respiratoires, dont la grippe, ont confirmé les vertus anti-infectieuses qu'attribue à l'ail la médecine populaire partout à travers le monde.

L'ail est d'usage si courant en Russie pour traiter les infections qu'on en est venu à l'appeler la «pénicilline russe». On rapporte que les Russes ont déjà importé 450 tonnes d'ail pour combattre une épidémie d'influenza. Des centaines de tests ont corroboré les pouvoirs étonnants des petites gousses dans la lutte contre les bactéries et les virus.

La soupe au poulet

De la soupe au poulet pour soigner les rhumes?... C'est du moins ce que prescrivait le célèbre Moïse Maimonide au XIIe siècle. Quand le sultan Saladim, chef de l'armée musulmane, lui demanda conseil pour soulager son fils de ses crises d'asthme, l'éminent médecin avait en effet recommandé de lui donner... de la soupe au poulet.

Qu'elle soit préparée à partir de vieilles poules ou de jeunes volailles, avec ou sans ail, l'aliment a bel et bien des propriétés médicinales, reconnaît le Dr Ziment. «Le poulet, comme la plupart des aliments riches en protéines, est une bonne source de cystéine, un acide aminé naturel; au cours de la cuisson, cette substance se trouve libérée dans le liquide bouillant. Les propriétés biochimiques de la cystéine sont semblables à

---

* Cf. *Natural Health, Natural Medicine*, Boston, Houghton Mifflin Company, 1990.

celles de l'acéthylcystéine, souvent prescrite aux patients atteints de bronchite ou d'autres infections respiratoires.» Le médicament, qui a pour effet de fluidifier les mucosités des bronches, facilitant ainsi leur expectoration, a d'ailleurs été fabriqué initialement à partir de plumes et de peau de poulet.

Le Dr Marvin Sackner, du Mount Sinai Medical Center de Miami Beach, est du même avis: «Une substance aromatique présente dans la soupe au poulet [...] contribue à libérer les voies aériennes.» Sackner publiait d'ailleurs en 1978, dans la prestigieuse revue *Chest*, une étude, désormais célèbre, sur la soupe au poulet. Sceptique quant aux propriétés antibiotiques du produit, le Dr Sackner avait procédé à l'expérience suivante, avec la collaboration de 15 hommes et femmes en santé.

Les sujets devaient avaler à petites gorgées soit de la soupe au poulet, soit de l'eau bouillante, soit de l'eau froide. Le degré de rapidité avec lequel le mucus et l'air passaient à travers leurs voies aériennes était ensuite mesuré à deux reprises par les expérimentateurs: cinq minutes après que les liquides eurent été ingurgités, puis vingt-cinq minutes plus tard. À son grand étonnement, le Dr Sackner constata que la soupe au poulet était plus efficace que l'eau bouillante ou l'eau froide à enrayer la congestion. L'inhalation des vapeurs du bouillon de poulet donna aussi de meilleurs résultats que l'eau chaude. Selon le spécialiste, il est possible que même lorsqu'elle est servie froide, la soupe au poulet neutralise l'infection au niveau des voies nasales; elle agit cependant encore davantage et plus rapidement si on l'avale chaude et fumante.

Pour obtenir un remède encore plus puissant, le Dr Ziment recommande d'ajouter beaucoup d'ail, d'oignons, de poivre et autres condiments (cari et chilis par exemple). «Il n'y a pas meilleur remède contre le rhume que celui-là», dit-il. On notera que l'action décongestionnante de la soupe au poulet dure une demi-heure environ; par conséquent, il vaut mieux l'absorber lentement, à petites gorgées, que de l'ingurgiter en une seule fois.

Beaucoup de liquide

Les médecins recommandent habituellement de boire beaucoup de liquide en cas de grippe ou de rhume. Voici pourquoi.

Quand vos sinus sont totalement congestionnés, vous êtes forcé de respirer par la bouche; les muqueuses des voies respiratoires risquent alors de s'assécher, créant ainsi un terrain favorable au développement des virus. En maintenant vos voies respiratoires humides, vous vous trouvez à faire obstacle aux agressions virales.

Les liquides chauds sont beaucoup plus efficaces que les boissons froides: d'abord, parce que la chaleur, comme telle, peut détruire le virus; ensuite, parce que les vapeurs aident à réduire la congestion. On conseille de boire, en pareil cas, de six à huit verres de liquide clairs par jour, en y incluant de l'eau. Pas de lait toutefois!

Autres remèdes contre la grippe

D'autres aliments peuvent aider à prévenir ou à soulager les états grippaux:

- Le *gingembre:* il détruirait, dit-on, le virus de l'influenza;
- Les *champignons shiitake,* dont un constituant (lentinan) opposerait une plus forte résistance au virus de l'influenza que ne le font les médicaments antiviraux délivrés sur ordonnance, selon des chercheurs japonais.
- Les *oignons,* excellente source de quercétine, également dotée de propriétés antivirales et antibactériennes.

Congestion nasale et sinusite. — Faut-il éviter le lait?

On prétend, à tort, que le lait favorise la sécrétion de mucus et de flegme dans les voies respiratoires, augmentant ainsi la congestion. Si l'on se reporte aux essais effectués par des chercheurs de l'Université d'Adelaide, en Australie, avec la collaboration de 60 adultes sains, rien ne permet de croire que la consommation de lait accroisse les mucosités. Après avoir analysé les sécrétions nasales des sujets qui avaient consenti à ce qu'on leur innocule un rhinovirus, on invita une partie du groupe à boire du lait, l'autre partie s'en abstenant. Certains des sujets du premier groupe ingurgitèrent jusqu'à 11 verres de lait par jour. On analysa ensuite à nouveau leurs sécrétions nasales afin de pouvoir apprécier les effets du lait sur la production de mucosités: aucune différence vraiment significative ne fut enregistrée. On en conclut que les sujets enrhumés qui consommaient du lait ne s'exposaient pas davantage à souffrir de congestion nasale.

Il est possible, croient les chercheurs, que la consistance légèrement visqueuse du lait donne au patient enrhumé l'impression d'avoir la gorge plus congestionnée et remplie de mucus, en dépit du fait que la production de mucus n'ait augmenté ni dans les voies nasales ni dans les poumons.

Le Dr Ziment recommande néanmoins, pour d'autres raisons, aux patients qui souffrent du rhume de s'abstenir de boire du lait. Le lait, dit-il, exerce une action tout à fait contraire à celle des épices et des condiments: alors que les aliments au goût piquant stimulent la production de sécrétions et fluidifient les mucosités des voies respiratoires, réduisant ainsi la congestion, le lait amortit ou «endort» les récepteurs sensoriels de la bouche et de l'estomac, ce qui empêche l'afflux de sécrétions aqueuses et prolonge, par le fait même, la congestion. (On recommande d'ailleurs habituellement de boire du lait pour calmer la sensation de brûlure occasionnée souvent par les surdoses de chilis.)

Le Dr Andrew Weil, professeur à la faculté de médecine de l'Université de l'Arizona, est du même avis. Il recommande aux personnes qui souffrent de sinusite d'éviter les laitages: il y a de fortes chances, dit-il, qu'après deux mois d'abstention les patients voient s'améliorer nettement leur état.

Potions inédites contre les maux de gorge et la toux

Un grog au raifort. — Pour soulager les maux de gorge et hâter la résorption de l'inflammation, essayez le remède suivant. Ajoutez à un verre d'eau chaude une cuillerée à soupe de raifort fraîchement râpé, une cuillerée à thé de miel et une cuillerée à thé de poudre de clou de girofle; une fois les ingrédients bien mélangés, avalez le liquide à petites gorgées ou utilisez-le comme gargarisme, en prenant soin de le remuer constamment, le raifort ayant tendance à se déposer. Ce vieux remède russe contre les maux de gorge fait merveille, selon le Dr Ziment.

Du thé à la réglisse. — Pour soulager une gorge très irritée ou mettre fin à un rhume, on pourra également avoir recours au thé à la racine de réglisse. On utilisera toutefois avec modération ce remède, la réglisse (la plante, non la friandise) pouvant occasionner une élévation subite de la tension artérielle.

Un gargarisme à la sauge. — Les médecins allemands recommandent souvent aux patients affectés par des maux de gorge ou par une amygdalite de se gargariser avec une préparation à base de sauge. L'action thérapeutique de la sauge serait attribuable aux vertus astringentes de ses tannins. Le gargarisme est facile à préparer: il suffit d'ajouter une ou deux cuillerées à thé de feuilles de sauge séchées à une tasse d'eau bouillante et de les laisser infuser pendant dix minutes avant d'avaler le liquide. On évitera toutefois d'administrer ce remède aux enfants de moins de deux ans*.

Un sirop à l'oignon. — Dans un bain-marie, mêlez six oignons blancs hachés et une demi-tasse de miel. Laissez mijoter à feu doux durant deux heures. Passez au tamis. Buvez le liquide recueilli, chaud de préférence, à intervalles réguliers**.

---

* Cf. Michael Castelman, *The Healing Herbs.*
** Cf. Michael Murray et Joseph Pizzorno, *Encyclopedia of Natural Medicine*, Rocklin, Californie, Prima Publishing, 1991.

Du jus d'ananas épicé contre la laryngite

Vous avez la gorge irritée, la bouche sèche, et vous toussez? Buvez du jus d'ananas aux épices, recommande James Duke, un grand spécialiste des plantes médicinales du ministère de l'Agriculture des États-Unis. En plus des épices — gingembre, muscade, romarin et menthe verte —, ajoutez-y un peu de réglisse comme édulcorant (les personnes qui souffrent d'hypertension devraient toutefois omettre la réglisse). On peut y ajouter également du thym et de la cardamome. Tous ces ingrédients ont la réputation de soulager efficacement la laryngite. Selon Duke, les vertus thérapeutiques de ces aromates s'appuient sur des propriétés tout à fait recevables scientifiquement.

Une cure de yogourt pour mater le rhume des foins

Trois mois avant le début du printemps, où l'air est chargé de pollens ou avant la saison froide, intégrez le yogourt à votre menu quotidien. Le yogourt contribue en effet à stimuler vos défenses immunitaires, réduisant ainsi considérablement votre vulnérabilité à la rhinite allergique ou «rhume des foins» et au rhume banal, affirme le Dr Georges Halpern, de l'Université de la Californie à Davis.

Une expérience contrôlée étalée sur une période de douze mois l'a amené à constater que la consommation quotidienne de trois quarts de tasse de yogourt pouvait réduire de façon significative la durée des poussées de rhinite allergique, en particulier chez les personnes allergiques aux pollens de graminées. L'étude, réalisée avec la participation de 120 sujets (de jeunes adultes et des personnes âgées), a révélé en effet que les consommateurs de yogourt avait été dix fois moins affectés que les autres par les symptômes du rhume des foins et d'autres affections allergiques. Leur réceptivité au rhume (banal) au cours de l'année a aussi été inférieure de 25 % à celle des sujets qui n'avaient pas mangé de yogourt.

Le yogourt à cultures actives stimule le système immunitaire en l'incitant à produire plus d'interférons gamma, agents qui aident à combattre les infections et à prévenir les réactions allergiques. Plus le sang est pourvu en interférons gamma, moins il produit d'immunoglobulines E (IgE), anticorps qui sont en grande partie à l'origine des réactions inflammatoires. Le Dr Halpern rapporte avoir observé, lors d'études antérieures, que des sujets avaient multiplié par cinq environ leur taux d'interférons gamma grâce à l'absorption de deux tasses de yogourt par jour.

Bien qu'une portion de trois quarts de tasse se soit avérée efficace lors des tests, le Dr Halpern recommande à ceux qui veulent obtenir une protection maximale contre le rhume et la rhinite allergique de consommer quotidiennement de une tasse et demie à deux tasses de yogourt.

On devrait toujours amorcer cette cure au moins trois mois avant la saison des pollens ou avant la saison froide, car les interférons gamma ont besoin de tout ce temps pour former une armée assez nombreuse pour combattre, le temps venu, les agents allergènes. On notera que seul le yogourt à cultures *actives* est efficace dans ce cas, comme l'ont démontré les essais cliniques.

(Certains chercheurs croient que l'oignon pourrait également contribuer à soulager le rhume des foins. Ce légume, très riche en quercétine, permettrait en outre de maîtriser les symptômes d'autres réactions allergiques.)

Bronchite et emphysème: une carence en vitamine C?

La bronchite chronique obstructive, qui affecte plus particulièrement les fumeurs, se caractérise par une gêne respiratoire due à une inflammation et à une obstruction des voies aériennes par un mucus visqueux. Selon Joel Schwartz, de l'U.S. Environmental Protection Agency, une carence en vitamine C serait à l'origine de la maladie. À la suite d'une vaste étude menée auprès de 9000 adultes, il a observé en effet que les personnes qui absorbaient 300 mg de vitamine C par jour étaient exposées à 70 % seulement, par rapport à ceux dont l'apport ne dépassait pas 100 mg, au risque de développer une bronchite chronique ou une crise d'asthme. La différence dans l'apport de cette vitamine antioxydante entre les deux groupes correspond en gros à la quantité fournie par un cantaloup ou deux verres de 225 ml de jus d'orange.

Les fumeurs, particulièrement vulnérables à la bronchite, devraient être attentifs à composer des menus à haute teneur en vitamine C. La plupart des travaux sur la question indiquent que les fumeurs présentent des taux anormalement bas de vitamine C, sans doute parce qu'elle est rapidement utilisée par l'organisme pour contrebalancer les effets toxiques des agents oxydants de la fumée de cigarette. On estime qu'ils auraient besoin de 3,5 fois plus de vitamine C que les non-fumeurs pour pallier les pertes occasionnées par la cigarette et maintenir leur apport en vitamine C à un niveau tout juste adéquat.

Peut-être le déficit en vitamine C est-il aussi à l'origine, ne serait-ce qu'en partie, des cas de décès par bronchopneumopathie obstructive enregistrés chez 10 à 15 % des fumeurs, avance Schwartz. Comment expliquer que certains fumeurs succombent à la maladie et que d'autres arrivent à y faire obstacle? Un apport supérieur en antioxydants, par une grande consommation de fruits et de légumes, pourrait-il faire ici toute la différence?

Si ces questions n'ont pas encore été résolues, Schwartz croit néanmoins, comme beaucoup d'autres spécialistes, que les antioxydants jouent un rôle crucial dans la protection des tissus pulmonaires contre les agressions susceptibles d'évoluer vers la bronchite chronique obstructive et l'emphysème. Il souligne, au passage, l'effet nocif des régimes riches en sel, cause fréquente de maladies respiratoires, y compris l'emphysème: un excès de sodium, précise-t-il, déséquilibre complètement le quotient sodium/potassium et déclenche des réactions excessives au niveau des voies bronchiques et des centres nerveux, occasionnant ainsi des lésions pulmonaires et de l'inflammation.

Chapitre 35

L'ASTHME

ANTI-INFLAMMATOIRES
ET BRONCHODILATATEURS NATURELS

Aliments susceptibles de soulager l'asthme: Oignon • Ail • Huile de poisson • Chilis • Fruits et légumes à haute teneur en vitamine C • Café
Aliments susceptibles d'aggraver l'asthme: Aliments d'origine animale • Aliments allergisants, tels que noix, œufs et colas

On recensait en 1990 aux États-Unis 10 millions de cas d'asthme, soit deux fois plus qu'en 1980; le taux de mortalité associé à la maladie aurait lui aussi doublé au cours de la dernière décennie.

La théorie voulant que l'asthme puisse être soulagé par certains aliments n'a rien de révolutionnaire. On trouve déjà mention dans le papyrus d'Ebers, traité médical égyptien datant de l'an 1550 avant Jésus-Christ, des propriétés anti-asthmatiques de la figue, du raisin, du cumin, des baies de genévrier, du vin et de la bière sucrée, en plus de l'encens. Les médecins chinois recommandent aussi très tôt l'usage des feuilles de thé *Camelia sinensis* — dont on tirera la théophylline en 1888 — pour soulager la maladie. Dans la Grèce et la Rome antiques, on fait appel aux aliments à saveur forte, tels l'ail, le poivre, la cannelle et le vinaigre pour apaiser l'asthme. Au Moyen Âge, le philosophe et médecin Moïse Maimonide consacre un traité entier à la maladie, où il fait l'éloge des propriétés médicinales de divers aliments: poissons d'eau douce, fenouil, persil, menthe, cresson, fenugrec, radis, figue, coing, raisin, vin et porridge d'orge.

Parmi tous ces anciens remèdes, la science moderne a retenu les fruits, les légumes, le poisson, les épices et les condiments comme agents anti-asthmatiques.

Mécanismes d'action

L'asthme est une affection extrêmement complexe, dont les mécanismes échappent encore, pour une bonne part, à la science. On dispose néanmoins actuellement de nouvelles données sur l'étiologie de la maladie et sur la façon dont les aliments peuvent y faire obstacle ou en atténuer les symptômes.

L'asthme se caractérise par des accès répétés de toux sifflante et de dyspnée (difficulté à respirer) d'intensité variable; ces crises peuvent être tout à fait bénignes, mais elles peuvent aussi, dans les cas sévères, mettre en danger la vie du patient. Elles sont occasionnées par une obstruction subite des bronchioles par des mucosités et autres sécrétions; si les voies aériennes ne sont pas libérées, la crise peut entraîner la suffocation. On sait maintenant que ces symptômes ont des causes plus profondes: ils signaleraient en réalité une inflammation chronique et un épaississement des parois bronchiques et des voies nasales entraînant des spasmes musculaires très violents, un rétrécissement des voies aériennes et, conséquemment, une respiration difficile. Les nouvelles thérapies anti-asthmatiques visent donc d'abord et avant tout à enrayer cette inflammation persistante.

L'alimentation peut prévenir ou soulager les crises d'asthme de quatre manières différentes:
- en contribuant à maîtriser l'inflammation des voies aériennes sous-jacente à la maladie;
- en dilatant les bronchioles;
- en fluidifiant le mucus pulmonaire;
- en prévenant les réactions associées aux allergies alimentaires, toujours susceptibles de déclencher une crise.

Des anti-inflammatoires dans l'oignon

L'oignon renferme trois substances anti-inflammatoires (au minimum) capables d'intervenir dans les processus fondamentaux qui sous-tendent les manifestations de l'asthme. Walter Dorsch, chercheur émérite de l'Université Johannes-Gutenberg de Mayence, en Allemagne, a découvert que le jus d'oignon et certains de ses composés étaient dotés de vertus anti-inflammatoires étonnantes. Un composant de l'oignon (le diphénylthiosulfinate) se serait avéré plus efficace contre l'inflammation que la prednisolone, très souvent prescrite par les médecins pour ses effets anti-inflammatoires.

Dorsch a aussi démontré que l'oignon pouvait agir directement sur l'asthme. Lors d'une expérimentation sur des cochons d'Inde, il a observé en effet que les animaux qui avaient inhalé de l'histamine, substance chimique qui déclenche les symptômes de l'asthme, réagissaient très fortement (à 300 %!) au produit; lorsqu'on leur administra une certaine quantité d'extrait d'oignon avant de les exposer à l'histamine, on vit par contre décroître les symptômes, de même que le taux de probabilité de développer de nouvelles crises d'asthme. Lorsque le groupe allemand testa le remède sur l'homme, les résultats furent tout aussi stupéfiants: les sujets qui avaient avalé du jus d'oignon avant d'être exposés à des substances allergisantes virent leurs crises d'asthme bronchique diminuer de 50 %!

Le principe actif serait, selon Dorsch, les thiosulfinates. Il reconnaît toutefois que l'action favorable de la quercétine, autre composé anti-inflammatoire présent dans l'oignon, doit aussi être envisagée; on sait que la quercétine a la propriété de soulager les allergies, dont le rhume des foins. On croit que cet antioxydant stabiliserait les membranes des cellules qui libèrent l'histamine. Il est en fait chimiquement semblable au cromoglycate, médicament communément prescrit pour prévenir les allergies: le cromoglycate inhibe la libération de l'histamine dans l'organisme.

Eric Block, de l'Université de l'État de New York à Albany, a aussi réussi à isoler dans l'oignon un autre composé sulfuré, «assez bizarre» dit-il, grâce auquel on serait parvenu à «prévenir la cascade de réactions biochimiques qui déclenche l'asthme et d'autres réactions inflammatoires». Enfin, il n'est pas impossible que l'oignon agisse en détruisant la *Chlamydia pneumonia*, micro-organisme infectieux qui serait à l'origine de certains cas d'asthme selon le *Journal of the American Medical Association*.

Peu d'asthmatiques chez les grands mangeurs de poisson

Le poisson à chair grasse constitue un excellent traitement à long terme contre les crises d'asthme. Agent anti-inflammatoire éprouvé, l'huile de poisson contribue, selon des chercheurs britanniques, à enrayer l'inflammation de la muqueuse des voies aériennes; la respiration s'en trouve dès lors facilitée. Des tests ont montré que de fortes doses d'huile de poisson, équivalentes à 225 g de maquereau par jour durant dix semaines, ont réduit de 50 % la production de leucotriènes chez des asthmatiques. Or l'action des leucotriènes, agents bronchoconstricteurs (c'est-à-dire qui resserrent ou contractent les bronches) impliqués dans l'inflammation des voies respiratoires, est mille fois plus puissante que celle de l'histamine.

La durée des tests aurait cependant été trop brève selon les expérimentateurs pour permettre à l'huile de poisson d'exercer ses effets curatifs et, par conséquent, d'améliorer vraiment la capacité respiratoire des sujets. Ils estiment néanmoins que la consommation régulière de poisson riche en acides gras oméga-3, tels que le saumon, le maquereau, les sardines et le thon — qui ont, comme on le sait, des vertus anti-inflammatoires —, peuvent contribuer à prévenir ou à soulager l'asthme. On compte d'ailleurs peu d'asthmatiques chez les populations où les produits de la pêche constituent la base de l'alimentation. Ainsi, l'asthme est une affection assez rare chez les Inuits. Selon Joel Schwartz, de l'U.S. Environmental Protection Agency, on compte moins de cas d'asthme et de troubles respiratoires aux États-Unis parmi les grands mangeurs de poisson que chez ceux qui répugnent à en consommer.

Quelques études ont démontré par ailleurs que l'huile de poisson procure un soulagement rapide de l'asthme. Ainsi, au Guy's Hospital de Londres, on a remarqué que l'huile de poisson avait atténué les difficultés respiratoires reliées aux réactions asthmatiques dites *différées*, trouble inflammatoire survenant entre deux à sept heures après le début des problèmes respiratoires. Des chercheurs de l'Hôpital Rothschild de Paris ont constaté également au terme d'épreuves en double aveugle que la condition de certains des patients asthmatiques à qui on avait administré pendant neuf mois de l'huile de poisson s'était améliorée sensiblement.

MISE EN GARDE

On a déjà fait état de l'action potentiellement nocive de l'huile de poisson chez des asthmatiques *sensibles à l'aspirine:* on aurait observé en effet chez cette catégorie de patients une aggravation de l'obstruction des voies aériennes à la suite du traitement à l'huile de poisson.

Une respiration moins pénible grâce à la vitamine C

Aptes à réprimer l'inflammation des voies aériennes et à faciliter la respiration, les fruits et les légumes peuvent aussi contribuer, dit Schwartz, à maîtriser l'asthme. Une enquête aur la consommation alimentaire effectuée auprès de 9000 Américains d'âge adulte l'a amené à conclure que ceux qui consomment le plus d'aliments riches en vitamine C sont moins souvent affectés par l'asthme ou la bronchite. L'absorption quotidienne de 300 mg de vitamine C d'origine alimentaire (qu'on pourra trouver dans trois verres de 225 ml de jus d'orange ou dans trois tasses de brocoli cuit, par exemple) réduirait effectivement de 30 % les risques de développer ces troubles respiratoires. La plupart des Américains ne consomment toutefois que 75 mg de vitamine C par jour.

À quoi attribue-t-on les vertus thérapeutiques de la vitamine C? Au fait qu'elle soit capable, entre autres choses, de:

- neutraliser l'action oxydante des radicaux libres de l'oxygène, laquelle stimule les réactions inflammatoires;
- accélérer le métabolisme de l'histamine;
- affecter la contraction des muscles lisses de la paroi bronchique responsable des bronchospasmes;
- agir sur les prostaglandines, lesquelles contribuent à maîtriser l'inflammation;
- exercer, à hautes doses (de 500 à 1000 mg par jour), un effet bronchodilatateur, c'est-à-dire détendre et dilater les voies respiratoires, facilitant ainsi la respiration.

Les aliments d'origine animale seraient-ils en cause?

La vitamine C n'est cependant pas le seul agent responsable de l'action préventive ou curative des fruits et des légumes dans le traitement de l'asthme. Une étude réalisée grâce à la collaboration de 25 patients asthmatiques a révélé en effet que la suppression de tout aliment d'origine animale (viande, poisson, œufs, produits laitiers) est, comme telle, une mesure globale des plus efficaces pour soulager l'asthme: après trois mois de régime *végétalien*, 71 % des asthmatiques ont vu leur état s'améliorer; après douze mois, ce taux s'élevait à 92 %!

Comment expliquer ce phénomène? Les médecins-chercheurs présument que ce type de régime élimine au départ de nombreux allergènes potentiellement nocifs. À moins que l'absence totale de leucotriènes dans ce régime soit la cause réelle de l'atténuation des symptômes; on sait que les leucotriènes, qui dérivent de l'acide arachidonique, un acide gras présent dans les aliments d'origine animale, sont un facteur majeur des réactions inflammatoires.

Des substances qui mordent les papilles et libèrent les bronches

Les condiments et les épices soulageraient aussi, de façon immédiate, les symptômes de l'asthme. Les piments chilis, la moutarde forte, l'ail et l'oignon peuvent faciliter grandement la respiration chez les asthmatiques en dégageant les voies aériennes, prétend le Dr Irwin Ziment, spécialiste des maladies pulmonaires et chercheur à l'Université de la Californie à Los Angeles. En plus d'être des anti-inflammatoires, ces aliments exercent une action «mucocinétique» (ils facilitent l'écoulement du mucus) contribuant à fluidifier les mucosités.

Selon le Dr Ziment, les aliments au goût piquant activent les terminaisons nerveuses des voies digestives commandant l'afflux de liquide dans la bouche, la gorge et les poumons. Ces sécrétions aqueuses aident à éclaircir les mucosités et préviennent par le fait même l'obstruction des voies aériennes; le flegme peut ainsi être plus facilement expulsé, ce qui permet aux voies respiratoires de fonctionner normalement.

Les épices et les condiments agissent aussi par l'intermédiaire de la capsaïcine: lorsqu'elle est directement avalée, cette substance exerce une action anti-inflammatoire sur les voies respiratoires; quand elle est inhalée, elle agit plutôt comme bronchodilatateur chez les patients victimes d'accès d'asthme bénins.

Un bronchodilatateur à portée de la main: le café

«L'un des remèdes les plus courants et les plus réputés pour lutter contre l'asthme est le café fort», déclarait en 1859 le Dr Hyde Salter, dans l'*Edinburg Medical Journal.* La caféine était en effet l'un des anti-asthmatiques les plus en usage au XIXe siècle. Dans les années vingt, on décida toutefois de la remplacer par la théophylline, bronchodilatateur couramment prescrit encore aujourd'hui. La caféine reste néanmoins un bon moyen de prévenir et de traiter les symptômes de l'asthme. On note d'ailleurs que les buveurs de café sont moins sujets à cette affection.

Une vaste enquête effectuée auprès de 72 284 Italiens âgés de 15 ans ou plus a révélé que la consommation de café, sans doute à cause de la caféine, peut réduire à long terme l'intensité et la fréquence des crises. La consommation régulière d'une tasse de café par jour semble réduire de 5 % les crises asthmatiques; deux tasses par jour les réduiraient de 23 %; et trois tasses ou plus par jour de 28 %. Une consommation supérieure à trois tasses par jour — dose dont l'effet bronchodilatateur est équivalent, selon les médecins-chercheurs, à une dose usuelle de théophylline — ne procurerait toutefois aucun bénéfice additionnel.

Le Dr T. Weiss, de l'Université Harvard, prétend que le café permettrait de vaincre environ deux millions de cas d'asthme aux États-Unis; le café et le thé sont les plus anciens bronchodilatateurs que l'on connaisse, dit-il. Après avoir analysé, à partir d'un échantillon de 20 000 cas, des données épidémiologiques recueillies par les autorités sanitaires américaines, il en concluait en effet que les buveurs de café présentaient trois fois moins de risques de développer les symptômes de l'asthme que ceux qui n'en boivent jamais. Il notait en particulier une diminution des accès de respiration sifflante, de la bronchite et des allergies. Une fois encore, on constata que trois tasses de café par jour étaient plus efficaces que deux tasses, quoique même une seule tasse semblait donner des résultats satisfaisants. Le Dr Weiss laisse entendre que l'utilisation de la caféine permettrait d'obtenir à peu près 40 % des effets produits par l'aminophylline, un bronchodilatateur bien connu.

Comment agit la caféine sur le système respiratoire? Elle se décompose dans l'organisme en diverses substances, dont la théophylline, qui détend les muscles des parois bronchiques. Selon un groupe de chercheurs de l'Université du Manitoba, deux tasses de café fort constituent un traitement d'urgence aussi efficace que la théophylline en cas de crise d'asthme.

Asthme et allergies alimentaires

Certains aliments peuvent provoquer subitement des crises aiguës d'asthme, en particulier chez les enfants. Les aliments déclencheurs les plus fréquemment incriminés sont les suivants:

- lait
- œufs
- poisson
- noix
- chocolat
- boissons gazeuses à base de cola
- aliments additionnés de glutamate monosodique

L'allergie au lait

Il n'est pas rare qu'une allergie au lait déclenche, tant chez l'adulte que chez l'enfant, une crise d'asthme. On a déjà pu observer une amélioration importante de l'état de certains patients asthmatiques à la suite de l'adoption d'un régime sans laitages.

Le cas suivant représente un cas type d'accès d'asthme déclenché par une hypersensibilité au lait.

Un jeune Espagnol de 29 ans souffrait de bronchospasmes, s'étant déclarés subitement et se répétant deux à trois fois par semaine; chaque crise durait entre soixante et cent vingt minutes environ. Chaque jour, des accès de toux sèche et d'essoufflement venaient l'incommoder après le petit déjeuner. Les crises d'asthme devinrent si sévères qu'il fut forcé, à plusieurs occasions, de se rendre à l'urgence. Un jour, vingt minutes à peine après avoir avalé un verre de lait froid, il fut victime d'une crise aiguë, avec bronchospasmes et urticaire, qui l'obligea à se rendre une fois de plus à l'hôpital. On lui administra les médicaments d'appoint, qui firent effet en moins d'une heure.

Il fut ensuite soumis à divers tests de tolérance par des médecins de Madrid. À peine eut-il avalé un quart de tasse de lait que réapparurent les bronchospasmes; vingt minutes après avoir absorbé de la caséine (protéine extraite du lait), des symptômes d'allergie (respiration sifflante, crampes abdominales) se manifestèrent également. Dans chaque cas, aucun signe avant-coureur de la crise. Les médecins rapportent que le patient ne souffrait d'aucune autre allergie.

Aussi longtemps qu'il s'abstint de boire du lait, il n'eut plus à souffrir de ces angoissantes crises d'asthme.

L'allergie au cola

Un groupe de chercheurs britanniques de l'hôpital Hammersmith de Londres ont déjà établi que les boissons gazeuses à base de cola peuvent également, pour des raisons qui leur échappent toutefois, déclencher une crise d'asthme chez les jeunes. Dix enfants sous observation, dont l'âge variait entre 7 et 17 ans, se plaignaient d'être incommodés par une respiration sifflante et des accès de toux immédiatement après avoir ingurgité un cola; les symptômes se prolongeaient pendant une heure, mais ils pouvaient parfois persister durant près de deux jours. Afin d'éliminer au départ toute cause d'ordre physique, les expérimentateurs procédèrent au test suivant.

Dans un premier temps, on mit à l'essai divers types de boissons: le premier jour, les enfants reçurent des colas, le second de l'eau gazéifiée et, le jour suivant, de l'eau ordinaire. Dans un deuxième temps, on mesura leur capacité respiratoire. Bien qu'on n'enregistra pas de changements majeurs dans le fonctionnement des voies aériennes, on nota néanmoins que 9 enfants sur 10 présentaient, moins de trente minutes après l'absorption du cola, une plus grande sensibilité des voies respiratoires à l'histamine que lorsqu'ils avaient avalé les autres boissons.

C'était la première fois qu'on inscrivait dans les annales médicales de cas d'asthme déclenchés par les boissons gazeuses à base de cola.

Les crises *à retardement*

Une crise d'asthme induite par une allergie alimentaire survient habituellement quelques minutes seulement — tout au plus une heure — après l'absorption de l'allergène. Il est important de savoir que certaines réactions asthmatiques peuvent toutefois attendre un jour ou plus avant de se manifester. Une étude hollandaise menée auprès de 118 asthmatiques fait état de crises d'asthme différées ou tardives en liaison avec des allergies alimentaires: on aurait vu des crises se déclencher entre trente-deux et trente-huit heures après l'ingestion de l'aliment allergisant et se prolonger pendant une période allant de quarante-huit à cinquante-six heures. En s'abstenant de consommer les aliments responsables de leurs réactions allergiques, 93 % des enfants auraient diminué de beaucoup leurs troubles respiratoires.

Le «syndrome du restaurant chinois»

Le glutamate monosodique (GMS), utilisé comme additif dans de nombreuses préparations alimentaires, déclenche fréquemment des réactions allergiques et de l'asthme chez les individus particulièrement sensibles à cette substance. Parmi les symptômes habituels, on relève les maux de tête, une sensation de brûlure dans la nuque et de resserrement du thorax, des nausées et de la transpiration. Le GMS peut aussi provoquer dans certains cas une crise d'asthme.

Ces réactions étant souvent tardives (elles peuvent se manifester de six à douze heures plus tard), il est fréquent qu'on en oublie ou qu'on en ignore la cause, comme l'ont constaté des chercheurs australiens lors de tests effectués auprès de 32 asthmatiques. Après avoir retiré de leur régime tout aliment qui aurait pu contenir du GMS, les sujets consentirent à y réintégrer, sous la surveillance des chercheurs, divers doses du produit. Résultat? Plus de 40 % des sujets furent affectés par divers symptômes de ce qu'on a pris l'habitude d'appeler le «syndrome du restaurant chinois»: 7 des 32 sujets développèrent une crise d'asthme entre soixante et cent vingt minutes après l'administration du GMS; les autres ne virent apparaître les symptômes que de six à douze heures plus tard.

«Ces expériences confirment que le GMS peut déclencher une crise chez les asthmatiques, en conclurent les chercheurs australiens; plus la dose est élevée, plus les sujets y sont vulnérables. Le GMS peut donc être nocif chez certains individus.»

Mesures diététiques pour prévenir ou soulager l'asthme

- Consommez des aliments dont les vertus anti-inflammatoires sont reconnues: ils devraient contribuer à prévenir et à soulager l'inflammation de la muqueuse des voies aériennes. Grâce à ces aliments, on pourra mieux faire obstacle aux nouvelles agressions, guérir plus rapidement l'inflammation et rétablir la respiration. Parmi ces denrées, qu'il convient d'inclure régulièrement au menu quotidien, on retrouve:
  - l'ail et l'oignon
  - les poissons à chair grasse
  - les fruits et légumes à haute teneur en vitamine C
- Évitez les huiles végétales telles que l'huile de maïs, l'huile de carthame et l'huile de tournesol, très riches en acides gras oméga-6. Ces acides favorisent l'inflammation, annulant ainsi les effets bénéfiques des substances alimentaires anti-inflammatoires, dont l'huile de poisson.
- Réduisez votre consommation de viande et de graisses d'origine animale: elles favorisent également l'inflammation.
- Ajoutez au menu des piments forts et d'autres substances ou aliments à saveur piquante: en libérant les voies respiratoires, ils facilitent la respiration et préviennent ou soulagent l'asthme.
- Mettez à l'essai le café, à raison de deux à trois tasses par jour si, bien sûr, le café n'occasionne pas par ailleurs d'effets adverses. La caféine aide à prévenir les symptômes de l'asthme; elle peut être d'un grand secours advenant une crise d'asthme subite.
- Évitez tout aliment qui semble aggraver les troubles respiratoires et déclencher les accès d'asthme.

Chapitre 36

INFECTIONS DE LA VESSIE
ANTIBACTÉRIENS ALIMENTAIRES

Aliments susceptibles d'aider à prévenir ou à soulager les infections de la vessie: Canneberge • Bleuet • Liquides de toutes sortes
Aliments susceptibles d'aggraver les infections de la vessie: Caféine • Chocolat

Les infections de la vessie *(cystites)* sont très courantes chez la femme; elle en est même incommodée plus souvent que par toute autre affection, en excluant le rhume. Les hommes y seraient cependant moins réceptifs.

La cystite se manifeste par un besoin impérieux et très fréquent d'uriner s'accompagnant habituellement de brûlures et de douleurs; il arrive parfois que des traces de sang apparaissent dans les urines. La pénétration d'une bactérie, l'*Escherichia coli (E. coli)* dans l'urètre et la vessie est très souvent à l'origine de la maladie. (Les symptômes de la cystite ne sont toutefois pas toujours d'origine infectieuse; ils peuvent traduire simplement une inflammation de la vessie.)

Des tests concluants sur les qualités antibactériennes de la canneberge et du bleuet

Il est important de boire beaucoup d'eau et d'autres liquides pour prévenir ou traiter la cystite. Les liquides diluent les concentrations de bactéries dans l'urine et favorisent les mictions fréquentes; les microorganismes infectieux sont alors évacués plus rapidement. Plus l'urine reste longtemps dans la vessie, plus l'*E. coli* a des chances de proliférer;

plus intenses aussi seront les brûlures, les douleurs et autres symptômes associés à la maladie. Bien que les liquides de tous genres favorisent l'évacuation de l'urine, le jus de canneberge est particulièrement efficace, car non seulement facilite-t-il les mictions, mais il paralyse les bactéries.

On sait depuis des lustres que le jus de canneberge, censé acidifier les urines et créer un terrain peu favorable à la multiplication de l'*E. coli*, aide à prévenir les cystites à répétition. Des découvertes assez récentes ont toutefois jeté un nouvel éclairage sur les ingénieuses stratégies des composés de l'aliment pour mettre en échec l'agresseur.

Ces composés — comme ceux des bleuets, du reste — auraient, dit-on, la propriété d'empêcher les germes infectieux de s'accrocher aux cellules qui tapissent les voies urinaires et la vessie. Il peut arriver que les bactéries *E. coli*, qui séjournent habituellement dans l'intestin, s'immiscent dans l'appareil urinaire; à l'aide de minuscules appendices ciliés, elles se fixent alors aux cellules de la paroi de la vessie, où elles se mettent à proliférer. L'action des constituants de la canneberge aurait précisément pour effet de bloquer le «train d'atterrissage» de ces micro-organismes, inhibant ainsi au départ leurs visées destructrices. Elles seront ensuite rejetées du corps avec l'urine.

C'est au microbiologiste Anthony Sobota, professeur à l'Université de l'État de l'Ohio, à Youngstown, que revient le mérite d'avoir, le premier, mis en lumière ce mécanisme d'action. En 1991, soit sept ans après la découverte de Sobota, des scientifiques israéliens de l'Institut des sciences Weizman venaient confirmer par leurs propres découvertes son hypothèse.

Dans un article paru dans le *New England Journal of Medicine*, qui fit d'ailleurs sensation, ils déclarèrent avoir réussi à isoler au moins deux composés, présents selon eux aussi bien dans les canneberges que dans les bleuets, capables de neutraliser les molécules servant de points d'ancrage à l'*E. coli*. Après avoir testé divers types de jus, dont les jus de pamplemousse, de mangue, de goyave, d'orange et d'ananas, les chercheurs se sont rendu compte que seuls les jus de bleuet et de canneberge renferment les substances chimiques aptes à neutraliser le pouvoir qu'ont les germes infectieux de s'agripper à la paroi interne de la vessie. Ces deux fruits de la famille des éricacées (*Vaccinium*) ont des propriétés absolument uniques, disent-ils.

À quelle dose le jus de canneberge est-il efficace? Selon les tests réalisés jusqu'à maintenant, il semble qu'une portion se situant entre une demi-tasse et deux tasses par jour donne de bons résultats. La célèbre étude qu'a menée en 1966 Prodomos N. Papas, de la faculté de médecine de l'Université Tufts, indique que la consommation de 450 ml de jus de canneberge par jour pendant trois semaines a contribué à prévenir la cystite chez 73 % des 60 patients d'un groupe expérimental. Aussitôt le traitement interrompu, la maladie refaisait surface en moins de six semaines chez la moitié d'entre eux. Des doses se situant entre 120 à 175 ml à peine de cocktail aux canneberges (cocktail de jus de fruits composé à 30 % de jus de canneberge), ingurgitées durant sept semaines, auraient aidé à prévenir l'infection chez 66 % des sujets lors d'expériences effectuées en 1991 auprès de 28 personnes âgées.

L'acidité du jus de canneberge: un mythe?

Selon certains médecins, le jus de canneberge ne serait pas un aussi bon remède qu'on le prétend: son acidité irriterait la vessie, aggravant ainsi les symptômes. Ces craintes ne sont pas fondées, disent les spécialistes de la question, pas plus que n'est fondée d'ailleurs la croyance voulant que l'acidité de l'urine consécutive à l'absorption de canneberges soit la cause de la destruction ou de la neutralisation des bactéries dans la vessie. «Ce taux d'acidité est trop faible pour irriter ou endommager la vessie», estime le Dr William Graham Guerriero, professeur d'urologie au Baylor College of Medicine de Houston. Il faudrait boire six verres ou plus de jus de canneberge par jour pour produire des effets acides sur l'urine, affirme de son côté Ara Der Marderosian, du Philadelphia College of Pharmacy and Science, en se basant sur une série d'études publiées sur le sujet.

Évitez la caféine

Les tissus de l'appareil urinaire étant très enflammés lors d'une cystite, il va de soi que les substances et les aliments particulièrement irritants devront être évités si l'on veut hâter la guérison. Le Dr Guerriero recommande donc aux patients touchés par la cystite de renoncer à tout aliment renfermant de la caféine, même le chocolat.

Chapitre 37

LE VIRUS DE L'HERPÈS

DEUX ACIDES AMINÉS EN CAUSE

Aliments susceptibles de favoriser l'herpès: Chocolat • Noix • Gélatine

Le virus de l'herpès, qui affecte pas moins de 30 millions d'Américains, peut donner lieu à divers types d'infections: *herpès labial,* aussi appelé «bouton de fièvre» ou «feu sauvage», *aphte* (ulcération de la muqueuse buccale), *herpès génital, zona* et *mononucléose infectieuse* ou *virus d'Epstein-Bar.* Bien que le virus reste inactif chez 90 % des individus infectés, il convient de prévenir sa réactivation par tous les moyens possibles, dont un régime alimentaire approprié. L'alimentation peut intervenir en effet dans le développement des symptômes, selon le spécialiste Richard S. Griffiths, professeur émérite à la faculté de médecine de l'Université de l'Indiana.

L'équilibre lysine/arginine: un facteur déterminant?

Les molécules des substances alimentaires que l'on consomme aboutissent toutes d'une manière ou d'une autre dans nos cellules. Selon que le virus se verra offrir des repas copieux ou une maigre pitance, il se fera des forces pour mieux vous harceler ou il battra en retraite. Si vous le gavez des aliments dont il raffole, dit le Dr Griffiths, il risque de faire des ravages; si vous le privez de nourriture, il n'aura d'autre choix que de rendre les armes.

On a découvert, dans les années cinquante, que les acides aminés présents dans la nourriture pouvaient entraver ou, au contraire, favoriser les poussées d'herpès. Ainsi, lorsque, en procédant à une culture de cellules, on le met en contact avec un acide aminé appelé *arginine*, le virus de l'herpès prolifère très rapidement; au voisinage de la *lysine*, par contre, il cesse de se multiplier et de se propager. On croit que la lysine donnerait lieu à la formation d'une enveloppe protectrice autour de la cellule, empêchant ainsi le virus d'y pénétrer et de l'éviscérer.

De toute évidence, un régime faible en arginine et riche en lysine devrait contribuer à inhiber le virus. Le laisser s'empiffrer à sa guise de ses substances favorites est, à ce compte, bien périlleux, pense le Dr Griffiths. Aussi encourage-t-il depuis vingt ans ses patients à s'alimenter en tenant compte de l'équilibre arginine/lysine dans les cellules de l'organisme: pour tenir le virus en échec, le taux de lysine doit nécessairement excéder le taux d'arginine.

Aliments qui favorisent les poussées d'herpès

Le Dr Griffiths a dressé une liste des aliments qui renferment beaucoup plus d'arginine que de lysine, aliments qui peuvent tous, par le fait même, inciter le virus à se multiplier. La voici.

Aliments à éviter	Aliments à consommer avec modération
Amandes	Noix de coco
Noix du Brésil	Orge
Cachous	Maïs
Noisettes	Avoine
Arachides	Blé (son, germe, gluten)
Pacanes	Pâtes alimentaires
Noix de Grenoble	Choux de Bruxelles
Chocolat	
Gélatine (Jell-O)	

Le chocolat aux noix et le beurre d'arachide: à surveiller!

Il va de soi que des aliments tels que les noix enrobées de chocolat, qui renferment deux substances capables de déclencher l'infection, ou encore le beurre d'arachide, préparation à base d'arachides moulues (et donc très élevée en arginine), constituent dans le cas qui nous occupe une grande menace.

L'une des patientes du Dr Griffiths, très vulnérable à l'herpès génital, particulièrement à l'approche de sa période menstruelle, a ainsi déjà souffert d'une poussée d'herpès très sévère et très douloureuse après avoir mangé du beurre d'arachide. Après avoir adopté ultérieurement, sous les conseils de son médecin, un régime faible en arginine et avoir absorbé des suppléments de lysine, à raison de 500 mg par jour, elle a vu les poussées diminuer progressivement, pour finalement disparaître presque complètement après un an. Puis les vésicules herpétiques réapparurent soudainement: elle avait mangé à l'heure du lunch un sandwich au beurre d'arachide! Depuis qu'elle a renoncé à cet aliment, soit depuis cinq ans, elle n'est plus incommodée par le virus, rapporte le Dr Griffiths.

Un cas de zona induit par le chocolat

Le zona (*herpes zoster*) est une infection virale très fréquente chez les personnes âgées, sans doute à cause de l'affaiblissement de leur système immunitaire. Selon un chercheur, 50 % des personnes âgées de plus de 80 ans auraient déjà été infectées par le virus.

Après avoir séjourné dans l'organisme pendant une assez longue période sans jamais se manifester, le virus se réactive subitement et pénètre dans les cellules nerveuses, ce qui donne lieu à la formation de vésicules très douloureuses sur la peau entourant les nerfs attaqués; dans 5 % des cas, les douleurs persistent même après la cicatrisation des plaies (*algie postzostérienne*).

Cette infection, souvent très aiguë, impose surveillance médicale. À titre de mesure préventive, le Dr Griffiths recommande de s'abstenir de consommer des aliments à haute teneur en arginine. L'une de ses patientes a déjà développé un zona vingt-quatre heures après avoir dévoré presque en entier un gros lapin en chocolat qu'elle avait reçu en cadeau à l'occasion de Pâques!

Pour soulager l'algie postzostérienne, le Dr Griffiths conseille de prendre deux comprimés de lysine (de 500 mg chacun) trois ou quatre fois par jour. Le traitement s'est souvent révélé efficace.

Des tests convaincants

Pour mettre en évidence les effets stimulants de l'arginine sur le virus de l'herpès, le Dr Griffiths administra à des volontaires des doses élevées d'arginine — soit 500 mg quatre fois par jour —, tout en restreignant l'apport en lysine. Trois patients sur cinq développèrent alors des poussées d'herpès tellement aiguës qu'il dut interrompre l'expérience. L'un de ses patients, qui était sujet aux boutons de fièvre, vit des vésicules herpétiques apparaître au-dessous de l'œil. Chez une petite fille, l'herpès s'étendit dans toute la bouche. Ces poussées aiguës d'herpès survenaient habituellement durant la soirée après ingestion de l'arginine.

Une petite quantité de l'un ou l'autre des aliments «déclencheurs» peut-elle provoquer les effets nocifs provoqués par les doses utilisées lors des tests? Oui. À peine 60 g d'arachides ou de chocolat suffisent en réalité. L'absorption d'aliments à haute teneur en lysine peut toutefois compenser les effets nocifs d'un régime riche en arginine. Parmi les bonnes sources d'arginine, on retrouve:

- le lait
- les haricots de soya
- la viande, y compris le bœuf et le porc (on ajoute souvent de la lysine aux aliments servant de pâture aux animaux, d'où les concentrations élevées en lysine de certaines viandes)

«J'ai déjà remarqué que les patients qui souffraient d'herpès ne boivent pas beaucoup de lait», dit le Dr Griffiths. Il arrive souvent d'ailleurs que la toute première infection herpétique chez le nourrisson survienne à la suite du sevrage.

Comment identifier l'agresseur

Malgré toutes les preuves qu'on a pu accumuler sur les effets d'un déséquilibre entre le taux d'arginine et le taux de lysine dans l'organisme, il reste que bien des individus ne contractent jamais l'herpès même s'ils consomment des aliments à haute teneur en arginine; on ne réduit pas non plus nécessairement le nombre d'infections en mangeant moins de ce type d'aliments. Certaines personnes peuvent avaler autant d'arachides qu'elles le désirent et ne jamais être incommodées par le virus. Comment expliquer ces disparités? De la même manière qu'on explique que le sel élève la tension artérielle chez certains individus, bien qu'il n'ait absolument aucun effet chez d'autres: tout dépend de la sensibilité de chacun aux substances alimentaires.

Il est très facile de reconnaître les aliments déclencheurs. Si, vingt-quatre heures après avoir avalé une bonne quantité (100 g environ) d'arachides, de chocolat et/ou de gélatine, vous ressentez les premiers symptômes d'un accès de boutons de fièvre, de vésicules ou de douleurs, il est facile d'en tirer les conclusions. Advenant qu'aucune réaction herpétique ne se manifeste, ces aliments ne sont pas en cause. «Si le virus s'est immédiatement réactivé la première fois que vous avez fait le test, dit le Dr Griffiths, il y a gros à parier qu'il récidivera lorsque vous en mangerez à nouveau, car la relation de l'un à l'autre est univoque dans le cas de l'herpès.»

Il est important de stopper le mécanisme aussitôt que possible, car, une fois les boutons de fièvre ou les vésicules apparus, l'effet de la diète *riche en lysine/pauvre en arginine* risque d'être moins efficace. Plus vous agissez tôt — dès les premiers picotements ou premières douleurs —, plus le régime peut contribuer à prévenir les récidives ou à neutraliser les symptômes. C'est à ce moment précis qu'il est important de s'abstenir de consommer des aliments riches en arginine.

Bien que tous les spécialistes n'endossent pas les théories du Dr Griffiths, il n'y a rien à perdre à tenir compte de ses recommandations, surtout quand on sait le coût astronomique de certains antiviraux, accompagnés souvent d'effets secondaires non négligeables.

L'action énergique des algues

Les algues pourraient constituer également un bon moyen de stopper les poussées d'herpès, prétendent deux chercheurs du Naval Biosciences Laboratory de l'Université de la Californie à Berkeley. Ils ont découvert en effet lors d'essais *in vitro* que le virus de l'herpès se résorbait et battait en retraite lorsqu'il entrait en contact avec certaines algues comestibles.

Après avoir mélangé dans des éprouvettes des extraits de huit espèces différentes d'algues rouges et des cellules humaines déjà infectées soit par le virus de l'herpès simplex de type 1 (responsable des boutons de fièvre) ou de type 2 (responsable de l'herpès génital), ils ont constaté que la propagation du virus avait été inhibée à 50 %. Fait plus impressionnant encore, quand ils eurent mis les cellules humaines en présence des algues *deux heures avant* de les exposer aux virus, ceux-ci n'ont opposé aucune résistance, bloquant ainsi à 100 % l'action du virus!

Mesures diététiques pour combattre l'herpès

Si vous souffrez régulièrement de poussées d'herpès, qu'il s'agisse de boutons de fièvre, d'aphte, d'herpès génital, du zona ou de la mononucléose infectieuse, essayez de réduire votre consommation de noix, de chocolat et de gélatine (Jell-O), aliments riches en *arginine;* aussitôt que vous sentez venir une poussée d'herpès ou que vous ressentez les symptômes annonciateurs de l'infection, soyez attentif à mettre de côté tout aliment qui renferme une grande quantité de cet acide aminé. Plus vous interviendrez rapidement, plus vous aurez de chances de tirer profit de cette mesure.

Si en réduisant l'apport alimentaire en arginine vous n'obtenez aucun résultat significatif, prenez un ou deux comprimés de

500 mg de *lysine* par jour jusqu'à ce que le virus cède, recommande le Dr Griffiths.

Ces mesures ne sont pas efficaces dans 100 % des cas; vous ne perdrez rien néanmoins à les mettre à l'essai. Peut-être faites-vous partie de ceux qui répondent immédiatement au traitement?

F

TROUBLES ARTICULAIRES

Chapitre 38

L'ARTHRITE RHUMATOÏDE
DES DÉCOUVERTES STUPÉFIANTES SUR LES EFFETS
DÉVASTATEURS DES INTOLÉRANCES ALIMENTAIRES

Aliments et régimes susceptibles de soulager l'arthrite: Poisson à chair grasse • Régime végétarien • Gingembre
Aliments susceptibles de déclencher ou d'aggraver l'arthrite: Maïs • Blé • Lait • Viande • Huiles végétales riches en acides gras oméga-6 (huiles de maïs, de carthame et de tournesol)

Les remèdes et les cures pour soulager ou guérir l'arthrite et le rhumatisme sont légion dans les anciens traités de médecine et les annales de la médecine populaire. Évitez les tomates, les pommes de terre et autres végétaux de la famille des solanacées, disent les uns; oubliez la viande, les aliments épicés ou acides, les agrumes, le café, le sucre blanc et les céréales, disent les autres; mangez du varech, de la pieuvre, du yucca et du ginseng, se hasardent à conseiller par ailleurs d'autres diététistes de circonstance.

Déjà, en 1766, un traité anglais recommandait la consommation d'huile de foie de morue pour traiter l'arthrite rhumatoïde et la goutte; on la prescrivait aussi régulièrement, au milieu du XIXᵉ siècle, pour soulager diverses maladies affectant les os et la colonne vertébrale. Plus récemment, Dale Alexander suggérait, dans un ouvrage qui connut un grand succès, que cette huile contribuait à «lubrifier les articulations». L'explication parut simpliste à l'époque, mais la science a depuis mis en évidence des données qui traduisent un mécanisme analogue. L'hypothèse n'était donc pas si farfelue!

L'idée que l'alimentation puisse intervenir de quelque manière dans l'arthrite, en particulier l'arthrite rhumatoïde, a été considérée pendant longtemps comme une dangereuse aberration de la médecine médiévale:

du pur charlatanisme. D'aucuns doutent encore, malgré les progrès de la médecine, que les habitudes alimentaires aient un rôle à jouer dans les maladies articulaires. Des découvertes assez récentes ont pourtant confirmé que certaines substances accroissent ou apaisent l'inflammation et de grands spécialistes du traitement de l'arthrite ont attesté que certains aliments peuvent être à l'origine de cet «embrasement des articulations» ou contribuent à en atténuer les symptômes.

Bien qu'une série de facteurs, dont l'hérédité (des chercheurs ont même laissé entendre qu'un virus pourrait être en cause), déterminent le déclenchement de l'arthrite rhumatoïde, on reconnaît donc de plus en plus que les habitudes alimentaires interviennent dans l'aggravation ou le soulagement de la maladie. Longtemps reléguée au domaine du folklore, l'hypothèse que certains individus seraient sensibles aux effets dévastateurs de divers types d'aliments dans l'organisme a maintenant la faveur de bien des scientifiques. Des expériences ont même démontré que c'est souvent l'aliment préféré du patient qui est l'instigateur de ses troubles articulaires.

Comment les aliments peuvent agir sur l'arthrite rhumatoïde

Le régime alimentaire peut tenir en échec l'arthrite rhumatoïde de deux manières qui, assez curieusement, commandent des démarches tout à fait opposées.

La première repose sur la propriété qu'ont certaines substances alimentaires, notamment les matières grasses, de réguler le fonctionnement des eicosanoïdes, agents de type hormonal qui aident à maîtriser l'inflammation, la douleur et autres symptômes de l'arthrite. Il s'agit donc essentiellement dans ce cas d'*intégrer* à son régime les aliments qui, au même titre que certains médicaments connus, soulagent les symptômes habituels de la maladie: douleur, enflure, fatigue et raideur articulaires.

La seconde façon de lutter contre l'arthrite est fondée sur la théorie voulant que cette affection soit, chez certains individus, une réaction de type allergique particulièrement sévère. Dans ce cas-ci, on traitera rapidement les symptômes en *évitant* le ou les aliments allergisants. Il arrive même qu'on vainque totalement la maladie une fois les agresseurs supprimés systématiquement du régime. La science n'est pas encore parvenue à déterminer les causes profondes de l'arthrite d'origine allergique. On pense que les parois des voies gastro-intestinales seraient chez certains patients anormalement perméables ou poreuses, ce qui favoriserait le passage de certaines substances alimentaires allergisantes ou d'antigènes bactériens dans la circulation sanguine, où ils donneraient lieu à des réactions inflammatoires et à d'autres troubles pathologiques très sévères. À moins que certaines bactéries ne se nourrissent de substances alimentaires qui déclenchent la production de toxines allergisantes. Il est possible en outre, comme inclinent à le croire certains chercheurs éminents, que l'arthrite rhumatoïde induite par une intolérance ou une hypersensibilité à certains composés alimentaires n'ait absolument rien à voir avec l'arthrite «classique», du moins telle qu'on a pris l'habitude de l'identifier cliniquement.

Quelles qu'en soient les causes, l'arthrite rhumatoïde a souvent à voir avec les habitudes alimentaires. Bien des travaux l'ont démontré.

Les cas d'arthrite d'origine allergique sont-ils fréquents?

Personne n'a encore évalué de façon exacte la fréquence des cas d'arthrite de type allergique. Selon le rhumatologue Richard Panush, chef du département de médecine du Saint Barnabas Medical Center, au New Jersey, elle s'établirait à 5 % environ de l'ensemble des patients victimes de cette maladie. Le Dr Robert Shoud, de l'Université de la Floride, qui a déjà travaillé aux côtés du Dr Panush, estime pour sa part que le pourcentage se situe entre 20 et 30 %. Le Dr James C. Breneman, de l'University of Cincinnati Medical Center, qui a déjà présidé un comité formé par l'American College of Allergists pour étudier la question, situe quant à lui beaucoup plus haut le taux des cas d'arthrite induits par des allergies alimentaires: «Je crois, selon toute vraisemblance, qu'entre 60 et 80 % de tous les cas d'arthrite devraient pouvoir être traités en redéfinissant le régime alimentaire.» Enfin, les conclusions d'une épreuve en double aveugle laissent entendre que le taux pourrait être de 85 à 90 %.

Quatre cas types d'arthrite reliés à des allergies

L'intolérance aux produits laitiers

Le *British Medical Journal* fait état d'un cas d'arthrite d'origine alimentaire qui a dû confondre bien des sceptiques.

Une dame de 38 ans souffrait de polyarthrite rhumatoïde depuis onze ans. Les articulations des bras, des jambes et des hanches étaient sévèrement enflammées et tuméfiées; la moindre poignée de mains devenait un geste pénible, le mouvement le plus simple occasionnait des douleurs atroces; plusieurs heures par jour, elle souffrait de fatigue et de raideur articulaires. Les salicylates, les anti-inflammatoires non stéroïdiens, l'or, la pénicillamine, la prednisone, les échanges plasmatiques, aucun traitement n'avait réussi à faire obstacle à la maladie; ils en avaient tout au plus atténuer les symptômes, sans compter les effets toxiques de plusieurs des médicaments utilisés.

Le rhumatologue de l'hôpital Hammersmith de Londres qui la soignait finit par identifier le coupable. Le fromage! Elle en raffolait, disait-elle, au point d'en avaler jusqu'à un demi-kilo par jour. Le spécialiste avait noté par ailleurs qu'elle tolérait mal certains médicaments; l'aspirine lui causait souvent des dérangements d'estomac.

Une substance chimique, identifiée à tort comme agent étranger par l'organisme, pouvait-elle être à l'origine de toutes les douleurs que cette patiente endurait depuis tant d'années? Cet envahisseur aurait-il suffi à alerter son système immunitaire au point qu'il délègue des armées d'anticorps qui, par inadvertance, auraient détruit ses articulations et affecté tout son organisme? Était-il réaliste de croire qu'on pouvait enrayer totalement la maladie en neutralisant l'antigène responsable? C'est ce qu'il fallait démontrer.

On réussit à persuader la patiente de supprimer de son régime alimentaire tout aliment lacté: lait, beurre, fromage, etc. En moins de trois semaines, l'œdème et la raideur articulaire souvent ressentie au lever commencèrent à régresser, pour finalement disparaître complètement quelques mois plus tard. Il en fut de même des douleurs inflammatoires. Elle eut à nouveau prise sur les objets, sans pour autant éprouver des douleurs insupportables au moindre effort de préhension. Les analyses sanguines effectuées à ce stade du traitement confirmèrent que la dysfonction qui était à l'origine de ces réactions immunitaires absolument spectaculaires avait été corrigée entre-temps. Après plus de dix ans de malaises débilitants, dont aucun traitement de pointe n'avait pu venir à bout, elle se voyait débarrassée non seulement des symptômes mais aussi de la maladie qui était à l'origine même de sa genèse.

Un jour, par mégarde, elle avala un aliment qui contenait du lait: douze heures plus tard, les symptômes récidivaient en force! Les médecins refirent un peu plus tard un test de tolérance, lequel se déroula de la façon suivante. Après dix mois de diète sans laitages, au cours desquels la patiente avait retrouvé toute sa mobilité et avait vu de beaucoup s'apaiser ses douleurs arthritiques, les médecins-chercheurs l'invitèrent à consommer durant une période de trois jours une quantité totale de 1400 g environ de fromage et 7 litres de lait; l'expérience avait lieu, bien sûr, à l'hôpital, sous étroite surveillance. En moins de vingt-quatre heures, son organisme se transforma en un véritable champ de bataille. Une armée d'anticorps revinrent à la charge, et avec eux tous les symptômes de la maladie: problèmes de préhension, raideur articulaire matinale, doigts enflés (l'annulaire avait même grossi du double) et autres réactions immunitaires très incommodantes. L'analyse des prélèvements mit en évidence la présence d'immunoglobulines E; le taux de ces anticorps était à son maximum douze jours après que la patiente eut supprimé le lait et le fromage de son régime. Il semble que le fromage ait été en cause dans les réactions allergiques les plus sévères, ce qui n'a pas étonné les chercheurs. Une fois le corps privé totalement de lait et de produits laitiers, les agresseurs rendirent les armes: la maladie céda, pour ne plus jamais ressurgir!

Un autre cas d'intolérance au lait, rapporté cette fois par le Dr Panush, est également très instructif. Une patiente de 52 ans souffrant d'arthrite rhumatoïde lui demanda un jour si une allergie au lait ne pourrait pas être à l'origine de la maladie. Pour confirmer l'hypothèse, le Dr Panush l'invita à s'abstenir de consommer tout produit laitier durant une semaine, au moins. Elle vit son état s'améliorer aussitôt. Pour s'assurer que le diagnostic était adéquat, on procéda à un test de tolérance: la patiente avala des gélules de lait en poudre congelé (dont elle ignorait, bien sûr, le contenu) équivalentes à un verre de 225 ml de lait. Peu après le test, les symptômes réapparurent: ses articulations se mirent de nouveau à enfler et à redevenir extrêmement sensibles; le matin, la raideur articulaire pouvait durer jusqu'à trente minutes. Les douleurs furent extrêmement intenses durant les vingt-quatre à quarante-huit heures suivant l'ingestion du lait en poudre, puis elles se résorbèrent au cours des jours suivants. La patiente dut, bien sûr, consentir à renoncer totalement au lait et aux laitages, à défaut de quoi les symptômes auraient refait surface.

Ces deux cas d'arthrite rhumatoïde pourraient-ils être reliés à une intolérance au *lactose*, substance très fréquemment mise en cause dans les allergies au lait? Sans doute, affirment des chercheurs israéliens. En particulier chez les femmes. Ils ignorent toutefois quels mécanismes président à ces réactions.

Lors d'une étude à laquelle ont participé 15 femmes et 8 hommes atteints d'arthrite, les chercheurs ont constaté en effet que (1) en supprimant le lait de leur régime, 7 sujets avaient vu leurs douleurs et leur œdème diminuer de 50 %, ce qui avait permis de réduire d'autant le nombre de médicaments; (2) ces sujets étaient tous des femmes; (3) elles présentaient toutes une carence en lactase, enzyme qui facilite la digestion du lait. Il s'agissait donc bel et bien d'une intolérance au lactose présent dans le lait de vache.

Les femmes atteintes d'arthrite rhumatoïde qui tolèrent mal le lactose devraient donc explorer avec leur médecin la possibilité d'une connexion entre les deux phénomènes.

L'intolérance au maïs

À la lecture des résultats des expériences décrites précédemment, un médecin londonien, le Dr Ronald Williams, rapporta avoir observé de son côté un phénomène d'arthrite de type allergique incriminant, cette fois, le maïs. «Le cas le plus difficile que j'aie eu à traiter durant toutes mes années de pratique est celui d'une femme atteinte depuis vingt-cinq ans d'arthrite rhumatoïde active ne répondant à aucun traitement médicamenteux: ni l'azathioprine, ni l'aspirine, ni l'échange plasmatique n'avaient donné jusqu'alors de résultats satisfaisants», note-t-il dans le *British Medical Journal*.

Le médecin en vint à apprendre que sa patiente était allergique au maïs. Or, ironiquement, les médicaments qu'elle absorbait étaient enrobés d'un produit à base de maïs. Après avoir exclu l'allergène de son régime, on nota, en moins d'une semaine, une nette amélioration de son état. Mais au bout de six semaines, les symptômes devaient se manifester à nouveau. L'effet est déjà passé..., se dit alors le Dr William, déçu que le traitement n'ait agi autrement que comme placebo. Il finit toutefois par découvrir qu'au cours de la semaine une farine épaississante à base de maïs avait été ajoutée à une sauce sans que la patiente en eût été informée. Quand elle eut supprimé systématiquement l'allergène de son régime, son état continua de s'améliorer.

«Il ne faudrait pas en conclure, dit le médecin, que tous les cas d'arthrite rhumatoïde sont provoqués par des allergies alimentaires. Mais, même s'il n'y en avait que 1 sur 20 — et je présume qu'il y en a bien davantage —, je me demande si, en présence d'une maladie chronique si consternante, nous avons le droit d'omettre d'avoir recours à une méthode d'exploration aussi simple, aussi sûre, aussi brève, et non invasive de surcroît, que celle à laquelle nous avons recours quand vient le temps de déterminer s'il s'agit ou non d'une allergie alimentaire.»

L'intolérance aux céréales

Des chercheurs de l'Université de Vérone rapportent de leur côté un cas d'arthrite rhumatoïde lié à une allergie aux céréales.

En dépit des injections de corticostéroïdes et de l'administration de sels d'or par voie orale, l'état d'une patiente atteinte d'arthrite ne faisait que s'aggraver. Une fois que les médecins eurent décelé chez elle une allergie aux céréales et que l'aliment en cause cessa d'apparaître au menu quotidien, son état s'améliora de façon impressionnante, en moins de trois semaines. Des tests de tolérance vinrent confirmer l'hypothèse. La maladie régressa progressivement, pour ne plus jamais refaire surface.

Les céréales, en particulier le blé (à cause du gluten, semble-t-il) et le maïs, déclencheraient fréquemment des poussées d'arthrite rhumatoïde. Elles seraient même l'un des agents les plus souvent incriminés dans les cas d'arthrite induite par une hypersensibilité à un type d'aliment (plus de 50 % des cas), comme le suggère une étude britannique sur le sujet.

Les effets nocifs des graisses animales sur l'arthrite rhumatoïde

De nombreuses études ont démontré qu'en suivant une diète stricte ou en jeûnant durant une certaine période, des patients ont vu leurs douleurs et leur raideur articulaires diminuer de façon significative, ce qui prouve qu'un régime alimentaire adéquat peut aider à maîtriser les agents responsables de l'inflammation. Le simple fait de s'abstenir de certains aliments aurait l'effet d'une cure de santé en quelque sorte.

Pour dire vrai, il y a presque autant de réactions différentes aux aliments qu'il y a d'individus. Tous les aliments, à la limite, peuvent induire des réactions négatives. La viande, plus précisément les graisses animales, restent néanmoins le suspect numéro un dans la liste des aliments aptes à provoquer ou à aggraver l'arthrite rhumatoïde.

On rapporte que de nombreux patients souffrant d'arthrite rhumatoïde ont bénéficié grandement de diètes quasi spartiates, dont la diète Dong, mise au point par le Dr Collin H. Dong, de San Francisco*. Parmi les denrées mises à l'index par le Dr Dong figurent tant les tomates, les piments, l'alcool, les produits épicés et les additifs chimiques (notamment le glutamate monosodique) que la viande et les produits laitiers. Selon lui, tous ces aliments peuvent déclencher des allergies à caractère arthritique. Ce qui n'est pas impossible.

Le Dr Panush décida un jour de mettre à l'essai la diète Dong, avec la collaboration de 26 patients atteints depuis longtemps d'arthrite rhumatoïde évolutive. Les résultats enregistrés se résument ainsi: 5 patients virent leurs malaises s'atténuer de façon remarquable; certains des sujets qui avaient été soumis à une diète placebo, qui comportait néanmoins certaines restrictions alimentaires, notèrent également des changements positifs; 5 patients soumis alternativement à la diète placebo et à la diète Dong ont dit, quant à eux, ressentir moins de raideur articulaire au lever, moins d'enflure ou de sensibilité au niveau des articulations et une plus grande force de préhension (aussitôt qu'ils interrompaient l'une ou l'autre diète, les poussées d'arthrite reprenaient cependant de plus belle).

---

* Cf. C.H. Dong, *The Arthritis Cookbook*.

Le Dr Panush, qui avait toujours douté jusque-là d'une connexion possible entre l'arthrite rhumatoïde et le régime diététique, se vit forcé d'admettre qu'«à l'occasion, un patient peut être sensible à certains aliments». Des tests ultérieurs l'amenèrent à observer trois cas d'arthrite induits respectivement par une intolérance au lait, aux crevettes et au nitrite (agent de conservation présent dans les viandes salées et fumées).

Vingt aliments susceptibles d'aggraver l'arthrite

Selon une étude de l'éminent chercheur britannique L. Gail Darlington, les aliments qui déclenchent le plus fréquemment les symptômes de l'arthrite rhumatoïde sont les suivants:

Aliment	Proportion des sujets du groupe expérimental affectés par l'aliment (%)
Maïs	56
Blé	54
Bacon/porc	39
Orange	39
Lait	37
Avoine	37
Seigle	34
Œuf	32
Bœuf	32
Café	32
Malt	27
Fromage	24
Pamplemousse	24
Tomate	22
Arachides	20
Sucre de canne	20
Beurre	17
Agneau	17
Citron	17
Soya	17

Comment la viande peut-elle contribuer à aggraver l'arthrite rhumatoïde?

Les personnes qui souffrent d'arthrite rhumatoïde devraient, pour les raisons suivantes, s'abstenir de consommer de la viande:

1. La viande renferme un type d'acide gras qui stimule la production d'agents inflammatoires dans l'organisme;
2. La viande peut déclencher des réactions d'intolérance — probablement déterminées héréditairement —, qui favorisent les accès d'arthrite;
3. La viande transformée industriellement, notamment les viandes fumées et salées, telles que le bacon, le jambon, les hot-dogs et autres charcuteries, contient des agents de conservation et d'autres produits chimiques qui peuvent provoquer chez certains individus des réactions allergiques de type arthritique, sans compter les propriétés inflammatoires des graisses animales, comme telles.

Les huiles de maïs, de carthame et de tournesol: des matières grasses hautement inflammatoires

Les huiles extraites de produits végétaux tels que le maïs, le tournesol et le carthame, aussi bien que la viande des animaux nourris à ce type de matières grasses, seraient extrêmement nocives, à cause des acides gras oméga-6 présents dans les graisses polyinsaturées dont sont composées en grande partie ces huiles. Lorsque le taux d'oméga-3 (présents dans le poisson) est inférieur au taux d'oméga-6, l'activité biochimique au niveau cellulaire se trouve complètement perturbée, ce qui donne lieu à la production de substances capables de provoquer des réactions inflammatoires et d'autres effets nocifs. Il ne s'agit pas là de réactions d'intolérance ou d'allergie à ces huiles particulières à certains sujets, mais d'effets perceptibles chez *tous* les individus: personne, donc, n'échappe à l'action ravageuse de ces huiles.

«Si vous souffrez d'une maladie inflammatoire chronique, réduisez votre consommation d'huiles riches en oméga-6», recommande avec insistance le Dr George Blackburn, de Harvard. L'huile de cuisson qui présente le meilleur quotient oméga-3/oméga-6 est l'huile de canola; l'huile d'olive est également tout à fait recommandable.

(On trouvera dans l'Appendice placé en fin de volume un tableau comparatif des divers types d'acides gras entrant dans la composition des huiles végétales les plus couramment employées.)

Les vertus curatives du régime végétalien

Des chercheurs norvégiens concluaient en 1991, dans une étude qui allait faire date, qu'un régime sans viande avait contribué à soulager 9 patients sur 10 des symptômes de l'arthrite rhumatoïde! En supprimant la viande du menu, ils se trouvaient à éliminer au départ toute possibilité d'une réaction «allergique» à la viande, mais aussi toute réaction inflammatoire causée directement par les graisses animales.

Au cours de la première semaine, les sujets devaient s'en tenir à quelques aliments liquides (tisanes, bouillons de légumes, jus de carotte, de betterave, de céleri ou de pomme de terre); ce régime très austère visait à nettoyer l'organisme de tout résidu d'aliment susceptible de déclencher la maladie. Au cours des mois suivants, les patients furent soumis à une diète *végétalienne* (c'est-à-dire totalement exempte de produits d'origine animale, qu'il s'agisse de poisson, d'œufs, de lait ou de viande). Ils devaient également éviter d'aborder toute substance ou tout aliment capable, selon les présomptions des expérimentateurs, de provoquer les symptômes de l'arthrite: gluten (donc tous les produits à base de blé), sucre raffiné, agrumes, aliments très épicés, agents de conservation. Les sujets du groupe témoin, quant à eux, ne changèrent rien à leur régime ordinaire.

Après trois à cinq mois d'expérimentation, on réintégra un à un les aliments qui avaient été exclus: d'abord les aliments d'origine végétale, ensuite les produits laitiers, puis les produits à base de blé. Si une poussée d'arthrite survenait en moins de deux à quarante-huit heures après l'ingestion de l'aliment, il était rejeté, pour être «ré-administré» la semaine suivante. Si, lors du second essai, l'aliment déclenchait à nouveau les symptômes de la maladie, il était systématiquement rayé du menu.

Ce régime donna d'excellents résultats, comme le rapporte le Dr Jens Kjeldsen-Kragh, de l'Institut d'immunologie et de rhumatologie d'un centre hospitalier d'Oslo spécialisé dans le traitement du rhumatisme: un mois à peine après le début de l'étude, étalée sur une période de douze mois, on observa une amélioration de la force de préhension, un apaisement marqué de la douleur et une diminution de l'œdème, de la sensibilité et de la raideur articulaires chez 90 % des patients! Les effets bénéfiques du régime se prolongèrent d'ailleurs tout le reste de l'année. Le Dr Kjeldsen-Kragh en conclut que 70 % environ des patients avaient amélioré leur état *en évitant les matières grasses, notamment les graisses animales,* qui donnent lieu très souvent à des réactions inflammatoires; le reste des patients avaient sans doute profité surtout de l'exclusion de nombreux aliments allergisants dans la diète expérimentale.

Le Dr Joel Fuhrman, du New Jersey, rapporte dans une revue médicale un autre cas assez spectaculaire où le régime végétalien a été plus efficace, à long terme, à soulager et à enrayer l'arthrite rhumatoïde qu'une panoplie de médicaments.

«Une dame de 62 ans souffrant d'arthrite rhumatoïde aiguë et d'autres problèmes de santé était soumise, dit-il, à un traitement médicamenteux pour le moins impressionnant: pour soulager ses maux, elle prenait pas moins de neuf médicaments différents (Altace, Azuffidine, Beclovent, Digoxin, Ecotrin, Nasalerom, Organidin, Prednisone et Seldane)! Depuis dix ans, elle n'arrivait pas à serrer le poing et ressentait de vives douleurs articulaires à plusieurs endroits du corps. Elle consentit à jeûner temporairement, pour ensuite adopter un régime végétalien strict. Après la période de jeûne, qui s'était effectuée sous surveillance médicale, cela va de soi, l'arthrite avait complètement disparu! [...] Elle poursuit depuis cinq mois ce régime et n'a plus le moindre symptôme. Elle peut se passer désormais des neuf médicaments qu'elle absorbait il y a six mois à peine. Elle a retrouvé la force physique et la mobilité qu'elle avait dix ans auparavant.»

Il paraîtra peut-être insensé de croire qu'on puisse traiter l'arthrite simplement en modifiant son régime alimentaire, ajoute le Dr Furhman, mais cette mesure peut donner des résultats si efficaces qu'il est dans une certaine mesure irresponsable de ne pas la mettre à l'essai.

La nocivité des tomates et autres solanacées: un mythe?

La tomate, la pomme de terre blanche, l'aubergine, le piment et autres membres de la famille des solanacées ont bien mauvaise réputation: la croyance populaire leur attribue en effet la vilaine propriété de provoquer les symptômes de l'arthrite. L'idée s'est répandue en grande partie par le biais de Norman F. Childers, maintenant professeur d'horticulture à l'Université de la Floride.

Souffrant de divers troubles articulaires qui rendaient souvent très pénible l'exécution de ses tâches journalières, Childers décida d'examiner en détail les composantes de son régime en vue de repérer les agents responsables. Il s'aperçut un jour que les symptômes apparaissaient quelques heures après avoir mangé des tomates. Il savait que certaines solanacées étaient tenues responsables de bien des maux; on avait même déjà laissé entendre que les tomates pouvaient être mortelles et que les feuilles des plantes de cette famille, qui contenaient de la solanine, causaient des troubles rhumatismaux au bétail. Childers supprima donc une à une toutes les solanacées figurant dans son régime alimentaire. L'avenir devait lui donner raison: les douleurs de la patiente disparurent complètement. Il reçut ensuite des milliers de témoignages de personnes déclarant avoir observé le même phénomène.

Les solanacées renfermeraient des toxines pouvant porter atteinte aux cellules de certains individus particulièrement sensibles à ces végétaux, 10 % de la population, selon lui. Aucune étude approfondie de la question n'est toutefois jamais venue confirmer ses hypothèses, d'où les hésitations des experts à endosser les conclusions de Childers.

Au terme d'une étude réalisée en Angleterre, on classait les tomates au 14e rang dans une liste de 20 produits inducteurs de l'arthrite; les tomates affecteraient, selon les chercheurs britanniques, 22 % des sujets du groupe. Aucune autre solanacée n'apparaît toutefois sur la liste. Le Dr Panush, grand spécialiste des questions touchant les rapports entre l'arthrite et l'alimentation, croit qu'en bannissant une grande variété de solanacées, certains individus peuvent accidentellement exclure de leur régime une espèce en particulier qui déclenche effectivement les symptômes de la maladie. Quant à savoir si cette famille de légumes est plus susceptible qu'une autre d'induire l'arthrite, la preuve scientifique n'en a pas vraiment été faite encore.

Il n'existe aucun régime miracle capable d'enrayer systématiquement les symptômes de l'arthrite rhumatoïde; les profils cliniques étant différents les uns des autres, il convient d'explorer chaque cas individuellement.

L'action polyvalente de l'huile de poisson

Les poissons à chair grasse, dont le hareng, le saumon, le maquereau, le thon et les sardines, très riches en acides gras oméga-3, ont depuis plusieurs siècles la réputation d'être de très bons remèdes contre l'inflammation. À juste titre d'ailleurs, s'il faut en croire l'Américain Alfred D. Steinberg, du National Institute of Health.

L'huile de poisson a en effet la propriété de soulager l'inflammation articulaire. Elle agit en outre directement sur le système immunitaire, en réduisant de 40 à 55 % la libération des *cytokines* dans l'organisme, protéines qui contribueraient à endommager les articulations.

Au moins six études en double aveugle très sérieusement menées révèlent que la consommation de quantités modérées d'huile de poisson atténuerait les symptômes de l'arthrite, indique le Dr Joel M. Kremer, professeur de médecine à l'Albany Medical College de New York et éminent chercheur. Il a démontré lors d'expériences mettant à contribution 33 patients présentant tous les symptômes de la polyarthrite rhumatoïde — œdème, sensibilité et fatigue articulaires siégeant à divers endroits du corps, raideur matinale persistant durant une demi-heure — que l'administration de capsules d'huile de poisson durant quatorze semaines avait de beaucoup atténué ces symptômes: la sensibilité articulaire avait diminué de plus du tiers et la durée de la «fatigue» ressentie quotidiennement au niveau des articulations avait été réduite de deux heures et demie.

Le Dr Kremer a également découvert que les graisses d'origine marine répriment la production de la leucotriène B4, substance inflammatoire fortement incriminée dans l'arthrite. Plus le taux sanguin de leucotriène B4 est faible, moins l'on enregistre en effet de problèmes de sensibilité articulaire. D'autres travaux font état d'une baisse significative, en moins d'un mois, des concentrations de leucotriène sous l'effet de l'huile de poisson et, à l'inverse, de hausses immédiates aussitôt discontinué l'usage de l'huile de poisson. Plus la consommation d'huile de poisson se prolonge, plus le rétablissement du malade se fait rapidement et en profondeur, dit le Dr Kremer.

À quelle dose l'huile de poisson agit-elle dans le cas de l'arthrite? La dose quotidienne administrée lors de l'étude équivaut à la quantité fournie par une portion de 200 g environ de saumon ou par quelques sardines, pour prendre ces exemples. Selon un expert britannique, 105 g environ de hareng fourniraient autant d'huile de type EPA (acide gras eïcosapentaénoïque) que les suppléments d'huile de poisson administrés habituellement pour traiter l'arthrite.

Il faut en réalité beaucoup plus d'huile de poisson pour vaincre l'arthrite que pour la prévenir. En consommant régulièrement, et durant de nombreuses années, de petites portions de poisson à chair grasse, on devrait arriver à se prémunir contre la maladie.

Lorsque vous apprêtez le poisson, soyez attentif toutefois à *ne pas le cuire dans une huile à teneur élevée en graisses polyinsaturées, riches en oméga-6* (l'huile de maïs, l'huile de carthame et l'huile de tournesol, par exemple), ce qui annulerait du coup les vertus anti-arthritiques du poisson à chair grasse. Pour les mêmes raisons, n'arrosez jamais d'huile de maïs une bonne salade verte accompagnant un morceau de saumon et évitez d'assaisonner les sardines d'une mayonnaise fabriquée à partir de ce type d'huile. Et, bien sûr, évitez de servir de la viande en même temps que du poisson: cette combinaison invaliderait toutes vos bonnes intentions et vous exposerait à endurer pendant longtemps encore vos malaises.

(L'Appendice placé en fin de volume indique la teneur en acides gras oméga-3 de plus de 50 espèces de poissons.)

Le traitement au gingembre

Le gingembre est utilisé depuis des millénaires par les adeptes de l'ayurvédisme, médecine traditionnelle de l'Inde, pour traiter diverses affections rhumatismales et musculo-squelettiques. Après avoir établi les mécanismes généraux qui régissent l'action biochimique des épices, le Dr Krishna C. Srivastava, chercheur de réputation internationale de l'Université d'Odense, au Danemark, a mis à l'essai durant trois mois de petites doses quotidiennes de gingembre auprès de patients atteints d'arthrite: la plupart rapportèrent avoir ressenti moins de douleurs et avoir noté moins d'enflure, moins de raideur articulaire au lever et une plus grande mobilité. Les vertus anti-inflammatoires du gingembre s'avéraient une fois de plus bien réelles.

Ainsi, un mois après avoir reçu un diagnostic d'arthrite rhumatoïde, un ouvrier de 50 ans spécialisé dans la mécanique automobile commença, sous la supervision du Dr Srivastava, à consommer chaque jour 50 g de gingembre frais cuit légèrement avec des légumes et de la viande. Au bout de trente jours, les symptômes commencèrent à s'atténuer. Après trois mois de traitement, la maladie avait cédé: «Plus aucune inflammation, plus aucune douleur, plus aucune enflure depuis dix ans», rapporte le Dr Srivastava, et l'état du patient serait stable. Le même traitement mis à l'essai assez récemment pendant deux ans auprès de 50 patients aurait aussi donné d'excellents résultats.

La dose habituellement recommandée est de 5 g, dans le cas du gingembre frais, et de 0,5 g dans le cas du gingembre en poudre (soit un tiers de cuillerée à thé), trois fois par jour, l'un et l'autre pouvant être incorporés à la nourriture au cours de la cuisson. Si l'on opte pour le gingembre en poudre, il vaut mieux le dissoudre dans un liquide quelconque ou l'avaler en même temps qu'un autre aliment, sinon il risque de brûler la bouche. Absorbé en aussi petites doses, le gingembre ne devrait pas avoir d'effets secondaires, croient les spécialistes.

Selon le Dr Srivastava, le gingembre serait plus efficace encore que la plupart des anti-inflammatoires non stéroïdiens (AINS) communément prescrits. Ces médicaments agissent surtout en bloquant l'élaboration de substances hormonales qui déclenchent les réactions inflammatoires; l'absorption d'AINS s'accompagne toutefois d'effets secondaires importants, dont le développement d'ulcères gastriques, ce qui ne joue pas en leur faveur, surtout en cas de traitement prolongé. Le gingembre, par contre, agit selon deux mécanismes, au moins (on en suspecte davantage): d'abord, il bloque l'élaboration de deux types de substances inflammatoires, les prostaglandines et les leucotriènes; ses vertus antioxydantes ont en outre pour effet de décomposer les acides inflammatoires présents dans le liquide synovial (liquide contenu dans la membrane qui recouvre la face interne de la capsule des articulations mobiles).

D'autres épices seraient dotées des mêmes vertus que celles du gingembre: le curcuma et le clou de girofle. Des expérimentations sur l'animal ont révélé en effet que le curcuma peut soulager les manifestations inflammatoires et que la curcumine, constituant de base du curcuma, atténue la raideur matinale, allonge le temps de marche et diminue l'œdème, comme l'ont montré des essais effectués auprès de 18 patients atteints d'arthrite rhumatoïde; 1200 mg de curcumine ont exercé en fait les mêmes effets que 300 g de phénylbutazone, un anti-inflammatoire connu.

Autres troubles arthritiques répondant au traitement diététique

L'arthrose. — L'arthrose, forme d'arthrite la plus courante, résiste habituellement au traitement médicamenteux. Cette affection inflammatoire qui, avec l'âge, déforme les doigts et les rend noueux, répondrait cependant à l'huile de poisson, comme le suggère une étude préliminaire, encore assez modeste, menée avec la collaboration de 26 patients par des chercheurs de la St. George's Hospital Medical School de Londres. Les chercheurs ont constaté en effet à cette occasion que l'administration de faibles doses d'huile de poisson, couplées à la médication régulière, avait contribué à soulager la douleur des patients et à faciliter l'activité physique.

Le Dr Srivastava a démontré de son côté que la poudre de gingembre pouvait également aider à apaiser la douleur et à réduire l'œdème causés par l'arthrose. L'absorption de un tiers de cuillerée à thé de poudre de gingembre trois fois par jour durant deux ans et demi aurait permis de soulager les symptômes de façon très significative chez 75 % de ses patients.

Si vous souffrez d'arthrose, vous seriez bien avisé de réduire votre consommation de graisses polyinsaturées de type oméga-6, présentes en fortes concentrations dans l'huile de maïs et diverses autres huiles végétales, car ces graisses favorisent l'inflammation.

Il est possible aussi que l'ail aide à combattre l'arthrose. Des médecins indiens ont observé au cours d'une étude visant à apprécier les effets de l'ail sur les maladies cardiaques que plusieurs sujets atteints d'arthrose avaient été soulagés de leurs douleurs articulaires grâce à une consommation régulière d'ail (la quantité utilisée lors des tests étant de deux à trois gousses crues ou cuites par jour). On sait que ce condiment aide à maîtriser l'inflammation. Il n'a toutefois pas été testé de façon systématique chez les patients atteints d'arthrite.

La synovite. — Si vous souffrez d'accès de douleurs articulaires, sans pour autant présenter le moindre symptôme d'arthrite, il est possible qu'il s'agisse d'une réaction inflammatoire à un aliment. Certains substances alimentaires peuvent en effet provoquer des douleurs articulaires, de l'inflammation et de l'œdème, sans que le sujet souffre d'arthrite, fait remarquer le Dr D.N. Golding, rhumatologue à l'hôpital Princess Alexandra de Harlow, en Angleterre. Comme il l'a démontré, la synovite de type allergique consiste en une inflammation aiguë de la membrane synoviale, membrane qui sécrète un liquide servant à lubrifier les articulations et à faciliter les mouvements. Ceux qui souffrent fréquemment d'exanthème, d'urticaire et de rhinite allergique (rhume des foins) sont les plus exposés, selon lui, à la maladie.

Le Dr Golding rapporte, par exemple, le cas d'une femme de 49 ans souffrant d'urticaire à répétition et de douleurs articulaires très sévères à différents endroits du corps: doigts, poignets, genoux, chevilles et pieds. Après avoir diagnostiqué une polyarthrite rhumatoïde, les médecins lui avaient administré des analgésiques et des anti-inflammatoires très puissants. En réalité, l'agent responsable de ces douloureux symptômes n'était autre que le lait (et ses dérivés). Lorsque les médecins observèrent avec stupéfaction les effets d'un seul verre de lait sur la patiente, ils furent forcés d'admettre que ses intuitions étaient tout à fait justes: quelques heures après avoir avalé le liquide, l'un de ses genoux commençait à enfler. L'examen du liquide synovial prélevé dans l'articulation du genou mit en évidence des signes d'inflammation sévère. (Le Dr Panush a déjà fait état de son côté d'un cas de synovite induit chez des lapins par la substitution du lait à leur eau de boisson.)

Le Dr Golding a déjà observé des cas de synovite ou de douleurs articulaires ordinaires en liaison avec des allergies aux œufs et au fromage. Les accès épisodiques, souvent aigus, sont chose courante, dit-il; ils demeurent souvent inexpliqués cependant, en particulier chez les individus sujets aux allergies. Une étude réalisée en 1943 laisse entendre que 20 % des patients qui souffrent d'allergies sont sujets à ces poussées de rhumatisme.

Mesures diététiques pour combattre l'arthrite rhumatoïde

- Demandez-vous d'abord si vous ne seriez pas allergique à un aliment, les intolérances ou allergies alimentaires étant souvent à l'origine de l'arthrite rhumatoïde. Les catégories d'aliments les plus souvent mises en causes sont les suivantes:
  - céréales, maïs et blé notamment, et graisses animales
  - lait et produits laitiers
  - viande

  Si vous avez des raisons de croire qu'une intolérance à un aliment est la cause de vos douleurs arthritiques, faites le test suivant, *sous surveillance médicale, autant que possible.* Supprimez l'aliment allergisant de votre régime et attendez de deux à sept jours, au moins, avant de le consommer à nouveau; si le retrait de l'aliment a atténué vos symptômes, il y a de bonnes chances que vous ayez visé juste. Si, lorsque vous le réintégrez au menu, les symptômes réapparaissent, vous auriez avantage à bannir totalement cet aliment du menu quotidien.

- Évitez de manger de la viande, tout spécialement du bacon, du porc et du bœuf. Il est possible que vous tolériez mal ces viandes; on sait en outre que les acides gras saturés qu'elles renferment stimulent les réactions inflammatoires. Mettez à l'essai un régime végétarien et voyez si cette mesure apporte un soulagement significatif.

- Consommez du poisson à chair grasse (saumon, hareng, maquereau, sardines, thon) trois fois ou plus par semaine: les huiles de poisson constituent de puissants agents anti-inflammatoires.

- Réduisez en même temps votre consommation d'acides gras oméga-6, présents en abondance dans l'huile de maïs, l'huile de carthame, l'huile de tournesol et les margarines fabriquées à partir de ces huiles. Ces huiles, comme la viande d'ailleurs, peuvent annuler totalement les effets bénéfiques qu'exerce l'huile de poisson et troubler l'équilibre entre les divers types d'acides gras dans les membranes cellulaires, favorisant ainsi les poussées inflammatoires au niveau des tissus et des articulations.

Chapitre 39

L'OSTÉOPOROSE

COMMENT AUGMENTER VOTRE CAPITAL OSSEUX

Substances et aliments susceptibles de prévenir ou d'atténuer l'ostéoporose: Aliments à haute teneur en calcium • Noix et fruits • Jus d'ananas • Vitamine D
Substances et aliments susceptibles d'aggraver l'ostéoporose: Caféine (en trop grande quantité) • Sodium • Alcool

Chacun sait que le calcium est indispensable à la formation et au maintien d'une ossature solide. Seuls des os durs et résistants pourront ensuite faire obstacle à diverses maladies, dont l'ostéoporose, affection évolutive qui se traduit par une raréfaction du tissu osseux. Aux États-Unis, 25 millions d'individus d'âge avancé, dont 80 % sont des femmes, souffrent de cette maladie; elle serait la cause chaque année de 1,3 million de fractures. Le pays enregistre l'un des plus hauts taux d'ostéoporose au monde.

Après la ménopause, la masse osseuse diminue habituellement à un rythme très rapide, ce qui rend les os plus fragiles et augmente les risques de fractures. Si les femmes sont les plus touchées par cette déminéralisation progressive du squelette, les hommes n'en sont pas pour autant épargnés. Le facteur héréditaire joue, bien sûr, un rôle de premier plan dans la vulnérabilité à l'ostéoporose; les habitudes alimentaires et l'exercice physique demeurent néanmoins déterminants dans le développement de la maladie, affirme le Dr Robert P. Heaney, de l'Université Creighton (Omaha, Nebraska).

Des travaux récents ont fait ressortir l'importance primordiale d'un apport *continu* en calcium tout au long de la vie pour combattre cette affection qui pourrait constituer à la longue un véritable handicap. On a toutefois démontré que le calcium n'est pas seul en cause dans la formation d'une ossature résistante; on sait maintenant en effet que d'autres nutriments interviennent dans la prévention de l'altération de la trame protéique de l'os qui est en jeu dans l'ostéoporose et que certains aliments peuvent annuler les bénéfices du capital en calcium.

L'importance d'un apport continu en calcium

Le calcium est absolument essentiel à la prévention de l'ostéoporose: il contribue à former des os denses et solides, les empêchant ainsi de s'effriter ultérieurement. Il est important de commencer *dès l'enfance* à fournir à l'organisme les doses de calcium dont il a besoin pour bâtir une charpente osseuse capable de faire face à toute affection pouvant miner sa résistance. Dans une étude comparative portant sur des jumeaux univitellins (vrais jumeaux) âgés de 6 à 14 ans, des chercheurs de l'Université de l'Indiana ont découvert que celui des deux enfants qui avait reçu jusqu'à la puberté deux fois plus de calcium (1800 mg) que l'autre (900 mg, soit un peu plus que l'apport nutritionnel recommandé) avait des os plus denses (5 % de plus) que ceux de son frère. Ce qui représente certes un grand avantage, au départ: les risques de fractures ultérieures se trouvent ainsi réduits de 40 %.

De nombreux travaux attestent qu'une alimentation en calcium adéquate durant l'enfance et l'adolescence est en corrélation directe avec une résistance accrue de l'ossature et une moins grande vulnérabilité aux fractures à un âge plus avancé. Qu'adviendra-t-il à celui qui n'a pas reçu assez de calcium durant son enfance? À quel point sa santé s'en trouve-t-elle hypothéquée? Après l'âge de 30 ans, affirme le Dr Heaney, l'administration de calcium ne peut rétablir la masse osseuse, mais elle peut contribuer cependant à retarder la déminéralisation et à prévenir ainsi les fractures. Plus l'ossature est solide, moins seront rapides et importantes les pertes osseuses survenant à la ménopause, car on sait qu'à ce moment de la vie la femme doit faire face à diverses transformations biologiques — dont la décalcification du tissu osseux — associées à l'arrêt de la production d'œstrogènes par les ovaires.

Une étude menée auprès de 300 femmes ménopausées a révélé qu'en augmentant de 500 mg l'apport quotidien en calcium (qui était initialement de 400 mg, soit la quantité fournie par une tasse et un tiers de lait), pour un *apport total de 900 mg* (quantité fournie par trois tasses de lait), on a réussi à éliminer chez les sujets la décalcification liée au vieillissement durant les six années ou plus suivant la ménopause. Une autre étude démontrait récemment que la probabilité de subir des fractures de la hanche chez des femmes et des hommes ayant consommé pendant une certaine période plus de 760 mg de calcium par jour était inférieure de 60 % à celle des personnes dont l'apport ne dépassait pas 400 mg.

Quelle quantité de calcium faut-il ingérer pour prévenir ce type d'ostéoporose? Après la ménopause, un apport quotidien de 900 à 1000 mg devrait assurer une bonne protection, selon le Dr Heaney. Il ne faut toutefois pas en escompter des effets magiques ou croire que l'administration de calcium puisse prévenir ou inverser des pertes ou une fragilité osseuses attribuables à d'autres facteurs (un terrain héréditaire favorable à la maladie, par exemple). Elle peut toutefois compenser les déficits en calcium qui sont à l'origine de tant de fractures ostéoporotiques chez les Américains, entre autres.

Si vous tolérez mal le lait, ne désespérez pas. Tournez-vous vers d'autres sources de calcium: le chou frisé et le tofu, par exemple. Le calcium provenant du chou frisé est d'ailleurs plus facile à absorber que celui du lait, prétend le Dr Heaney. On sait que les cas d'ostéoporose chez les femmes asiatiques sont rares; pourtant, il est bien connu qu'elles consomment peu de lait et de produits laitiers. La plus grande partie de leur calcium d'origine alimentaire provient d'aliments autres que les produits laitiers; les légumes verts à feuilles et le haricot de soya, par exemple.

(On trouvera dans l'Appendice placé en fin de volume une liste des bonnes sources de calcium.)

Le rôle du bore et du manganèse dans la régulation du calcium

On a découvert assez récemment que le bore, oligo-élément dont on avait jusque-là assez peu entendu parler, joue un rôle important dans la prévention de l'ostéoporose. Une carence en bore (minéral présent dans les noix et les fruits, notamment) affecterait, dit-on, le métabolisme du calcium et rendrait les os plus fragiles. Des chercheurs ont apporté la preuve que le bore peut provoquer une élévation marquée des taux sanguins d'œstrogènes et d'autres substances intervenant dans la prévention des pertes calciques et de la déminéralisation osseuse. Le bore remplirait en quelque sorte une fonction de «remplacement des œstrogènes», elle agirait comme toute autre hormonothérapie de substitution.

Une carence en bore a des répercussions directes sur l'«absorbabilité» du calcium, souligne Forrest H. Nielsen, du USDA Human Nutrition Research Center (Dakota du Nord). Nielsen s'est rendu compte que les femmes ménopausées dont le régime alimentaire était pauvre en bore avaient tendance à mal absorber le calcium et le magnésium, deux sels minéraux qui confèrent à l'os sa dureté. L'administration de 3 mg de bore par jour — dose que devrait normalement fournir une alimentation adéquate — a déjà contribué à réduire de 40 % la décalcification des os, rappelle-t-il.

Le bore semble agir sur la libération des hormones stéroïdes dans le sang, dit Nielsen; il a constaté en effet au cours d'une expérience que, sous l'effet du bore, la production d'œstradiol 17B avait *doublé*, atteignant ainsi des niveaux d'œstradiol équivalents à ceux que l'on retrouve chez les femmes soumises à un traitement thérapeutique de remplacement des œstrogènes. Les taux de testostérone, agent précurseur de l'œstradiol, ont plus que doublé également sous l'effet du bore.

Le régime alimentaire de l'Américain moyen ne lui fournit malheureusement que 50 % du bore nécessaire au métabolisme du calcium. Ce déficit pourrait expliquer, dit Nielsen, la grande vulnérabilité des Américains à l'ostéoporose malgré leur consommation importante de produits laitiers, aliments très riches en calcium, comme chacun sait. Peut-être la part importante accordée aux fruits et aux noix dans les régimes végétariens expliquerait-elle le fait que l'ostéoporose soit moins fréquente chez les végétariens.

Rappelons en terminant qu'on trouvera des quantités très appréciables de bore dans les aliments suivants:

- fruits (pomme, poire, raisins frais, dattes, raisins secs et pêche, notamment);
- légumineuses (haricots de soya, entre autres);
- noix (amandes, arachides et noisettes);
- miel.

L'ananas: une excellente source de manganèse

Pour préserver votre capital osseux, buvez régulièrement du jus d'ananas ou intégrez au menu quotidien d'autres aliments riches en manganèse, recommande Jeanne Freeland-Graves, professeur de nutrition à l'Université du Texas à Austin. Comme le bore, le manganèse intervient directement dans le métabolisme du calcium. On a observé en laboratoire que les animaux dont la ration alimentaire était déficitaire en manganèse développaient une forme aiguë d'ostéoporose. On est en droit de supposer, dit Freeland-Graves, que le même phénomène peut se produire chez l'humain. Elle a d'ailleurs constaté, dans le cadre d'une étude, que les femmes atteintes d'ostéoporose présentaient des taux sanguins de manganèse inférieurs de 33 % à ceux des femmes saines; après qu'on leur eut administré des suppléments de manganèse, elle se rendit compte qu'elles avaient assimilé le minéral en deux fois moins de temps que les autres, ce qui montre bien que l'organisme était en manque à cet égard.

«L'ananas est extrêmement riche en manganèse. Lorsqu'une femme doit augmenter son apport en manganèse, je lui conseille toujours de consommer de l'ananas frais ou du jus d'ananas, souligne-t-elle. Le manganèse présent dans l'ananas, dans le jus en particulier, offre l'avantage d'être très rapidement absorbé par l'organisme.

On trouvera aussi du manganèse dans les aliments suivants:
- avoine
- noix
- céréales
- haricots secs
- blé entier
- épinards
- thé

De la vitamine D pour assurer la fixation du calcium

Pour prévenir la décalcification et l'affaiblissement de l'ossature, l'organisme doit absolument disposer également d'une réserve suffisante de vitamine D. Les femmes ménopausées doivent être particulièrement vigilantes à cet égard. Une étude menée par Elizabeth A. Krall au USDA Research Center de l'Université Tufts a montré que l'apport nutritionnel recommandé (ANR), qui est de 200 UI par jour, devrait être augmenté de 10 % pour combler les besoins réels des femmes après la ménopause. L'étude, qui portait sur un groupe de 333 femmes ménopausées, a révélé en outre que leur régime alimentaire ne leur fournissait pas toujours les quantités minimales de vitamine D correspondant à l'ANR: l'apport moyen enregistré au cours de l'étude était en effet de 112 unités internationales (UI) à peine. Selon Krall, les femmes plus âgées, qui n'absorbent plus aussi facilement la vitamine D, auraient besoin d'au moins 220 UI par jour de ce nutriment.

Un groupe néo-zélandais de l'Université d'Otago a également observé que des femmes ayant reçu de la vitamine D durant deux ou trois ans étaient victimes de moins de fractures que celles qui n'avaient reçu que du calcium; la vitamine aurait toutefois exercé un effet plus marqué lorsque l'ostéoporose en était encore à ses débuts qu'à un stade avancé de la maladie.

Le poisson à chair grasse constitue une excellente source de vitamine D: 100 g de saumon en conserve en contiennent 500 UI environ; la même portion de sardines fournit 300 UI de cette vitamine. L'anguille renferme pas moins de 5000 UI de vitamine D par 100 g! Par comparaison, une tasse de lait procure environ 100 UI de vitamine D.

Il faut savoir que les besoins de l'organisme en vitamine D sont accrus durant l'hiver, où la durée de l'ensoleillement est moins longue. La capacité qu'a le corps humain de synthétiser cette vitamine sous l'action du soleil ne peut donc s'exercer autant que durant l'été. Même les habitants du sud des États-Unis voient baisser au cours de l'hiver leurs taux sanguins de vitamine D, dit-on.

(L'Appendice fournit une liste détaillée des aliments riches en vitamine D.)

L'ennemi numéro un: le sel

Ne salez pas trop vos aliments: le sel risque à la longue de détruire vos os en les vidant de leur calcium. Cette mise en garde s'applique tout particulièrement aux femmes âgées qui, comme on le sait, sont plus vulnérables à l'ostéoporose et aux fractures. Une expérience effectuée par des chercheurs de Nouvelle-Zélande est à cet égard bien instructive.

Les expérimentateurs ont d'abord invité un groupe de femmes âgées à se soumettre à un régime faible en sel (1600 mg de sodium). On a ensuite mis à l'essai un régime à haute teneur en sel (3900 mg par jour). Les deux régimes fournissaient toutefois la même quantité de calcium. Au terme de l'expérience, on a constaté que le régime riche en sel avait occasionné des pertes de calcium de 30 % supérieures aux pertes habituelles. Ces résultats donnent à réfléchir, surtout quand on a atteint l'âge où l'ostéoporose représente une menace réelle.

Le café favorise-t-il l'ostéoporose?

Certaines études suggèrent que la caféine accélérerait le développement de l'ostéoporose en favorisant l'excrétion de calcium. Un examen des données de la célèbre *Framingham Heart Study* se rapportant à un groupe de 3170 hommes et femmes d'âge avancé ayant participé à l'étude révèle en effet que les sujets qui avaient l'habitude de boire deux tasses ou plus de café par jour paraissaient davantage exposés à subir des fractures de la hanche; ce risque aurait même été de 50 % supérieur à celui des autres sujets. Selon les auteurs de l'étude, une tasse de café par jour n'aurait toutefois pas semblé avoir d'effet sur l'ostéoporose.

Une épreuve en double aveugle réalisée par le Dr Heaney et ses collaborateurs incite toutefois à nuancer quelque peu ces conclusions.

L'expérience, étroitement contrôlée, consistait à administrer à des femmes ménopausées des gélules de caféine dont la dose quotidienne équivalait à la quantité fournie par trois tasses de café environ, d'autres femmes ménopausées recevant pour leur part des gélules placebo. Toutes recevaient par ailleurs 600 mg de calcium par jour. Durant vingt-quatre jours, ces femmes étaient hospitalisées dans une unité spéciale où leur régime était minutieusement étudié et des prélèvements sanguins effectués chaque jour. Au grand étonnement des expérimentateurs, la caféine n'a pas réduit de façon significative l'absorption ou l'excrétion de calcium. «Rien ne nous permet d'affirmer qu'une consommation modérée de caféine influe sur l'ostéoporose», en a conclu le Dr Heaney. Et à hautes doses? Peut-être, dit-il. Selon lui, moins de trois tasses de café par jour ne devraient pas représenter un danger.

Une vaste enquête effectuée auprès de 84 000 femmes d'âge moyen par des chercheurs de Harvard suggère, en revanche, que la consommation de plus de quatre tasses de café par jour multiplierait par trois (par rapport à une consommation de caféine ou de café très faible ou nulle) la probabilité d'être victime de fractures. Ces constatations ne s'appliqueraient toutefois pas au thé, qui semble sûr dans ce cas. Les auteurs concluent qu'un apport élevé en caféine *conjugué à un faible apport en calcium* est particulièrement dangereux.

Les effets nocifs de l'alcool sur les cellules osseuses

Un peu d'alcool, soit entre trois et six verres par semaine, élève les taux d'œstrogènes chez les femmes ménopausées, contribuant ainsi à prévenir l'ostéoporose. C'est du moins la conclusion à laquelle en sont venus des chercheurs de l'Université de Pittsburgh. De plus hautes doses n'augmenteraient toutefois pas davantage les taux d'œstrogènes et pourraient même être très dommageables pour les os, sans compter les autres répercussions négatives de toute consommation abusive d'alcool.

La preuve a été faite que les abus d'alcool stimulent le développement de l'ostéoporose en attaquant directement les cellules osseuses. Les os des alcooliques, tels qu'on les observe à l'autopsie, ressemblent à ceux d'individus de quarante ans plus âgés, fait remarquer le Dr Heaney. La vaste étude de Harvard dont nous parlions précédemment a bien mis en évidence que la consommation d'alcool, particulièrement de la bière et de spiritueux, augmente les risques de fractures de la hanche et de l'avant-bras. Et ces risques sont d'autant plus grands que les quantités ingurgitées sont élevées. Les femmes qui boivent de deux à trois bières par jour multiplient par deux, et peut-être même davantage, dit-on, par rapport à celles qui s'abstiennent totalement de boire de l'alcool, les risques de fractures de la hanche; quatre verres ou plus de spiritueux par jour multiplieraient le risque de fractures de la hanche par sept! Un ou deux verres d'alcool par jour ne devraient toutefois pas accroître les risques de fractures auxquels sont toujours exposées les personnes atteintes d'ostéoporose, disent les spécialistes.

Mesures diététiques pour prévenir l'ostéoporose

La meilleure façon de prévenir l'ostéoporose est de fournir à l'organisme, toute la vie durant, les nutriments essentiels à la formation d'un tissu osseux dense et solide et à sa préservation: *calcium, bore, manganèse* et *vitamine D.*

Les mesures suivantes devraient aussi constituer une bonne protection contre les risques liés à la maladie:

- Après la ménopause, les taux sanguins d'œstrogènes commencent à baisser. La consommation d'aliments agissant sur la production d'œstrogènes (les haricots de soya et tout autre aliment riche en bore, par exemple) devrait normalement contribuer à compenser les pertes à ce niveau et à faire obstacle par le fait même à l'ostéoporose.
- En consommant une quantité adéquate de matières grasses ou de cholestérol, les jeunes femmes maintiendront à un niveau normal leur taux sanguin de matières grasses et allégeront ainsi leurs troubles menstruels.
- Ne pas abuser des aliments et des boissons qui ont un effet «décalcificateur». On recommande à cet égard de ne pas boire plus de trois tasses de café par jour. Restreindre également sa consommation de sel, lequel favorise l'excrétion de calcium et affaiblit de cette manière le système osseux.
- Une faible consommation d'alcool (un verre par jour) peut être bénéfique au tissu osseux; les excès d'alcool peuvent cependant l'endommager gravement.

G

TROUBLES ASSOCIÉS À LA SEXUALITÉ ET AUX FONCTIONS DE REPRODUCTION

Chapitre 40

SEXE, FERTILITÉ, ÉQUILIBRE HORMONAL

> **Aliments susceptibles d'améliorer les fonctions sexuelles:**
> Fruits et légumes • Aliments riches en vitamine C et en acide folique
> **Aliments susceptibles de nuire à l'exercice des fonctions sexuelles:** Aliments à haute teneur en matières grasses

Saviez-vous que des hormones sexuelles entrant dans la composition de certains aliments peuvent influencer l'équilibre hormonal? Le désir sexuel, la fertilité, les symptômes reliés à la ménopause sont en effet déterminés en partie, au même titre que les maladies cardiovasculaires et la vulnérabilité aux cancers hormono-dépendants (cancer du sein, cancer de la prostate), par les habitudes alimentaires.

On a réussi à isoler jusqu'à maintenant pas moins de 300 espèces végétales, dont plusieurs sont comestibles, dotées de propriétés comparables à celles des œstrogènes. On sait, par exemple, que le son de blé, les crucifères (chou pommé, chou de Bruxelles, chou-fleur, brocoli), les légumineuses et l'alcool peuvent faire fluctuer les taux d'œstrogènes. Il a été démontré également que les matières grasses jouent un rôle important dans la régulation des hormones mâles et femelles; des expériences ont mis en évidence, entre autres, les effets nocifs d'une alimentation trop riche en graisses sur les hormones mâles, et partant, sur la vie sexuelle des hommes.

Pour Superman, des hamburgers ou des pâtes?

La virilité, la force physique, la combativité masculines sont souvent associées dans l'esprit des gens et chez les fabricants d'images à une grande consommation de viande. Rien n'est plus éloigné de la vérité, pourtant: la viande grasse contribuerait même à former des mollusques plutôt que des supermen!

De nombreux travaux ont démontré en effet que la viande non dégraissée occasionne une chute du taux sanguin de testostérone, principale hormone androgène (mâle), et qu'elle refroidit par conséquent la libido plutôt que de la stimuler. Une étude effectuée récemment sous la direction du Dr A. Wayne Meikle, professeur d'endocrinologie et de métabolisme à la faculté de médecine de l'Université de l'Utah à Salt Lake City, est, à ce propos, du plus grand intérêt.

Avec la collaboration de huit volontaires, le Dr Meikle a tenté d'apprécier les effets d'un aliment très populaire à base de lait et de crème glacée, le milk-shake, sur les hormones mâles. L'apport énergétique et nutritionnel de la boisson administrée se répartissait de la façon suivante: 57 % du total des calories en lipides, 34 % en glucides et 9 % en protéines. La version allégée, qui servait de point de comparaison, fournissait tout au plus 1 % de l'apport énergétique en lipides, mais 73 % en glucides et 25 % en protéines. Le milk-shake riche en matières grasses occasionna chez tous les sujets du groupe expérimental des chutes de 50 % en moyenne du taux de testostérone; les taux n'ont pas bougé, par contre, après qu'ils eurent ingurgité le milk-shake à très basse teneur en matières grasses.

En se basant sur ces résultats, obtenus à partir d'un seul aliment, le Dr Meikle estime tout à fait logique de présumer qu'un régime à teneur élevée en graisses affecte avec le temps le désir sexuel.

La consommation effrénée de *cheeseburgers*, poulet frit, fromage, frites et crème glacée est nocive à plus d'un point de vue, selon lui. D'abord, elle favorise la prise de poids; or on sait que les hommes plus lourds présentent des taux de testostérone moins élevés que ceux des hommes maigres. En second lieu, il semble qu'un régime trop riche en graisses puisse, avec le temps, contrarier l'érection. Une trop grande quantité de lipides dans le sang contribue, comme on le sait, à obstruer les vaisseaux sanguins, tant ceux qui irriguent le pénis et rendent l'érection possible que les autres. Les blocages artériels sont d'ailleurs, beaucoup plus souvent qu'on ne le croit, la cause première de l'impuissance.

Moins de corps gras pour prévenir l'élévation des taux sanguins d'œstrogènes

Les fonctions hormonales de la femme peuvent également être affectées par un régime à teneur élevée en matières grasses. La preuve a été faite qu'un abus des corps gras stimule la sécrétion d'œstrogènes et le développement des maladies, dont le cancer du sein et d'autres cancers hormono-dépendants. Des études ont aussi clairement mis en évidence qu'une réduction importante des matières grasses dans le régime alimentaire (de 35-40 % des calories totales à 20 %, par exemple) peut aider les femmes à abaisser des taux d'œstrogènes trop élevés.

Un élixir de rajeunissement et de fertilité

Divers facteurs déterminent les problèmes d'infertilité chez l'homme: il peut arriver que les spermatozoïdes soient trop petits ou trop peu nombreux, ou encore qu'ils soient morphologiquement anormaux, de piètre qualité ou peu alertes; il est possible également qu'ils aient tendance à s'agglutiner, ralentissant ainsi la vitesse à laquelle ils voyagent. Et ces problèmes ne font que s'aggraver avec l'âge. Plus un homme est jeune, plus ses spermatozoïdes se déplacent rapidement et sont puissants.

On estime qu'à partir de l'âge de 24 ans le sperme commence déjà à se dégrader. La numération et l'examen des spermatozoïdes d'hommes âgés de 45 ans, dans un cas, et de 18 ans, dans l'autre, ont déjà montré que les spermatozoïdes des sujets du premier groupe étaient moins nombreux, moins rapides, moins viables et plus souvent déficients que ceux des sujets plus jeunes (les écarts étant de 30 % dans les deux premiers cas et de 50 % dans les deux autres). En extrapolant, les trois quarts des hommes de 45 ans se trouveraient ainsi exposés à l'infertilité.

Il existe pourtant — le saviez-vous? — un élixir permettant de «rajeunir» les spermatozoïdes. Et il est de surcroît facilement disponible. Cette potion magique est tellement connue qu'on en est venu à la banaliser. La vitamine C, vous connaissez? Des études minutieusement contrôlées indiquent en effet qu'un apport adéquat en vitamine C peut revivifier les spermatozoïdes et leur rendre leur motilité initiale, ce qui favorise nécessairement la fertilité. Des expérimentations sur l'animal ont mis en évidence les effets nocifs d'une carence en vitamine C sur les testicules et, par conséquent, sur les spermatozoïdes.

On sait que les hommes dont le taux d'agglutination des spermatozoïdes dépasse de 25 % le taux normal ne peuvent engendrer des enfants. Cette situation est-elle irréversible? Pas du tout, du moins si l'on en juge par les expériences qu'a effectuées le Dr William A. Harris, professeur d'obstétrique et de gynécologie à la faculté de médecine de l'Université du Texas à Galveston.

Après avoir administré chaque jour, pendant soixante jours, une dose de 1000 mg de vitamine C, à un groupe d'hommes infertiles dont les taux d'agglutination des spermatozoïdes était de 25 % supérieur au taux normal, le Dr Harris s'est rendu compte en effet que non seulement la numération des spermatozoïdes indiquait une hausse de près de 60 %, mais que les spermatozoïdes étaient beaucoup plus fringants (de 30 %) et que les anomalies morphologiques étaient moins nombreuses. À la fin des deux mois de la période d'essai, tous les sujets du groupe expérimental avaient réussi à féconder leurs conjointes, alors qu'aucun des volontaires du groupe témoin (qui, eux, n'avaient pas reçu de vitamine C), ne vit sa situation s'améliorer. Il n'en fallait pas davantage pour conclure à la totale réussite de l'expérience.

À quelle dose la vitamine C exerce-t-elle ses vertus revivifiantes sur le sperme? Pour établir de façon précise la dose minimale requise, le Dr Harris et deux de ses collègues de l'Université du Texas, le Dr Earl B. Dawson et le Dr Leslie C. Powell, procédèrent à l'expérimentation suivante. Avec la participation de 30 hommes sains mais infertiles âgés de 25 à 45 ans, les expérimentateurs mirent à l'essai des doses de 200 mg et de 1000 mg de vitamine C. Ils furent à même d'observer que la dose de 1000 mg agissait trois fois plus rapidement, mais qu'à plus long terme, après deux semaines environ, la dose de 200 mg donnait d'aussi bons résultats.

En puisant à l'une ou l'autre des sources suivantes, on obtiendra facilement les 200 mg recherchés:

- 1 1/2 poivron rouge (212 mg)
- 2 tasses de brocoli frais cuit (196 mg)
- 3 kiwis (222 mg)
- 1 cantaloup (226 mg)
- 3 oranges (210 mg)
- 2 verres de jus d'orange de 225 ml chacun (208 mg)
- 1 1/4 tasse de fruits variés congelés
- 2 1/2 tasses de framboises fraîches crues (210 mg)

N.B. On retire un bénéfice supplémentaire à consommer frais tous ces aliments plutôt qu'à puiser aux jus de fruits et de légumes en bouteille, car, comme des tests l'ont montré, d'autres substances alimentaires en plus de la vitamine C contribuent à prévenir la détérioration du sperme. L'un d'eux est le glutathion, un antioxydant présent en grande quantité dans les légumes verts à feuilles, l'asperge et l'avocat.

Théoriquement, ce phénomène de rajeunissement s'explique ainsi. La vitamine C ayant des propriétés antioxydantes, elle protège le sperme d'éventuelles agressions des radicaux libres. On croit, par exemple, que l'infertilité reliée à l'agglutination des spermatozoïdes serait attribuable à l'action oxydante des radicaux libres. Des scientifiques ont fait la preuve que l'agglutinine NSA *(nonspecific sperm agglutinin)*, qui se fixe à la surface des spermatozoïdes, est en mesure de protéger le sperme aussi longtemps qu'elle échappe à l'oxydation. Une fois oxydée, elle se détache des spermatozoïdes, ce qui favorise leur agglutination et affecte par le fait même leur motilité.

Il n'existe pas de dose unique assurant à coup sûr, dans chaque cas, le rajeunissement du liquide séminal, dit le Dr Dawson, plusieurs autres agents toxiques, dont les polluants atmosphériques, les métaux lourds, les produits pétrochimiques et la fumée de cigarette, entrant ici en ligne de compte. On sait que les toxines s'accumulent avec le temps dans les tissus des glandes séminales, où est produit le sperme. Aussi les hommes qui travaillent dans les raffineries ou qui fument deux paquets de cigarettes par jour ont-ils besoin d'une quantité beaucoup plus grande de vitamine C pour prévenir l'action des substances toxiques sur le sperme que ceux qui ne sont pas exposés à ces substances.

L'accumulation des toxines expliquerait en outre, selon le Dr Dawson, pourquoi l'infertilité masculine croît avec l'âge. Selon ses analyses, 16 % de la population masculine âgée de plus de 25 ans souffriraient de ce problème, sans doute relié à une carence en vitamine C. Il a déjà montré qu'un apport quotidien de 200 mg de vitamine C, ration facilement disponible dans une alimentation bien équilibrée, peut contribuer à augmenter chez les fumeurs le nombre de spermatozoïdes. Il est possible que des quantités inférieures soient efficaces également, mais on ne dispose actuellement d'aucune donnée scientifique le confirmant.

L'administration temporaire (pendant deux mois environ) de doses de 1000 mg de vitamine C peut s'avérer utile aux hommes qui auraient déjà été exposés à des substances nocives; ces doses élevées contribueraient à débarrasser le sperme des agents toxiques qui auraient pu s'y introduire et à hâter ainsi le retour à la fertilité. Des doses plus faibles, puisées régulièrement à même l'alimentation courante, pourront par la suite préserver la qualité du sperme.

Il va de soi que les recommandations du Dr Dawson sur le recours à la vitamine C pour corriger un problème d'infertilité ne s'appliquent qu'aux hommes qui ne connaissent pas par ailleurs d'autres problèmes physiques rendant la conception impossible. Avant d'investir tous ses espoirs dans la vitamine C, il convient donc, dans chaque cas, d'examiner au préalable avec son médecin tous les facteurs en jeu.

La prévention des malformations congénitales

L'importance d'un apport adéquat en antioxydants chez l'homme

Selon Bruce Ames, de l'Université de la Californie à Berkeley, les hommes affectés par une carence en vitamine C sont plus exposés que les autres à transmettre à leur descendance des anomalies affectant génétiquement les spermatozoïdes, anomalies toujours susceptibles d'entraîner des malformations congénitales. L'analyse du sperme de 24 hommes, dont 15 souffraient de carences en vitamine C, lui aurait permis de mettre en évidence huit cas d'anomalies génétiques chez ceux qui ne consommaient pas assez de vitamine C. Or des atteintes de ce type accroissent la probabilité d'occasionner à sa descendance des malformations congénitales. Une seule orange par jour permettrait, selon Ames, à la plupart des hommes de protéger leur sperme d'atteintes à caractère génétique.

Les cellules des spermatozoïdes sont continuellement menacées par les ravages qu'exercent les radicaux libres de l'oxygène, qu'elles travaillent sans relâche à corriger. Les vertus antioxydantes de la vitamine C permettent précisément de faire obstacle à l'action destructrice de ces agents oxydants. Mais que le système de réfection du corps vienne à être surexploité — auquel cas la vitamine C ne serait pas assez abondante pour contrecarrer l'action des radicaux libres —, et une malformation congénitale pourra s'ensuivre. «Une carence en vitamine C augmente indéniablement chez l'homme les risques de transmettre une malformation congénitale, souligne Ames. Quant à savoir de quel ordre est cette augmentation, on l'ignore encore pour l'instant.»

La marge de sécurité demeure cependant assez étroite. Ames a observé que des dommages génétiques pouvaient être occasionnés au sperme lorsque les taux de vitamine C se situent à peine au-dessous de l'apport nutritionnel recommandé par les autorités sanitaires, soit 60 mg par jour. Une seule orange renferme 70 mg de vitamine C, c'est-à-dire assez pour prévenir ces dramatiques accidents. Il recommande toutefois aux fumeurs de doubler cette quantité, la fumée de cigarette annihilant une grande partie de la vitamine C consommée.

Le rôle primordial de l'acide folique chez la femme

Les probabilités de donner naissance à un enfant atteint de malformations du tube neural affectant gravement l'embryon, tels le spina-bifida (anomalie de la moelle épinière) ou l'anencéphalie (absence de cerveau), pourraient être considérablement réduites par un apport quotidien de 0,4 mg d'acide folique. On obtient facilement la quantité recommandée en consommant chaque jour des fruits et des légumes, notamment des légumes verts à feuilles. Les céréales sont souvent supplémentées en acide folique. À titre de repère, la consommation quotidienne des quatre aliments suivants permettrait d'obtenir l'apport nécessaire:

- 1 tasse de jus d'orange (0,07 mg)
- 1/3 de tasse de céréales de son de blé (0,1 mg)
- 1/2 tasse d'épinards cuits (0,13 mg)
- 1/2 tasse de haricots secs cuits (0,12 mg)

Le risque serait particulièrement élevé chez les femmes ayant déjà donné naissance à un enfant affecté par ce handicap; la plupart des cas de malformations du tube neural survenant néanmoins lors d'une première naissance, toutes les futures mamans devraient se soucier d'absorber les nutriments indispensables au développement normal de l'embryon.

Pour protéger au maximum le fœtus, les femmes devraient absorber une quantité suffisante d'acide folique *avant* la grossesse, indique à ce propos le Dr Godfrey Oakley, du Center for Disease Control and Prevention, les malformations survenant habituellement dans les premiers vingt-huit jours après la conception, soit avant que la plupart des femmes ne se rendent compte qu'elles sont enceintes. Les femmes qui envisagent d'avoir un enfant devraient idéalement veiller à ce que leur taux sanguin d'acide folique soit adéquat un mois (au minimum) avant la conception et durant les trois premiers mois de la grossesse.

(On trouvera à l'Appendice une liste des meilleures sources alimentaires d'acide folique, une vitamine du groupe B.)

Chapitre 41

TROUBLES MENSTRUELS • MÉNOPAUSE

Aliments et substances susceptibles de soulager les symptômes de troubles menstruels: Yogourt et aliments riches en calcium • Glucides • Aliments riches en manganèse • Haricots de soya et autres aliments à action œstrogénique

Aliments et régimes susceptibles d'aggraver les troubles menstruels: Caféine • Régime à très basse teneur en matières grasses

On sait depuis longtemps déjà que l'alimentation, en intervenant dans la production d'œstrogènes, influence les menstruations. La preuve a été faite également que les glucides jouent un rôle déterminant dans le syndrome prémenstruel (SPM). On ignorait toutefois jusqu'à tout récemment que certains nutriments et substances, dont le calcium, le manganèse, les graisses et le cholestérol, peuvent aussi influer sur les règles. De même, le rôle des glucides dans le SPM et l'action «œstrogénique» de certains aliments chez les femmes ménopausées ont été redéfinis complètement.

Voyons donc comment l'alimentation peut intervenir dans le traitement des symptômes dont sont incommodées tant de femmes avant et pendant la période menstruelle et suppléer la baisse des taux sanguins d'œstrogènes après la ménopause.

TROUBLES MENSTRUELS

Augmentez l'apport en calcium

Une étude du psychologue James G. Penland, du ministère de l'Agriculture des États-Unis, révèle qu'en doublant l'apport en calcium dans leur ration alimentaire — c'est-à-dire en s'assurant un apport quotidien de 1300 mg de calcium à la place des 600 mg habituels — les femmes pourraient soulager de façon significative les malaises reliés au SPM et/ou aux menstruations. C'est donc dire qu'un seul verre de lait écrémé ou une tasse de chou cavalier de plus par jour peut aider à prévenir ou à soulager les sautes d'humeur et les douleurs qui les affectent souvent au cours de cette période.

Après avoir mis à l'essai durant six mois la dose de 1300 mg et celle de 600 mg auprès d'un petit groupe de volontaires, Penland a observé, chez toutes les femmes qui avaient reçu la plus faible dose, des signes beaucoup plus marqués du SPM une semaine avant leurs règles, et ce, même si leur cycle était très régulier: sautes d'humeur, irritabilité, anxiété, pleurs, dépression; baisse de la performance et de l'efficacité professionnelles peu avant ou durant la période des règles; maux de tête et de dos, crampes, raideur musculaire accompagnant les règles. Les mécanismes exacts qui président à l'action du calcium sur le syndrome demeurent toutefois inconnus.

L'action du manganèse sur le flux menstruel

Les saignements excessifs au cours des menstruations seraient dus en grande partie à une carence en manganèse, concluait au terme d'une étude Phyllis Johnson, du USDA Human Nutrition Research Center de Grand Forks, dans le Dakota du Nord. Après avoir soumis, durant cinq mois et demi, un groupe de 15 jeunes femmes à un régime pauvre en manganèse (1 mg par jour, soit la moitié de l'apport nutritionnel recommandé), elle a constaté en effet, à sa grande surprise, que le flux menstruel avait augmenté de 50 % environ au cours des essais; ces saignements excessifs avaient au surplus entraîné des pertes de fer, de cuivre, de zinc et de manganèse se situant entre 50 et 100 %!

C'est la première fois, dit-elle, qu'on réussissait à démontrer que le régime alimentaire peut contribuer à accroître le volume de sang évacué lors des menstruations. On ignore toutefois encore pourquoi, en l'absence d'une quantité adéquate de manganèse, les saignements peuvent augmenter. Les femmes directement concernées par ce problème trouveront dans les aliments suivants des quantités très appréciables de manganèse:

- fruits, notamment l'ananas
- légumes
- céréales à grains entiers
- noix et graines
- thé

Les dangers associés aux régimes à très basse teneur en graisses

Pour maintenir à leurs plus bas niveaux possibles leurs taux sanguins de graisses et de cholestérol, certaines jeunes femmes se soumettent parfois à un régime à très basse teneur en graisses, joint à un programme d'exercices extrêmement ardu. Savent-elles qu'il n'y a rien de plus dommageable pour le corps que de le priver du minimum de matières grasses dont il a besoin pour fonctionner adéquatement?

Le Dr Laurence M. Demers, professeur de pathologie et de médecine générale au Milton S. Hershey Medical Center, en Pennsylvanie, a clairement démontré que ce type de régime peut perturber totalement le cycle menstruel, rendre temporairement infertile et fragiliser le tissu osseux, augmentant ainsi à long terme les risques d'ostéoporose. Car, qu'on le croie ou non, un taux sanguin insuffisant de cholestérol LDL peut en effet affecter sérieusement le cycle menstruel.

Les œstrogènes, hormones qui interviennent dans la régulation des menstruations, dérivent en partie des graisses et du cholestérol. «Les gens pensent habituellement, dit le Dr Demers, que les ovaires sont seuls responsables de l'élaboration des œstrogènes. Or les tissus graisseux en produisent également une quantité importante. Si l'organisme vient à manquer de graisses, les mécanismes qui régissent les fonctions de production se trouvent paralysés. Il ne faut donc jamais oublier que le corps a besoin d'une certaine quantité de lipides pour maintenir des taux d'hormones adéquats et réguler ainsi correctement le cycle menstruel.»

Les œstrogènes étant synthétisés à partir des précurseurs du cholestérol LDL, il est important que l'organisme dispose d'une réserve suffisante de ce type de cholestérol. Les jeunes femmes qui maintiennent leur cholestérol LDL à un très bas niveau pour éviter de prendre du poids prennent donc des risques qui peuvent avoir de graves répercussions sur leur santé, souligne le Dr Demers. Pour des raisons qu'on ignore encore, il semble que les végétariennes soient particulièrement sujettes aux menstruations irrégulières, quel que soit leur apport en graisses.

Pour éviter de perturber complètement leur cycle menstruel, les jeunes femmes veilleront donc à ne pas réduire de façon exagérée leur consommation de matières grasses. Elles opteront de préférence pour les graisses *monoinsaturées*, l'huile d'olive par exemple, qui constituent à ce chapitre le meilleur investissement qui soit.

L'envie des aliments sucrés: cause ou effet du syndrome prémenstruel?

Le besoin irrépressible de consommer des aliments sucrés que ressentent certaines femmes affectées par le syndrome prémenstruel répond-il à un besoin réel de l'organisme? Ou le fait de consommer trop d'aliments sucrés serait-il à l'origine des symptômes du SPM? Autrement dit, les glucides, dont le sucre et le chocolat, contribuent-ils à soulager ou à provoquer le SPM?

Les recherches, menées récemment par Judith J. Wurtman, du Massachusetts Institute of Technology (MIT), suggèrent que les glucides aideraient à prévenir et à soulager les symptômes du SPM. Après avoir observé durant plusieurs jours, avant et après leurs menstruations, le comportement alimentaire d'un groupe de volontaires qui avaient tout le loisir de manger autant d'aliments sucrés qu'elles le désiraient, Wurtman a noté en effet que les femmes les plus sévèrement affectées par le SPM étaient aussi celles qui consommaient le plus d'aliments riches en glucides: sucreries, brioches, pâtes, salade de pommes de terre. Ce besoin marqué d'hydrates de carbone ne se manifestait toutefois que durant la période prémenstruelle.

Pour consolider ses hypothèses, Wurtman procéda à un autre test, mettant à contribution cette fois tant des femmes atteintes du SPM que d'autres qui ignoraient totalement ces symptômes. Elles furent invitées à consommer une dose bien déterminée de glucides, soit la quantité contenue dans deux tasses de flocons de maïs arrosés de lait artificiel à faible teneur en protéines. Wurtman observa alors qu'en moins d'une heure les femmes qui se sentaient déprimées, agressives, hostiles, fatiguées ou irritables retrouvèrent tout à coup leur bonne humeur. «Comme si on leur avait administré un comprimé de Valium!», dit-elle.

En se basant sur les tests d'appréciation de l'humeur, elle enregistra une atténuation notable des symptômes reliés au SPM (états dépressifs: baisse de 43 %; confusion mentale: baisse de 38 %; fatigue générale:

baisse de 47 %; tension nerveuse: baisse de 42 %; agressivité: baisse de 69 %). L'aliment riche en glucides n'a toutefois pas modifié l'humeur des femmes du groupe témoin (non affectées par le SPM), pas plus qu'il n'a agi chez les femmes du groupe expérimental durant la semaine *suivant* leurs règles. Wurtman présume que les glucides stimulent la production de sérotonine, un neurotransmetteur qui stimule l'humeur.

Les femmes ne devraient donc pas inhiber ce goût pour les glucides qu'elles ressentent durant la période précédant leurs règles. «Ce besoin incontrôlable de sucre n'est pas la cause du SPM mais un remède, qu'elles sentent de façon toute naturelle le besoin de "s'auto-administrer".»

La psychologue Deborah J. Bowen, de l'Université de Washington, qui s'est aussi intéressée à la question, abonde dans le même sens. Elle a constaté que les femmes qui n'hésitent pas à satisfaire ce besoin lorsqu'elles sont affectées par le SPM se plaignent moins souvent de crampes et de léthargie, par exemple, que celles qui s'abstiennent d'en manger durant la période prémenstruelle.

Pour soulager en douceur le SPM

Ayant été à même de constater eux aussi que les glucides constituaient un bon remède contre le SPM, des médecins britanniques eurent l'idée de mettre au point un régime spécialement adapté au traitement des malaises qui y sont reliés. Le régime en question consiste en une petite portion d'aliments riches en amidon (pain, pommes de terre, pâtes, avoine ou riz) toutes les trois heures puis moins d'une heure avant le coucher et après le lever.

Au cours d'une étude réalisée avec la participation de 84 femmes éprouvant divers symptômes prémenstruels très pénibles, les chercheurs britanniques se sont demandé si les intervalles de sept heures durant le jour et de treize heures durant la nuit entre les repas où étaient ingérés les aliments riches en amidon n'étaient pas trop longs. Ils ont alors eu l'idée de mettre au point un régime n'allouant pas plus de trois heures entre les prises alimentaires, soit six petits repas par jour. Les résultats de ce régime riche en aliments féculents ont été stupéfiants: 70 % des femmes participant aux essais ont vu leurs symptômes soulagés; près de 25 % d'entre elles ont pu ensuite maîtriser les symptômes du SPM à l'aide du régime seulement.

Les chercheurs britanniques sont d'avis que ce régime aide à maintenir un taux de glucose sanguin satisfaisant durant le jour. Des intervalles trop longs entre les moments où sont ingérés les sources d'hydrates de carbone causent des chutes et des élévations du taux de glucose sanguin entraînant la libération d'adrénaline et, par le fait même, une sous-utilisation de la progestérone. L'envie de sucre et d'autres sources d'hydrates de carbone, très fréquente chez les femmes atteintes du SPM, serait, selon eux, une façon naturelle d'élever le taux de glucose sanguin et de ramener le taux de progestérone à un niveau normal, ce qui aurait pour effet de soulager les symptômes.

Faut-il renoncer à la caféine?

Si le SPM vous fait souffrir au point de perturber complètement votre vie, peut-être conviendrait-il de vous abstenir, pendant une période de deux mois, au moins, de consommer toute boisson et tout aliment contenant de la caféine. Bien que le mécanisme d'action de la caféine sur le SPM n'ait pas encore été élucidé, des données suggèrent qu'il pourrait en exacerber les symptômes.

Ainsi, les Chinoises qui boivent entre une demi-tasse et quatre tasses de thé par jour sont deux fois plus exposées que celles qui n'en boivent pas du tout à être affectées par le SPM, a noté le Dr Annette Rossignol, professeur agrégé de santé publique à l'Université de l'État de l'Oregon; celles qui en consomment entre quatre et demie et huit tasses par jour multiplieraient ce risque par dix, quant à elles. Même phénomène chez les Américaines. Après avoir suivi pendant une assez longue période un groupe de 841 étudiantes, le Dr Rossignol s'est aperçue en effet que la caféine était en cause une fois de plus. Celles qui consommaient chaque jour une tasse au moins de boisson contenant de la caféine (café, thé, boissons gazeuses) étaient en effet plus vulnérables au SPM. Plus la consommation de caféine était élevée, plus sévères étaient les symptômes.

Il reste que les femmes ne sont pas toutes affectées de la même manière par la caféine; certaines d'entre elles y sont bien sûr plus sensibles que d'autres, dit le Dr Rossignol.

MÉNOPAUSE

Aliments à action œstrogénique

Lorsque les ovaires cessent de sécréter des œstrogènes, ils entrent en ménopause. Ce phénomène s'accompagne souvent de manifestations physiques et émotionnelles, telles que les bouffées de chaleur et les changements d'humeur. Le manque d'œstrogènes peut également augmenter le risque de souffrir plus tard d'une maladie cardiaque ou d'ostéoporose.

L'épuisement des réserves hormonales responsable des symptômes qui affectent tant de femmes à la ménopause peut-il être compensé par des mesures diététiques? Le nutritionniste Mark Messina, du National Cancer Institute des États-Unis, en est fermement convaincu. On ignore encore jusqu'à quel point les aliments peuvent agir, la réaction au traitement alimentaire variant selon les sujets, mais, s'il faut se fier aux recherches effectuées sur la question, il y a de bonnes raisons de croire que certains aliments peuvent exercer une action similaire à celle des œstrogènes chez les femmes ménopausées.

Soya et graines de lin

Pour les besoins d'une étude menée par l'Australien Mark L. Wahlqvist, professeur à la faculté de médecine de l'Université Monash, à Victoria, un groupe de 25 femmes ménopausées ne recevant pas de suppléments d'hormones se prêtèrent à l'expérience suivante. Au cours des deux premières semaines des essais, elles eurent tout le loisir de s'alimenter comme elles le faisaient habituellement, pour se soumettre ensuite à une diète expérimentale à base soit de farine de soya (à raison de 45 g par jour), soit de germes de trèfle rouge ou de graines de lin (30 g par jour), aliments qui s'étaient déjà avérés aptes à déclencher chez l'animal l'activité œstrogénique.

Tant la farine de soya que les graines de lin ont toutes deux contribué, comme en témoignait l'examen de la maturation cellulaire chez les sujets du groupe expérimental, à accroître l'activité œstrogénique. Deux semaines après que les volontaires eurent mis fin à la diète expérimentale, le coordonnateur de l'expérience nota que les frottis vaginaux indiquaient un retour aux configurations cellulaires initiales.

On prendra note que, parmi les dérivés du soya, seuls le haricot de soya, la protéine de soya texturée, le tofu, le lait de soya et le tempeh — soit les produits à haute teneur en protéines de soya — semblent doués de propriétés comparables à celles des œstrogènes; la sauce soya et l'huile de soya ne partagent pas ces vertus.

Les aliments riches en bore

Des études du ministère de l'Agriculture des États-Unis, effectuées sous la coordination de Forrest Nielsen, indiquent que le bore peut élever les taux d'œstrogènes chez les femmes ménopausées, tout autant que le ferait une thérapie de remplacement des œstrogènes, semble-t-il. Ce minéral aurait en effet la propriété d'accroître les taux sanguins d'hormones stéroïdes. Elles mettent clairement en évidence que chez les femmes recevant des doses adéquates de bore, les taux d'œstradiol 17B — la plus importante des hormones œstrogènes — peuvent doubler, pour atteindre des taux semblables à ceux que permet d'obtenir l'hormonothérapie.

La ration alimentaire des Américaines ne compte cependant, en général, que la moitié du bore utilisé lors des tests. Les aliments suivants constituent d'excellentes sources de bore:

- pomme, poire, raisin, dattes, raisins secs et pêche
- légumineuses, en particulier le haricot de soya
- amandes, arachides (cacahuètes) et noisettes
- miel

En consommant chaque jour deux pommes ou 100 g environ d'arachides, on obtient la quantité de bore jugée efficace, selon l'expérimentateur.

La bière et le bourbon

La consommation d'une petite quantité d'alcool (une bière, un petit verre de spiritueux, de vin ou de tout autre type de boisson alcoolique) éleverait, dit-on, les taux d'œstrogènes après la ménopause, atténuant ainsi les malaises souvent pénibles qui y sont reliés et prévenant les maladies de cœur aussi bien que l'ostéoporose.

Les études menées il y a peu de temps par le Dr Judith Gavaler, médecin-chercheur de l'Université de Pittsburgh, auprès d'un groupe de femmes ménopausées suggèrent qu'une consommation hebdomadaire de trois à six verres d'alcool augmente effectivement les concentrations naturelles d'œstrogènes dans le sang autant et même plus (plus de 10 à 20 %) que ne le fait l'hormonothérapie de substitution habituelle et, qui plus est, elle protégerait autant que l'hormonothérapie du risque de développer une maladie cardiaque. On notera toutefois, dit-elle, qu'une consommation dépassant six verres par semaine n'exerce pas d'effets supplémentaires sur la sécrétion d'œstrogènes.

Selon le Dr Gavaler, l'alcool, comme tel, stimulerait l'activité d'une enzyme qui convertit les hormones androgènes en œstradiol. Fait intéressant, l'augmentation enregistrée grâce aux boissons alcooliques ne tiendrait toutefois pas uniquement aux pouvoirs de l'alcool. Elle s'est rendu compte en effet que la bière sans alcool et le concentré de bourbon, dérivés du maïs dans la plupart des cas, donnaient également de bons résultats tant chez l'humain que chez l'animal. Des hormones naturelles contenues dans le blé, le houblon et autres plantes servant à la fabrication des boissons alcooliques pourraient de même déployer une activité œstrogénique. Le Dr Gavaler a ainsi réussi à isoler deux types d'œstrogènes d'origine végétale dans la bière.

Elle souhaite fortement qu'on procède à un dépistage systématique des aliments courants dotés de propriétés semblables à celles des œstrogènes — étude qui n'a pas été faite encore —, de telle manière que les femmes soient au fait des substances alimentaires qui peuvent affecter les taux sanguins d'œstrogènes.

Des œstrogènes dans l'igname?

Certains médecins recommanderaient aux femmes ménopausées de consommer des ignames pour pallier en partie la baisse des taux d'œstrogènes. On lit même dans une lettre reproduite dans le *Journal of American Medical Association* que l'igname crue renfermerait des œstrogènes et que de fortes doses de ce légume pourraient contribuer à soulager le dessèchement du vagin qui survient après la ménopause et à prévenir l'ostéoporose. Qu'en est-il donc?

Selon les experts, dont le Dr Norman Farnsworth, de l'Université de l'Illinois, à Chicago, grand spécialiste des questions touchant les hormones d'origine végétale, cette prescription ne repose sur aucun fondement scientifique. La petite igname en forme d'orange qu'on trouve dans les marchés américains, sorte de patate douce en réalité, n'est pas vraiment dotée de vertus œstrogéniques. L'igname véritable, qui renferme de la diosgénine, stéroïde ayant servi à la mise au point de la première pilule contraceptive, vient en réalité des Tropiques et du Mexique, où il pousse à l'état sauvage. L'igname comestible disponible aux États-Unis ne renferme pas de diosgénine. Quant à l'igname sauvage, elle est pratiquement immangeable, dit James Duke, du ministère de l'Agriculture, les composés à action œstrogénique (psytostérols) de ce légume étant extrêmement savonneux et très amers.

Hormonothérapie alimentaire et cancer du sein

Beaucoup de femmes se demandent si la consommation d'aliments qui élèvent les taux sanguins d'œstrogènes peut favoriser le cancer du sein, ce type de cancer étant relié en partie à un excès d'œstrogènes dans le sang.

Il n'est pas possible pour l'instant de répondre de façon précise à cette question, les données dont disposent les spécialistes sur les conséquences très complexes de la consommation d'aliments agissant sur les hormones n'étant pas suffisantes. On sait toutefois, comme le fait remarquer le Dr Stephen Barnes, de l'Université de l'Alabama, que le haricot de soya, dont l'action œstrogénique est reconnue, contribuerait non pas à favoriser mais à combattre le cancer du sein. Cet aliment agirait, selon lui, comme le fait le tamoxifène, médicament souvent utilisé dans le traitement du cancer du sein. Paradoxalement, dit-il, les hormones contenues dans le haricot de soya protègent les cellules mammaires contre le cancer;

s'il est vrai que cet aliment partage les propriétés thérapeutiques du tamoxifène, il devrait par conséquent aider à prévenir l'ostéoporose et la déminéralisation osseuse.

L'alcool et les boissons chaudes favorisent-ils les bouffées de chaleur?

Des tests effectués à l'hôpital Withington de Manchester, en Angleterre, auprès d'un groupe de femmes ménopausées et d'hommes atteints d'un cancer de la prostate soumis à un traitement hormonothérapeutique, ont démontré que l'ingurgitation rapide d'une tasse de thé ou de café pouvait provoquer cette sensation de congestion dans le haut du corps, accompagnée d'une impression de chaleur généralisée et de rougeur au visage et au cou, parfois même de transpiration abondante et de palpitations, qu'on a pris l'habitude d'appeler les «bouffées de chaleur». La plupart des bouffées de chaleur qu'ont ressenties les sujets moins de dix minutes après avoir bu du thé ou du café n'ont duré qu'une minute et demie environ, souligne le coordonnateur de l'étude, le Dr K. A. McCallum. L'ingurgitation d'un verre de whisky à 40 % d'alcool a produit presque autant de bouffées de chaleur. Tant les boissons chaudes que le whisky ont provoqué plus de bouffées de chaleur que le fait de rester assis près d'un radiateur.

Selon les expérimentateurs, le café et le thé servis très chauds, de même que le whisky, «sont une insulte thermogénique aux mécanismes de contrôle de la température du corps», laquelle déclenche une réponse physiologique exagérée pour tenter de maintenir à un niveau adéquat la température du corps. Une fois abaissée la température de leurs boissons chaudes, les volontaires ont vu diminuer la fréquence de leurs bouffées de chaleur, même de moitié dans certains cas.

H

DIABÈTE ET AUTRES MALADIES

Chapitre 42

LE RÉGIME IDÉAL POUR PRÉVENIR OU ÉQUILIBRER LE DIABÈTE

Aliments susceptibles d'aider à équilibrer le diabète: Oignon • Ail • Citron • Aliments riches en fibres • Haricots secs • Lentilles, graines de fenugrec • Poisson • Orge • Aliments riches en chrome

En l'an 1550 avant notre ère, on recommandait déjà, comme en témoigne le célèbre papyrus d'Ebers, de traiter le diabète avec des grains de blé riches en fibres. Les choses n'ont pas vraiment changé depuis: les aliments d'origine végétale demeurent toujours un excellent remède pour combattre la maladie. Mais on dispose maintenant de données scientifiques fiables attestant leur efficacité. Au cours des siècles, pas moins de 400 espèces végétales ont été répertoriées comme remèdes antidiabétiques. Ainsi, l'oignon cru et l'ail ont depuis longtemps la faveur des diabétiques en Europe, en Asie et au Moyen-Orient. Le ginseng est très populaire en Chine; le champignon est aussi largement utilisé en Europe comme régulateur du glucose sanguin; le pain à l'orge constitue le traitement le plus courant en Irak pour équilibrer le diabète; enfin, certaines populations ont recours également au chou pommé, à la laitue, au navet, au haricot, au genièvre, à la luzerne et aux graines de coriandre.

Tous ces remèdes ont une valeur thérapeutique reconnue scientifiquement. Des tests sont venus confirmer en effet très récemment que tous ces aliments ou certains de leurs composants ont le pouvoir d'abaisser les taux de glucose sanguin (glycémie) et/ou d'augmenter les taux d'insuline aussi bien chez l'animal et l'humain que dans les cultures cellulaires.

Facteurs et formes de la maladie

Le diabète consiste essentiellement en un taux anormalement élevé de sucre dans le sang (hyperglycémie). «Il ne faudrait pas croire toutefois, comme c'est trop souvent le cas, que le sucre est la *cause* du diabète, indique le Dr Gerald Bernstein, de l'American Diabetes Association. La cause première en est plutôt un manque d'insuline ou une défaillance dans le fonctionnement de cette hormone qui régule le métabolisme du glucose (sucre) dans l'organisme. Blâmer le sucre, c'est prendre la cause pour l'effet.»

Lorsque le pancréas ne produit pas d'insuline ou trop peu, ou encore lorsque l'insuline ne remplit pas adéquatement sa fonction, qui est de permettre aux tissus d'absorber et d'emmagasiner correctement le glucose, les taux sanguins de glucose augmentent, ce qui provoque toutes sortes de symptômes — miction et soif excessives, faiblesse, fatigue, entre autres — et risque d'affecter les reins et le système cardiovasculaire.

Le diabète de type 1 — *insulinodépendant* (ID) — constitue la forme la plus grave, mais la moins répandue, de diabète sucré. Elle frappe le plus souvent les enfants, parfois les jeunes adultes, habituellement avant l'âge de 35 ans, d'où l'appellation de «diabète juvénile». La destruction des cellules pancréatiques sécrétant l'insuline, attribuable très probablement à une réaction auto-immune de l'organisme à la suite d'une infection, est à l'origine de ce type de diabète. Le diabète ID requiert absolument des injections d'insuline pour pallier le dysfonctionnement du pancréas.

Le diabète qui affecte le plus grand nombre de personnes (90 % de diabètes sucrés aux États-Unis) est toutefois le diabète de type 2 — *non insulinodépendant* (NID) — qui apparaît presque toujours après l'âge de 40 ans. Ironiquement, ceux qui en sont victimes disposent le plus souvent de toute l'insuline nécessaire, mais leur organisme semble résister à son action hypoglycémiante, c'est-à-dire ne lui permet pas d'abaisser le taux de sucre dans le sang. Quelque 12 millions d'Américains, dont la moitié d'ailleurs ignorent qu'ils en sont atteints, souffrent de cette maladie.

L'embonpoint et l'insulinorésistance

Le diabète sucré de type 2 (NID) peut s'insinuer subrepticement chez tout individu, surtout lorsque sont réunies les conditions propices à son développement. L'embonpoint, par exemple. La plupart des personnes atteintes de diabète NID sont trop grasses; dès qu'elles perdent leur excès de poids, elles voient la demande en insuline diminuer, et la maladie régresser.

Un autre facteur peut induire le diabète NID: l'*insulinorésistance.* On dit que 25 % des Américains de poids normal seraient affectés par cette résistance ou cette intolérance à l'insuline, qui empêche cette hormone de fonctionner comme elle le devrait. L'insulinorésistance est le signe par excellence du diabète de type 2; on la rencontre très souvent également chez les obèses. Elle risque toujours — c'est précisément en cela qu'elle est menaçante — de masquer le développement du diabète; il n'est pas rare d'ailleurs qu'elle précède de dix ans ou plus le diagnostic d'un diabète jusque-là en latence.

Le diabète de type 2 se manifeste habituellement de la façon suivante. Lorsque les cellules deviennent paresseuses et répondent moins efficacement aux requêtes de l'insuline, qui travaille à maintenir le glucose à un niveau normal, le pancréas doit produire rapidement et sans interruption une quantité supérieure d'insuline afin de maintenir à un niveau adéquat le taux de sucre dans le sang. Fatigué, surmené, le pancréas peut faillir à la tâche, forçant ainsi le corps à capituler face à un diabète NID latent, qui peut dès lors s'installer définitivement dans l'organisme.

La résistance à l'insuline, probablement héréditaire, se développe en général sous l'effet de facteurs environnementaux, particulièrement d'une alimentation inadéquate. «Nous savons que des facteurs génétiques prédisposent certaines personnes au diabète, dit James Barnard, professeur de physiologie à l'Université de la Californie à Los Angeles. Mais les données dont nous disposons actuellement tendent à démontrer que des facteurs reliés au mode de vie, plus particulièrement au régime alimentaire et à l'exercice physique, peuvent déterminer si les gènes responsables de la maladie déclenchent ou non les symptômes attendus.»

Bon nombre des recherches en nutrition sont axées précisément sur la mise au point de régimes contribuant à prévenir ce passage graduel de l'insulinorésistance ou de l'intolérance au glucose, selon le cas, à un diabète pleinement déclaré. Car il est maintenant reconnu que certains aliments peuvent aider à tenir à distance le diabète.

Comment l'alimentation intervient dans le développement du diabète

Les aliments que l'on consomme influencent directement les taux de glucose et d'insuline dans le sang; ils sont donc nécessairement impliqués de diverses manières dans l'apparition, la maîtrise et l'aggravation du diabète.

- Une consommation excessive de certains types d'aliments peut produire une élévation soudaine du taux de glucose sanguin, ce qui risque de taxer lourdement l'insuline;
- Certaines substances alimentaires stimulent ou amplifient l'action de l'insuline ou agissent directement comme régulateurs du glucose sanguin;
- Les antioxydants présents dans la nourriture (les vitamines C et E, par exemple) parent aux attaques des radicaux libres contre les cellules bêta, prévenant ainsi l'aggravation de l'inflammation; ils neutralisent également chez les diabétiques l'oxydation du cholestérol LDL, dont les répercussions sont beaucoup plus graves que chez les non-diabétiques (les diabétiques de type 2 sont deux à trois fois plus vulnérables aux maladies cardiaques que les non-diabétiques);
- Enfin, des «états diabétiques» insulinodépendants pourraient être provoqués — selon des mécanismes d'une extrême complexité — par des réactions allergiques différées à certains constituants alimentaires, dont les protéines du lait.

Le rôle déterminant du régime dans la prévention du diabète

Le développement du diabète est un phénomène très complexe et encore mal compris. Des facteurs génétiques interviendraient, croient certains chercheurs, dans la réceptivité à cette affection; l'environnement, tout spécialement les habitudes alimentaires, pourraient activer les processus qui déclenchent les symptômes de la maladie, présume-t-on par ailleurs.

Le diabète est occasionné par une anomalie dans le fonctionnement du pancréas, glande qui sécrète l'insuline, laquelle est indispensable à la transformation de la nourriture en énergie. Lorsque l'appareil digestif commence à dégrader les glucides (hydrates de carbone) en glucose, le pancréas se met à produire l'insuline nécessaire au transport de ce sucre simple de la circulation sanguine jusqu'aux muscles, où il est stocké ou converti en énergie. Les habitudes alimentaires influent donc nécessairement sur le diabète.

On a cru pendant longtemps que le fait de manger trop de sucre pouvait causer le diabète; on sait maintenant que le développement de la maladie est beaucoup plus complexe, quoique bien des mystères empêchent encore d'en avoir une parfaite compréhension. Chose certaine, le diabète n'apparaît pas du jour au lendemain; il lui faut le plus souvent un certain nombre d'années pour se manifester. C'est précisément durant cette phase de latence qu'une saine alimentation peut contribuer à surmonter une vulnérabilité héréditaire à cette pathologie.

Le lait mis en cause dans le diabète juvénile

On recommande de ne pas donner de lait de vache au nourrisson, surtout si des antécédents familiaux affectent sa résistance au diabète. Le lait de vache assimilé par le nourrisson au cours de la première année de la vie pourrait, semble-t-il, provoquer en effet le diabète insulinodépendant plusieurs années plus tard chez les enfants qui présentent un terrain héréditaire favorable à la maladie. On peut donc penser que le diabète juvénile est un type insidieux d'allergie à certains aliments. On présume, par conséquent, qu'en éliminant les produits laitiers tout au long de la petite enfance — période particulièrement critique — on pourrait contrecarrer chez nombre d'enfants leur vulnérabilité congénitale à cette affection.

La théorie voulant que le lait puisse provoquer le diabète juvénile reçoit aujourd'hui de nombreuses confirmations. Selon les experts, certaines protéines du lait de vache sont responsables de l'invasion de l'organisme par un antigène (substance étrangère) que ne reconnaîtrait pas le système immunitaire, ce qui l'amènerait à attaquer ses propres tissus, dans ce cas-ci, les importantes cellules bêta (cellules ß) du pancréas, qui, une fois endommagées, ne peuvent plus synthétiser l'insuline.

Une étude menée il y a peu de temps par Hans-Michael Dosch et ses collaborateurs de l'Hôpital pour enfants malades de Toronto a permis de mettre en évidence, *chez 100 % des sujets*, l'existence d'anticorps — signe d'une réaction immunitaire à certaines protéines spécifiques du lait — dans les échantillons sanguins d'un groupe d'enfants atteints du diabète ID; par comparaison, 2,5 % seulement des sujets non diabétiques ayant participé à l'étude présentaient de tels anticorps. Aussi les chercheurs croient-ils que les protéines en question pourraient déclencher les réactions allergiques conduisant au diabète. Le même phénomène a été observé chez des rats de laboratoire: les protéines du lait ont bel et bien provoqué chez les animaux l'apparition du diabète en détruisant les cellules ß qui sécrètent l'insuline.

On a noté que les enfants nourris au sein — et donc privés de lait de vache pendant une assez longue période — sont beaucoup moins exposés au risque de développer le diabète. Une autre étude, effectuée cette fois par des chercheurs de l'Hôpital pour enfants de Helsinki, établit un lien entre une exposition précoce au lait de vache et le développement subséquent du diabète. Seuls les enfants nourris au sein durant les premiers deux ou trois mois de leur existence ont été moins vulnérables (vulnérabilité inférieure de 40 % à celle des autres sujets) au diabète avant l'âge de 14 ans, indiquent-ils dans une étude sur le sujet. En retardant davantage l'usage du lait de vache, ils auraient obtenu un taux de réussite encore plus élevé; les enfants qui n'avaient pas reçu d'aliments lactés avant l'âge de quatre mois ont abaissé en effet de 50 % leurs risques d'être victimes du diabète.

Des chercheurs de l'Institut Karolinska à Stockholm en sont, pour leur part, arrivés à la conclusion que les jeunes qui, depuis la naissance jusqu'à l'âge de 14 ans, consomment une quantité abondante d'aliments riches en protéines et en glucides complexes et d'aliments renfermant des nitrosamines sont plus exposés que les autres à souffrir du diabète. Selon les expérimentateurs suédois, certaines protéines auraient la capacité de s'attaquer directement aux cellules ß du pancréas; par exemple, les aliments riches en glucides complexes, tels que le pain, sont aussi le plus souvent riches en gliadine, protéine du blé qui aurait déjà contribué lors d'essais *in vitro* à détruire les cellules ß chez des rats. Les nitrosamines, agents de conservation cancérigènes présents dans le bacon, par exemple, pourraient également se révéler toxiques pour les cellules ß.

Le régime idéal pour faire obstacle à la maladie

Le régime idéal du diabétique devrait, selon des spécialistes des États-Unis et de l'Angleterre qui ont analysé à fond la question, être conçu de manière à répondre aux exigences suivantes:

- *glucides (sucres et féculents):* 50 à 60 % de la ration calorique;
- *lipides (matières grasses):* moins de 30 % de la ration calorique;
- *matières grasses saturées:* moins de 10 % de la ration calorique;
- *fibres alimentaires:* 30 à 40 g par jour.

Malheureusement, peu de diabétiques tiennent compte de ces recommandations. Selon une enquête menée récemment auprès d'un groupe de 92 patients, 3 % seulement d'entre eux allouaient 50 % de leur ration calorique aux glucides, la plupart des diabétiques interrogés y allouant 40 % en moyenne. De même, 14 % à peine des patients absorbaient moins de 35 % de calories lipidiques; il est apparu en fait que la plupart consommaient une quantité excédentaire de graisses de l'ordre de 60 à 80 %! Enfin, une proportion de 40 % chez les hommes, mais de 10 % à peine chez les femmes, intégraient à leur alimentation la portion de fibres alimentaires recommandée (30 à 40 g).

Le constat est assez démoralisant, ont reconnu les chercheurs. «Il faut dire que plusieurs patients n'avaient pas consulté de diététicien depuis des années», notent-ils pour expliquer en partie ces écarts. Il est possible en outre, ajoutent-ils, que bon nombre de diabétiques tiennent compte surtout de la recommandation — maintenant tout à fait dépassée — de se centrer sur la réduction des sucres dans leur ration alimentaire.

Les antioxydants: des nutriments indispensables au diabétique

Les diabétiques doivent s'assurer de consommer une quantité suffisante d'aliments à haute teneur en antioxydants — vitamine E, vitamine C et bêta-carotène, entre autres —, rappelle le Dr James Anderson, de la faculté de médecine de l'Université du Kentucky. Pour la simple raison que le processus d'obstruction des artères est beaucoup plus prononcé que la normale chez les patients affectés par le diabète et qu'il se déploie chez eux de façon inhabituelle. Leur cholestérol LDL serait en effet plus vulnérable à l'oxydation et tendrait par conséquent davantage à devenir toxique; cette oxydation est, théoriquement, un facteur important d'obstruction artérielle. Selon le Dr Anderson, ce phénomène expliquerait pourquoi les risques de maladies cardiaques sont deux à trois fois plus élevés chez les diabétiques.

Pourquoi les LDL s'oxydent-elles davantage chez ceux qui souffrent du diabète? Sans doute à cause des hauts taux de glucose sanguin qui les affectent constamment. Lorsque les sucres sont métabolisés, des radicaux libres de l'oxygène se trouvent libérés dans l'organisme; or on connaît les effets toxiques de ces dérivés de l'oxygène. Ils peuvent cependant être contrecarrés par des substances alimentaires antioxydantes.

L'effet des matières grasses sur l'activité de l'insuline

Une consommation trop abondante de matières grasses risque toujours de précipiter l'apparition du diabète. Une étude du Health Sciences Center de l'Université du Colorado révèle à ce propos que l'ingestion d'une quantité excédentaire de 40 g de matières grasses environ (un hamburger et une portion de frites, quoi!) multiplie par trois les risques de développer cette maladie! Un excès de graisses — tout spécialement de graisses saturées d'origine animale — perturbe en effet l'activité hypoglycémiante de l'insuline. L'examen de cellules prélevées sur des tissus musculaires de femmes et d'hommes âgés non diabétiques se préparant à subir une intervention chirurgicale a ainsi amené des chercheurs de l'Université de Sydney à établir le constat suivant: (1) plus les taux d'acides gras saturés sont élevés dans les membranes cellulaires, plus est élevée aussi la résistance à l'insuline; (2) plus est élevé le taux de graisses polyinsaturées (provenant dans ce cas-ci d'huile de poisson surtout) dans les tissus, plus énergique est l'action de l'insuline et moins grande est l'insulinorésistance. Les chercheurs australiens ont même observé qu'en administrant à des animaux certaines doses d'huile de poisson, on avait réussi à vaincre leur résistance à l'action de l'insuline.

D'autres recherches, effectuées sous la direction de Jennifer Lovejoy, professeur à l'Université de l'État de la Louisiane, en vue d'étudier les habitudes alimentaires et l'action de l'insuline chez 45 sujets des deux sexes, non diabétiques, dont la moitié étaient obèses, ont mis en évidence les effets nocifs des graisses alimentaires sur le travail de l'insuline, et partant, sur l'élévation de la glycémie. Tant les sujets obèses que les non-obèses qui consommaient une quantité excessive de matières grasses présentaient des problèmes accrus d'insulinorésistance. Ce qui signifie que même les sujets sains peuvent, en consommant trop de matières grasses, réduire l'efficacité de l'action de l'insuline dans leur organisme et augmenter leur vulnérabilité au diabète.

EN BREF: *Pour éloigner le diabète, il est recommandé de réduire sa consommation de produits laitiers riches en graisses saturées d'origine animale, pour faire place au poisson à chair grasse, riche en acides gras oméga-3, très bénéfiques à l'organisme.*

L'action bienfaisante du poisson dans le traitement du diabète

Des chercheurs de l'Institut national de la santé publique et de la protection de l'environnement du Danemark ont corroboré les hypothèses concernant les vertus thérapeutiques du poisson dans le traitement du diabète. Après avoir administré, à quatre ans d'intervalle, à un groupe de 175 sujets sains des deux sexes divers tests visant à s'assurer qu'ils ne souffraient pas de diabète ni ne présentaient de problèmes de tolérance au glucose, qui masquent souvent un diabète latent, ils se sont rendu compte que, chez plusieurs sujets, l'assimilation adéquate du glucose était devenue problématique. Ils rapportent avoir observé à cette occasion que 25 % seulement des sujets qui avaient consommé régulièrement du poisson au cours de cette période étaient touchés par ce trouble métabolique, contre 45 % chez ceux qui s'abstenaient d'en manger.

La consommation régulière de poisson — à cause des oméga-3, qui, présument les chercheurs, contribueraient à équilibrer le glucose — devrait permettre, selon eux, de réduire de moitié les cas de diabète de type 2. La ration quotidienne de poisson (gras, maigre ou en conserve) nécessaire pour profiter vraiment de ses vertus thérapeutiques est d'à peine 30 g.

MISE EN GARDE

Les suppléments d'huile de poisson en capsules ne sont pas recommandés aux diabétiques, du moins sans la surveillance d'un médecin, ces suppléments pouvant perturber le métabolisme du glucose chez certains d'entre eux, comme on l'a déjà rapporté.

Moins de pommes de terre ou moins de bonbons?

Certains aliments doivent être dosés avec prudence dans la ration des diabétiques, en particulier les aliments aptes à provoquer une élévation subite et durable du taux de glucose sanguin. (Dans l'«index glycémique» présenté plus loin, ce type d'aliments est situé en haut de la liste.)

On a cru, pendant des années, que les glucides ou hydrates de carbone *simples* (le sucre blanc, par exemple) étaient responsables des élévations soudaines de la glycémie et, corrélativement, que les glucides ou hydrates de carbone *complexes* (présents dans les fruits, les légumes, les produits céréaliers complets et les légumineuses), qui sont absorbés plus lentement par l'organisme, leur étaient de beaucoup préférables. Au cours des années soixante-dix et quatre-vingt, cette théorie devait toutefois être sévèrement ébranlée à la lumière des travaux de plusieurs scientifiques, dont Phyllis Crapo, de l'Université de la Californie à San Diego, et le Dr David J.A. Jenkins, de l'Université de Toronto, consacrés aux effets de divers types d'aliments sur le glucose sanguin. À la surprise générale, les élévations les plus rapides furent provoquées non pas par les bonbons et la crème glacée, mais par des aliments tels que les carottes, les pommes de terre et les céréales transformées industriellement. La présomption que les glucides complexes étaient moins dommageables pour les diabétiques que les glucides simples s'est donc révélée purement mythique.

Il devait s'ensuivre une controverse, qui perdura durant une décennie, sur la valeur des indications concernant les prétendus effets de divers aliments, considérés isolément, sur le taux de glucose sanguin, autrement dit sur l'«index glycémique» tel que mis au point par le Dr Jenkins. Cet index a-t-il la moindre pertinence lorsque ces aliments se trouvent mélangés dans l'estomac? demandaient les sceptiques. Très certainement, rétorquait le spécialiste torontois. Les recherches ont d'ailleurs clairement mis en évidence que les aliments placés au bas de l'index améliorent en général la glycémie chez les patients atteints de l'un ou l'autre type de diabète sucré. Ils auraient même contribué en outre à abaisser les taux sanguins de triglycérides.

Selon le Dr Jenkins et d'autres spécialistes de la question, même les sujets épargnés par le diabète tirent profit à intégrer à leur régime des aliments figurant au bas de l'index: en maintenant à un bas niveau le taux de glucose sanguin, ils abaissent également la demande d'insuline nécessaire à la régulation du glucose, et permettent d'éviter par le fait même les montées d'insuline qui, on le sait, peuvent entraîner une résistance à cette hormone et conduire au diabète. De toutes récentes études ont corroboré les effets nocifs d'un taux excessif d'insuline et de ses répercussions éventuelles sur le développement du cancer.

Indice glycémique de 50 aliments courants

Les aliments suivants ont été classés par le Dr Jenkins selon leur aptitude à élever le taux de glucose sanguin. Plus le pourcentage est élevé, plus ils risquent de produire une hausse marquée de la glycémie (teneur du sang en glucose).

100 %: Glucose.

80-90 %: Flocons de maïs, carottes, panais, pommes de terre instantanées (en purée), maltose, miel.

70-79 %: Pain de blé entier, millet, riz blanc, gourganes ou fèves des marais fraîches, pommes de terre nouvelles.

60-69 %: Pain blanc, riz brun, céréales muesli, blé filamenté, petits pains à l'eau, betteraves, bananes, raisins, tablettes de chocolat Mars.

50-59 %: Sarrasin, spaghettis, maïs sucré, céréales de son de blé All-Bran, biscuits à la farine d'avoine, pois congelés, ignames, sucrose, croustilles de pommes de terre.

40-49 %: Spaghettis à la farine de blé entier, avoine, patates douces, petits haricots blancs, pois secs, oranges et jus d'orange.

30-39 %: Haricots jaunes, haricots de Lima, doliques à œil noir, pois chiches, pommes Golden Delicious, crème glacée, lait écrémé ou entier, yogourt, soupe aux tomates.

20-29 %: Haricots rouges, lentilles, fructose.

10-19 %: Haricots de soya, arachides.

Les légumineuses: trois remèdes dans un

Les aliments riches en fibres, telles les légumineuses, représentent, selon le Dr Anderson, un excellent investissement pour ceux qui veulent se prémunir contre le diabète ou tout au moins l'équilibrer. Les légumineuses aident non seulement à lutter contre le diabète, mais elles abaissent aussi le cholestérol sanguin et aident à prévenir les maladies cardiaques. Or on sait que les diabétiques sont très vulnérables à ces affections.

Les fibres solubles sont particulièrement efficaces, selon lui. Plus de 50 études ont clairement établi que les aliments à haute teneur en fibres solubles contribuent de façon très significative à maintenir à un bas niveau tant le glucose sanguin que les triglycérides et le cholestérol. Les effets bénéfiques de ces fibres sont si déterminants que bon nombre de patients qui ont pris l'habitude d'en consommer régulièrement ont réduit sensiblement et même éliminé dans certains cas les médicaments antidiabétiques qu'ils étaient forcés de prendre pour maîtriser leur maladie.

(Voir la liste des aliments riches en fibres solubles au chapitre 4.)

Des agents hypoglycémiants dans l'oignon

La valeur de l'oignon en tant qu'antidiabétique est depuis très longtemps reconnue. Des découvertes récentes sont venues confirmer les vertus hypoglycémiantes de cet aliment à des doses normales correspondant aux quantités habituellement fournies par une alimentation adéquate. Des chercheurs de l'Inde ayant mis à l'essai diverses doses de jus d'oignon et d'oignons entiers (de 25 à 220 g) ont même établi une relation doseeffet: plus la quantité d'oignon (cru ou cuit) consommé par les sujets était importante, plus était bas le taux de glucose sanguin. Selon eux, l'oignon exercerait une action favorable sur le métabolisme du foie ou sur la sécrétion et/ou la préservation de l'insuline.

Les agents en cause seraient le disulfure d'allylepropyle et l'allicine. Déjà, en 1923, des scientifiques isolaient des composants hypoglycémiants dans l'oignon. En 1960, on découvrait que ce légume recèle des substances antidiabétiques dont les propriétés se rapprocheraient de produits pharmaceutiques courants, le tolbutamide (Orinase) par exemple, médicament qui stimule la synthèse et la sécrétion de l'insuline. Ainsi, l'administration d'extrait d'oignon à des lapins a été, à 77 %, aussi efficace qu'une dose standard de tolbutamide.

Des aliments riches en chrome pour améliorer la tolérance au glucose

Selon Richard A. Anderson, de l'USDA Human Nutrition Research Center de Beltsville, dans le Maryland, le chrome peut contribuer à rétablir toute anomalie reliée à la glycémie. (1) Si vous êtes atteint du diabète de type 2 (NID), le chrome devrait pouvoir vous aider à réguler votre glucose sanguin et à réduire ainsi les besoins en insuline et les médicaments qui vous auraient été prescrits. (2) Si vous êtes exposé à voir un jour se développer dans toute sa virulence un diabète latent, parce que votre tolérance au glucose a atteint son point limite — cas de 25 % des Américains, dit-on —, le chrome peut, dans ce cas encore, vous être d'un grand secours. (3) Si vous souffrez d'hypoglycémie, c'est-à-dire si votre taux de sucre sanguin est trop bas, le chrome peut également contribuer à le ramener à un niveau normal.

Anderson estime que l'augmentation des cas de diabète non insulinodépendant aux États-Unis est due en grande partie à un déficit en chrome dans la ration alimentaire des Américains; à l'appui de sa thèse, il invoque les données de 14 études démontrant que ce minéral améliore la tolérance au glucose. En augmentant l'efficacité de l'insuline, il permet au pancréas de ralentir un peu sa production de l'hormone antidiabétique.

Les mécanismes qui président à l'action prodigieuse du chrome ont déjoué jusqu'ici toute recherche. Anderson a observé en laboratoire que le chrome actif biologiquement se fixe étroitement à l'insuline, multipliant ainsi par 100 le rendement de l'hormone dans l'exécution de sa tâche primordiale, qui est d'oxyder le glucose pour le transformer en dioxyde de carbone. On relève chez 90 % des Américains environ des apports en chrome inférieurs à celui qui est officiellement recommandé, soit de 50 à 200 microgrammes (μg) par jour.

Plusieurs aliments courants, dont le brocoli, qui peut fournir à lui seul 22 μg de chrome, soit 10 fois plus que n'importe quel autre aliment, constituent pourtant de bonnes sources de ce minéral. L'orge est également riche en chrome, ce qui explique peut-être pourquoi on y a recours depuis si longtemps en Irak pour traiter le diabète. Des expérimentations animales ont permis d'observer que l'orge pouvait contrecarrer les montées d'insuline. Outre le *brocoli* et l'*orge*, figurent parmi les bonnes sources de chrome, les aliments suivants:

- noix
- huîtres
- champignons
- grains entiers

- céréales de blé
- bière et vin
- rhubarbe
- levure de bière

Quelques antidiabétiques à saveur piquante

Le fenugrec. — Les graines de fenugrec, qu'on retrouve entre autres comme assaisonnement dans le cari, sont utilisées depuis des siècles au Moyen-Orient et en Inde pour traiter diverses maladies, dont le diabète. On sait aujourd'hui que leurs vertus thérapeutiques sont bien réelles.

Des chercheurs de l'Institut national de la nutrition en Inde ayant administré de la poudre de fenugrec à des patients atteints de diabète insulinodépendant (type 1) se sont aperçus en effet à l'analyse des échantillons de sang que les taux de glucose avaient chuté et que la tolérance au glucose avait augmenté; ils rapportent avoir enregistré par ailleurs une réduction des taux de cholestérol. Selon eux, la poudre des graines de fenugrec pourrait constituer une ressource utile pour lutter contre le diabète.

À l'Université hébraïque de Jérusalem, un groupe de chercheurs ont également procédé à des expérimentations sur les graines de fenugrec, pour en conclure, eux aussi, qu'elles peuvent abaisser les taux sanguins de glucose et de cholestérol tant chez les diabétiques que chez les sujets sains. Ils ont réussi au surplus à identifier l'un des ingrédients actifs des graines de fenugrec: il s'agit de la *galactomannane*, une fibre de consistance gélatineuse. Lors d'expérimentations sur des animaux, ils ont observé que cette gelée liait en quelque sorte les acides biliaires, réduisant ainsi le cholestérol sanguin aussi efficacement que le font certains médicaments courants.

Cannelle, clou de girofle et autres épices. — Plusieurs épices amplifieraient également l'action de l'insuline, selon Richard A. Anderson. Le geste qui nous porte à saupoudrer fréquemment nos desserts de cannelle et de clou de girofle irait-il au-delà d'une simple affaire de papilles gustatives? Ces épices ont en vérité des propriétés médicinales favorisant une meilleure assimilation des glucides qui entrent dans la composition des aliments sucrés; le corps transformant plus efficacement le sucre, il réclame moins d'insuline du pancréas. Après avoir mis en présence une certaine quantité d'insuline avec divers types d'aliments dans des éprouvettes, Anderson s'est rendu compte que trois épices et une herbe en particulier avaient réagi à l'hormone; il s'agit de la cannelle (exceptionnellement active), du clou de girofle, du curcuma et des feuilles de laurier.

N'hésitez pas, par conséquent, à saupoudrer un peu de cannelle sur le pain grillé ou tout autre aliment sucré: cette épice contribuera à équilibrer le glucose sanguin.

Mesures diététiques pour prévenir ou soulager le diabète

- *Pour prévenir le diabète insulinodépendant (type 1):* éviter au cours de la première année de vie du nourrisson de lui donner du lait de vache ou tout autre produit laitier.
- *Pour prévenir le diabète non insulinodépendant (type 2):* consommer une plus grande quantité de poisson, de légumineuses, de noix et d'aliments à haute teneur en chrome (brocoli, grains entiers, etc.). Il est important également de réduire sa consommation de matières grasses, celles-ci favorisant la résistance à l'action de l'insuline, et de surveiller son poids: l'excès pondéral favorise, comme on sait, le développement du diabète.
- *Pour équilibrer un diabète déjà déclaré:* consommer surtout des aliments riches en fibres et en amidon — pain de blé entier, pâtes, riz, avoine et légumineuses —, en accordant une place de choix à ces dernières, dont l'«indice glycémique» est moins élevé que celui des autres aliments. Les aliments féculents riches en fibres prenant beaucoup plus de temps à se dégrader, ils sont absorbés de façon plus graduelle par l'organisme. Les denrées riches en *fibres solubles*, dont les légumineuses et l'avoine, constituent un remède de choix; elles se transforment dans les voies digestives en une substance gélatineuse, ce qui prolonge la durée nécessaire à l'absorption des sucres contenus dans les aliments et prévient les dangereuses montées de glucose sanguin qui peuvent survenir après les repas.
- Les aliments recommandés pour contrer le diabète sont à peu près les mêmes, en somme, que ceux qui sont prescrits pour prévenir les maladies cardiaques, soit des aliments *à teneur réduite en matières grasses*, notamment en graisses saturées d'origine animale, et riches en glucides complexes, c'est-à-dire non raffinés (haricots secs, avoine, grains entiers, noix, fruits et légumes).

Chapitre 43

AUTRES SYMPTÔMES ET MALADIES

$$\boxed{\text{ACNÉ}}$$

Le chocolat. — Le chocolat est-il vraiment en cause dans l'acné ou les boutons, comme le veut la croyance populaire? Non, s'accordent à dire les spécialistes. Des dermatologues de l'Université de la Pennsylvanie l'ont d'ailleurs démontré, preuves à l'appui. Chaque jour, durant un mois, 65 volontaires ont été invités à manger une quantité de chocolat équivalente à celle que renferment 500 g de chocolat semi-sucré; tout au long du mois suivant, les adolescents ont mangé une tablette placebo. Or, dans un cas comme dans l'autre, on n'a noté aucune amélioration ni aucune aggravation de l'acné.

L'iode. — Si vous êtes sujet à l'acné, évitez toutefois de consommer régulièrement trop d'iode: un apport excessif en iode peut en effet irriter les tissus et occasionner des poussées d'acné. Il n'y a pas que le sel qui renferme de l'iode; des analyses ont révélé que plusieurs des aliments de type *fast-food* de même que le lait en contenaient des quantités appréciables. La Consumer's Union des États-Unis a déjà montré que l'apport moyen en iode d'un repas de type *fast-food* était 30 fois plus élevé que l'apport nutritionnel recommandée (ANR) par les autorités sanitaires, soit 150 µg (microgrammes) par jour, c'est-à-dire rien de moins que 4500 µg par repas. Une récente analyse d'échantillons de lait provenant de 175 vaches laitières élevées dans différentes régions du Wisconsin révèle par ailleurs qu'un litre de lait contiendrait en moyenne 466 µg d'iode; 11 % des échantillons testés contenaient plus de 1000 µg par litre. La contamination des équipements servant à la traite et les médicaments administrés aux animaux seraient responsables de ce taux excessif d'iode dans le lait.

Les algues, notamment celles dont on se sert pour envelopper les sushis japonais, ont également une très haute teneur en iode; le varech, une variété d'algue brune, reste la source d'iode la plus élevée que l'on connaisse (1020 parties par million). Les crevettes et les crustacés en renferment aussi, quoique en quantités plus faibles.

À quelle dose l'iode peut-il favoriser l'apparition des comédons? Tout dépend de la sensibilité de chacun à cette substance, sensibilité qui aurait un caractère héréditaire, croit le Dr James E. Fulton fils, directeur de l'Acne Research Institute de Newport Beach, en Californie. «Chez ceux qui sont sujets à l'acné, je dirais que 1000 µg ou 1 mg d'iode par jour peuvent causer des problèmes», dit-il. D'autres recherches ont montré que la consommation de deux tablettes de varech par jour contenant chacune 225 µg d'iode suffit à déclencher une poussée d'acné.

Le zinc. — Des études menées en Suède révèlent que les personnes sujettes à l'acné présentent souvent une carence en zinc. On leur recommande d'intégrer régulièrement au menu les aliments suivants: crustacés (huîtres et homard en particulier), céréales à grain entier, germe de blé, arachides (cacahuètes), pacanes, légumineuses, foie et dinde.

FATIGUE CHRONIQUE

Il est important de savoir que la fatigue chronique, qu'elle revête ou non la forme du *syndrome de fatigue chronique,* peut être attribuable à une allergie différée à la nourriture. Cette condition, très difficile à traiter, se caractérise par une extrême fatigue et divers symptômes de dépression qui empêchent habituellement le patient de vaquer à ses occupations habituelles. Selon l'allergologue Talal Nsouli, professeur agrégé de clinique à la faculté de médecine de l'Université Georgetown, 60 % des cas de fatigue chronique seraient dus à des allergies alimentaires; «aussitôt supprimé l'aliment en cause, les patients se rétablissent complètement», dit-il.

Les aliments les plus fréquemment incriminés sont le blé, le lait et le maïs. Chaque fois qu'un test cutané ou une épreuve radio-immunologique, comme le test RAST (*radio-allergosorbent test*), confirme un état d'hypersensibilité à une substance alimentaire, le patient est invité à bannir l'aliment suspecté pendant trois semaines au moins. Si son état s'améliore, le patient est soumis plus tard à un test de tolérance consistant à réintégrer l'allergène en question à son régime afin de pouvoir déterminer s'il est vraiment en cause dans les symptômes; si ce test est positif, on peut en conclure, dit le Dr Nsouli, qu'il s'agit bien d'une intolérance alimentaire. Ainsi, une jeune fille de 18 ans, qui avait reçu un diagnostic de syndrome de fatigue chronique et s'était vue administrer des antidépresseurs s'avéra en réalité être allergique au blé. «Après avoir retiré le blé de son régime, on vit les symptômes disparaître un à un en moins de trois semaines. Elle peut maintenant se passer d'antidépresseurs, et se porte même à merveille.»

Des résidus de l'aliment allergisant peuvent continuer de circuler dans l'organisme pendant une assez longue période; aussi faut-il compter trois ou quatre semaines avant que les signes d'amélioration ne se manifestent, ajoute-t-il.

GINGIVITE

Une carence en vitamine C dans l'alimentation peut être la cause d'inflammation des gencives, comme on sait. Les descriptions d'épidémies de scorbut, particulièrement virulentes du XIVe au XIXe siècle, font même état de putréfaction des gencives chez les marins naviguant pendant des mois sans consommer de fruits frais: «Leurs bouches dégageaient des odeurs nauséabondes, lit-on dans un texte ancien, leurs gencives étaient tellement putréfiées que la chair tombait d'elle-même depuis la racine des dents.» Le Dr James Lind, de la marine britannique, devait mettre au point en 1747 un remède très efficace pour prévenir la maladie: des fruits frais, tout simplement, notamment des agrumes. L'agent actif fut ensuite identifié comme étant la vitamine C.

La médecine moderne est venue confirmer qu'un apport insuffisant en vitamine C produit des saignements de gencives, entre autres symptômes. On a observé lors d'expérimentations sur des singes et d'autres animaux, que le manque de vitamine C entraîne une altération du collagène; les gencives se mettent alors à gonfler et à saigner et les dents se déchaussent. Une carence en vitamine C occasionne les mêmes effets chez l'homme. Des chercheurs canadiens ont fait la preuve qu'en administrant des suppléments vitaminiques de 60 à 70 mg par jour, soit une quantité équivalente à celle que renferme une orange, à des individus après qu'ils en ont été privés pendant une assez longue période, on peut revigorer les gencives: les saignements diminuent; le taux de globules blancs augmente; le taux de fibroblastes précurseurs du collagène s'accroît; somme toute, les gencives montrent des signes d'un retour à la santé.

Il ne faudrait pas en conclure pour autant que des mégadoses de vitamine C vous prémuniront contre toute affection des gencives: l'administration de vitamine C pour contrer une infection gingivale n'est vraiment efficace que pour ceux qui ne disposent pas de réserves suffisantes de cette vitamine.

Une étude à grande échelle menée par les autorités sanitaires américaines révèle que les grands consommateurs d'aliments à forte teneur en vitamine C résistent mieux à la gingivite. Le message est donc clair: pour des gencives en santé, mangez quotidiennement des fruits et des légumes.

INSOMNIE

Sucre et féculents. — Les aliments sucrés et féculents constituent, le saviez-vous? des somnifères légers très efficaces. La médecine populaire a depuis longtemps recours aux vertus soporifiques du miel. Si vous avez de la difficulté à entrer ou à demeurer dans le sommeil, essayez d'avaler 30 g environ d'un aliment sucré ou féculent une demi-heure avant d'aller au lit. «Chez la plupart des individus, cette pratique est aussi efficace qu'un somnifère, sans avoir à compter avec les effets secondaires et l'accoutumance qu'entraîne souvent ce type de médicament», dit Judith Wurtman, nutritionniste-chercheur du Massachusetts Institute of Technology (MIT) et grande spécialiste de la question.

Les aliments à basse teneur en matières grasses et riches en protéines (céréales sans lait, maïs soufflé au caramel, biscuits aux figues, biscuits au gingembre, gaufre avec une cuillerée à table de sirop d'érable par exemple) exercent un effet sédatif sur le cerveau.

Et le lait chaud? — Que dire de ce vieux remède que constitue un verre de lait chaud avant d'aller dormir? Un nombre incalculable d'individus ne jurent que par cette potion. Selon les experts, le lait ne peut exercer d'action sédative, car il ne contient pas suffisamment de tryptophane, substance qui se transforme dans le cerveau en un composé soporifique, la sérotonine. Selon les scientifiques du MIT, le lait est beaucoup plus apte à réveiller qu'à endormir la plupart des personnes.

De récentes études ont toutefois mis en évidence la présence d'opiacés naturels, les casomorphines, dans le lait, ce qui viendrait confirmer la validité de ce remède maison. Théoriquement, ces casomorphines peuvent induire la somnolence, dit Varro Tyler de l'Université Purdue (Indiana). Le Dr Andrew Weil, de l'Université de l'Arizona, qui a observé lui-même le phénomène chez plusieurs individus, est aussi d'avis que le lait aide certaines personnes à combattre l'insomnie.

Le seul conseil que l'on puisse donner avant que la science n'ait éclairci pour de bon ce mystère est de suivre les requêtes de votre corps; si le lait vous aide à dormir, buvez-en.

Le sommeil chez l'enfant. — Chez l'enfant, l'effet du lait risque cependant d'être tout autre. Les bébés nourris au lait de vache qui, continuellement, se réveillent au cours de la nuit pour aucune raison apparente peuvent souffrir d'insomnie. Après avoir éliminé la possibilité que des cauchemars ou des coliques soient en cause, des chercheurs bruxellois d'un hôpital universitaire pour enfants ont constaté en effet, lors d'une étude portant sur 17 enfants insomniaques âgés de 2 à 29 mois, que la suppression du lait de vache dans le régime des bébés avait donné des résultats spectaculaires; tous, excepté un, ont retrouvé un sommeil normal. Au lieu de se réveiller cinq fois par nuit en moyenne, comme ils le faisaient lorsqu'ils étaient nourris au lait de vache, ils ne se réveillaient plus qu'une fois en moyenne. Ils ont pu profiter à partir de ce moment-là de nuits de treize heures au lieu d'un maigre répit de cinq heures par nuit, comme c'était le cas auparavant.

Les chercheurs belges pensent que certaines substances naturelles contenues dans le lait auraient le pouvoir de stimuler le système nerveux des enfants, gardant leurs cerveaux alertes; à moins qu'elles ne déclenchent une réaction allergique qui les rendrait agités.

La caféine. — Comme chacun sait, la caféine stimule l'état de veille, surtout chez les sujets âgés ou qui n'ont pas l'habitude du café. Des expériences réalisées à la faculté de médecine de l'Université Vanderbilt (Tennessee) ont révélé que la consommation de café une demi-heure avant d'aller dormir perturbe effectivement le sommeil de certaines personnes; sous l'effet du café, elles prennent beaucoup plus de temps à s'endormir et ne dorment pas aussi longtemps ni aussi bien que d'habitude. Les grands consommateurs de café, qui développent à la longue une sorte de tolérance aux effets de la caféine sur le sommeil en sont moins affectés, bien sûr.

LUPUS

Le lupus est une affection inflammatoire auto-immune qui atteint le tissu conjonctif de tout l'organisme; il se manifeste par des symptômes variés, dont la faiblesse, la fatigue chronique, une éruption cutanée rouge clair, mais aussi des douleurs articulaires. Un régime alimentaire approprié pourrait, dit-on, aider à en soulager les symptômes.

Les graisses. — Comme dans toute autre affection inflammatoire, les graisses alimentaires doivent faire l'objet d'une attention particulière: en règle générale, il faut éviter les graisses d'origine animale et les huiles renfermant des acides gras oméga-6 polyinsaturés, telles l'huile de maïs, l'huile de tournesol et l'huile de carthame, qui entretiennent l'inflamma-tion. Les poissons à chair grasse, comme la sardine et le saumon, sont alors tout indiqués; on sait qu'ils aident à combattre l'inflammation.

Une expérience menée assez récemment en Angleterre auprès de 27 patients atteints de lupus a établi en effet que les patients qui avaient ingéré des capsules d'huile de poisson avaient vu leur état s'améliorer notablement tout au long des trente-quatre semaines d'expérimentation, contrairement à ceux qui n'avaient reçu que la capsule placebo. Le Dr Andrew Weil, de la faculté de médecine de l'Université de l'Arizona, conseille donc aux patients atteints de lupus de consommer du poisson gras (des sardines mises en conserve dans leur propre huile, par exemple) trois fois par semaine environ.

La luzerne. — Il semble que les légumineuses et certains types de germes de luzerne pourraient favoriser — par un phénomène d'hypersen-sibilité — l'apparition de la maladie. Certaines données permettent en effet de croire que le lupus pourrait, dans certains cas, être dû à une réac-tion d'intolérance alimentaire. Ainsi, à l'occasion d'expérimentations sur des singes, s'étalant sur six mois, des chercheurs de l'Oregon Health Sciences University à Portland constatèrent que les animaux nourris à la luzerne étaient tombés malades; à l'étonnement de tous, les tests mirent en évidence divers symptômes de lupus. Privés de luzerne, les singes se rétablirent en partie. À nouveau soumis à l'aliment allergisant, ils tombè-rent gravement malades; l'un d'eux en mourut. D'autres tests confirmè-rent les effets nocifs de cette intolérance à la luzerne. Un acide aminé appelé *canavanine-L* serait l'allergène responsable. On s'est rendu compte en effet que les animaux nourris à la *canavanine-L* pure présentaient des symptômes analogues.

Il ne fait aucun doute que le même phénomène peut se produire chez les humains. On s'est aperçu ainsi lors d'une expérience visant à mettre à l'essai des substances abaissant le taux de cholestérol, qu'un homme de 50 ans avait développé les symptômes du lupus après avoir consommé des graines de luzerne; après avoir cessé de manger ces graines, les symptômes disparurent complètement.

MÉTABOLISME / DÉPENSES ÉNERGÉTIQUES

Saviez-vous que les épices et les condiments, tels la moutarde et les piments forts, peuvent accélérer le métabolisme et brûler par le fait même une plus grande quantité de calories? Des chercheurs britanniques ont démontré en effet qu'en ajoutant 3/5 de cuillerée à thé de sauce chili ou de moutarde ordinaire à un met, on avait élevé de 25 % le métabolisme moyen de 12 sujets et favorisé la combustion de 45 calories de plus que normalement dans les trois heures suivantes. La moutarde et les sauces piquantes aideraient, semble-t-il, à brûler 10 % des calories (dans ce cas-ci 76 sur 776).

Un groupe australien a montré que le gingembre peut également activer le métabolisme et la combustion des calories. Après avoir appliqué du gingembre frais ou séché sur des tissus d'animaux, ils se sont rendu compte que l'épice incitait les tissus à utiliser 20 % de plus d'énergie environ qu'ils ne le faisaient normalement. Le gingerol, substance qui donne au gingembre son goût piquant, serait responsable de ces effets stimulants. On ignore toutefois jusqu'à quel point le gingembre peut agir sur l'homme. Certains chercheurs inclinent à croire que plusieurs épices et aliments piquants stimuleraient la thermogénèse.

NÉVRALGIE FACIALE

Quelque 15 000 Américains développent chaque année une névralgie du trijumeau, connue aussi sous le nom de «tic douloureux de la face». Ce trouble nerveux se caractérise par des douleurs lancinantes et épisodiques pouvant apparaître subitement et ne durant en général pas plus de soixante secondes. La douleur est localisée au niveau de la bouche, des dents et du nez; elle peut être déclenchée par la mastication, la parole, un sourire ou un effleurement du visage. Le traitement habituel fait appel aux médicaments et, dans certains cas, au sectionnement du nerf; cette dernière procédure comporte toutefois des effets secondaires et risque d'entraîner des complications, dont l'insensibilisation ou la perte de contrôle moteur de la partie du visage desservie par le nerf en question.

Le facteur caféine. — Des chercheurs du Health Sciences Center de l'Université de l'Oklahoma, à Oklahoma City, rapportent le cas d'une femme ayant éliminé la douleur reliée à ce type de névralgie en supprimant la caféine. Elle avait 45 ans quand se déclarèrent pour la première fois des douleurs épisodiques au côté droit du visage; la douleur était si violente que même une légère brise lui effleurant la joue ou un sourire lui devenaient insupportables.

Elle avait l'habitude de boire trois à quatre tasses de café instantané chaque jour, et davantage lorsque la douleur était intolérable. Soupçonnant que la caféine pourrait être en cause, elle lui substitua du décaféiné.

Elle observa quelques semaines plus tard que la douleur avait diminué et qu'elle pouvait se toucher le visage sans pour autant souffrir le martyre. Plus aucun épisode de névralgie durant les douze mois qui suivirent! L'idée lui vint alors de procéder elle-même à un test de tolérance, en buvant quelques tasses de cacao au cours de la semaine: la semaine suivante la névralgie faciale réapparut à nouveau. Elle remarqua par la suite qu'une simple tasse de café (avec caféine) suffisait à déclencher un épisode de douleur «modérément intense», dit-elle, se prolongeant durant une semaine.

Depuis deux ans, dit Stephen Glore, professeur de diététique clinique à l'Université de l'Oklahoma, qui rapporte le cas, elle fait échec à la douleur grâce à un régime faible en caféine; elle absorbe maintenant tout au plus 10 mg de caféine par jour, comparativement aux 380 mg qu'elle ingérait auparavant. Glore pense que la caféine pourrait provoquer une vive inflammation du nerf trijumeau chez certains individus. Rien ne prouve cependant, selon lui, que le retrait de la caféine aurait les mêmes effets sur tous les patients touchés par la maladie. Il vaut la peine néanmoins de mettre cette mesure à l'essai, conclut-il.

Névralgie et herpès. — Le virus de l'herpès pourrait bien être impliqué dans la névralgie faciale, selon le Dr Richard Griffith, professeur émérite à la faculté de médecine de l'Université de l'Indiana. En pareil cas, il convient de supprimer de son régime les aliments riches en arginine, tels le chocolat et les noix, qui aident à refréner l'activité du virus. Il rapporte le cas d'un patient, mangeur compulsif de noix et de chocolat, qui vit ses douleurs disparaître presque totalement en une nuit après avoir appliqué cette mesure, éliminant par le fait même la nécessité de l'opération prévue pour atténuer le problème. Une étude approfondie de la question n'a pas encore été effectuée. On devrait néanmoins tenir compte des conseils du Dr Griffith en cette matière avant de recourir à un traitement plus radical.

ŒIL (AFFECTIONS DE L')

Cataracte

La cataracte consiste en l'opacification totale ou partielle du cristallin, lentille située derrière l'iris. Cette affection de l'œil, très fréquente chez les gens âgés, entraîne une réduction importante de la vision. Selon une étude dont rend compte le *British Medical Journal*, les épinards seraient l'aliment le plus apte à prévenir la cataracte, comme l'ont révélé des expériences effectuées auprès d'un groupe de femmes âgées. Le stock abondant d'*antioxydants* dans les épinards expliquerait leur action protectrice. Les chercheurs britanniques ont démontré que les femmes qui mangeaient le plus de fruits et de légumes riches en bêta-carotène n'étaient exposées qu'à 40 % au risque de souffrir de cataracte.

On pense que les cataractes seraient en partie attribuables à l'oxydation du cristallin; la lumière solaire par exemple, altérerait cette lentille avec l'âge. En fournissant au cristallin une dose suffisante d'antioxydants protecteurs, on empêcherait ou différerait, semble-t-il, cette dégradation progressive.

Des études ont effectivement montré que ceux qui lésinent sur les fruits et les légumes sont plus exposés à développer la maladie. Selon le chercheur Paul Jacques, du ministère de l'Agriculture des États-Unis, les personnes qui consomment moins de trois portions et demie de fruits et de légumes par jour multiplieraient par quatre le risque de souffrir de cataractes, et par six si la ration quotidienne se limite à une portion et demie. Il a eu l'occasion d'observer en outre que les individus dont le taux sanguin de caroténoïdes d'origine végétale était le plus bas présentaient sept fois plus de risques de présenter à un âge avancé les symptômes de cette affection; ceux qui présentaient une carence en vitamine C étaient, quant à eux, 11 fois plus exposés à développer un type particulier de cataracte!

Un déficit en acide folique, substance présente dans les légumes verts à feuilles (épinards, brocoli, etc.) et autres types de légumes, annonce également d'éventuelles cataractes. Boire du thé, une autre bonne source d'antioxydants, contribuerait de même à détourner la maladie.

Une très ancienne formule à base d'herbes appelée *hachimijiogan* a pendant longtemps été reconnue comme un excellent remède pour stopper la progression des cataractes. Des recherches ont permis de constater que cette concoction élève le taux de glutathion dans la lentille; or on sait que des carences en cet agent antioxydant ont été reliées à presque toutes les formes de cataractes. L'asperge, l'avocat, le melon d'eau et les oranges constituent d'excellentes sources de glutathion.

(On trouvera au chapitre suivant, à la rubrique «Antioxydants», une liste détaillée des sources alimentaires d'antioxydants.)

Dégénérescence maculaire

Au fil des ans, la macula, partie centrale de la rétine, est constamment exposée aux ravages des radicaux libres de l'oxygène émanant du soleil et d'autres facteurs environnementaux. La macula peut finir par se détériorer, entraînant ainsi une réduction de la vision, parfois même la cécité. La dégénérescence maculaire affecte environ 10 millions d'Américains âgés de plus de 50 ans, dont 30 % ont au-delà de 75 ans. De petites doses d'antioxydants injectées régulièrement dans l'organisme par le biais de certains aliments judicieusement choisis peuvent aider la macula à se défendre contre les assauts continus des radicaux libres.

Les stastistiques suggèrent en effet que ceux qui consomment une quantité élevée de fruits et de légumes riches en bêta-carotène (patate douce, carotte, épinards, chou frisé, citrouille, etc.) sont moins exposés au risque de développer à un âge plus avancé cette affection oculaire. Après avoir analysé en 1988 les régimes alimentaires d'environ 3000 Américains d'âge avancé, les chercheurs de l'Université de l'Illinois à Chicago ont établi que la consommation d'une carotte par jour ou de n'importe quel autre fruit ou légume riche en bêta-carotène réduisait de 40 % la probabilité d'être affecté par une dégénérescence maculaire, comparativement à ceux qui n'en mangent que 30 g environ par semaine. Plus la proportion d'aliments riches en bêta-carotène est importante dans le régime d'un individu, moins sont élevés les risques de développer la maladie. L'étude a révélé en outre que les aliments riches en vitamine C retardent l'apparition de la maladie.

Les bleuets peuvent également être d'un grand secours pour prévenir cette altération de la vision. Un extrait de bleuets, riche en composants appelés anthocyanosides, se serait en effet révélé efficace lors d'études cliniques.

Prévenez les carences en zinc. — Il n'est pas rare que les gens âgés souffrent d'une carence en zinc, autre cause possible de la dégénérescence maculaire. Le zinc stimule l'activité d'une enzyme nécessaire au bon fonctionnement des cellules rétiniennes. Si l'enzyme fait défaut, comme cela est fréquent avec l'âge, les cellules peuvent s'altérer et créer un terrain favorable à la dégénérescence maculaire. Des essais *in vitro* ont démontré que le zinc augmentait de 190 % l'activité de cette enzyme cruciale! Des surdoses de suppléments de zinc, administrées sous surveillance médicale, ont contribué de même à réprimer la progression de cette affection chez certains sujets.

Les huîtres sont de loin la meilleure source alimentaire de zinc; une boîte de 90 g d'huîtres fumées renferme assez de zinc pour ralentir cette maladie dégénérative.

(Pour une liste d'aliments riches en zinc, consulter l'Appendice.)

Glaucome

Selon Prasad S. Kulkarni de l'Université de Louisville, au Kentucky, l'huile de poisson constitue un excellent remède pour prévenir le glaucome — affection se caractérisant par une accumulation de liquide, l'humeur aqueuse, dans l'œil et par la pression intra-oculaire qui en résulte —, comme l'ont montré des tests effectués sur des lapins à l'aide d'aliments imbibés d'huile de foie de morue: «Si l'on arrive à montrer que les mêmes mécanismes sont en jeu chez l'homme, on disposera d'une substance prophylactique très efficace contre le glaucome», dit-il.

Une enquête épidémiologique révélant que les Inuits présentent de très faibles taux de glaucome à angle ouvert avait incité le chercheur à entreprendre ses expériences. Il avait tout de suite suspecté que leur régime exceptionnellement riche en huile de poisson fût en relation avec la faible fréquence de ce type de glaucome chez les Inuits.

Bien que l'action protectrice de l'huile de poisson n'ait pas encore été confirmée chez l'homme, il est vivement conseillé néanmoins de faire ample réserve d'huile de poisson — à chair grasse, surtout — pour détourner le glaucome.

OTITE

Avant de recourir aux antibiotiques et à des procédures médicales coûteuses, souvent hasardeuses et possiblement inutiles en cas d'otite, il faut d'abord s'interroger sur la tolérance de l'enfant aux aliments qui composent son régime quotidien, surtout lorsque d'autres membres de la famille sont sujets à des allergies, car les infections à répétition de l'oreille sont souvent occasionnées, qu'on le croie ou non, par des allergies alimentaires.

Toute intolérance alimentaire peut en effet déclencher une inflammation chronique, accompagnée d'œdème, dans l'oreille moyenne; les liquides inflammatoires n'étant plus évacués normalement à travers les voies auriculaires, ils sont rapidement envahis par les bactéries. Il peut s'ensuivre une infection médicalement connue sous le nom d'*otite moyenne séreuse* ou plus communément appelée «otite purulente». Si l'infection n'est pas traitée correctement, elle peut endommager les structures osseuses de l'oreille et entraîner par le fait même une grave altération de l'ouïe et, éventuellement, des problèmes d'apprentissage.

Des recherches ont récemment mis en évidence des correspondances fréquentes entre les infections chroniques de l'oreille et la consommation régulière d'aliments mal tolérés. Le Dr Talal M. Nsouli, allergologue-immunologue, et le Dr J.A. Bellanti, tous deux professeurs à la faculté de médecine de l'Université Georgetown, ont effectué une série de tests d'intolérance alimentaire auprès de 104 enfants, âgés de 18 mois à 9 ans, atteints d'infections auriculaires chroniques. Résultats: 78 % se sont avérés hypersensibles à divers aliments. Après qu'on eut, durant seize semaines, supprimé de leur alimentation les aliments allergisants, la maladie céda chez 86 % d'entre eux! Elle devait toutefois réapparaître chez à peu près tous les sujets après que les allergènes eurent été réintégrés au régime. Le lait, le blé, les œufs, les arachides (cacahuètes) et les produits à base de soya sont les aliments les plus souvent mis en cause dans ce type d'«allergie».

Par cette découverte, les deux spécialistes ont épargné à plusieurs d'entre eux la pose d'un drain facilitant l'écoulement de l'excès de liquide à travers le tympan, intervention nécessitant une chirurgie. Les symptômes de ces allergies disparaissent habituellement en quelques jours ou semaines après que l'aliment allergisant a été exclu du régime de l'enfant. Les otites prennent toutefois un peu plus de temps, quelques mois en général, à se résorber complètement, souligne le Dr Nsouli.

PARKINSON (MALADIE DE)

L'apparition de la maladie de Parkinson, affection dégénérative touchant l'encéphale, pourrait être induite par une carence en vitamine E se manifestant dès les jeunes années, selon le neurologue Lawrence Golbe, de l'University of Medicine and Dentistry du New Jersey.

Une étude mettant à contribution 106 patients parkinsoniens a mis en évidence une relation directe entre une faible consommation d'aliments riches en vitamine E dans le passé et une haute fréquence de la maladie: un aliment tel que les arachides ou le beurre d'arachide, par exemple, apparaissait rarement, dans leur jeunesse, au menu des femmes atteintes par la maladie; de même, les sujets masculins lésinaient habituellement sur les salades avec vinaigrette (on sait que l'huile est une bonne source de vitamine E); ceux qui consommaient par contre beaucoup de graines, de noix et d'huile à salade lorsqu'ils étaient dans la vingtaine ont été épargnés par cette affection du système nerveux.

Les chercheurs pensent qu'une carence en vitamine E pourrait, ultérieurement, rendre le cerveau plus vulnérable à l'apparition de la maladie de Parkinson. Des expériences préliminaires donnent à penser que des doses massives de vitamine E (800 à 3000 unités par jour) peuvent ralentir la progression de cette affection. Des études plus vastes sur les vertus prophylactiques de la vitamine E dans ce cas particulier sont en cours.

PROSTATE (HYPERTROPHIE DE LA)

Selon James Duke, du ministère de l'Agriculture des États-Unis, l'hypertrophie de la glande prostatique, qui affecte 50 % environ de tous les hommes âgés de 50 ans ou plus, pourrait être atténuée en consommant de la citrouille chaque jour. Cette pratique populaire, en usage depuis longtemps dans plusieurs pays, dont la Bulgarie, la Turquie et l'Ukraine, s'appuierait selon lui sur des raisons scientifiques. Les graines de citrouille sont en effet très riches en acides aminés (alanine, glycine et acide glutamique). Une expérience contrôlée menée auprès de 45 hommes révèle que l'administration d'acides aminés peut réduire de 95 % les mictions nocturnes, de 81 % le besoin d'uriner et de 73 % la fréquence des mictions.

Duke s'est rendu compte qu'une demi-tasse de graines de citrouille contient cinq fois plus d'acides aminés que la dose journalière jugée efficace lors des essais. Aussi se dit-il convaincu que les graines de citrouille peuvent agir autant que les acides aminés purs ou que les médicaments prescrits communément pour traiter les troubles prostatiques.

Les graines de concombre, de melon d'eau, de sésame, de caroube, de lin, de même que les haricots de soya, les amandes, les noix de Grenoble, les noix du Brésil, les arachides et les amandes de palmiste pourraient également soulager l'hypertrophie de la prostate, selon Duke. Il suggère de moudre tous ces aliments, y compris les graines de citrouille, et d'en faire une pâte semblable au beurre d'arachide. Deux cuillerées à table (30 g environ) par jour de ce beurre aux noix fournirait une dose thérapeutique d'acides aminés et d'autres substances bénéfiques, dit-il.

PSORIASIS

Un nombre croissant d'études laissent entendre que les huiles de poisson pourraient contribuer à prévenir ou à soulager les symptômes du psoriasis, maladie inflammatoire de la peau caractérisée par des plaques rouges, sèches et squameuses, accompagnées parfois de douleurs et de démangeaisons. Ainsi, des chercheurs du Royal Hallamshire Hospital de Sheffield, en Angleterre, ont démontré qu'une dose d'huile de poisson équivalente à 150 g par jour de poisson à chair grasse (le maquereau, par exemple) soulage notablement en moins de huit semaines la démangeaison et d'autres symptômes reliés à ce type de dermatite. Le Dr Vincent A. Ziboh, dermatologue de l'Université de la Californie à Davis, a obtenu des résultats similaires: il a observé en effet une amélioration allant de «légère» à «moyenne» du psoriasis (moins de rougeurs et de démangeaisons) après huit semaines seulement d'administration de capsules d'huile de poisson chez 60 % des patients d'un petit groupe expérimental.

Le psoriasis étant une affection inflammatoire et l'huile de poisson un anti-inflammatoire, on peut supposer, selon toute évidence, que l'injection dans l'organisme de petites doses d'huile par la consommation régulière de poisson gras sera bénéfique. Le principe actif serait l'acide eïcosapentaenoïque (EPA), que l'on retrouve surtout dans le saumon et le maquereau.

Comme pour les autres maladies inflammatoires, il est indiqué de réduire la consommation de graisses d'origine animale, d'huiles végétales de type oméga-6, telles l'huile de maïs, de tournesol ou de carthame, et de margarines et shortenings faits à partir de ces huiles, tous ces produits favorisant l'inflammation.

SCLÉROSE EN PLAQUES

La sclérose en plaques (SEP) est une affection évolutive du système nerveux dont les mécanismes demeurent encore bien mystérieux; la gravité des symptômes varie considérablement selon les individus. Des chercheurs établissaient récemment des corrélations entre l'incidence de la maladie et les habitudes alimentaires qui laissent entrevoir la possibilité de mettre au point de nouveaux traitements pour soulager ou guérir la maladie.

Il semble en effet que les populations qui consomment beaucoup de matières grasses, particulièrement du lait à haute teneur en matières grasses, enregistrent de hauts taux de SEP; celles qui se nourrissent des produits de la pêche seraient, en revanche, pratiquement immunisées contre la maladie. Ce qui donne à penser que certaines anomalies dans la digestion des graisses alimentaires pourraient être partiellement en cause dans le développement de la SEP.

Le Dr Roy Laver Swank, de l'Oregon Health Sciences University de Portland, traite lui-même depuis longtemps, et avec un succès appréciable, les personnes atteintes de SEP par un régime faible en graisses saturées. Dans un article paru en 1990 dans *The Lancet*, le Dr Swank fait état de l'amélioration notable obtenue grâce à sa diète chez 144 patients suivis durant une période de trente-quatre ans. Les patients ayant réduit leur apport en graisses saturées à moins de 20 g par jour ont été atteints beaucoup moins gravement que ceux qui en absorbaient davantage; on a noté également une baisse de la mortalité par SEP chez les patients soumis à une diète stricte.

Les bénéfices les plus spectaculaires ont été observés chez ceux qui avaient entamé cette diète faible en graisses *avant* que les symptômes ne s'aggravent. «Parmi ceux qui ont entrepris la diète avant que leur état ne se détériore gravement, dit-il, 95 % ont pu continuer de vivre durant trente ans sans handicap sérieux. Ceux qui s'en sont abstenus ont par contre vu leur état s'aggraver; plusieurs ont succombé à la maladie au cours des vingt années suivant le début de l'étude.» En réduisant encore davantage l'apport en matières grasses saturées — soit à 15 g par jour au maximum — on obtient, selon lui, une amélioration encore plus sensible et surtout plus rapide. Les matières grasses contenues dans les produits laitiers seraient les plus destructrices, dit-on; vient ensuite le gras de viande.

Une étude réalisée sous la direction de Ralph T. Holman, de l'Université du Minnesota, et du Dr Emre Kokmen, de la clinique Mayo, suggèrent que les échantillons sanguins des personnes qui souffrent de la SEP présentent des configurations anormales d'acides gras, caractérisées notamment par une carence importante en acides gras oméga-3. Ce déséquilibre serait dû principalement à un défaut du métabolisme des graisses; pour pallier cette anomalie, Holman recommande, comme mesure partielle tout au moins, l'absorption régulière d'huile riche en acides gras oméga-3. «Les huiles de poisson sont les plus efficaces, dit-il; les huiles végétales, surtout l'huile de canola et l'huile de grain de lin, peuvent néanmoins être utiles.» Et il n'est pas nécessaire d'en absorber de grandes quantités pour corriger ce déficit, ajoute Holman: quelques cuillerées à thé par jour exercent déjà une action protectrice.

Selon des chercheurs britanniques, l'huile de poisson réduirait la gravité et la fréquence des rechutes, comme l'ont démontré des tests effectués auprès de 312 patients atteints de SEP durant une période de trois ans.

La diète du Dr Swank pour atténuer les symptômes de la sclérose en plaques

- S'abstenir totalement de consommer de la viande rouge au cours de la première année du traitement; pas de viande brune de poulet ou de dinde non plus. Après cette période, ne pas dépasser 90 g de viande rouge par semaine, la plus maigre possible.

- Les laitages sans matières grasses peuvent être consommés sans restriction: le lait écrémé, le babeurre (sans crème ni parcelles de beurre ajoutées), le lait écrémé évaporé, le lait écrémé en poudre, le fromage cottage égoutté à faible teneur en matières grasses, le fromage cottage caillé, les fromages exempts à 99 % de matières grasses et le yogourt sans matières grasses peuvent donc figurer au menu. On s'abstiendra de consommer tout produit laitier contenant 1 % et plus de matières grasses.
- Éviter les aliments transformés industriellement qui contiennent des graisses saturées.
- Se limiter à 15 g ou 3 cuillerées à thé de graisses saturées par jour (une tasse de lait entier en contient 5 g, une cuillerée à table de beurre en contient 7 g et une once de fromage à la crème ou de fromage cheddar 6 g).
- Inclure au régime un minimum de 4 cuillerées à thé et un maximum de 10 cuillerées à thé chaque jour de graisses *insaturées* (huile de graine de tournesol, huile de maïs, huile de graine de coton, huile de soya, huile de sésame, huile de germe de blé, huile de graine de lin, huile d'arachide ou huile d'olive).
- Avaler une cuillerée à thé par jour d'huile de foie de morue, de même que du poisson deux fois par semaine ou 30 g environ de poisson (ou de fruits de mer) chaque jour*.

SIDA

On ne dispose pas encore de données concrètes permettant d'affirmer que l'infection par le virus de l'immunodéficience humaine (VIH), cause avérée du sida, puisse être prévenue, retardée ou stoppée par des substances alimentaires. Certaines expériences de laboratoire laissent néanmoins présager la mise au point éventuelle de traitements efficaces contre le syndrome. L'on sait déjà que nombre d'aliments et de composants alimentaires peuvent aider à renforcer le système immunitaire, permettant ainsi de prévenir quelques-unes des maladies ou infections associées au sida.

---

* Cf. R.L. Swank, *The Multiple Sclerosis Diet Book*, New York, Doubleday, 1987.

Les vertus du glutathion. — On a déjà réussi, lors d'essais *in vitro*, à bloquer la dissémination du VIH grâce à deux antioxydants, la vitamine C et le glutathion, présents en fortes concentrations dans les fruits et légumes. Des expériences effectuées par le Dr Alton Meister de la faculté de médecine de l'Université Cornell ont montré, par exemple, que le glutathion pouvait réprimer à 90 % la diffusion du virus. Après avoir pris des mesures pour inciter des cellules humaines à produire le virus du sida dans des boîtes à Petri, puis avoir mis le virus en contact avec le glutathion, le Dr Meister a observé que la prolifération du virus avait considérablement ralenti; plus il ajoutait de glutathion, plus fort était l'effet. Selon lui, les patients sidéens présentent habituellement des taux exceptionnellement bas de glutathion, carence qui pourrait contribuer à la propagation du virus.

Une grande consommation de fruits et de légumes, excellentes sources de glutathion et de caroténoïde, dont le bêta-carotène, un activateur réputé des défenses immunitaires, devrait donc constituer un investissement profitable pour prévenir ou combattre le sida.

Le shiitake. — Tout aliment qui stimule les défenses immunitaires peut exercer contre le sida une action bénéfique. On a ainsi obtenu des résultats renversants à partir d'extraits de champignons shiitake; selon des chercheurs japonais, le shiitake serait plus efficace que l'azidothymidine (AZT), antiviral communément employé dans le traitement du sida.

L'ail. — Antibiotique naturel, l'ail pourrait être bénéfique contre les infections à germes opportunistes, souvent dévastatrices, qui se développent lorsque les défenses immunitaires des patients sidéens s'affaiblissent; la tuberculose et les infections fongiques des poumons figurent parmi les affections les plus couramment reliées au sida. Or on sait, en s'appuyant tant sur la sagesse populaire que sur les données de la médecine institutionnelle, que de fortes doses d'ail peuvent aider à guérir ces infections pulmonaires. L'ail était d'ailleurs largement utilisé dans le traitement de la tuberculose durant les années vingt et trente, soit bien avant la mise au point de médicaments scientifiques. Plusieurs médecins-chercheurs explorent actuellement les pouvoirs de l'ail contre les infections opportunistes associées au sida.

TABAGISME

Si vous faites actuellement des tentatives pour cesser de fumer, sachez que certains aliments, qui refroidissent le besoin immodéré de nicotine, peuvent vous être d'un grand secours.

L'avoine. — Les flocons ou le son d'avoine bouillis sont utilisés depuis longtemps par les praticiens de la médecine ayurvédique en Inde pour traiter la dépendance à l'opium; ceux qui arrivent à surmonter cette dépendance perdent habituellement, en même temps, tout intérêt pour la cigarette, rapporte-t-on. C'est ce qui a amené C. L. Anand, du Ruchill Hospital de Glasgow, en Écosse, à effectuer l'expérience suivante dont il rend compte dans la revue *Nature*.

Un groupe de fumeurs invétérés furent invités à ingérer pendant un mois de l'extrait d'avoine fraîche, les sujets du groupe témoin recevant un extrait placebo. À la fin de la période des essais, les consommateurs d'avoine virent leurs besoins de fumer diminuer notablement, ne grillant plus que le tiers des cigarettes qu'ils avaient l'habitude de fumer auparavant ou le tiers de celles que fumaient les sujets du groupe témoin. On rapporte même que 5 des 13 mangeurs d'avoine ont cessé de fumer complètement, et que 7 ont cessé à 50 %; un seul n'a pas répondu au traitement. L'effet du traitement à l'avoine aurait, de surcroît, persisté durant deux mois! Une étude réalisée plus tard sur des souris a permis de confirmer qu'un composant de l'avoine réprime le besoin de nicotine.

Les épinards. — Les aliments riches en alcalins, tels les épinards et les feuilles de betterave, ont tendance à remettre en circulation la nicotine dans l'organisme, assurant ainsi le maintien de hauts taux de nicotine dans le sang; ils auraient ainsi pour effet de diminuer le besoin de cette drogue, prétend le Dr David Daughton, spécialiste de la question exerçant au Medical Center de l'Université du Nebraska. D'autres aliments, comme la viande, qui rendent l'urine plus acide, tendent en revanche à évacuer la nicotine, augmentant par le fait même le besoin de fumer. Aussi un régime riche en aliments à teneur élevée en alcalins et à basse teneur en aliments acides devrait-il contribuer à mettre fin de façon graduelle à cette néfaste habitude. Pour ceux qui procéderaient plutôt à un sevrage brutal, le recours à ces aliments n'a toutefois pas d'effet significatif.

Une étude du Dr Daughton a montré que les fumeurs à qui on avait donné du bicarbonate de soude afin d'augmenter leur taux d'alcalins avaient eu en effet plus de facilité à se débarrasser de leur mauvaise habitude; après cinq semaines environ, ils avaient tous réussi l'exploit, sauf l'un d'entre eux, qui continua de fumer, en se contentant toutefois de deux cigarettes par jour. Ceux qui n'avaient pas absorbé la substance alcaline sont cependant restés esclaves de leur accoutumance.

Stanley Schachter, professeur de psychologie à l'Université Columbia, a constaté lui aussi que les personnes présentant un taux d'acidité organique élevé fumaient davantage que ne le faisaient ceux dont les tissus renfermaient un taux important d'alcalins. «Dans le premier cas (prédominance acide), le nombre de cigarettes grillées par jour était supérieur de 17 % (soit sept cigarettes de plus par jour environ), chez un fumeur habitué à deux paquets par jour, que dans le deuxième (prédominance alcaline).

Coca-cola et gomme à la nicotine. — Si vous avez recours à la gomme à la nicotine pour refréner votre besoin de fumer, sachez que les aliments acides peuvent la rendre totalement inopérante et même vous inciter à fumer davantage pour obtenir la dose désirée de nicotine. Évitez donc de consommer des aliments ou boissons riches en acides durant les quinze minutes précédant la mastication de la gomme. Les boissons tout particulièrement visées ici sont les colas, le café, les jus de fruits et la bière, comme le font savoir les experts du National Institute on Drug Abuse. Ils ont constaté que les hommes qui se rinçaient la bouche avec du café ou du cola avant de mâcher ladite gomme n'absorbaient pratiquement aucune quantité de nicotine, annulant du coup les «bienfaits» de la gomme, laquelle vise avant tout à détourner les fumeurs de la cigarette en leur fournissant de petites doses de nicotine. Les fumeurs sentent alors le besoin de fumer davantage pour obtenir «leur» dose de nicotine.

TUMEURS BÉNIGNES DU SEIN

La caféine. — Les petits kystes douloureux, mais non cancéreux, qui peuvent se former dans les seins sont en général bénins. Connue sous le nom de tumeur fibrokystique ou de maladie kystique de la mamelle, cette affection pourrait être prévenue en évitant toute une famille de composés chimiques alimentaires appelés *méthylxanthines;* la caféine est le plus connu de ces composés. Le Dr John Minton, de l'Université de l'État de l'Ohio, a été le premier à mettre de l'avant cette mesure préventive en 1979. Il s'est aperçu en effet que ces tumeurs bénignes avaient disparu chez 65 % des femmes d'un groupe expérimental après qu'elles eurent cessé de boire du café, du thé, des colas et de manger du chocolat contenant des méthylxanthines (caféine, théobromine et/ou théophylline).

Les résultats probants des nombreuses recherches menées subséquemment sur la question sont venus corroborer cette hypothèse. Ainsi, une étude à grande échelle effectuée en 1985 par des chercheurs italiens de l'Institut de recherche pharmacologique Mario-Negri a démontré que plus les femmes buvaient de café, plus les risques d'apparition de tumeurs bénignes dans les seins étaient grands. La consommation d'une ou deux tasses par jour auraient doublé le risque; trois tasses ou plus par jour auraient presque quadruplé le risque de former des kystes; au-delà de cinq tasses par jour, le risque serait demeuré sensiblement le même.

D'autres recherches ont nié, par contre, toute corrélation entre la consommation régulière d'aliments renfermant des méthylxanthines et le risque de former des tumeurs fibrokystiques du sein. Après avoir examiné le cas de 3400 femmes — ce qui constitue le plus grand échantillon jamais formé pour étudier la question —, le National Cancer Institute des États-Unis en a conclu en effet que l'hypothèse du Dr Minton n'était point fondée.

Il reste que plusieurs femmes affirment que la douleur causée par ces kystes disparaît lorsqu'elles consomment moins, ou plus du tout, de caféine et de chocolat. Pourquoi ne pas essayer tout au moins de mettre à l'essai cette mesure? Si elle donne de bons résultats, vous en serez ravie.

L'action bénéfique des crucifères. — D'autres recherches suggéraient récemment qu'en consommant davantage de crucifères — chou pommé, brocoli, chou-fleur, etc. —, lesquels ont la propriété d'accélérer le métabolisme, l'organisme peut se débarrasser plus rapidement des œstrogènes susceptibles d'aggraver ces tumeurs, selon Jon Michnovicz, de l'Institute for Hormone Research de New York.

VAGINITE

Les vertus antibiotiques attribuées au yogourt depuis des siècles tiennent-elles du folklore? Absolument pas, dit le Dr Eileen Hilton, spécialiste des maladies infectieuses du Long Island Jewish Medical Center de New York, elles sont au contraire tout à fait fondées scientifiquement. Après avoir mis à l'essai la consommation quotidienne, durant six mois, d'une tasse de yogourt nature auprès d'un groupe de femmes atteintes de vaginites récurrentes — connues également sous le nom de candidoses ou infections fongiques —, un autre groupe de femmes affectées par le même problème recevant par ailleurs un produit placebo, elle a constaté que les consommatrices de yogourt avaient souffert trois fois moins de vaginites que celles qui ne mangeaient pas de yogourt: les femmes qui, habituellement, étaient affectées trois fois par semestre par la candidose n'en ont connu qu'une seule, ou aucune, grâce au traitement au yogourt.

Les cultures bactériennes utilisées étaient des cultures d'acidophiles actives. La bactérie *L. acidophilus* est, selon le Dr Hilton, l'agent actif responsable des pouvoirs curatifs du yogourt. Les fabricants de yogourts n'étant pas tenus aux États-Unis d'utiliser des cultures d'acidophiles — quoique certains d'entre eux y pourvoient de leur gré —, il faut lire attentivement les étiquettes afin de choisir le bon produit. Vous pouvez aussi fabriquer votre propre yogourt à partir de cultures d'acidophiles que vous vous procurerez dans les magasins d'aliments naturels. Les cultures devant être vivantes pour exercer leur effet thérapeutique, évitez de chauffer le yogourt, car une fois les bactéries détruites par la cuisson, le yogourt n'a plus aucune valeur pharmacologique dans le traitement des vaginites.

III

LA PHARMACOPÉE ALIMENTAIRE DE A À Z

CLASSEMENT DES ALIMENTS SELON LEURS PROPRIÉTÉS PHARMACOLOGIQUES

Les aliments renferment tous divers types de substances chimiques leur permettant d'agir sur l'organisme comme le font les médicaments. Vous trouverez dans ce chapitre des indications de base sur les mécanismes pharmacodynamiques de divers groupes d'«aliments-médicaments», c'est-à-dire sur la façon dont agissent biologiquement les substances chimiques qu'ils renferment. Une liste détaillée des aliments à potentiel pharmacologique complète chaque rubrique. Ces informations, comme toutes celles d'ailleurs qu'on retrouve dans le reste de l'ouvrage, s'appuient sur des études scientifiques ou des articles de spécialistes du champ médical.

Le contenu des rubriques varie de l'une à l'autre, selon que les informations sur les divers aspects du traitement (principe actif, mécanisme d'action, portée, doses thérapeutiques, effets) étaient disponibles ou non dans les documents consultés. Vous devriez y trouver néanmoins assez d'éléments pour apprendre à utiliser en toute sécurité et en toute connaissance de cause les substances médicamenteuses contenues dans les aliments.

ACTIVATEURS DU SYSTÈME IMMUNITAIRE

Le premier indice d'une bonne santé est la capacité du système immunitaire à réagir promptement aux agressions des virus et à la prolifération des cellules des tumeurs cancéreuses.

Il a été clairement démontré que certains aliments, dont le yogourt, peuvent stimuler les agents de l'immunité cellulaire. Le yogourt amplifierait, dit-on, l'action de l'interféron gamma et des «cellules tueuses naturelles» ou lymphocytes NK. Des expériences ont permis en effet d'observer que deux tasses de yogourt à cultures actives par jour peuvent multiplier par cinq le taux d'interférons dans l'organisme. Le yogourt renforce également l'activité des lymphocytes NK, lesquels s'attaquent directement aux virus et aux cellules tumorales qu'ils trouvent sur leur passage, comme le précise Joseph A. Scimeca, chercheur en nutrition à Kraft General Foods, Inc. Ces lymphocytes constituent le corps de défense le plus efficace dans la lutte contre les virus et les cellules tumorales. Même lorsque 95 % de ses cultures bactériennes ont été détruites sous l'effet de la chaleur, le yogourt continue d'inciter les cellules tueuses à entrer en action, a constaté Scimeca.

❑ **Aliments qui stimulent le système immunitaire**
Ail
Champignons shiitake
Yogourt

❑ **Substances alimentaires qui stimulent le système immunitaire / Sources alimentaires de choix**
Bêta-carotène: carotte, épinards, chou frisé, citrouille, patate douce
Vitamine C: piment, orange, brocoli, épinards
Vitamine E: noix, huiles
Zinc: mollusques et crustacées, grains

ANALGÉSIQUES

Des travaux scientifiques attestent que certaines substances alimentaires, notamment la caféine et la capsaïcine, peuvent bloquer les mécanismes qui président à la perception de la douleur.

Indépendamment du rôle qu'elle joue déjà comme composant de certaines préparations pharmaceutiques analgésiques, la caféine aurait en effet, de par son aptitude à reproduire le mécanisme d'action de l'adénosine, la propriété de bloquer la transmission des sensations de douleur au cerveau.

Imaginons par exemple que vous soyez en train de courir et que vous ressentiez soudainement une forte douleur à la poitrine, comme si vous receviez un coup de poignard: c'est l'adénosine qui entre en action pour vous avertir de ralentir un peu votre rythme. «La douleur est un mécanisme d'alarme: elle indique que quelque chose ne fonctionne pas normalement dans l'organisme», dit Luiz Belardinelli, professeur à la faculté de médecine de l'Université de la Floride. Si vous avaliez à ce moment précis une quantité assez élevée de caféine, la transmission du signal de douleur par les influx nerveux pourrait se trouver du coup annulée. Sans crier gare, les molécules de caféine chasseraient en effet aussitôt l'adénosine des récepteurs cellulaires qu'elle occupait jusque-là pour s'y installer à leur tour, interrompant ainsi la communication des signaux de douleur dont l'adénosine est responsable. La caféine ressemblant beaucoup, du point de vue de sa composition chimique, à l'adénosine — même si leurs fonctions biochimiques diffèrent —, les récepteurs tolèrent cette ingérence.

S'il n'y a pas de mal à ce qu'on ait recours à la caféine pour soulager certains malaises, la céphalée par exemple, il peut arriver toutefois qu'en couvrant un appel de détresse plus important, cet analgésique voile les symptômes d'une grave affection. La caféine est à ce point efficace en tant qu'analgésique, dit Belardinelli, qu'elle peut contribuer par exemple à masquer une ischémie myocardique (apport de sang insuffisant au muscle cardiaque); c'est ce qui explique que certaines personnes puissent être victimes d'une crise cardiaque sans s'en apercevoir.

La capsaïcine, substance qui donne aux piments chili leur forte saveur, ferait également l'objet de nombreux essais visant à mettre en évidence ses vertus analgésiques. L'usage populaire de l'extrait de piments forts pour soulager le mal de dent ne date pas d'hier. Le principe actif de l'aliment est un anesthésiant local et un antidouleur éprouvé dont les multiples propriétés n'ont toutefois pas été explorées à fond jusqu'à maintenant. La capsaïcine ferait taire la douleur en évacuant des cellules nerveuses la *substance P*, enzyme qui transmet les sensations de douleur au système nerveux central. On rapporte que des injections ou des préparations pharmaceutiques à base de cet analgésique naturel ont été utilisées récemment avec succès pour soulager les symptômes de céphalées vasculaires, de neuropathies diabétiques, du prurit chronique, de l'arthrite rhumatoïde et de la névralgie.

❏ **Aliments à action analgésique (antidouleur)**

Ail	Oignon
Café	Piment chili
Clou de girofle	Réglisse
Gingembre	Sucre
Menthe poivrée	

ANTIBIOTIQUES

On a longtemps prétendu que la pénicilline, premier antibiotique à avoir été mis au point, provenait de la levure de pain. Si cette théorie tient plus du mythe que de la réalité, la pénicilline commerciale en usage aujourd'hui est néanmoins élaborée par une moisissure du cantaloup. Le succès commercial qu'a connu le médicament dans les années quarante a été le fer de lance d'innombrables tentatives pour cerner d'autres antibiotiques naturels convertibles en médicaments anti-infectieux.

L'ail, entre autres, apparaissait alors particulièrement prometteur. Louis Pasteur notait lui-même en 1858 avoir observé qu'on pouvait neutraliser des bactéries grâce à certaines substances contenues dans l'ail. En 1944, Chester J. Cavallito réussissait enfin à isoler dans les gousses le fameux agent antibiotique: l'odoriférante allicine. L'action de l'allicine étant de courte durée et opérant dans des conditions bien particulières (pour des raisons obscures, les gousses d'ail n'exercent en effet leur action thérapeutique que lorsqu'elles sont administrées dans leur «emballage» naturel), il sembla peu indiqué d'essayer d'en tirer un produit pharmaceutique à usage commercial. Il ne vit donc jamais le jour.

L'ail reste néanmoins l'un des bactéricides naturels les plus puissants et les plus complexes qui soit. Son spectre d'action est exceptionnellement étendu; des tests ont montré qu'il pouvait détruire ou paralyser au moins 72 types de bactéries responsables de maladies aussi diverses que la diarrhée, la dysenterie, le botulisme, la tuberculose et l'encéphalite, pour ne nommer que celles-là.

L'oignon est également un agent antibiotique et antiseptique extrêmement efficace. Dans la Grèce et la Rome antiques, on s'en servait, dit-on, sur les champs de bataille pour désinfecter et cicatriser les blessures des guerriers.

Les composés alimentaires antibactériens agissent de multiples manières, notamment en bloquant, chez les micro-organismes dans lesquels ils pénètrent, la synthèse des protéines, de l'acide folique et d'une enzyme appelée transpeptidase essentiels à la croissance et à la prolifération de ces agents infectieux. Le bleuet et la canneberge non seulement inhibent la multiplication de la bactérie, mais ils perturbent aussi le mécanisme lui permettant de se fixer aux cellules humaines.

❏ **Aliments à action antibactérienne**

Ail	Muscade
Banane	Noix de cajou
Basilic	Noix de coco
Betterave	Nori (algue rouge)
Bleuet	Oignon
Café	Olive
Canneberge	Papaye
Carotte	Piment chili
Céleri	Pomme
Chou pommé	Pourpier
Ciboulette	Prune
Cumin	Raifort
Fenouil	Réglisse
Gingembre	Sauge
Graines de moutarde noire	Sucre
Lime	Thé
Melon d'eau (pastèque)	Vin
Miel	Yogourt

❑ **Substances à action antibactérienne / Sources alimentaires de choix**

Allicine: ail

Lactobacilles: yogourt

Eugénol: clou de girofle

Anthocyanates: vin rouge

ANTICANCÉREUX

Le cancer étant une maladie qui se développe lentement, on peut, en réajustant son régime alimentaire, intervenir à différents stades de son développement, selon le Dr John D. Potter, de l'Université du Minnesota. Certains composés alimentaires peuvent en effet prévenir de diverses manières l'activation de substances capables de provoquer des tumeurs cancéreuses. Ils peuvent, entre autres:

- bloquer les mutations cellulaires affectant le matériel génétique (l'ADN);
- stimuler l'élimination par les enzymes de produits chimiques cancérigènes qui agressent l'organisme;
- prévenir l'activation de substances cancérigènes;
- faire la lutte aux bactéries propres à susciter le développement du cancer de l'estomac;
- agir sur les hormones et neutraliser les agents toxiques qui favorisent le cancer;
- réprimer la propension des cellules cancéreuses à proliférer et à former des tumeurs;
- contribuer à contenir l'extension des tumeurs à d'autres organes.

Les vitamines sont particulièrement efficaces contre le cancer. Ainsi, la vitamine C, qui a fait l'objet d'un grand nombre d'études, peut déjouer le cancer de multiples manières. Elle peut:

- bloquer la transformation des amines et du nitrite en nitrosamines, agents extrêmement nocifs qui ont déjà été mis en cause dans le déclenchement de la maladie;
- neutraliser l'action des radicaux libres sur les membranes cellulaires, interceptant le processus de cancérisation dès sa phase initiale;
- contribuer à réguler le système immunitaire et à empêcher, par le fait même, les oncogènes (responsables du développement des tumeurs) et les virus de transformer les cellules saines en cellules cancéreuses;

- réprimer la croissance et atténuer la gravité de tumeurs chez l'animal (on a réussi, par exemple, grâce à la vitamine C, à différer de 33 %, par rapport à la période de développement habituelle, l'apparition de tumeurs non provoquées ou encore à réduire la taille, la propagation et l'extension des tumeurs).

«La vitamine C exerce de multiples effets, extrêmement complexes, sur un grand nombre de processus biologiques. Son champ d'action serait même plus étendu que celui de tout autre nutriment», concluait en 1990 un rapport du National Cancer Institute des États-Unis.

Les agents anticancéreux d'origine alimentaire sont concentrés surtout dans les fruits et les légumes.

❏ **Aliments les plus susceptibles d'agir contre le cancer**

Ail
Chou pommé
Réglisse
Haricot de soya
Gingembre
Ombellifères: carotte, céleri, panais
Oignon
Thé
Curcuma
Agrumes: orange, pamplemousse, citron
Cantaloup
Blé entier
Lin
Riz brun
Solanacées: tomate, aubergine, piment
Crucifères: brocoli, chou-fleur, chou de Bruxelles
Avoine
Menthe
Origan
Concombre
Romarin
Sauge
Pomme de terre
Thym
Ciboulette
Basilic
Estragon
Orge
Baies
Poissons de mer, molusques et crustacés
Huile d'olive

❏ **Substances à action anticancéreuse / Sources alimentaires de choix**

Acide ellagique: raisins, fraises, framboises et noix de Grenoble

Caroténoïdes: légumes verts à feuilles, carotte, patate douce

Catéchines: thé, baies

Coumarines: carotte, persil, agrumes

Indoles: chou pommé, brocoli, chou-fleur, chou frisé et chou de Bruxelles

Inhibiteurs des protéases: haricot de soya, légumineuses, noix, grains, graines

Isothiocyanates: crucifères (moutarde, raifort, radis, etc.)

Lignine: haricot de soya, graine de lin

Limonoïdes: agrumes

Sulforaphane: brocoli, oignon vert, chou frisé, chou pommé rouge, chou de Bruxelles, gingembre, chou-fleur, laitue frisée à feuilles rouges

Sulfures d'allyle: ail, oignon, ciboulette

ANTICOAGULANTS

L'aspirine, l'un des médicaments anticoagulants et «fluidifiants» les mieux connus, vient de l'écorce de saule. Il faut toutefois attendre les années soixante-dix, avec la découverte des prostaglandines, pour que soit enfin mis au clair son mécanisme d'action. On sait maintenant que le médicament a la propriété d'inhiber le processus d'agrégation des plaquettes sanguines, ce qui réduit leur viscosité et leur propension à coaguler et prévient, par le fait même, l'obstruction des artères. C'est l'une des raisons qui a amené les médecins à prescrire de faibles doses d'aspirine pour prévenir les crises cardiaques et les accidents vasculaires cérébraux. Un dixième seulement d'une aspirine — à peine 30 mg — suffit à bloquer l'action de la thromboxane, substance hormonale (apparentée à la prostaglandine) qui stimule l'agglutination des plaquettes.

Une fois connu le mécanisme pharmacodynamique de l'aspirine, on ne tarda pas bien sûr à se demander si d'autres plantes et d'autres aliments ne pourraient pas, en agissant sur les prostaglandines, désamorcer la propension des plaquettes à se rassembler. On s'est alors aperçu que certaines substances alimentaires exerçaient une action antagoniste sur la thromboxane, et que d'autres, tels l'ail et l'oignon, renfermaient plusieurs composés antiagrégants (anticoagulants) qui agissent de différentes manières au niveau biochimique. Parmi ces composés figurent: l'adénosine, l'ajoène, les catéchines, les acides gras oméga-3 et le resveratrol.

❑ **Aliments qui entravent la coagulation (l'agrégation des plaquettes)**

Ail: source d'adénosine et d'ajoène

Cannelle

Champignons *mo-er* ou «oreille d'arbre»: source d'adénosine

Cumin

Gingembre

Melon d'eau (pastèque) et cantaloup
Oignon: source d'adénosine
Poissons gras frayant en eau profonde: source d'oméga-3
Raisin: la peau renferme du resveratrol
Thé: source de catéchines
Vin rouge: source de resveratrol

ANTIDÉPRESSEURS

En agissant sur la sérotonine, neurotransmetteur qui joue un rôle important dans les états dépressifs, les aliments influent directement sur l'humeur. Les substances qui abaissent la concentration de sérotonine dans le système nerveux peuvent ainsi favoriser l'abattement, la dépression et l'anxiété; ceux qui aident à maintenir une quantité adéquate de sérotonine dans le cerveau contribueront, au contraire, à redresser l'humeur sensiblement de la manière que le font certains antidépresseurs médicamenteux.

Les peptides que libère l'intestin lors de la déglutition peuvent également agir directement sur le cerveau et sur le nerf vague ou pneumogastrique, qui transmet l'influx nerveux au cerveau. Bien que leur mode d'action n'ait pas encore été clairement défini, on s'accorde à dire que les glucides peuvent améliorer l'humeur; ils soulageraient, entre autres, les états dépressifs liés au syndrome prémenstruel et au «trouble affectif saisonnier» (que les Américains appellent le *SAD*: «*seasonal affective disorder*»). On a récemment mis en évidence les effets d'autres constituants alimentaires, dont l'acide folique, sur l'humeur; on présume qu'il influe sur le taux de sérotonine selon un enchaînement extrêmement complexe de réactions biochimiques.

❏ **Aliments à effet antidépresseur**
Caféine
Gingembre
Miel
Sucre

❏ **Substances à effet antidépresseur / Sources alimentaires de choix**
Glucides (hydrate de carbone): sucre, pâtes, pain, céréales, biscuits et gâteaux
Caféine: café, thé, colas, chocolat
Acide folique: légumes verts à feuilles et légumineuses
Sélénium: fruits de mer, grains et noix

ANTIDIARRHÉIQUES

Grâce à leurs tannins et à d'autres composés astringents qui drainent l'intestin, facilitant ainsi la solidification des fèces, et aident à restreindre le péristaltisme intestinal (contractions musculaires faisant avancer les matières dans l'intestin), certains aliments aident à soulager la diarrhée. C'est de cette manière qu'agissent, par exemple, les myrtilles (bleuets) séchées; les fruits frais n'ont toutefois pas les mêmes vertus. En entravant l'action des bactéries intestinales et en agissant comme relaxants, d'autres aliments apaisent aussi efficacement la diarrhée.

❏ **Aliments qui aident à maîtriser la diarrhée**

Ail	Réglisse
Cannelle, curcuma, gingembre, muscade	Riz
Graines de fenugrec	Thé
Myrtilles séchées	

ANTIHYPERTENSEURS

La prise de médicaments antihypertenseurs, substances qui agissent indirectement et de façon souvent imprévisible, s'accompagne dans bien des cas d'effets indésirables, tels que l'évanouissement, la somnolence et l'impuissance, fait remarquer William J. Elliott, professeur de pharmacologie à la faculté de médecine de l'Université de Chicago.

Les aliments à action hypotensive exercent, du moins dans les expérimentations portant sur des animaux, une action beaucoup plus directe sur la tension artérielle, simplement en dilatant les vaisseaux sanguins. C'est ainsi qu'agit le céleri, entre autres. Elliott a découvert que le phthalide, composé présent dans le céleri, relâche les muscles lisses des parois vasculaires, ce qui a pour effet de dilater les vaisseaux sanguins et, par le fait même, de réduire la tension artérielle. Selon Elliott, ce composé s'opposerait également à la production de catécholamines (hormones jouant un rôle dans le stress et influençant par conséquent le resserrement des vaisseaux sanguins et l'élévation de la pression artérielle) sous l'influence d'une enzyme. En inhibant la production de ces hormones, le céleri diminuerait la pression exercée sur les artères.

L'ail et l'oignon joueraient, croit-on, un rôle semblable. Rappelons que ces deux aliments renferment de l'adénosine, autre substance qui a un effet relaxant sur les muscles lisses.

❏ **Aliments qui aident à réduire l'hypertension**
Ail
Céleri
Fenugrec
Huile de poisson
Huile d'olive
Oignon
Pamplemousse

ANTI-INFLAMMATOIRES

Avant que ne soient mis en évidence les mécanismes d'action des prostaglandines et des leucotriènes, messagers cellulaires qui régulent les processus immunitaire et inflammatoire, on n'aurait pu concevoir que les acides gras contenus dans l'huile de poisson puissent contribuer à soulager des maladies telles que l'arthrite et l'asthme. On sait maintenant que ces substances hormonales proviennent de la dégradation d'un acide gras (l'acide arachidonique) sous l'influence de deux enzymes. Or le taux d'acide arachidonique et de ses dérivés (prostaglandines et leucotriènes) dans l'organisme dépend directement des aliments que l'on consomme.

Si, par exemple, la viande et les huiles végétales riches en acides gras oméga-6 figurent souvent au menu, on court le risque de stimuler la production d'acide arachidonique et de donner lieu, par le fait même, à une série de réactions en chaîne pouvant conduire à la formation de leucotriènes spécifiques, de puissants agents inflammatoires.

D'autres aliments, comme l'huile de poisson, peuvent, en revanche, agir sur les prostaglandines, freinant ainsi une cascade de phénomènes propres à encourager les leucotriènes à exercer leur action destructrice et à enflammer les tissus. Le gingembre peut également intervenir à différents stades de ce processus biochimique extrêmement complexe qu'est l'inflammation. La capsaïcine, substance qui donne aux piments chili leur saveur forte, pourrait intervenir également sur ces phénomènes réactionnels selon un tout autre mécanisme, cependant, au dire des chercheurs qui ont testé de nouveaux anti-inflammatoires fabriqués à partir de la capsaïcine.

❏ **Aliments à action anti-inflammatoire**

Ail	Huile de poisson
Ananas	Oignon
Cassis	Pomme
Gingembre	Sauge

ANTIOXYDANTS

Il n'y a pas de meilleure protection contre la maladie et de meilleure assurance de longévité qu'un apport régulier en antioxydants. Les antioxydants alimentaires, dont la famille est très étendue, sont en quelque sorte des guerriers chimiques faisant directement opposition à l'action délétère des molécules oxydées. Principale force policière du corps, ils sont conçus pour faire échec à presque toutes les affections chroniques (maladies cardiaques, cancer, bronchite, cataractes, maladie de Parkinson) et au processus de vieillissement même. Une carence en antioxydants accroît donc la vulnérabilité à la maladie, surtout si vous êtes exposé de surcroît à des facteurs de risque tels que la fumée de cigarette, les produits chimiques industriels et les polluants atmosphériques.

Les vitamines, les minéraux, les enzymes et une myriade d'autres composés moins connus remplissant diverses fonctions biochimiques, peuvent agir comme antioxydants. On en trouve en abondance dans les végétaux. L'ail, qui renferme au moins 15 antioxydants chimiques différents, est à cet égard un agent thérapeutique très puissant, comme le souligne David Kritchevsky, du Wistar Institute de Philadelphie. On trouve aussi des antioxydants dans les fruits de mer et, occasionnellement, dans les produits d'origine animale.

❏ **Aliments à haute teneur en nutriments antioxydants**
- Ail (très forte action antioxydante), avocat, asperge, brocoli, carotte, piment chili, chou cavalier, chou de Bruxelles, chou frisé, épinards, laitue vert foncé, réglisse, oignon (très forte action antioxydante), patate douce, tomate
- Arachides, graines de sésame, noix du Brésil
- Avoine
- Baies, citrouille, orange, melon d'eau
- Basilic, clou de girofle, cumin, gingembre, marjolaine, menthe poivrée, menthe verte, muscade, poivre, sauge
- Poisson

Quelques antioxydants très puissants contenus dans les aliments

Le ß-carotène. — Pigment orangé, censé prévenir la crise cardiaque, l'arythmie, les accidents vasculaires cérébraux et le cancer, spécialement le cancer du poumon, le ß-carotène stimule le système immunitaire et neutralise les radicaux libres de l'oxygène singulet. Les victimes du cancer (cancers du poumon, de l'estomac, de l'œsophage, de l'intestin grêle, du col de l'utérus et de l'utérus notamment) affichent souvent des taux assez bas de ß-carotène dans le sang, ce qui révèle un déficit de cet élément dans le régime. D'après une étude, les taux sanguins de ß-carotène chez les victimes du cancer du poumon seraient de 33 % inférieurs à ceux des individus en santé. Une récente étude menée en Angleterre a révélé de même que les hommes dont le sang contient le plus de ß-carotène courent moins de risques (60 %) de développer un cancer, le cancer du poumon en particulier, par rapport à ceux qui présentent les plus bas taux de ß-carotène.

Excellentes sources de ß-carotène
Légumes et fruits orange foncé ou à feuilles vert sombre:
- Patate douce, carotte, chou cavalier, chou frisé, épinards
- Abricot sec, citrouille

Plus leur couleur est foncée, plus ils contiennent de ß-carotène; dans les légumes verts, la chlorophylle dissimule la couleur orangée.

Bonnes sources de ß-carotène
- Pamplemousse rose, mangue
- Laitue à feuilles vert foncé, brocoli

Des tests de l'United States Dietetic Association ont montré que les 28 fruits et légumes intégrés à l'alimentation courante des Américains contiennent tous, en quantités variables, de la ß-carotène. Les tests ont également révélé que la cuisson ne détruit pas le ß-carotène.

Le glutathion. — Le glutathion est un important agent anticancéreux. P. Jones, doyen et professeur de biochimie de la faculté de médecine de l'Université Emory (Atlanta), soutient que le glutathion peut désactiver au moins trois types de substances cancérigènes. Le composé prévient la peroxydation des lipides et agit comme enzyme dans la neutralisation des radicaux libres; il offre ainsi une protection potentielle contre la maladie coronarienne, la cataracte et l'asthme, aussi bien que contre le cancer et d'autres maladies causées par ces radicaux. Le glutathion aide également à freiner les ravages des substances toxiques, comme les polluants environnementaux, en les détoxiquant dans le corps. On a pu observer également lors d'essais *in vitro* que cet élément avait stoppé la réplication du sida.

Selon les analyses de Jones portant sur 98 aliments populaires, les sources de glutathion se répartissent ainsi:

Excellentes sources de glutathion
- Avocat, asperge
- Melon d'eau

Très bonnes sources de glutathion
- Pamplemousse frais, orange, fraise, pêche

- Gombo ou okra, pomme de terre blanche, courge, chou-fleur, brocoli, tomate crue

Bonnes sources de glutathion
- Jambon bouilli, veau maigre (côtelettes et escalopes)

N.B. Seuls les fruits et les légumes frais ou congelés présentent de hautes concentrations en glutathion. Les tests de Jones ont révélé que les aliments en conserve et les aliments industriels contiennent huit fois moins de ce puissant antioxydant que les aliments frais ou congelés. La cuisson et le broyage ou l'extraction du jus de l'aliment détruisent aussi une partie du glutathion.

Les indoles. — Les indoles, l'une des premières catégories de composés alimentaires anticancéreux à avoir été découverts, se sont avérés très efficaces à stopper le cancer chez les animaux. Ils agissent par détoxication des agents cancérigènes. Chez les humains, les indoles aideraient à prévenir le cancer du côlon et le cancer du sein (en agissant sur le métabolisme des œstrogènes, dans ce dernier cas).

Excellentes sources d'indoles
La famille des crucifères est celle qui compte le plus d'espèces riches en indoles (brocoli et moutarde, chou de Bruxelles, raifort, chou-fleur, chou frisé, chou pommé, chou-rave, cresson, navet, radis, rutabaga). N.B. Des études menées à l'Université du Manitoba ont montré que la cuisson affecte la teneur en indoles des légumes de la famille des crucifères (l'ébullition occasionnerait des pertes d'indoles de 50 %).

Le lycopène. — On reconnaît de plus en plus au lycopène des propriétés anticancéreuses. Les chercheurs de l'Université Johns Hopkins ont d'ailleurs décelé de graves carences en lycopène chez les malades atteints du cancer du pancréas; ils ont observé également que le taux sanguin de lycopène était très faible chez les victimes du cancer du rectum et de la vessie. Des chercheurs de l'Université de l'Illinois à Chicago ont, de leur côté, détecté des taux très peu élevés de lycopène dans le sang de femmes présentant un type particulier de lésions précancéreuses du col de l'utérus. Certains considèrent le lycopène comme un antioxydant plus puissant que le ß-carotène. (Le lycopène est la substance qui donne aux fruits leur couleur rouge.)

Excellentes sources de lycopène
- Melon d'eau (pastèque)
- Tomate

Autres sources (en plus faible quantité)
• Abricot

N.B. Le lycopène n'est pas détruit par la cuisson ou la mise en conserve. Les tomates cuites à l'étuvée ont la même teneur en lycopène que les tomates crues, ainsi que le révèlent des tests du ministère de l'Agriculture des États-Unis.

La quercétine. — La quercétine est l'un des plus puissants éléments biologiquement actifs de la famille des flavonoïdes; elle est concentrée dans les fruits et les légumes. La quercétine est sans doute à l'origine des inestimables pouvoirs curatifs des oignons; certains en contiennent même jusqu'à 10 % de leur poids net, si l'on se fie aux tests de Terrance Leighton, professeur de biochimie et de biologie moléculaire à l'Université de la Californie à Berkeley.

La quercétine a des propriétés médicinales très variées. «Elle est l'un des agents anticancéreux les plus puissants à avoir jamais été découverts», dit Leighton. Elle neutralise plus d'un agent cancérigène, prévenant ainsi la détérioration de l'ADN, et inhibe l'action des enzymes sur la stimulation de la croissance des tumeurs. La quercétine est également anti-inflammatoire, antibactérienne, antifongique et antivirale. Chimiquement semblable à la cromolyne, un antihistaminique bien connu, elle agit par le biais du système immunitaire pour étouffer les réactions allergiques (en inhibant la libération de l'histamine par les cellules) et contribue ainsi à combattre les allergies, telle la fièvre des foins; cette propriété, couplée à ses vertus anti-inflammatoires, compterait dans le fameux impact thérapeutique de l'oignon contre l'asthme et les allergies. La quercétine est également un antithrombotique: elle aide à bloquer la formation de thrombus (caillots sanguins qui obstruent les vaisseaux).

En tant qu'antioxydant, elle absorbe les radicaux libres de l'oxygène et prévient l'oxydation du gras (la peroxydation lipidique), ce qui protège les artères contre les ravages possibles des radicaux libres et du cholestérol LDL oxydé; grâce à la quercétine, les artères restent saines et bien dilatées.

Excellentes sources de quercétine
• Oignon jaune et oignon rouge (pas l'oignon blanc), échalote (étrangement, l'ail, proche cousin de l'oignon, ne contient pas de quercétine)
• Brocoli, courgette (zucchini)
• Raisin rouge (pas le raisin blanc)

N.B. La cuisson et la congélation ne détruisent pas la quercétine.

L'ubiquinone-10 (coenzyme Q10). — Cette substance peu connue est l'un des meilleurs produits alimentaires qui soient pour détoxiquer le «mauvais cholestérol». On le trouve en grandes concentrations dans les particules de LDL; selon Balz Frei, de l'Université Harvard, il protège — mieux que tout autre antioxydant, davantage même que la vitamine E — le cholestérol LDL des effets nocifs de l'oxydation. L'ubiquinone-10 aide aussi à régénérer la vitamine E; ils travaillent donc ensemble. Sa présence dans certains poissons gras expliquerait pourquoi ceux-ci aident à prévenir les maladies coronariennes.

Excellentes sources d'ubiquinone-10
- Sardines, maquereau
- Arachides, pistaches, noix, graines de sésame
- Soya
- Certaines viandes

La vitamine C. — Antioxydant versatile et très puissant, la vitamine C contribue à prévenir l'asthme, la bronchite, la cataracte, l'arythmie cardiaque, l'angine, l'infertilité masculine, les malformations congénitales d'origine paternelle et le cancer. On a déjà réussi à stopper lors d'essais *in vitro* la croissance du virus du sida avec des doses élevées de vitamine C. Ses propriétés antioxydantes aident à prévenir l'oxydation du cholestérol LDL, ce qui en fait une force d'attaque majeure contre l'obstruction des artères et la maladie cardiovasculaire. La vitamine C et la vitamine E travaillent ensemble à se revitaliser l'une l'autre.

Excellentes sources de vitamine C
- Poivron rouge et poivron vert, brocoli, chou de Bruxelles, chou-fleur, épinards, chou pommé
- Fraises, agrumes

N.B. La cuisson (ébullition, vapeur, blanchiment) détruit environ 50 % de la quantité de vitamine C que renferme un légume. Comme le montrent les tests, la quantité d'eau utilisée importe peu; le brocoli cuit dans 50 ml d'eau (un quart de tasse environ) perd autant de vitamine C que celui qui est cuit dans un litre d'eau. Le mode de cuisson idéal des légumes serait le micro-ondes, qui ne détruit que de 0 à 15 % de la vitamine C du brocoli.

La vitamine E (tocophérol). — À cause de son action antioxydante, la vitamine E protège, mieux que tout autre nutriment, le cœur et les artères. Les personnes dont l'analyse sanguine révèle un taux de vitamine E supérieur à la moyenne seraient en effet moins vulnérables à l'arythmie, à l'angine et à la crise cardiaque. Étant hyposoluble, contrairement à la vitamine C et au ß-carotène, la vitamine E contribue à protéger les molécules des lipides contre l'action oxydative, propice au développement des maladies; elle peut ainsi stopper les réactions en chaîne des radicaux libres de l'oxygène, lesquels peuvent s'infiltrer dans les cellules et oxyder au passage leurs membranes. «La vitamine E est comme un petit extincteur dans la membrane d'une cellule», dit Joe McCord, de l'Université du Colorado, spécialiste des antioxydants. La vitamine E, présente dans le cholestérol LDL, peut également empêcher les molécules de LDL de s'oxyder ou de devenir toxiques; elle exerce à ce titre une action protectrice absolument inestimable contre l'obstruction et la sclérose des artères.

Excellentes sources de vitamine E
- Huiles végétales
- Amandes, graines de tournesol
- Soya

ANTITHROMBOTIQUES

Certains aliments peuvent abaisser le taux de fibrinogène, substance de base des caillots sanguins, et stimuler la fibrinolyse, c'est-à-dire la dissolution des caillots nocifs ou thrombus. Les formules sanguines des personnes affectées par l'athérosclérose ou ayant été victimes d'une crise cardiaque présentent habituellement des taux élevés de fibrinogène et une faible activité fibrinolytique.

❏ **Aliments susceptibles de faire obstacle à la formation de caillots nocifs**

Ail	Oignon
Gingembre	Piments chili
Huile de poisson	Vin rouge
Jus de raisin	Wakamé (algue brune)

ANTIULCÉREUX

Des études fascinantes réalisées en Angleterre et en Inde ont mis en évidence l'action bénéfique qu'exercent sur les ulcères gastro-duodénaux certains aliments ou certains composés présents dans les aliments; en augmentant la résistance de l'estomac aux agressions des sucs gastriques, ils contribueraient, semble-t-il, au soulagement et à la cicatrisation des ulcères. Les expérimentateurs britanniques auraient observé, entre autres, un épaississement notable (20 %) de la muqueuse de l'estomac chez des animaux nourris à la poudre de banane plantain (fruit tropical semblable à la banane). Photographies à l'appui, les chercheurs indiens ont démontré, de leur côté, qu'ils avaient réussi à régénérer des cellules ulcéreuses chez des cobayes en faisant boire aux animaux du jus de chou pommé; ils ont vu en effet se multiplier les mucines, substances qui protègent la muqueuse gastrique contre l'action corrosive des acides, sous l'action de ce constituant alimentaire.

Comme l'attestent ces expériences, en stimulant la multiplication cellulaire et en déclenchant très rapidement la production de mucus, lequel forme sur les cellules de la muqueuse gastrique une barrière protectrice contre les attaques acides, certains aliments peuvent contribuer grandement à combattre les ulcères gastro-duodénaux.

Des aliments à propriétés antibactériennes — dont le yogourt, le thé, le chou pommé et la réglisse (telle qu'on la trouve en Europe) — se sont avérés beaucoup plus prompts qu'on l'avait prévu à détruire l'*Helicobacter pylori*, bactérie qui serait à l'origine de certains cas d'ulcères gastroduodénaux et de la gastrite (inflammation de la muqueuse de l'estomac). Comme on le voit, les aliments peuvent agir à la manière des antibiotiques qu'on utilise maintenant dans bien des cas pour traiter les ulcères.

❑ **Aliments antiulcéreux**
- Banane et banane plantain
- Chou pommé et autres légumes de la famille des crucifères: brocoli, chou de Bruxelles, chou-fleur, chou frisé, navet
- Figue
- Gingembre
- Graines de fenugrec
- Réglisse
- Thé

ANTIVIRAUX

La façon dont on nourrit un virus qui a fait son nid dans une cellule de l'organisme aide à déterminer, dit-on, si les conditions sont favorables ou non à sa réactivation, à sa prolifération et à son action pathogène. Des études absolument fascinantes menées sous la supervision du Dr Charles Butterworth fils, de l'Université de l'Alabama, auprès d'un groupe de femmes infectées par un virus capable de provoquer un cancer du col utérin sont, de ce point de vue, bien instructives. Les chercheurs ont réussi à prouver en effet qu'aussitôt mis en contact avec des doses assez élevées d'acide folique, vitamine du complexe B présente dans les légumes verts à feuilles et les légumineuses, le virus cancérigène lâchait prise. Lorsque l'apport en acide folique était insuffisant, les chromosomes semblaient par contre plus sujets à se fragmenter aux endroits «fragiles». Or on sait que cette altération du matériel génétique de la cellule hôte prélude au cancer; les sujets dont la formule sanguine faisait ressortir un faible taux d'acide folique se sont avérés d'ailleurs cinq fois plus vulnérables au développement de cellules précancéreuses que ceux dont les globules rouges étaient amplement pourvus en acide folique.

Selon le Dr Richard S. Griffiths, professeur émérite à la faculté de médecine de l'Université de l'Indiana, ces considérations pourraient s'appliquer également au virus de l'herpès. Il est convaincu en effet que le régime alimentaire influe directement sur la croissance et la virulence du virus. Deux acides aminés, l'arginine et la lysine, interviendraient dans le processus: l'arginine stimulerait la croissance du virus de l'herpès, tandis que la lysine la refrénerait. Il est possible, selon lui, que la lysine forme autour des cellules une barrière protectrice qui empêcherait le virus d'y pénétrer.

On a pu observer en laboratoire que le yogourt, en stimulant l'activité des cellules tueuses naturelles ou lymphocytes NK, exerçait également une action antivirale.

❏ **Aliments à action antivirale**

Ail	Jus d'orange
Algues	Jus de citron
Bleuet	Jus de pamplemousse
Café	Jus de prune
Canneberge	Orge
Cassis	Pêche
Champignons (dont les shiitake)	Pomme (et son jus)
Chou cavalier	Raisin
Ciboulette	Sauge
Gingembre	Thé
Groseille à maquereau	Vin rouge
Jus d'ananas	Yogourt

❏ **Substances à action antivirale / Sources alimentaires de choix**

Glutathion: asperge, avocat, melon d'eau, brocoli, orange
Inhibiteurs des protéases: haricots secs, maïs, noix, graines
Lentinan: champignons shiitake
Quercétine: oignon jaune, oignon rouge, raisin rouge, brocoli, courge à cou droit et courge à cou tors

CARMINATIFS

Les herbes et les épices étaient jadis prescrites pour faciliter l'expulsion des gaz et soulager la flatulence. Les huiles contenues dans ces substances végétales dites «carminatives» exercent en effet une action relaxante sur les muscles lisses favorisant l'expulsion des gaz: à la faveur du relâchement du sphincter au point de jonction de l'œsophage et de l'estomac, les gaz s'échappent sous forme d'éructations ou de renvois (rots). Les carminatifs produisent également un effet antispasmodique (relaxation musculaire) sur l'intestin.

❏ **Substances alimentaires facilitant l'expulsion des gaz intestinaux**

Ail	Camomille
Aneth	Fenouil (graines)
Anis	Menthe poivrée
Basilic	Sauge

DÉCONGESTIONNANTS

On sait depuis des siècles que les aliments forts, épicés, piquants peuvent contribuer à libérer les bronches et les poumons; en fluidifiant les mucosités, ils favorisent en effet leur écoulement dans les voies respiratoires, de la même manière qu'un aliment à saveur forte provoque un afflux de sécrétions dans les yeux et les voies nasales. L'action des épices et des condiments sur les terminaisons nerveuses de l'œsophage et de l'estomac serait à l'origine de ce phénomène.

❏ **Aliments à action mucolytique**

Ail	Piment chili
Assaisonnement au cari	Poivre noir
Moutarde	Raifort
Oignon	Thym

DIURÉTIQUES

Le mécanisme d'action des plantes diurétiques n'est pas le même que celui des médicaments vendus sur ordonnance. Les diurétiques pharmaceutiques accroissent l'excrétion d'eau et de sel, explique Varro Tyler, spécialiste des plantes médicinales de l'Université de Purdue (Indiana), alors que les diurétiques d'origine végétale stimulent uniquement l'excrétion d'eau; on devrait d'ailleurs pour cette raison les appeler plutôt des «aquarétiques». Certains agissent en irritant les filtres cellulaires (glomérules) des reins. Bien que leur action ne soit pas aussi marquée que celle des diurétiques médicamenteux, ils peuvent être nocifs pour les personnes atteintes d'une affection rénale.

Le persil est un «aquarétique» assez puissant. On devrait obtenir un effet intéressant en buvant du thé au persil, qu'on préparera en mêlant deux bonnes cuillerées de persil séché à une tasse d'eau bouillante. La théophylline présente dans le thé serait un diurétique aussi efficace que la caféine. Les effets de ces deux aliments ont cependant tendance à s'affaiblir avec le temps une fois que l'organisme s'y est habitué, fait remarquer Tyler.

❏ **Aliments à action diurétique**

Ail	Endive
Anis	Genièvre
Aubergine	Menthe poivrée
Café	Muscade
Céleri	Oignon
Citron	Persil
Coriandre	Réglisse
Cumin	Thé

ŒSTROGÈNES (PHYTO-)

De nombreuses plantes contiennent des phyto-œstrogènes dont la structure moléculaire est semblable à celle des œstrogènes humains; ils n'agissent toutefois pas de la même manière ni avec la même intensité. Étant moins puissantes, ces hormones prennent nécessairement plus de temps à produire leurs effets bénéfiques; elles seraient, par contre, plus sûres, leur absorption ne s'accompagnant pas d'effets secondaires. Certains aliments, notamment les légumes de la famille du chou, auraient la propriété d'accroître la capacité de combustion et d'utilisation des œstrogènes circulant dans le corps. Les légumineuses, en particulier le haricot de soya, exercent une forte action œstrogénique; ils sont d'ailleurs utilisés commercialement dans la fabrication de contraceptifs.

❏ **Aliments à action œstrogénique**

Ail	Choux de Bruxelles
Ananas	Cumin
Anis	Graines de lin
Arachides	Graines de sésame
Avoine	Haricots de soya
Brocoli	Maïs
Café	Pomme
Carotte	Pomme de terre
Chou-fleur	Réglisse
Chou pommé	Riz

RÉGULATEURS DU CHOLESTÉROL

Une alimentation adéquate peut contribuer à abaisser le taux de cholestérol LDL (le «mauvais cholestérol»), à prévenir son oxydation et à augmenter le taux de cholestérol HDL, si précieux pour l'organisme. L'action des médicaments modernes repose sur les mêmes mécanismes que ceux qui régissent les fonctions des êtres vivants présents dans la nature.

Il y a plusieurs années, des scientifiques de l'Université du Wisconsin à Madison menant des recherches pour le compte du ministère de l'Agriculture des États-Unis ont ainsi découvert qu'un constituant alimentaire appelé tocotriénol avait la propriété de détruire une enzyme perturbant le fonctionnement du foie, organe qui est en quelque sorte la fabrique du cholestérol; le foie ne pouvant plus remplir aussi adéquatement ses fonctions, les cellules se voient forcées de puiser dans le sang le cholestérol dont elles ont besoin, ce qui abaisse nécessairement le cholestérol sanguin.

Plusieurs autres substances chimiques entrant dans la composition des aliments seraient capables de freiner la production de cholestérol par le foie. Le Mevacor (lovastatine), puissant médicament hypocholestérolémiant, agit précisément de cette manière. Certains aliments, telle l'avoine, tendent par ailleurs à réduire les réserves d'acides biliaires dans le tractus intestinal, réserves qui, autrement, se transformeraient en cholestérol.

Des données récentes suggèrent par ailleurs que les antioxydants alimentaires aident à prévenir l'oxydation du cholestérol LDL, réaction qui produit un effet toxique sur les artères. Ces substances agiraient de trois manières différentes, selon Balz Frei, un chercheur de Harvard. D'abord, elles seraient capables de stopper la production de radicaux libres — dérivés réactifs de l'oxygène qui rendent toxiques les LDL — en attaquant les enzymes qui sont à l'origine de la formation de ces radicaux, en particulier la lipoxygénase. Les antioxydants auraient également la propriété de piéger leurs ennemis dans le sang et les parois artérielles, c'est-à-dire là même où prennent corps les substances responsables de l'oxydation cellulaire, le superoxyde, par exemple; la vitamine C peut les neutraliser complètement, selon Frei. Enfin, les antioxydants renforcent les défenses des molécules de LDL et leur permettent de mieux résister aux effets destructeurs de l'oxydation.

On ne doit jamais perdre de vue que les molécules de cholestérol LDL contiennent, en plus des graisses et des protéines (d'où le nom de «lipoprotéines»), des antioxydants naturels, tels que la vitamine E et le ß-carotène. En ajoutant à la ration alimentaire des aliments riches en nutriments antioxydants, on fournit donc aux molécules LDL des éléments fortifiants qui les aident à mieux se défendre contre les agresseurs et à parer les dommages qu'ils peuvent occasionner aux artères.

❑ **Aliments capables d'abaisser le taux de cholestérol LDL («mauvais cholestérol»)**

Ail	Haricots secs
Amandes	Huile d'olive
Avocat	Noix
Avoine	Orge
Carotte	Pomme
Champignons shiitake	Pulpe de pamplemousse
Haricots de soya	Son de riz

❑ **Aliments prévenant l'oxydation du cholestérol LDL**
Aliments à haute teneur en vitamine C
Aliments à haute teneur en ß-carotène
Aliments à haute teneur en vitamine B
Aliments à haute teneur en coenzyme Q10
Aliments à haute teneur en graisses monoinsaturées
Vin rouge

SALICYLATES NATURELS

De l'aspirine dans la nourriture? Absolument! Des expériences ont montré en effet que la consommation de certains aliments déclenche chez certaines personnes particulièrement sensibles à l'acide acétylsalicylique (aspirine) les symptômes habituellement reliés à l'intolérance à cette substance. Les allergologues recommandent donc aux personnes touchées par ce type d'intolérance d'éviter tout aliment à teneur élevée en salicylates (sels de l'acide acétylsalicylique).

D'un autre point de vue, il est fascinant d'entrevoir, du moins pour ceux qui la tolèrent, qu'on pourrait un jour substituer à l'aspirine certains aliments pouvant offrir une protection analogue. Des essais récents suggèrent que l'administration régulière de faibles doses d'aspirine (une demi-aspirine par jour, peut-être moins) aide à prévenir les crises cardiaques, les accidents vasculaires cérébraux, le cancer du côlon même. Peut-être la consommation journalière d'aliments riches en salicylates pourrait-elle donner des résultats similaires, qui sait? L'action préventive ou curative de certains aliments d'origine végétale dans le traitement d'affections comme les maladies cardiovasculaires et le cancer pourrait être partiellement attribuable, selon certains experts, à leur teneur en salicylates. On sait qu'ils ont des propriétés anticoagulantes, anti-inflammatoires et analgésiques; ils pourraient également affecter les prostaglandines et retarder ainsi la croissance des tumeurs.

❏ **Aliments à très haute teneur en salicylates (aspirine) naturels**

Bleuets	Framboises
Cari en poudre	Paprika
Cerises	Pruneaux
Cornichons	Raisins de Corinthe
Dattes séchées	Réglisse

❏ **Aliments à teneur assez élevée en salicylates**

Amandes
Ananas
Kaki ou fruit de Sharon
Orange
Piments et poivrons
Pomme (notamment la Granny Smith)
Thé

N.B. Les fruits, contrairement aux légumes, renferment en général de grandes quantités d'«aspirine» naturelle. On notera que la cuisson et la conservation n'affectent pas habituellement les concentrations de salicylates dans les aliments.

SÉDATIFS ET TRANQUILLISANTS

Une création du XXe siècle, le Valium? Le brevet d'invention ne reviendrait-il pas d'une certaine manière à dame Nature? Depuis les temps les plus reculés, dit-on, les hommes et les animaux absorberaient en effet ce médicament à travers la nourriture.

C'est après avoir détecté dans les tissus cérébraux de personnes décédées avant 1940 des traces de benzodiazépines que des chercheurs allemands en sont venus à cette conclusion étonnante, et pour le moins troublante, le Valium, médicament du groupe des benzodiazépines — composés chimiques doués, entre autres, de vertus sédatives et anxiolytiques — n'ayant pas été mis en marché avant les années soixante. Les scientifiques Ulrich Klotz et Elizabeth Unseld, de l'Institut de pharmacologie clinique Fischer-Borsch (Stuttgart) ont décelé également des traces de ces composés tranquillisants dans le cerveau de divers animaux sauvages et domestiques (chien, chat, cerf, vache, poulet) aussi bien que dans les œufs, le lait de vache et les prélèvements sanguins d'individus n'ayant jamais absorbé le médicament en question.

Ces benzodiazépines ayant été absorbées bien des années avant que Hoffman-La Roche ne commence la production du Valium, il fallait bien en conclure qu'elles étaient d'origine naturelle: elles devaient être présentes dans certaines plantes servant à l'alimentation des humains et des animaux, dont les cerveaux avaient gardé trace. Restait à identifier les sources alimentaires de benzodiazépines. On finit par découvrir que la pomme de terre, la lentille brune, le haricot de soya jaune, le riz, le maïs, le champignon et la cerise en renferment, quoique les quantités relevées soient minimes.

Ces petites doses de tranquillisant fournies de façon toute naturelle par les aliments se font les messagers du cerveau: ils agissent comme neurotransmetteurs, précise Klotz. L'action pharmacologique de ces substances alimentaires — à supposer, bien sûr, qu'on en reconnaisse la valeur scientifique — reste toutefois très faible. Selon les estimations de Klotz, il faudrait consommer à peu près 100 kilos de pommes de terre pour obtenir le même effet qu'une dose normale de Valium (5 à 10 mg). Peut-on vraiment parler de «fonction biologique» de ce tranquillisant naturel quand des concentrations aussi infimes sont en jeu? se demande le spécialiste. Quel serait alors le rôle des benzodiazépines présentes dans la nature? La question a déjoué jusqu'à maintenant toutes les recherches.

Si les végétaux ont été enrichis naturellement de Valium, même s'il ne s'agit que de quantités infinitésimales, et de quercétine, sédatif doux qu'on retrouve dans l'oignon notamment, qui sait de combien d'autres agents tranquillisants encore inconnus ils regorgent! Il n'est pas impossible, par exemple, qu'en se fixant aux récepteurs des opiacés, des sédatifs naturels exercent sur le cerveau une action semblable à celle de la morphine, prétendent certains chercheurs. Ou qu'ils stimulent la production et/ou l'activité de neurotransmetteurs, tels que la sérotonine, substance qui inhibe l'activité cérébrale. Le miel, le sucre et autres glucides pourraient affecter la sérotonine, croit-on, ce qui expliquerait qu'ils favorisent la détente et le sommeil chez la plupart des personnes. À moins que le sucre, plus précisément le glucose, n'agisse directement sur les neurones de l'hypothalamus?

Enfin, on n'est pas sans savoir que des aliments renferment ou libèrent dans l'intestin des peptides aptes à transmettre directement certains «messages» du tractus intestinal au système nerveux et au cerveau.

❏ **Aliments sédatifs ou calmants**

Ail
Aliments à teneur élevée en glucides (sucres et amidons)
Anis
Clou de girofle
Cumin
Écorce de lime et d'orange
Fenouil
Gingembre
Graines de céleri
Marjolaine
Menthe verte
Miel
Oignon
Persil
Sauge
Thé décaféiné

Appendice

TENEUR DES ALIMENTS COURANTS EN VITAMINES, EN SELS MINÉRAUX ET EN ACIDES GRAS

Abréviations et symboles

g: gramme
mg: milligramme
µg: microgramme

UI: unités internationales
ml: millilitre
t.: tasse

ACIDE FOLIQUE

	Portion	Teneur en acide folique par portion (µg)
Foie de poulet, cuit	1/2 t.	539
Bulghur, cuit	2/3 t.	158
Okra (gombo), congelé, cuit	1/2 t.	134
Jus d'orange, frais ou en conserve	1 t.	136
Épinards, frais, cuits	1/2 t.	130
Haricots blancs, cuits	1/2 t.	120
Haricots rouges, cuits	1/2 t.	114
Jus d'orange, congelé, dilué	1 t.	109
Haricots de soya, cuits	1/2 t.	100
Germe de blé	30 g	100

Asperges, fraîches, cuites	1/2 t.	88
Feuilles de navet, fraîches, cuites	1/2 t.	85
Avocat de Floride	1/2	81
Choux de Bruxelles, congelés, cuits	1/2 t.	79
Haricots de Lima, secs, cuits	1/2 t.	78
Pois chiches, cuits	1/2 t.	70
Graines de tournesol	30 g	65
Quartiers d'orange	1 t.	54
Brocoli, frais, cuit	1/2 t.	53
Feuilles de moutarde, fraîches, cuites	1/2 t.	51
Betteraves, fraîches, cuites	1/2 t.	45
Framboises, congelées	1/2 t.	33

N.B. Les *céréales* sont aussi une bonne source d'acide folique; elles renferment environ 100 µg par portion usuelle, quelquefois même davantage. (Lire attentivement les étiquettes.)

BÊTA-CAROTÈNE

	Portion	Teneur en ß-carotène par portion (mg)
Abricots, secs	28 moitiés (100 g)	17,6
Pêches, sèches	7 moitiés (100 g)	9,2
Patates douces, cuites, en purée	1/2 t. (100 g)	8,8
Carottes, crues	1 1/4 (100 g)	7,9
Chou cavalier	1/2 t. (100 g)	5,4
Chou frisé, cru, haché	2/3 t. (100 g)	4,7
Épinards, crus	1 1/2 (100 g)	4,1
Abricots, crus	3 (100 g)	3, 5
Citrouille, conserve ou purée	1/2 t. (100 g)	3,1
Cantaloup	1/10 (100 g)	3,0
Feuilles de betteraves, cuites	2/3 t. (100 g)	2,2
Courges d'hiver, purée	1/2 t. (100 g)	2,4
Laitue romaine	10 feuilles (100 g)	1,9
Pamplemousse rose	1/2 (100 g)	1,3
Mangue	1/2 (100 g)	1,3
Laitues variées	10 feuilles (100 g)	1,2
Brocoli, cuit	2/3 t. (100 g)	0,7
Choux de Bruxelles	5 (100 g)	0,5

CALCIUM

	Portion	Teneur en calcium par portion (mg)
Fromage ricotta	1/2 t.	337
Fromage parmesan	30 g	336
Lait	1 t.	300
Jus d'orange supplémenté en calcium	1 t.	300
Maquereau, avec arêtes, en conserve	90 g	263
Yogourt sans matières grasses	120 g	225
Saumon, avec arêtes, en conserve	90 g	191
Chou cavalier, cuit, congelé	1/2 t.	179
Figues, sèches	5	135
Sardines, avec arêtes	30 g	130
Tofu ferme	1/2 t.	118
Feuilles de navet, fraîches, cuites	1/2 t.	99
Chou frisé, cuit	1/2 t.	90
Brocoli, frais, cuit	1/2 t.	89
Okra ou gombo, congelé, cuit	1/2 t.	88
Haricots secs, cuits	1/2 t.	80
Haricots de soya, cuits	1/2 t.	65
Pois chiches, cuits	1/2 t.	60
Haricots blancs, cuits	1/2 t.	45
Haricots pintos, cuits	1/2 t.	40

N.B. Tous les *produit laitiers* sont riches en calcium. Les fromages renferment environ 200 mg de calcium par 30 g; certains en contiennent davantage (par exemple, le parmesan et le romano).

POTASSIUM

	Portion	Teneur en potassium par portion (mg)
Mélasse (dernière extraction)	1/4 t.	2400
Pomme de terre, cuite, avec la pelure	1	844
Cantaloup	1/2	825
Avocat de Floride	1/2	742
Feuilles de betterave, cuites	1/2 t.	654

Pêches, sèches	5 moitiés	645
Pruneaux, secs	10 moitiés	626
Jus de tomate	1 t.	536
Yogourt à basse teneur en matières grasses	1 t.	530
Vivaneau	100 g	522
Haricots de Lima, secs, cuits	1/2 t.	517
Sardines	84 g	500
Saumon	100 g	490
Haricots de soya, cuits	1/2 t.	486
Bette à carde, cuite	1/2 t.	483
Abricots, secs	10 moitiés	482
Jus d'orange, fraîchement pressé	1 t.	472
Carottes	2	466
Graines de citrouille	60 g	458
Patate douce, cuite	1/2 t.	455
Banane	1	451
Courge poivrée	1/2 t.	446
Amandes	60 g	426
Épinards, cuits	1/2 t.	419
Hareng	100 g	419
Lait écrémé	1 t.	418
Maquereau	100 g	406
Arachides	60 g	400

SÉLÉNIUM

	Portion (g)	Teneur en sélénium par portion (mg)
Noix du Brésil	100	2960
Blé soufflé	100	123
Thon pâle, mis en conserve dans l'eau	100	80
mis en conserve dans l'huile	100	76
Thon blanc, mis en conserve dans l'eau	100	65
mis en conserve dans l'huile	100	60
Graines de tournesol, rôties	100	78
Huîtres, cuites	100	72
Foie de poulet, cuit	100	72
Farine de blé entier	100	71
Palourdes, en conserve	100	49

N.B. Les *abats* et les *produits céréaliers entiers* sont très riches en sélénium. La plupart des fruits et des légumes renferment peu de sélénium; l'ail est le légume qui en contient le plus (14 µg par 100 g).

VITAMINE C

	Portion	Teneur en vitamine C par portion (mg)
Goyave	1	165
Poivron rouge	1	141
Cantaloup	1/2	113
Piment, en conserve	120 g	107
Poivron vert	1	95
Papaye	1/2	94
Fraises, fraîches, crues	1 t.	84
Choux de Bruxelles	6	78
Jus de pamplemousse	1 fruit	75
Kiwi	1	74
Orange	1	70
Tomate	1 t.	45
Jus d'orange, en carton ou concentré	1/2 t.	52
Brocoli	1/2 t.	49
Jus de tomate	1 t.	45
Pamplemousse	1/2	42
Brocoli, cru	1/2 t.	41
Chou-fleur, cru	1/2 t.	36
Pois verts, crus	1/2 t.	31
Chou frisé, cuit	1/2 t.	27

VITAMINE D

	Teneur en vitamine D par portion de 100 g (UI)
Anguille	4700
Sardine européenne, fraîche	1500
Sprat (sardine), fraîche	1500

Hareng, frais	1000
Saumon rouge	800
Saumon rose	500
Maquereau	500
Saumon quinat ou royal	300
Hareng, en conserve	225
Saumon kéta	200
Thon	200
Lait (portion de 225 ml)	100

VITAMINE E

La vitamine E est une vitamine liposoluble, qu'on retrouve dans les huiles végétales, les noix et les graines. Le son et les légumineuses en renferment aussi de bonnes quantités. Elle est pratiquement absente, par contre, des produits d'origine animale. Les fruits et les légumes, qui en contiennent peu, fournissent néanmoins aux Américains 11 % de leur ration quotidienne en vitamine E; le reste provient surtout des huiles, de la margarine et du shortening (64 % de la ration), puis de produits céréaliers entiers (7 %).

	Teneur en vitamine E par portion de 120 g (mg)
Noix et graines	
Graines de tournesol	52
Noix de Grenoble	22
Amandes	21
Avelines	21
Noix de cajou	11
Arachides, rôties	11
Noix du Brésil	7
Pacanes	2
Son et légumineuses	
Germe de blé	28
Haricots de soya, secs	20
Son de riz	15
Haricots de Lima secs	8
Son de blé	8

Huiles

Huile de germe de blé	250
Huile de soya	92
Huile de maïs	82
Huile de tournesol	63
Huile de carthame	38
Huile de sésame	28
Huile d'arachide	24

ZINC

	Portion	Teneur en zinc par portion (mg)
Huîtres, fumées	90 g	103
Huîtres, crues	90 g	63
Pot-au-feu, braisé	90 g	7
Foie de veau, cuit	90 g	7
Crabe, cuit	1/2 t.	6
Dinde, viande brune, rôtie	100 g	5
Crabe, bouilli	2 (moyens)	4
Graines de citrouille et de courge	30 g	3

N.B. La *viande* et la *volaille* sont en général riches en zinc. Les céréales renferment environ 4 mg de zinc par portion usuelle. (Lire attentivement les étiquettes.)

*

ACIDES GRAS — Répartis selon les types d'huile

	Acides gras (en %)			
	Saturés	Monoinsaturés	Oméga-6	Oméga-3
Huile de lin	9	18	16	57
Huile de canola (colza)	6	62	22	10
Huile de soya	15	24	54	7

Huile de noix	16	28	51	5
Huile d'olive (extra-vierge)	14	77	8	1
Huile d'arachide	18	49	33	0
Huile de maïs	13	25	61	1
Huile de carthame	10	13	77	0
Huile de sésame	13	46	41	0
Huile de tournesol	11	20	69	0

N.B. Comme on peut le constater, les huiles de maïs, de carthame et de tournesol sont celles qui contiennent le plus d'acides gras oméga-6 et le moins d'acides gras oméga-3, ce qui en fait des produits peu recommandables. Les *huiles de lin* et *de canola* présentent, en revanche, les meilleurs quotients oméga-3/oméga-6 de la liste, et l'*huile d'olive* la teneur la plus élevée en monoinsaturés (type d'acides offrant une bonne protection contre les maladies du cœur).

ACIDES GRAS OMÉGA-3 — Produits de la pêche

	Teneur en oméga-3 par portion de 100 g de chair crue (mg)
Produits frais ou congelés	
Œufs de poisson (poissons à nageoires) *	2345
Maquereau de l'Atlantique	2299
Hareng du Pacifique	1658
Hareng de l'Atlantique	1571
Maquereau du Pacifique et carangue	1441
Morue charbonnière	1395
Saumon quinnat ou royal	1355
Maquereau espagnol	1341
Corégone *	1258
Thon rouge	1173
Saumon sockeye ou saumon rouge	1172
Flétan du Groenland	919
Aiguillat noir, roussette maillée, etc. (requin) *	843
Saumon coho (argenté)	814
Tassergal	771
Bar d'Amérique	754

---

* Toutes espèces confondues.

Éperlan	693
Huîtres du Pacifique	688
Espadon	639
Saumon Kéta	627
Loup de l'Atlantique	623
Bar d'eau douce *	595
Bar commun *	595
Truite arc-en-ciel	568
Pompano de Floride	568
Calmar ou encornet *	488
Crevettes *	480
Moules	441
Huîtres	439
Tile	430
Goberge de l'Atlantique	421
Barbue de rivière	373
Flétan (de l'Atlantique et du Pacifique)	363
Homard *	373
Goberge de l'Alaska	372
Crabe des neiges	372
Carpe	352
Sébaste *	345
Meunier noir	325
Crabe bleu	320
Vivaneau *	311
Crabe dormeur	307
Sébaste de l'Atlantique	291
Bonite à ventre rayé	256
Mérou, badèche	256
Merlan *	224
Thon à nageoires jaunes	218
Morue du Pacifique	215
Pétoncles *	198
Aiglefin	185
Morue de l'Atlantique	184
Langouste	173
Anguille	147
Pieuvre ou poulpe	157
Myes (palourdes)	142

---

*   Toutes espèces confondues.

Produits en conserve

Anchois à l'huile d'olive, égouttés	2055
Hareng de l'Atlantique mariné	1389
Saumon rose, avec liquide et arêtes	1651
Sardines du Pacifique à la tomate, avec arêtes, égouttées	1604
Saumon sockeye, avec arêtes, égoutté	1156
Sardines de l'Atlantique à l'huile de soya, avec arêtes, égouttées	982
Thon blanc ou germon, conservé dans l'eau, égoutté	706
Thon pâle ou bonite à l'huile de soya, égoutté	128
Thon pâle, conservé dans l'eau, égoutté	111

Source: ministère de l'Agriculture des États-Unis.

Index

Table des matières

I. Préliminaires

II. Mesures diététiques pour prévenir ou guérir les maladies et les symptômes les plus courants

A. Troubles et maladies cardiovasculaires

B. Troubles des voies digestives et des voies urinaires

C. Cancer

III. La pharmacopée alimentaire de A à Z

Classement des aliments selon leurs propriétés pharmacologiques